南京理工大学知识产权学院文库

中央高校基本科研业务费专项资金"知识产权强国建设的基本问题研究"（3095012102）支持
知识产权与区域发展协同创新中心、江苏省知识产权发展研究中心资助出版

产业知识产权管理实证研究

梅术文　郑伦幸　张颖露◎等著

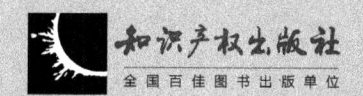

知识产权出版社
全国百佳图书出版单位

图书在版编目（CIP）数据

产业知识产权管理实证研究 / 梅术文等著. —北京：知识产权出版社，2017.11
ISBN 978-7-5130-5241-2

Ⅰ.①产… Ⅱ.①梅… Ⅲ.①知识产权—管理—研究—中国 Ⅳ.①D923.404

中国版本图书馆 CIP 数据核字（2017）第 263849 号

责任编辑：刘 睿 邓 莹　　　　责任校对：谷 洋
封面设计：SUN工作室 韩建文　　责任印制：刘译文

产业知识产权管理实证研究

梅术文 郑伦幸 张颖露 等著

出版发行：	知识产权出版社有限责任公司	网　　址：	http://www.ipph.cn
社　　址：	北京市海淀区气象路50号院	邮　　编：	100081
责编电话：	010-82000860 转 8346	责编邮箱：	dengying@cnipr.com
发行电话：	010-82000860 转 8101/8102	发行传真：	010-82005070/82000893
印　　刷：	北京虎彩文化传播有限公司	经　　销：	各大网上书店、新华书店及相关专业书店
开　　本：	720 mm×960 mm　1/16	印　　张：	31.25
版　　次：	2017年11月第1版	印　　次：	2017年11月第1次印刷
字　　数：	480千字	定　　价：	98.00元

ISBN 978-7-5130-5241-2

出版权专有　侵权必究

如有印装质量问题，本社负责调换。

本书总名单编写人员

（按参编章节先后顺序）

陈鹏宇	丁旻玥	李晓晓
戴碧娜	任晓波	邓雨亭
王树磊	施颖杰	卢敏明
韩文斌	李 睿	朱南茜
葛 林	王 峰	魏 瑶

前　言

　　国家之间竞争的实质是产业的竞争，知识产权是提升产业竞争力的关键。进入21世纪以来，随着新一轮科技革命和产业变革的孕育兴起，世界产业竞争格局愈加激烈，发达国家纷纷加快知识产权战略布局和谋划，通过知识产权提升产业创新能力，从而构建产业竞争新优势，如美国提出"先进制造伙伴计划"，将知识产权战略深度融入国家创新战略，布局下一代的"美国制造"，捍卫美国产业的全球竞争力。德国则发布"工业4.0战略"，将知识产权作为提升产业智能化，回应时代新挑战的重要手段。发达国家的经验表明，知识产权已成为"兴业之器、强国之器"：知识产权是产业发展的内生要求。产业的发展、转型和升级需要大量关键知识产权的推广和运用；知识产权是产业发展的外在表征。知识产权的数量储备和质量效益是衡量一国产业竞争力的核心指标；知识产权是产业发展的重要推手。提升知识产权创造、运用、保护、管理能力，发展知识产权密集型产业，已成为世界各国提升产业竞争力，推动产业转型升级的重要手段。世界产业强国正是通过不断增强知识产权实力和知识产权优势，发挥知识产权对于产业发展的贡献力，提升产业的国际竞争力。

　　改革开放40年来，中国制造业发展迅速，成为世界制造的中心，中国已是世界制造大国。然而，与美国、德国等世界制造强国相比，大而不强，全而不优，仍是中国制造业不容否认的现实。在新一轮科技革命、产业变革与我国加快转变经济发展方式形成历史性交汇的重大节点，中国政府立足新的国内外发展环境和产业变革大势，明确提出实施制造强国战略，制定出台《中国制造2025》。《中国制造2025》的提出具有非常重大的现实意义，不仅为中国制造业未来十年的发展进行了战略层级的谋划和行动路径的明确，更重要的是进一步强调了知识产权在推动制造业转型升级中的作用。中国的制造业及企业只有通过不断增强知识产权创造、运用、管理和保护能力，实质提升在全球产业链和价值链中的地位，才能在未来的全球产业竞争中立于不败之地，最终实现从"中国制造"向"中国智造"的华丽转身。

南京理工大学知识产权学院成立于2005年7月，是江苏省第一家知识产权学院。2013年9月6日，工业和信息化部、国家知识产权局、江苏省人民政府在北京正式签署共建南京理工大学知识产权学院协议，至此学院发展进入一个崭新阶段。为契合理事会协同共建的体制，响应国家"2011计划"，知识产权学院在学校发展规划处的指导下，在学校科研院、教务处等部门的大力支持下，于2014年12月9日组建成立"知识产权与区域发展协同创新中心"（以下简称"中心"）。截至目前，"中心"已经与中南财经政法大学、江苏省知识产权局、中兴通讯、雅迪集团、南京三宝集团、南京知识律师事务所、江苏专利信息中心等15家单位建立协同合作关系，共同开展高层次的科学研究、社会服务与人才培养工作，以期建设成为协同型知识产权"人才库"和"思想库"。

"中心"成立3年来，在区域知识产权战略、产业知识产权管理、网络知识产权保护、"一带一路"知识产权问题和国防知识产权等方面已形成相应的研究特色或方向，取得较好的成绩，推出了一系列高水平、高层次的研究成果，成为国内知识产权应用研究的一支重要力量。本书是协同创新的成果，一方面，组建协同攻关团队开展研究；另一方面，秉持"寓教于研"的协同创新理念，组织并安排学院的多名硕士研究生和博士研究生担任中心的研究助理，共同协同开展研究工作。

本书的研究对象涉及电子信息与通信产业、互联网产业、家电与日用品产业、汽车产业、新能源产业、医药产业、高端装备制造产业、化工产业以及文化产业等多个知识产权密集型产业类型。研究内容紧扣知识产权服务和支撑产业发展的主线，方法运用上，既有企业知识产权管理相关的基础理论探讨，也有知识产权管理案例及数据的实证分析；视角切入上，既有产业知识产权概况及形势研判的宏观叙事，也有企业知识产权管理分析的微观笔触；结论提出上，既有国外企业知识产权管理经验的总结，也有国内企业知识产权管理完善的建议。

目　录

第一章　产业知识产权管理概论……………………………………（1）

第二章　电子信息与通信产业知识产权管理实证研究……………（19）
　　第一节　概　述………………………………………………（19）
　　第二节　华为的知识产权管理………………………………（30）
　　第三节　中兴通讯的知识产权战略管理……………………（48）
　　第四节　中兴通讯国内专利布局分析及启示………………（62）

第三章　互联网产业知识产权管理实证研究………………………（81）
　　第一节　概　述………………………………………………（81）
　　第二节　阿里巴巴集团的知识产权管理……………………（90）
　　第三节　新浪网的知识产权管理……………………………（107）
　　第四节　谷歌在华专利布局分析与启示……………………（119）

第四章　家电与日用品产业知识产权管理实证研究………………（135）
　　第一节　概　述………………………………………………（135）
　　第二节　西门子的知识产权战略……………………………（145）
　　第三节　宝洁专利布局分析…………………………………（164）
　　第四节　海尔集团专利布局分析与启示……………………（176）

第五章　汽车产业知识产权管理实证研究…………………………（191）
　　第一节　概　述………………………………………………（191）
　　第二节　丰田汽车专利管理战略实证分析及启示…………（203）

  第三节 比亚迪的知识产权战略……………………………（219）
  第四节 吉利汽车专利分析与启示………………………（235）

第六章 新能源产业知识产权管理实证研究……………………（245）
  第一节 概 述……………………………………………（245）
  第二节 雅迪电动车在华专利布局的分析与启示………（255）
  第三节 华锐风电知识产权风险分析……………………（270）

第七章 医药产业知识产权管理实证研究…………………………（287）
  第一节 概 述……………………………………………（287）
  第二节 扬子江药业集团与辉瑞公司在华专利布局对比分析……（297）
  第三节 北京同仁堂与日本津村公司知识产权管理对比分析……（312）
  第四节 专利悬崖背景下拜耳集团知识产权管理研究…………（323）

第八章 高端装备制造产业知识产权管理实证研究……………（337）
  第一节 概 述……………………………………………（337）
  第二节 中国中车的知识产权管理………………………（347）
  第三节 中国兵器工业集团知识产权管理………………（364）
  第四节 三一重工股份有限公司专利分析………………（380）

第九章 化工产业知识产权管理实证研究…………………………（403）
  第一节 概 述……………………………………………（403）
  第二节 中石化专利分析…………………………………（412）
  第三节 杜邦公司的知识产权管理实证研究……………（437）

第十章 文化产业知识产权管理实证研究…………………………（451）
  第一节 概 述……………………………………………（451）
  第二节 新浪微博的专利布局与管理……………………（463）
  第三节 湖南卫视的知识产权管理………………………（475）

参考文献…………………………………………………………………（489）

后 记………………………………………………………………（491）

第一章 产业知识产权管理概论*

当前，全球科学技术迅猛发展，各行各业都不乏前沿技术的重大突破创新。同科技革命如影随行的是产业革命。新一轮产业革命是以生物和新能源为主导，以信息和新材料等为支撑的全新技术革命。❶新型技术形式、生产模式给现有产业结构带来前所未有的发展机遇和挑战，日新月异的科技创新深刻影响着现代商业模式。传统的产业发展格局在日趋激烈的竞争环境中面临调整升级的战略需求，而各种战略新兴产业则在时代的浪潮中不断展现出生机与活力。对于企业而言，唯有创新才能在产业革命中立足，唯有创新才能走出画地为牢的困境，唯有创新才是持续发展的不竭动力。

一、产业知识产权管理的时代背景

新一轮的科技革命和产业革命，带来知识经济的快速兴起和经济全球化的深入发展。知识产权制度旨在保护科技和文化创新成果，是创新驱动发展的基本保障，已经成为国家、地区发展的战略性资源和核心竞争力，成为增强自主创新能力的重要支撑和掌握发展主动权的关键因素。建设知识产权强国是我国实施知识产权战略的基本目标，产业兴则国家兴，大力发展知识产权密集型产业是加快供给侧改革的重大任务，加强产业知识产权管理是推动经济结构转型发展的重要举措。

---

* 本章作者为南京理工大学知识产权学院梅术文副教授、知识产权学院硕士研究生陈鹏宇。

❶ 姜江.对新一轮产业革命内涵和特征的几点认识[J].中国经贸导刊，2013（7）：53-54.

（一）发达国家加快利用知识产权构建竞争新优势

国家经济的发展动能和要素禀赋包括自然资源、劳动力、资本以及技术等，并且随着发展阶段不同有所变化。日本产业经济学家筱原三代平在其长波理论中提出，战后世界经济持续增长主要是依靠技术革新的推动。❶ 进入21世纪以来，世界经济的发展比以往任何时候都更加依赖于知识的扩散和应用，知识经济已经成了主导性社会形态，发达国家更加强调依托知识产权巩固和强化其竞争优势。近年来，美国、日本、韩国、德国、英国等发达国家相继升级本国知识产权战略，着力增强知识产权实力和知识产权优势，进一步发挥知识产权对其经济社会发展的贡献力，提升国家在世界政治经济格局中的话语权和地位。

美国于2015年发布最新版的《美国创新战略》，明确知识产权战略深度融入国家创新发展战略的新举措，确保经济增长和繁荣。❷ 美国知识产权执法协调员办公室（IPEC）提出2016~2019年关于知识产权执法的联合战略规划，致力于加强知识产权裁决的执行力，打造多层次、一体化的知识产权执法体系，加大知识产权保护力度。2012年和2016年，美国两次发布《知识产权与美国经济》报告，全面聚焦知识产权对产业发展的影响，总结和评价知识产权密集型产业对美国经济和社会发展的重大影响，鼓励和鞭策全社会关注新的创新，实现通过知识产权"捍卫经济增长和繁荣"，保证竞争力，从而"赢得未来"。❸ 2017年1月23日，美国新任总统特朗普在白宫签署行政命令，宣告美国正式退出跨太平洋战略经济伙伴协定，新一轮全球贸易保护主义思潮为国际知识产权体制改革蒙上阴影，知识产权

---

❶ 筱原三代平，日本东京国际大学教授，经济学家，代表作《日本经济的成长和循环》《消费函数》《产业结构论》等，20世纪70年代提出长波理论。

❷ National Economic Council, White House Office of Science and Technology Policy. Strategy for American Innovation[EB/OL]. http：//iefi.mof.gov.cn/pdlb/yjcg/20151 214_1613281.html，2017-05-16.

❸ United States Department of Commerce, United States Patent and Trademark Office. Intellectual Property and the U.S. Economy[EB/OL]. http：//zscq.rednet.cn/c/2016/12/08/4158145.htm，2017-05-16.

壁垒将成为保守主义的重要贸易工具。欧洲专利局、欧盟内部市场协调局于2013年和2016年分别发布《知识产权密集型产业对欧盟经济和就业的贡献》研究报告，全面评估知识产权密集型产业对欧盟经济的影响和贡献，将知识产权视为推动经济增长的发动机。英国于2016年发布《2016年至2019年知识产权整体计划》报告，提出要塑造国内、欧洲和全球的知识产权体系，帮助知识产权出口，引导执法，让企业和银行家严肃对待知识产权，让年轻人做好加入未来知识产权世界的准备。❶日本于2015年通过了《专利法》《反不正当竞争法》等法律修正案，目的在于进一步提高知识产权的保护力度，并着重防止日本技术的非法外流。

此外，发达国家鼓励本国企业在世界范围抢占竞争制高点。德国采取包括知识产权在内的各项措施，增加研究型、创新型企业的数量。德国出台了旨在发展研究型、创新型企业的知识产权措施，扩大德国的技术出口领先地位，努力保持德国企业在技术出口领域的竞争力；英国要求相关企业必须利用知识产权扩大产品的出口，以在新的数字技术和商业模式的挑战下赢得竞争；韩国鼓励和帮助企业在全球主要市场积极开展专利布局，增强国际竞争力；日本建立海外知识产权诉讼保险制度，若日本中小企业在海外开展业务时卷入侵犯知识产权等诉讼中则提供诉讼费用。

以上分析表明，发达国家利用知识产权抢占市场竞争的制高点，既有国际国内知识产权政策的创新、强化和联合，也有企业和产业层面的知识产权布局、扶持和改革。从根本上看，加强产业知识产权管理，已经成为发达国家知识产权战略决策的重要环节。

（二）建设知识产权强国战略是我国实施创新驱动发展战略的基本制度保障

创新驱动发展战略是指在转变经济发展方式过程中，依靠科技创新，不断提高科技进步对经济发展的贡献率，充分发挥科技创新在提高社会生

---

❶ UK Intellectual Property Office. Overall plan for intellectual property rights from 2016 to 2019[EB/OL]. http://www.ipraction.gov.cn/article/xxgk/gjhz/gjdt/201604/20160400089880.shtml，2017-05-16.

产力和综合国力中的战略支撑作用，实现创新驱动发展。❶党的十八届三中全会强调深化科技体制改革，加强知识产权运用和保护，探索建立知识产权法院，将知识产权的运用保护和创新驱动发展战略的结合提升到全新高度。

在国家创新体系中，知识产权战略为创新驱动发展提供了必要的制度保障和激励机制，本质上是支撑创新驱动发展战略的载体。知识产权制度是科技、经济与法律集合的产物，其基本功能是"为创新活动进行产权界定并提供激励机制；为创新产业进行资源配置并提供市场交易；为创新成果进行产权保护并提供市场规范机制"。知识产权制度通过对技术创新、文化创新的协调与保障，为创新活动提供了鼓励创新的政策、法律以及市场环境，使社会资源、智慧和力量更多地投入到创新活动中去。❷国家实施创新驱动发展战略的基本目标是强国富民和社会进步，只有依靠知识产权制度才能实现创新发展利益和社会知识共享之间的有效平衡。

具体而言，知识产权强国战略有助于整合创新资源，激励创新主体，保障创新成果的转化和运用。首先，知识产权强国战略的实施，有助于整合各类创新资源。当今时代，技术创新和文化创新不仅需要巨大的资金投入，而且更需要团队的通力协作，公民个人、企事业单位或者科研院所等技术创新者需要借助知识产权机制形成利益分享格局，使各自的利益得到保护，确保创新活动能够顺利进行。其次，知识产权强国战略的实施，能够激励创新主体的创造积极性。知识产权制度给天才之火添加利益的柴薪，从根本上调动科技人员从事发明创造的积极性，成为技术创新的有效激励机制。知识产权保护意味着技术创新成果进入市场后，禁止假冒产品与之竞争，意味着可以通过执法机制威慑各种违法犯罪行为，以保障他们的投入可以通过应用、实施或者产业化得到回报。这样，创新者也才有可能进一步提高质量、改进服务，并将更多的时间和资源投向新的技术研发，从而形成良性循环的互动环境。此外，知识产权保护还激励了技术创

---

❶ 王志刚. 扎实推进创新驱动发展战略[J]. 求是，2012（23）：52-54.
❷ 马一德. 创新驱动发展与知识产权制度变革[J]. 现代法学，2014（3）：48-61.

新成果产业化，推动形成一批以专利技术为支柱的新兴产业。❶最后，知识产权强国战略的实施，有助于保障创新成果的转化和实施。知识产权保护贯穿创新的全过程、技术开发的前期准备和具体实施离不开知识产权保护，技术创新成果的转化或者产业化离不开知识产权保护，引进技术人才、实施技术转移以及营造良好的投资环境也需要知识产权保护。如果没有知识产权保护，公民个人、企事业单位或者科研院所的创造热情就会被遏制，投资和技术引进也会受到影响，从而导致国家利益、社会利益和个人利益都会遭受直接或者间接的损害。❷

我国在新时期要保持经济平稳快速发展，必须提高自主创新能力，形成一批拥有自主知识产权和知名品牌、国际竞争力较强的企业。知识产权是经济发展的强有力武器，拥有自主知识产权是企业持续创新的主要保障。❸在建设符合社会主义市场经济发展要求和科技创新规律的中国特色国家创新体系进程中，传统产业和战略性新兴产业都要合理运用知识产权创造战略、运用战略、管理战略、保护战略、服务战略、人才培养战略、文化培养战略和国际化战略，以建设知识产权强国为保障，促进创新型国家的建立，推进创新驱动发展战略的实施。只有通过加强产业知识产权管理，引导企业走自主创新发展的道路，才能真正转变经济结构，切实体现创新、协调、绿色、开放、共享的发展理念。❹从这个意义上讲，建设知识产权强国必须拥有一批自主娴熟保护和运用知识产权的产业，加强产业的知识产权管理成为建设知识产权强国的重要基础。

（三）大力发展知识产权密集型产业是加快供给侧改革的重大任务

供给侧结构性改革旨在从提高供给质量出发，用改革的办法推进结构调整，矫正要素配置扭曲，扩大有效供给，提高供给结构对需求变化的适应性

---

❶ 陈美章. 技术创新与知识产权保护[J]. 科技成果纵横，2005（3）：17-20.

❷ 梅术文. 知识产权保护与自主创新关系的检视与思考[J]. 电子知识产权，2006（6）：11-13.

❸ 谢小勇. 发展战略性新兴产业要走自主知识产权之路[N]. 中国知识产权报，2012-07-25（001）.

❹ 艾青. 自主创新与知识产权保护关系研究[D]. 南昌：南昌大学，2008.

和灵活性，提高全要素生产率，更好满足广大人民群众的需要，促进经济社会持续健康发展。❶供给侧结构性改革的一个重要方向，就是调整产业间要素的配置，即通常所说的产业结构调整和优化，让资源更多地流向有需求、有前途、效益高的产业类型和经济形态。经济结构调整与产业创新有着密切的联系。大力发展知识产权密集型产业是供给侧结构性改革方案中十分重要的一环。❷知识产权密集型产业是新一轮产业革命所带来的具有代表性的产物，它是以知识产权制度为基础，以知识产权创造、运用、保护、管理和服务为运行方向，以生产知识产权产品并实现其经济价值及社会价值为目的，从而推动经济持续增长的产业。

知识产权密集型产业具有以下特点：设备、生产工艺建立在先进的科学技术基础上，资源消耗低；科技人员在职工中所占比重较大，劳动生产率高；产品技术性能复杂，更新换代迅速。❸知识产权密集型产业已成为一些发达国家的经济支柱。《知识产权与美国经济2016》指出，知识产权密集型产业至少为美国提供了4 500万个就业机会，产业贡献超过6万亿美元，占美国国内生产总值的38.2%；❹2016年发布的《知识产权密集型产业及其在欧盟的经济表现》研究报告显示，2011~2013年，知识产权密集型产业为欧盟创造了超过42%的国内生产总值，在欧盟对外贸易中占据了约93.2%的份额。知识产权应用高于平均值的企业为欧盟贡献了超过1/3（约38%）的工作岗位，知识产权密集型产业的平均薪资水平也比非知识产权密集型产业高出约46%。❺由此可见，知识产权密集型产业对于美国以及欧盟经济的贡献日益提高，并且已经是其经济发展中不可替代的产业形态。

---

❶ 都本伟. 供给侧结构性改革的理论意义[N]. 光明日报，2016-09-18.

❷ 吴汉东. 推进供给侧改革需要知识产权发力[N]. 中国知识产权报，2016-05-20.

❸ 佚名. 知识密集型产业特点[EB/OL]. http://baike.baidu.com/item/，2017-05-16.

❹ United States Department of Commerce, United States Patent and Trademark Office, U.S. Bureau of Economic Analysis. Intellectual Property and the US Economy: 2016 Update[EB/OL]. http://www.cta.org.cn/ppyj/llyj/201612/t20161207_46804.html.2017-05-16.

❺ European Patent Office .Intellectual Property Rights intensive industries: contribution to economic performance and employment in Europe[EB/OL].http://www.sipo.gov.cn/zlssbgs/zlyj/201704/t20170406_1309282.html.2017-05-16.

知识产权密集型产业也逐渐成为我国发达地区经济转型发展、实现供给侧经济效益提升的基本产业类型。例如，《江苏省知识产权密集型产业统计报告》❶显示，2015年，江苏省知识产权密集型产业增加值为22 261.52亿元，从业人员数为687.23万人，以14.44%的就业创造了31.75%的GDP。江苏省50个规模以上工业企业专利商标密集型产业新产品销售平均收入305亿元，是151个非专利商标密集型产业的4.99倍；50个规模以上工业企业专利商标密集型产业出口交货值平均为233亿元，是非专利商标密集型产业的3.03倍；江苏省规模以上工业企业专利商标密集型产业R&D经费内部支出占其主营业务收入的比重为1.27%，研发人员数占其从业人员数的比重为6.29%，分别是非专利商标密集型产业的1.69倍和1.66倍。❷虽然我国发达地区在发展知识产权密集型产业、推动供给侧改革方面还落后于美国和欧盟，但从报告中的各项数据仍可看出，知识产权密集型产业对于发达地区稳增长、调结构的重要作用，这有助于在经济发展中寻找新动能，提高产业供给质量，提高供给结构对需求变化的适应性和灵活性。

由此可见，知识产权已经成为发达国家构建经济竞争新优势的重要推动力，也是我国实施创新驱动发展战略的基本制度保障。在构建经济竞争优势和改善产业结构的过程中，知识产权与产业的结合愈发紧密，大力发展知识产权密集型产业是加快推进供给侧改革的重要任务。知识产权管理植根于产业的发展，而产业的发展又有赖于知识产权的管理，两者密不可分。正是在这一背景下，加强产业知识产权管理已经成为推进知识产权密集型产业发展、构建国家竞争新优势的必然要求。

二、产业知识产权管理的概念和特征

（一）产业知识产权管理的概念和内容

产业知识产权管理是国家、区域、行业协会、企业等主体针对产业发

---

❶ 江苏省专利信息服务中心.江苏省知识产权密集型产业统计报告[EB/OL]. http：//www.sipo.gov.cn/dtxx/gn/2016/201701/t20170103_1307470.html，2017-05-16.

❷ 张锋.14%就业人口创造31%GDP[N].新华日报，2017-01-03（005）.

展中的知识产权问题进行计划、组织、协调和控制，以实现最佳经济效益和提高产业竞争力的过程。产业知识产权管理不同于单一主体进行的知识产权管理，不同的主体在实施国家、区域、行业协会或者企业知识产权战略时，都应该关注产业发展中的知识产权问题，通过知识产权的创造、运用、保护来促进产业转型和升级。

较之于企业以及行业协会的知识产权管理，产业并非特定的权利实体，它是经济社会中某类专门生产和制造相关产品的物质生产部门。更通俗地讲，就是我们在日常生活中所经常提到的"工业""农业""建筑业"等相对独立的产业界别。产业不同于企业，产业是类似企业的聚合体。企业一般是指以营利为目的，运用各种生产要素向市场提供商品或服务，实行自主经营、自负盈亏、独立核算的法人或其他社会经济组织。企业知识产权管理是单个企业经营管理的一部分。企业作为市场竞争主体，必然也应该具有产业意识和产业视野，通过产业分析明确自身的定位，通过产业知识产权管理实现各类资源的优化配置，进而在同领域产业竞争中获得优势。行业协会是指介于政府和企业之间，为商品生产者与经营者提供服务、咨询、沟通、监督、自律、协调的社会中介组织。行业协会一般也可以因循产业标准进行划分，形成诸如通信产业协会等不同的社会组织。行业知识产权管理是由行业协会对知识产权经营、保护等活动进行组织、协调的过程。行业协会对知识产权进行管理是产业知识产权管理的重要方面，但并非全部内容。产业知识产权管理还存在于企业管理过程中，也是国家、区域在制定知识产权战略时必须考量的重要内容。

针对不同的产业，当然存在不同的产业知识产权管理。例如农业领域会出现农业知识产权管理，工业领域会存在工业知识产权管理。由于产业知识产权管理集中表现在知识产权密集型产业领域，例如电子信息与通信产业、互联网产业、家电和日用品产业、汽车产业、新能源产业、医药产业、高端装备制造产业、化工产业、文化产业等产业的知识产权问题更为突出，因此本书集中笔墨探讨上述九个产业领域的知识产权管理问题。当然，这并不表示其他产业知识产权管理不重要。实际上，在农业领域，地理标志、商标、植物新品种等知识产权对农业产业化发展具有非常重要的作用，加强农业知识产权管理同样具有实践价值。

产业知识产权管理的另一个重要对象是产业集群发展中的知识产权问题。产业集群是一种新型而重要的区域发展模式，在推动区域经济发展中扮演着重要角色。美国管理学家、哈佛大学商学院教授迈克尔·波特指出，发展壮大产业集群是国家经济"自下而上"地取得成功的关键。❶在产业集群中，知识产权是基本的构成要素。通过产业集群，企业可以成功共享互补资源，降低创新风险，分担创新成本，获得知识溢出效应和创新扩散效应，提升企业的创新能力和竞争优势。❷因此，探索产业集群的知识产权管理现状、管理模式、管理机制和管理措施，对于推动产业发展具有重大的现实意义。

产业知识产权管理的基本目标是推动产业发展，获取产业优势，提升产业竞争力，基本的手段包括产业技术的专利分析布局、产业知识产权产品的开发、产业标准的知识产权管理、产业品牌的知识产权管理以及产业知识产权环境的优化等方面。具体来说，其基本内容和大致的目标主要包括：（1）确立产业技术尤其是关键核心技术的发展路线，根据产业竞争情况进行知识产权统筹布局。产业技术路线无疑是产业知识产权发展战略的基础。运用专利分析的方法，针对主要目标企业的研发、方向与路径，以技术创新和国际前沿为导向，提出不同时期产业核心关键技术的重点，导航产业研发方向。与此同时，积极开展产业知识产权的授权和布局，通过积极进攻或者被动防御的措施开展知识产权预警。（2）开拓产业主要产品与创新产品的发展市场，推动知识产权产业化。知识产权产业化是知识产权保护与运用的根本目标，也是通过制度规则激励产业创新的基本体现。对于新兴产业而言，技术创新的基础投入高，产业化初始成本较多，对规模经济和市场需求的依赖效应高于传统产业，借助产业知识产权管理不仅

---

❶ 迈克尔·波特在2014产业中国年会上的讲话[EB/OL].中国经营报. http：//finance.ifeng.com/a/20141024/13216521_0.shtml，2017-05-16.

❷ 郭永辉. 产业集群创新的知识产权治理研究[J]. 技术经济与管理研究，2013（8）：35-40.

实现产品市场开拓的权利保障，而且保证每一阶段的市场纵深发展具有产业核心竞争力，取得市场先发优势，有助于战略性新兴产业收回投资，实现新兴产品市场培育的目标。（3）建构产业市场准入的标准与知识产权联盟。产业知识产权管理的重要任务是推动形成国际统一的技术规范体系，通过产业聚集、战略联盟以及产业合作等各种形式，制定新兴产业的专项技术标准，通过专利池、知识产权交叉许可等方式，实现产业整体结构的高端发展，掌握产业市场制高点和话语权。❶（4）打造产业美誉度与影响力的国际品牌。产业知识产权管理的目标之一是通过产业中主导企业的比较与分析，梳理产业主导品牌的关键战略与发展途径，在产业整体视野中采取知识产权支撑品牌培育的现实措施，避免"劣币驱逐良币"，引导产业整体上的良性发展和可持续发展。（5）优化产业知识产权竞争环境。产业知识产权管理分析的基本手段是对产业内主要关键领域的知识产权布局进行比较分析，这种实证比较不仅有助于整体把握产业内各领域竞争对手的情况，而且可以从产业视角出发，挖掘企业的竞争优势，克服可能存在的竞争劣势，寻找未来的发展机会，避免各种现实或潜在的威胁。

（二）产业知识产权管理的特征

产业知识产权管理具有层次性。产业作为一个集合体，其中的各个组成部分并不是毫无联系地独立存在，而是具有一定的层次结构和内部逻辑。产业在经济学中具有三个层次的基本含义：第一层是以同一商品市场为单位划分的产业，即产业组织；第二层是以技术和工艺的相似性为根据划分的产业，即产业联系；第三层是大致以经济活动的阶段为依据，将国民经济划分为若干部分所形成的产业，即产业结构。❷产业的层次性决定了产业知识产权管理必然也是处于一个自上而下、相互依存、相互制约、相

---

❶ 专利池[EB/OL].MBA百科. http：//wiki.mbalib.com/wiki/%E4%B8%93%E5%88%A9%E6%B1%A0, 2016-07-21.

❷ 佚名. 产业层次[EB/OL]. http：//baike.baidu.com/link?url=7-CGnL-SqIj1qQu5HuUpjnIu8a2LGmlHmBVE10MNBVA9c_uXuTOgeED1dkXZ5xbRf4q3TPuYSwTGH_yvphoXX, 2017-05-16.

互影响的结构模式之中。

产业知识产权管理具有多样性。这体现在产业中成员的多样性上。由于产品多样的特性和生产技术的特定要求，虽然同一产业中各个成员所进行的物质生产的内容从宏观上具有相同性或相似性，但其具体的生产内容以及生产技术所涉及的知识产权则是多种多样的。例如，作为国民经济主导产业的工业部门包括了能源工业、钢铁工业、机械工业、高新工业等，而它们所涉及的技术领域更为广泛，包括电子信息技术、生物工程技术、制造技术、航空航天技术、环境保护技术、新能源技术等横跨多学科的技术领域。所以，产业知识产权管理的多样性与产业技术的多元化布局紧密关联。另外，产业知识产权管理的多样性还体现在企业经营种类的多样性上。同一企业可以从事多种产业经营，跨国公司的经营范围并不受限于某个产业类型。例如，德国大众公司在进行产业知识产权管理时，不仅会涉及汽车产业，还会与互联网产业、电子信息产业等发生联系。这表明，以企业为实证素材进行产业知识产权管理分析具有复杂性和多样性。

产业知识产权管理具有动态性。产业不是静止的，它有着自己的产生、发展直至消亡的生命周期过程。产业的运动伴随着社会的进步、科学技术的发展而进行，受到经济、文化、环境等多方面因素的影响。相应的，产业运动的每一个阶段对于知识产权管理的要求并不相同，产业核心产品处于不同的产品周期，知识产权管理的具体要求和模式也就不同。此外，知识产权本身也是发展中的知识产权，著作权、商标权、专利权、商业秘密权、植物新品种权、集成电路布图设计权等权利保护和限制规则都在不停发展变化之中。产业知识产权管理必须依法管理，也就需要因应各种权利规则的调整，不断改进产业知识产权管理的内容和方式。

三、产业知识产权管理的发展现状

开展产业知识产权管理的主体具有多元性，主要包括国家针对产业进行的知识产权管理、行业协会或者产业联盟进行的产业知识产权管理以及企业在经营活动中因循产业环境进行的管理。产业知识产权管理的现状与这三个不同主体进行的管理活动联系在一起。

（一）知识产权强国的产业知识产权管理

知识产权强国针对产业进行知识产权管理，包括发布产业知识产权政策和强化产业知识产权管理措施等方面。如前所述，美国和欧盟近年来针对知识产权密集型产业，发布专门的研究报告，总结知识产权密集型产业对于国家经济增长、提升就业率和增加出口等方面的贡献。日本、韩国还专门发布政策文件，推动文化产业的知识产权管理。美国政府先后制定与产业知识产权管理有关的法律法规，主要包括：《斯蒂文森—怀德勒技术创新法》《拜杜法案》《国家技术转移与促进法》《联邦技术转移法》等。美国公共政策制定者在出台产业知识产权管理措施时，充分考虑各个产业的特点和发展现状，相当多的产业部门也积极参加游说，这样一来，很多美国的知识产权法律和政策措施就集中体现了美国优势产业的利益诉求。例如，基于版权产业中一些权利人的利益无法得到充分保障，美国国会在迪士尼公司的游说之下，通过《著作权保护期限延长法》❶（CTEA），将版权保护期限延长20年；1996年，为加强著名商标保护实施《美国联邦商标反淡化法》，解决了互联网产业中域名有关的商标淡化问题；前文所提到的《拜杜法案》，则是旨在促进联邦政府直属的研究机构与工业产业的合作。❷在国际知识产权规则制定过程中，产业也发挥着不可忽视的作用。萨缪尔森教授认为，大的产业集团已经习惯于作为版权政策制定过程中的唯一游说者，版权产业的集中利益和公众的分散成本这一重要的公众选择问题通常走向立法寻租。❸知识产权国际规则的改革舞台，正在成为某些实力超强的跨国公司和产业联盟实现超额垄断利益的竞技场。

---

❶ 根据该法案，1928年出版的聘雇作品米老鼠的保护期为75年，在2003年进入公有领域，现在却要再延长20年，直到2023年。鉴于此，迪斯尼公司立法寻租成功，该法案被称为"米老鼠法案"可为名副其实。由于Sony Bono积极倡导推动，为纪念他，该法案也称为"Sony Bono"法案。

❷ 李建花. 美国企业知识产权法律环境建设及启示[J]. 全球经济科技瞭望，2016（12）：14-19.

❸ Pamela Samuelson. Toward a New Politics of Intellectual Property[J]. Communication of the ACM, 2001（3）：98-99.

具体的产业知识产权行政管理机构设置上，美国、德国等知识产权强国按照产业的分类建立了集中部署下的分工合作模式。以美国为例，在专利商标局、国际贸易委员会、版权办公室的总体部署之下，各政府部门还设立了自己的专利管理部门，对相关产业的知识产权进行监管。例如，农业部和林务局负责农林业方面专利、植物新品种的管理；环保署负责环境保护相关专利的管理；卫生及公共服务部负责涉及食品、药品的知识产权管理等。

拥有一批具有全球领先水平和影响力的知识产权密集型企业，加快发展知识产权密集型产业，是知识产权强国的普遍特征。具体来说，知识产权强国采取的产业知识产权管理措施主要包括❶：大力培育知识产权密集型企业；引导知识产权密集型企业规模化发展；引导人才向知识产权密集型产业集聚；大力支持知识产权密集型产业发展；重视知识产权密集型产业的软实力建设。

近年来，行业协会、产业联盟在产业知识产权管理中同样发挥着重要作用。产业知识产权联盟以知识产权为纽带，由产业内两个以上利益高度关联的市场主体共同组建，为产业创新创业提供专业化知识产权服务，是基于知识产权资源整合与战略运用而形成的新型产业协同发展组织。以企业为主导、产学研合作为基础的产业知识产权联盟的建设，有利于加快协同创新、深化知识产权运用。在造就"印度奇迹"的印度软件产业崛起的背后，由印度国家软件和服务公司协会（NASSCOM）所推动的印度软件行业知识产权战略可谓功不可没。❷为了防御国外大企业针对其国内知识产权密集型企业的知识产权诉讼，韩国政府鼓励国内主要企业组建企业间的知识产权联盟，提高处理专利侵权的能力，LG电子、三星电子等均在政府的支持下组建或加入此类联盟。日本为了增强知识产权密集型企业的竞争力，鼓励和支持"日本创新网络公司"（INCJ）、松下公司和三井物产公司等联合组建了企业知识产权联盟。

---

❶ 钱建平等.江苏省知识产权强省建设研究[M].北京：知识产权出版社，2015：118-120.
❷ 詹映，温博.行业知识产权战略与产业竞争优势——以印度软件产业的崛起为例[J].科学学与科学技术管理，2011（4）：98-104.

（二）我国的产业知识产权管理

我国产业知识产权政策主要包括三种情况：一是在科技政策、文化政策、教育政策等与产业发展相关的政策文件中强调知识产权的重要性，提出若干强化产业知识产权管理的政策措施。例如，2015年国务院印发的《中国制造2025》中提出，攻克信息化设计、过程集成设计、复杂过程和系统设计等共性技术，开发一批具有自主知识产权的关键设计工具软件。❶加强制造业重点领域关键核心技术知识产权储备，构建产业化导向的专利组合和战略布局。二是在知识产权政策文件中针对产业知识产权管理提出要求。例如，2015年发布的《国务院关于新形势下加快知识产权强国建设的若干意见》中专门指出，培育知识产权密集型产业，探索制定知识产权密集型产业目录和发展规划，运用股权投资基金等市场化方式，引导社会资金投入知识产权密集型产业。❷三是出台专门的产业知识产权政策文件。例如，2012年国务院办公厅发布《关于加强战略性新兴产业知识产权工作的若干意见》，明确战略性新兴产业知识产权工作思路和目标，提出要促进知识产权创造、运用、保护、管理和国际合作，夯实战略性新兴产业创新发展基础，推动战略性新兴产业实现知识产权价值，支撑战略性新兴产业形成竞争优势，支持战略性新兴产业企业走出去。

近年来，在政府的大力推进和积极引导下，我国产业知识产权联盟发展迅速。近两年在国家知识产权局备案的产业知识产权联盟超过50家。❸同时，各种行业协会在产业知识产权管理中发挥不可缺少的作用，成为推动加强产业知识产权管理的重要纽带，也是政府和企业进行产业知识产权管理的桥梁。实践证明，如果企业联合起来与国外专利池进行专利费率和许可条款的谈判，效果往往比企业单打独斗强得多。因此应当积极发挥行

---

❶ 国务院. 国务院关于印发《中国制造2025》的通知[EB/OL]. http：//www.gov.cn/zhengce/content/2015-05/19/content_9784.htm，2015-05-19.

❷ 国务院. 国务院关于新形势下加快知识产权强国建设的若干意见[EB/OL]. http：//www.gov.cn/zhengce/content/2015-12/22/content_10468.htm，2015-12-22.

❸ 陆介平，王宇航. 我国产业知识产权联盟发展及运营态势分析[J]. 中国工业评论，2016（5）：42-47.

业协会、企业联盟和政府相关机构的作用。例如，中国电子音响工业协会（CAIA）曾代表中国DVD企业参加DVD专利池收费谈判，第三代移动通信标准的专利池收费谈判则由信息产业部的电信研究院代表中国企业出面。用一个声音说话，无疑将增加我方在谈判桌上的力量。❶

总体上看，我国产业知识产权管理中的主要问题包括：（1）产业知识产权管理意识不强。无论是针对传统产业的知识产权改造，还是在战略新兴产业中的知识产权管理，政府部门或者具体企业的产业知识产权意识还较为缺乏，较少能够娴熟运用知识产权管理的工具推动产业发展。事实上，产业知识产权战略可扩充知识产权资源，抑制新进入和替代品的威胁，提高买方和供应商议价能力，展现更强的市场竞争力。（2）知识产权密集型企业的竞争力有待提升。在我国，能够支撑产业转型升级的高价值知识产权密集型企业相对较少，即便是正在成长中的知识产权密集型企业，所拥有的发明专利、PCT专利、国际知名品牌、核心版权作品的数量亟待增加，质量更是有待提高，知识产权运用能力和保护水平还有很大的提升空间。（3）知识产权密集型产业对经济增长的贡献度有待提高。我国还需要通过推动知识产权密集型产业发展来促进产业转型，其中包括大力发展新一代移动通信、智能制造、生物医药等专利密集型产业，也包括不断壮大新兴版权产业。

需要说明的是，产业环境是企业知识产权管理的重要依据，相同或类似企业的知识产权管理集合形成产业知识产权管理的基本样态。本书的基本研究方法就是通过类似企业知识产权管理的实证分析，管窥产业知识产权管理的主要现状。限于篇幅，此处对于企业立足产业发展进行的知识产权管理情况不做具体介绍，后文将会在具体的产业类型中，针对典型企业的实际个案进行解剖和分析。

四、产业知识产权管理的战略对策

2015年，国务院作出全面推进知识产权强国建设的战略部署，我国的

---

❶ 曾德国.企业知识产权管理[M].北京：北京大学出版社，2015：104-105.

知识产权事业进入新的发展时期。针对国内产业知识产权管理现状，结合国际知识产权管理格局，借鉴美国、德国等知识产权强国的经验，我国产业知识产权管理的主要措施包括以下方面。

（一）协调和完善产业知识产权政策

政策管理部门应当根据产业知识产权发展现状以及战略方向，不断完善知识产权政策、法规的框架和原则，根据产业发展的需要制定专门的产业知识产权政策，加快构建服务知识产权强国战略需要的产业政策体系。通过法律解释、法律修改、政策规划等方式，与时俱进，不断适应产业的实际发展情况，因业施政，以知识产权政策法规为手段全面提升产业竞争力。在对产业划分的基础上，针对不同的产业，具体问题具体分析，把握各产业所面临的知识产权问题的主要矛盾，制定对产业发展有积极推动和保护作用的政策措施。同时，要维持知识产权政策与产业内其他相关政策的协调与融合，真正达到完备政策体系的目的。另外，政府应当制定对于产业内个体的物质奖励制度以激发其创新热情，并加强对知识产权侵权者的惩罚力度，切实保障知识产权人的合法利益不受侵害。营造环境，全面创建知识产权制度和产业政策手段互促互进的生态体系。❶

（二）大力培育知识产权密集型产业和企业

制定出台《知识产权密集型企业培育认定办法》，以贯标达标企业、知识产权战略推进计划承担企业为基础，以行业龙头企业、外向型企业为重点，遴选一批具有较强创新实力、具备发展潜质的重点企业，造就具有国际竞争力的知识产权密集型企业。研究并公开发布知识产权密集型产业报告，定期评价知识产权密集型产业对经济社会发展的影响，根据产业知识产权的主导种类和集聚方式不同，对不同行业的专利密集型、商标密集型和版权密集型产业进行分类规划和指导。❷

---

❶ 姜江.知识产权强国政策体系中的产业政策研究[J].知识产权，2015（12）：24-28.
❷ 张祥志.TRIPs协议弹性条款研究[D].武汉：华中师范大学，2011.

(三)加强产业聚集区的知识产权管理

产业聚集区的管理部门应在政府的统一规划之下,充分调研本聚集区内产业知识产权管理状况,根据现实情况探索产业知识产权风险应对机制。推广知识产权运用实践经验,以知识产权优势企业创建为主要抓手,推动产学研优势叠加,整合聚集区内知识产权资源,培育品牌支撑服务机构,为企业提供多方位指导与服务,提升企业自主创新能力。❶产业聚集区应该在产业知识产权管理措施方面先行先试,结合产业聚集区的实际特征,制定产业知识产权管理的标准化流程和贯彻知识产权标准的举措,推进产业集聚区运用知识产权抢占产业竞争高峰,优化出口结构,推动并服务于供给侧改革需要,在经济结构调整中积累经验。❷

(四)优化产业知识产权联盟

产业知识产权联盟应在政府部门的引导下,培育高价值知识产权,加强与高校科研院所以及知识产权运营机构的合作,完善自身许可与纠纷解决等机制,充分发挥产业知识产权联盟的作用,实现产学研的协同对接、知识产权的协同运作,有效促进知识产权价值实现。❸不断完善产业知识产权联盟的功能,发挥产业游说作用,积极开展产业知识产权管理,建立知识产权产业联盟的专利分析和预警机制,帮助联盟内企业构建产业标准,推动产业知识产权运营,借助自身优势参与知识产权纠纷的解决,维护良好的知识产权法治环境。

(五)发挥行业协会在产业知识产权管理方面的功能

首先,加强信息共享平台的建设,建立完善行业知识产权信息数据库,为会员企业技术创新和知识产权创造提供可靠的数据信息服务;其

---

❶ 刘珊.聚焦重点产业聚集区,加强知识产权协同应对机制建设[J].中国工业评论,2015(4):73-74.

❷ 孔令兵.知识产权密集型产业要成为经济结构改革的"新供给"[N].中国知识产权报,2017-03-03(008).

❸ 李俊霖.产业知识产权联盟:搬走企业发展的"绊脚石"[N].中国知识产权报,2016-11-23.

次,协调推进联合研发,在企业间的联合研发、产学研合作和知识产权创造中发挥桥梁纽带作用和组织协调作用;再次,协助知识产权执法,对于执法机关执法过程中遇到的问题提供必要的信息、证据以及针对性的意见;最后,凝聚力量集体维权,在强化协会内部自律的同时,凝聚会员企业力量集体对外维权。❶

（六）推动企业运用产业手段强化知识产权管理

企业需要强化自身知识产权保护意识,建立预警机制,在不断提高产业知识产权保护能力和水平的前提下,制定清晰明确的产业知识产权战略,并且有具体实施计划和充足的资金以保证其得到贯彻落实。企业需要综合运用产业知识产权管理工具,借助专利分析等手段摸清竞争对手的专利布局,通过灵活有效的知识产权管理制度推进创新成果的权利化,并能随着企业以及整个产业的发展改进知识产权质量,以优越的知识产权管理促进品牌的创建、提升和保护。企业可以建立专门的产业知识产权信息检索数据库,做好知识产权信息管理、利用工作。

总之,随着科技革命与产业革命的影响日趋深远,企业围绕知识产权的竞争和合作形势更为复杂,有明确战略目标的产业知识产权政策大量涌现,传统产业和战略性新兴产业对于知识产权创造、运用的依赖性越来越强,对知识产权的管理和保护要求越来越高。我国在建设知识产权强国的过程中,需要大力培育知识产权密集型企业,发挥其在推动国民经济增长和优化供给侧方面的作用,通过知识产权管理推进传统产业的优化升级,做大做强战略性新兴产业。为此,需要进一步加强产业知识产权管理的研究,探索其手段和方式,进而切实发挥产业知识产权管理的功能。

---

❶ 周庆丰,林金富.发挥行业协会在产业集群知识产权保护中的作用——基于黄岩电动车塑件行业协会的个案研究[J].今日科技,2014（10）:26-27.

第二章 电子信息与通信产业知识产权管理实证研究

现代信息产业以电子信息和通信产业为基石,这已经成为知识密集型产业的典型代表,也是我国着力发展的战略新兴产业之一,具有宽阔的市场潜力和发展后劲。电子信息产品和通信技术不仅是互联网产业的基础,也是"互联网+"战略实施的保障。电子信息与通信产业的知识产权布局和管理有其特殊性,它不仅在专利数量上呈现出多而繁杂的特性,而且对于标准技术专利化和开放式授权许可都有着特殊需求。加强电子信息与通信产业的知识产权管理,已经成为提升该产业核心竞争力的基本要求。

第一节 概 述[*]

电子信息产业与通信产业是两个不同的产业领域,但是又紧密结合。电子信息是通信技术的基础,通信技术往往也借助电子信息产品进行传播,大多数现代通信产业可以归类为电子信息产业。互联网是通信技术和计算机技术结合的产物,表现出电子信息和通信技术的互联互通。通信产业、电子信息产业和互联网产业均同属于现代信息产业。电子信息和通信产业的知识产权管理不同于医药产业,它更注重技术标准的专利化和专利联盟的运作,在企业的发展过程中,也根据其对核心技术专利权掌握的情

---

[*] 本节作者为南京理工大学知识产权学院梅术文副教授。

况，针对OEM（代工型）、ODM（设计型）和OBM（品牌型）等不同形式设置知识产权管理模式。

一、电子信息产业和通信产业概况

电子信息产业是建基于电子科学技术，研制和生产电子设备及各种电子元件、器件、仪器、仪表的工业，它包括雷达、广播电视设备、家用视听设备、电子测量仪器、电子元件、视频监控等产业门类。芯片等微电子技术是整个电子信息工业发展的核心，IC（集成电路）产业往往是一个地区或一个国家高科技发展水平的最高表现。[1]目前，美国等发达国家控制着世界集成电路设计的顶尖技术，因特尔、德州仪器、摩托罗拉、朗讯等国际知名厂商占据着世界芯片市场80%的份额。[2]与集成电路设计IP核[3]业务相关的公司主要有四大类：[4][5]一是以IP核授权或出售为主要赢利途径的专业IP核公司。二是大型的集成器件制造商（IDM）公司，如三星公司（Samsung）等，由于长期的技术积累，拥有大量供内部重复使用的IP核。三是电子设计自动化（EDA）软件公司，如明导公司（Mentor）等。为推广EDA软件，这些公司大都开发了许多可供用户使用的IP核，配合EDA工具一起销售。四是晶圆代工厂（Foundry），如台湾积体电路制造股份有限公司（TSMC）等。

日本在电子信息产业大众市场领先地位不再，但在上游核心部件和商

---

[1] 王鑫. 集成电路设计产业的知识产权发展战略研讨——以集成电路IP核的开发、获取和保护为切入点[J]. 中国发明与专利，2015（8）：13-16.

[2] 惠志斌. 美国网络信息产业发展经验及对我国网络强国建设的启示[J]. 信息安全与通信保密，2015（2）：23-25.

[3] 集成电路产业分工日益细化，外包模式被更多企业采用，出于对商业风险、市场机会和材料成本的考虑，集成电路产业越来越多地使用知识产权核（Intellectual Property Core, IP Core），即用于产品应用专用集成电路（ASIC）或可编辑逻辑器件（FPGA）的可修改参数的功能模块，以方便其他用户设计时直接调用。

[4] 丁伟，王永文，王阳元. 中国集成电路产业知识产权战略研究（Ⅱ）——现状与策略分析[J]. 科技进步与对策，2007（7）：10-13.

[5] 丁伟，王永文，王阳元. 中国集成电路产业知识产权战略研究（Ⅰ）——重要性分析及其保护的演变[J]. 科技进步与对策，2007（5）：1-5.

用领域里的话语权却在提升。❶随着新技术的普及，这些上游技术将会转化为大众消费市场的竞争力。例如松下从家电产业扩展至汽车电子、住宅能源、商务解决方案等领域；夏普将转向健康医疗、机器人、智能住宅、汽车、食品、水、空气安全领域和教育产业；索尼复兴电子业务的计划遭遇挫折，电子领域今后将强化手机摄像头等核心部件。❷日立、东芝等日本电子巨头则向智能电网、电梯等基础设备领域转型，业绩平稳增长。在核心零部件、上游化学材料方面，日本企业仍保持优势。夏普、日本显示公司（Japan Display，JDI）的液晶面板，松下的锂离子电池，索尼的摄像头等诸多零配件，隐藏在智能手机、超大屏幕电视、平板电脑、电动汽车等产品里。❸日本企业的基本战略是避开终端市场竞争激烈的"红海"，扩展上游高附加值的核心部件的"蓝海"。❹此外，值得关注的是韩国电子信息产业的发展势头强劲，企业狂飙突进。其中，三星、乐金（LG）已经成为全球最大的彩电供应商。当然，电子信息产业也被认为是中国未来最有发展潜力的行业之一。我国企业确实也在此领域不断追赶，格力、海尔已分别成为世界上最大的家用空调和冰箱冷柜供应商，TCL、海信则冲击全球彩电的前三强。❺

通信产业是人与人或人与自然之间通过某种行为或媒介进行信息交流与传递的行业。现代的通信产业以电子信息技术和光通信技术为基础，主要通信方式包括网络通信、邮递通信、电话通信、传真通信、卫星通信、电报通信等。通信产业是沟通电子信息产业和现代互联网产业的基本桥

---

❶ 本世纪最大谎言被揭穿 日本经济"失去20年"实为"创新20年"[EB/OL].凤凰国际智库.http://pit.ifeng.com/a/20161226/50475113_0.shtml，2016-12-21.

❷ 佚名.全球创新榜：日本40家，美国35家，中国0家![EB/OL].http://www.360doc.com/content/16/0404/01/9588858_547671533.shtml，2016-04-04.

❸ 悦涛.全球创新企业百强日本排第一[EB/OL].http://www.kmcenter.org/html/s2/201512/08-16840.html，2016-06-10.

❹ 当你唱衰日本创新时，中国已被远远甩在了后面[EB/OL].搜狐文化.http://cul.sohu.com/20160513/n449245407.shtml，2016-05-13.

❺ 沈慧.海尔的知识产权经营之道：从"烧钱"到"赚钱"[EB/OL].http://finance.china.com.cn/industry/electric/20160704/3795749.shtml，2016-07-04.

梁，一头连接着手机、电视和电脑等现代信息技术及其产品，另一头连接着互联网技术和各种网络服务平台，因此在整个信息产业链条中具有重要意义。2013年12月4日，我国三大运营商同时获得TD-LTE牌照，通信产业迎来新一轮发展机遇，电子信息产业、通信产业与互联网产业之间的价值链整合能力大幅提升，可穿戴设备、移动高清视频、移动电子商务等都将迎来高速发展。总体看来，通信产业中的传统固定电话业务日渐式微，移动电话、非话音业务和移动数据及互联网业务在通信业务中的比重不断增加，光纤接入（FTTH/0）用户占宽带用户的比重不断突破，❶IPTV等三网融合业务发展渐成规模。特别是国产品牌智能手机市场表现抢眼。据报道，2015年国产品牌手机出货量占同期国内手机出货量超过80%，市场竞争由价格战、性价比向工艺升级、技术创新等"深水区"迈进，华为、小米、OPPO、vivo、酷派、魅族、中兴、联想等手机品牌表现突出，在整体上推动中国手机产业快速向中高端演进。

二、电子信息和通信产业知识产权管理现状

电子信息和通信产业知识产权管理具有一般产业的共性特征，注重专利创造和布局，同时在知识产权运用和保护方面也存在一些特殊之处。具体可以概括为以下方面。

（一）知识产权创造和布局

电子信息和通信产品在权利布局方面，呈现出单一产品多种知识产权共存的特征。例如，动力、感应器、电路系统、IC电路、声音、标示、强度、耐热等专利技术，都可以共存于单一产品之上，同时单一产品之上也不排斥硬件的专利权、软件的著作权和集成电路布图设计权等。如此一来，电子信息产品可以由众多的技术改良发展而来，专利申请可能从数百到数千，多的甚至可以达到数万种。例如，一部手机、一台电脑、一台电视等电子信息产品上都密布着大量专利，这些专利由不同的、擅长不同技

---

❶ 据统计，2015年，我国三家基础电信企业固定互联网宽带接入用户净增1 288.8万户，总数达2.13亿户。

术领域的公司研发而成，权利主体可以是不同的公司。因此，拥有标准就拥有市场，建立实施技术标准和专利联盟成为这类产业发展的必然结果。这种技术专利布局上的特点，显然不同于生物医药领域。生物医药产业的专利主要分布在活性化合物、制造方法、用药和制剂等层面，权利人一般由单个公司所掌握，所以医药领域的专利战略更加关注专利权保护范围，同时尽量避免医药专利被竞争对手宣告无效。❶相反，电子信息和通信产业更加注重多领域的技术专利化，同时建立技术标准化、标准专利化和专利同盟化的架构，进而在知识产权竞争中获得更优越的地位。标准专利化战略的核心是将技术成果转化为国家标准，逐渐提升为国际标准，通过标准技术申请专利或者构建专利池，在国际市场中获得超额利益。

电子信息和通信产业的知识产权布局是形成企业核心竞争力的重要因素。英特尔和AMD公司的营利水平明显高于其他行业的企业，这是因为在缺少替代品的情况下这两家公司控制了制造计算机芯片的大部分专利，而其他厂商很难从他们那里获得专利授权。由此可见，知识产权战略通过控制专利、商业秘密等可以帮助行业内企业减少替代品的威胁。❷我国代表性的企业也开始以战略眼光进行全球化专利布局。例如中兴在完善欧美市场专利布局的同时，还以战略防御的眼光积极在新兴国家市场进行专利布局，截至2015年拥有6.6万余件全球专利资产，已授权专利超过2.4万件。通过有效的专利布局，电子信息和通信产业的上游企业还可以凭借知识产权优势获得巨大的附加值利益。CDMA属于美国高通，标准专利成为高通公司获取超额利润的重要利器。美国IDC公司掌握着无线通信领域从2G到4G时代的许多核心专利，部分专利已成为该领域的国际标准，这些专利的许可使用正是其收入的重要来源。目前，针对LTE智能手机专利拥有者支付的专利费占比已经超过整机费用的30%，其中，高通收取售价的3.25%居

---

❶ [日]宇佐见弘文.企业发展必要之专利战略[M].台北：书泉出版社，2013：8-11.
❷ 詹映，温博.行业知识产权战略与产业竞争优势——以印度软件产业的崛起为例[J].科学学与科学技术管理，2011（4）：98-104.

最高,其他通过专利收费的公司还包括摩托罗拉❶(2.25%)、阿尔卡特朗讯(2%)、华为(1.5%)、爱立信(1.5%)、诺基亚(1.5%)、北电(1%)、中兴(1%)、西门子(0.8%)。

(二)OEM、ODM 和 OBM 的知识产权管理差异

电子信息产业与通信产业中主导企业和代工企业的知识产权战略存在不同的考量因素。电子信息产业与通信产业委任外在厂商进行垂直分工与开发比较常见,但具有自主知识产权的核心竞争力产品往往掌握在主导企业手中。委任者寻求代加工的目的是为了促使这些企业更专心于自己的特长。当然,委托代加工的过程中,保护知识产权恰恰就是维护主导企业在价值链关键活动中获利能力的基础。例如思科(cisco)网络公司一直具有开发与制造的研发能力,重视知识产权的开发、布局与运用,所以它能够指导代加工厂商如何制造,并且在最终利益分配中占有利润咽喉的位置,获得较为丰厚的利益回报。同时,那些处于代工地位的企业也应该根据情势的发展,结合本国的知识产权政策防止落入知识产权陷阱,根据自身的发展寻求自主知识产权战略。近年来,代工企业的利润日趋微薄,竞争反而更趋激烈。新兴市场国家的电子信息产业面临转型升级的要求,从OEM到ODM乃至OBM的过程中,必须以自有品牌与自有知识产权为基本竞争策略,积累所需的竞争资源。我国台湾华硕本来是电脑主机板生产商,但是当公司成长到一定的地步,营业额增长和资源累积的增多使之在手机、基地台等事业上获得多元化的发展,逐渐形成拥有自主品牌的现代电子信息企业。另一家电子信息企业宏碁则干脆将代工业务分割让与纬创资通,将整体资源集中在品牌发展,渐收成效。

(三)知识产权的商业化运用

电子信息产业的购并情况比较普遍,企业扩大价值链活动或进行水平整合时都能善用知识产权的价值。一些企业对外扩张购买其他企业的基本目的就是获得对方核心技术、关键技术的知识产权,或者为开拓新市场、

---

❶ 摩托罗拉的部分专利已经转让给谷歌,北电专利则被苹果等多家公司收购。

推广新产品,打造消费者乐于接受的品牌形象。由于电子信息产业发展呈现不停成长的趋势,不少企业在购并过程中将投资对象选择在IC电路、晶片、液晶显示面板(LCD)、智能手机等领域,投资前的知识产权分析有助于确定不同产业价值链条上的基本格局,从而为科学决策提供参考。当然,企业在引进新市场的策略性资源时也必须强化知识产权保护,防止竞争对手的模仿,避免公司购并战略陷入失败。

电子信息和通信产业内部建立产业联盟,形成专利联盟和专利池,这也是该类产业进行知识产权管理的典型方式。例如2014年TD产业联盟(TDIA)正式成立中国首家移动技术专利公司,为企业提供知识产权合作平台,着眼移动通信产业专利运营,开展专利授权许可、交叉许可以及代收专利使用费,着力盘活联盟内企业的专利无形资产。该联盟还通过专利布局方面的合作,共同防御来自海外集团的诉讼压力,通过建立专利池等模式增强企业专利运营的成功率和价值,获得的利润在专利权人之间进行分配,实现了联盟内企业专利价值的多方共赢。

(四)知识产权诉讼和竞争

电子信息和通信产业的知识产权对抗较为激烈,相应的诉讼和专利战争从未停息。这种专利战争既包括国内企业之间的诉讼,也包括国内企业与国际跨国巨头之间的纷争,还包括在产品出口过程中所面对的美国"337调查"等国际贸易纠纷。中兴通讯自2011年起每年都遭受到来自美国贸易委员会(ITC)的"337调查",连续6年应诉7起调查,并且获得5起案件的胜诉和2起案件的和解。跨国公司之间的知识产权纠纷也不少见,苹果公司启动的全球专利大战,也是有史以来最为密集、激烈的,例如,仅与韩国的三星公司,苹果就在美国、德国、韩国、澳大利亚等多个国家的12个法院,介入了22个专利侵权法律诉讼,双方动用的专利超过100个,背后的战备专利组合超过300个,双方总裁级和解谈判分析的对抗性专利组合超过1 000个,全局性和解需要评估的双方专利技术超过3万个。❶苹果公司还灵

---

❶ 中国高新技术产业发展促进会. 浅析我国电子信息产业的知识产权战略定位问题[J]. 科技促进发展, 2013 (1): 7-38.

活运用专利战让Android阵营的HTC元气大伤，在2015年又主动挑起与通信产业专利大户爱立信的专利战，后来遭遇反诉而被迫和解。

正是由于电子信息和通信产业中标准必要专利具有行业竞争咽喉的特殊作用，所以围绕技术标准进行的专利诉讼最为普遍。针对标准必要专利发起的反垄断诉讼也是企业反制的重要途径。2011年12月6日，华为公司向深圳市中级人民法院提出两起诉讼，以IDC滥用市场支配地位为由提起反垄断诉讼，请求法院判令其停止垄断行为，并索赔人民币2 000万元。2013年10月28日上午，广东省高级人民法院作出终审判决：维持深圳市中级人民法院对华为诉IDC两案的一审判决，支持华为公司的诉讼请求。❶华为诉IDC案是我国法院第一次运用合理非歧视原则（FRAND原则）审理的典型案件，这对于完善通信产业标准化建设中的开放授权模式，推动技术标准专利使用费成本降低、保护专利信息公开透明都具有重要意义。2013年中国发改委启动了对高通公司的反垄断调查并于2015年2月宣布高通公司违反中国反垄断法律，将被罚款9.75亿美元。其滥用市场支配地位的行为主要表现为：收取不公平的高价专利许可费；搭售非无线标准必要专利许可；在基带芯片销售中附加不合理条件。高通接受了该罚款，并将专利许可费大幅下调，在专利费的计算基础上进行一定程度的折扣，以致许可费实际上低于全球水平。

电子信息产业遭受NPE的诉讼也非常突出。NPE（Non-practicing Entities）不进行生产制造或产品销售，而是经由独立研发或专利转让取得专利权，并以授权谈判及专利诉讼为主要手段向从事生产或制造公司收取权利金或赔偿金为其营利目标。就各产业分析来看，NPE在美国的专利诉讼集中在ICT等信息产业领域，依照诉讼案件统计，半导体业有690件居冠，再次为软件应用业、通信设备业。❷面对来自专利蟑螂（patent troll）的各种诉讼，电子信息和通信产业必须提早制定战略，并且共同推进国家

---

❶ 广东省高级人民法院民事判决书（2013）粤高法民三终字第306号。
❷ 张瑞芬，张力元，吴俊逸，樊晋源. 专利分析与智慧财产管理[M]. 台北：华泰文化，2013：55.

出台遏制各种恶意诉讼行为的政策措施。

三、电子信息和通信产业知识产权管理发展趋势和战略措施

总体上看,国际社会在电子信息和通信产业领域的竞争非常激烈,知识产权管理在提升企业核心竞争力中发挥的作用无法低估。面对主导企业发起的知识产权攻势,企业界应该高度重视知识产权布局、申请、运用和诉讼,把握产业特征和知识产权趋势,做出有效应对,不断提升自身的核心竞争力与比较优势。

具体来说,电子信息和通信产业知识产权管理发展趋势表现在五个方面:(1)高质量知识产权布局具有决定性的意义,推动技术标准化和标准全球化对于跻身全球价值链中高端具有基础性的价值意义。"霸权者"是业界拥有核心专利且规模巨大的公司,"鲨鱼"则是拥有关键技术且具有进攻性的高技术企业。在整个专利布局框架中,没有核心专利技术的"目标肥羊"和"小鱼"正是霸权者和鲨鱼进行专利诉讼的主要攻击目标。(2)信息产业专利预警机制,成为减少出口贸易中的专利纠纷、防范法律风险的重要手段。我国企业可以通过专利文献和情报分析,对跨国公司专利权进行动态跟踪与分析,制定专利地图,形成专利情报的"预警"系统。(3)知识产权的协同创造和运用成为主流。核心专利的创造离不开产学研等各方力量的整合,协同创新以及产学研合作是联合攻关的重要形式。在多方利益合作中,可以通过市场化利益共享机制建立技术创新联盟,并且妥善处理知识产权归属与利益分享问题。建立专利联盟、打造专利池、购买专利、参与专利标准规范化制定、储备防御性专利、进行交叉许可等都是基本的知识产权运用策略。(4)知识产权优势地位的不确定性和不可预测性。信息技术发展具有相当大的不可预见性,电子信息产业经常出现"颠覆性技术",跨国公司已将研发重心转移到下一代及以后的技术,后进入的企业可以抓住机会颠覆传统企业的优势地位。移动互联网时代的到来促使全球半导体产业发生深刻的变化,而且必将会从量变转入质变,这为所有的后起国家和企业提供了弯道超越的绝好机会。(5)知识产权诉讼和专利蟑螂发起的各种攻击的压力增大。跨国公司开始借助专利收

购、建立运营组织等多种战略予以积极应对。美国更是出台相应的政策措施，制止没有在本国实施专利的企业提起相应的诉讼，法院不再支持这些NPE获得惩罚性赔偿。

基于以上发展趋势的考量，我国电子信息产业和通信产业的知识产权战略措施主要包括以下方面。

第一，不断提升知识产权创造的品质。我国是电子信息产品制造第一大国，但是行业规模与实力并不成正比。从国际产业价值链分工来看，我国仍处于全球价值链的中低端。一直以来，高端的芯片研发和制造一直垄断在国外厂商的手中。❶2015年11月5日，华为发布了最新手机处理芯片，并且宣布在华为最新的Mate8手机平台上搭载此款芯片。这可以视为我国企业在核心技术方面的重大突破，也为更多企业在核心技术领域进行专利布局提供示范。我国信息产业的中高端发展离不开开发具有自主知识产权的核心技术。相关企业在保持专利数量高速度增长的同时，必须改变大而不强的局面，在高质量电子信息和通信技术方面实现突破，并且进行全球化的专利申请和布局，不断增强我国信息产业的国际竞争力和影响力。

第二，强化电子信息和通信产业在技术标准化中的知识产权管理。围绕标准科研、标准制定和标准产业化进行知识产权布局，促进先进技术标准化和标准产业化。在电子信息和通信产业发展中，企业一方面要参与知识产权标准化的谈判、议程设定和具体规格的建构工作；另一方面也要积极运用反垄断法等规则，有效运用知识产权防御战略，防止国外企业运用标准专利化措施滥用市场支配地位获取不当利益。我国电子信息产业的企业都可以借鉴华为的做法，在参与全球知识产权战略布局时，善于运用司法救济来排除知识产权滥用的侵扰，更好地提升竞争能力。

第三，推动电子信息和通信产业自主知识产权的运用。我国的研发主体主要以大学和国家级科研机构为主，在CPU芯片、操作系统、超级计

---

❶ 目前我国80%的芯片仍不得不依赖进口，2014年芯片进口使用外汇超过2 100亿美元，2015年是2 500亿美元，成为单一产品进口最大的用汇领域，而高端芯片即使高价也买不到，美国就多次以国家安全为由禁止向我国出售超算芯片。

算机等关键技术方面，虽然形成一定的科技成果，但科研院所在申请专利后并没有进行商品化生产。2015年8月，龙芯新一代四核处理器3A2000、3B2000发布。新一代的龙芯处理器和国外主要厂商的技术水平差距已经很小，但国内外仍然没有一家计算机制造企业使用龙芯作为其产品的CPU，究其原因就是全世界PC主要是建立在Windows之上，而龙芯的产品无法与之兼容，这也就意味着龙芯无法融入现有的Windows生态体系中。与此同时，云计算、大数据等新一代信息技术的发展进一步提高了软件作用和地位，软件定义数据中心、软件定义网络、软件定义存储等成为趋势，都表明软件的作用和地位正在不断上升。❶因此必须强化芯片专利和软件著作权的运用，构建良性生态系统和产业链条，推动我国自主研发的产品能够被广泛采用、兼容发展。

第四，加强电子信息和通信产业集群中的知识产权管理。产业集群的形成对打造强大的竞争力、扩大就业等发挥不可低估的作用。电子信息和通信产业往往呈现产业集聚和地域集中的态势，这不仅减少了资讯沟通、交通运输和技术对接等多种成本，而且可以产生技术整合、品牌聚集等产业发展优势。电子信息和通信产业聚集发展区域可以采取特殊的知识产权行政管理模式，特别是针对OEM、ODM以及OBM的不同企业特征，引导企业进行知识产权保护和运用。通过行业知识产权联盟保障企业基本利益，打造良性的行业知识产权发展环境。加快IP核知识产权海外技术收购步伐。中国企业可以采取积极的参股投资、兼并收购的"走出去"战略，重视对收购企业创新能力的考察，特别是知识产权价值的评估。我国集成电路IP核海外收购的对象主要是正处于创业期的小型专业IP核公司。在收购中当然要进行充分的知识产权风险、价值分析与评估，避免产生不必要的法律纠纷乃至遭遇知识产权陷阱。

建立行业内的知识产权收购与运营组织是对付专利流氓的有效途径。

---

❶ 蒋程虹. 2015年中国电子信息和通信产业发展概况[EB/OL]. http：//mp.weixin. qq.com/s?__biz=MzA3NDc1ODU5Mg==&mid=404503097&idx=1&sn=e70ca88837668b0398f2cceed7a38f3c，2016-03-23.

国内电子信息与通信产业可以在政府主管部门支持、行业协会主导下成立行业专利收购组织，并购具有威胁性的专利和关键性的专利。专利来源可能包括学校、研究机构、独立发明人与破产公司，组织获取专利后可以通过非专有授权方式许可会员单位使用，在该专利失去威胁性或行业共通性后，也可以出售给会员企业或其他企业。该种模式类似于信托或保险，能够有效减少NPE的诉讼机会。❶

第五，优化电子信息和通信产业发展环境，打击各种侵犯知识产权的行为。加大侵犯知识产权的惩罚性赔偿力度，提高违法成本，建立违法犯罪的信用评价机制，不仅让侵权者无利可图，而且防止其实施多次侵权；加强OEM企业的知识产权保护工作，提高这些企业的知识产权尤其是商标权保护意识，合理利用我国法律开展加工、代工服务，谨防大规模侵权风险。将集成电路布图设计权、专利权、软件著作权等多种保护模式结合起来，编织信息产品的知识产权保护网络，从不同层次制止信息产品的仿冒和假冒行为。

总之，电子信息产业和通信产业是技术密集型产业，需要强大而有力的知识产权保护，离不开充分而有效的知识产权管理策略与措施。面对日益激烈的技术创新竞争，我国电子信息企业和通信企业必须通过知识产权全球布局、回避设计与风险防范，推动培育产业新的增长点，通过专利地图等资讯方式完善创新机制，扩大电子信息产品、技术和知识产权的融合力度，在产品生命周期的不同阶段实施不同的知识产权管理战略，在知识产权与研发、营销服务的结合中不断开创产业发展的新契机。

第二节 华为的知识产权管理[*]

2016年5月25日，华为技术有限公司（以下简称华为）宣布，将分别在

---

❶ 周源祥. RAND许可原则的最新立法与案例发展趋势分析[J]. 科技与法律，2016（3）：642-657.

[*] 本节作者为南京理工大学知识产权学院硕士研究生丁旻玥。

美国加州北区法院和深圳中级人民法院提起对韩国三星公司的知识产权诉讼。华为在诉讼中要求三星公司就知识产权侵权行为对华为赔偿，涉及第四代（4G）蜂窝通信技术、操作系统和用户界面软件。这一事件引发社会各界关注，央视《新闻1+1》节目也以《华为，打响专利反击战！》为题报道此次专利诉讼。该案引起社会各方关注的原因主要有两方面：一是诉讼主体引人注目。原告华为自2013年超越爱立信以来，在通信设备领域一直处于世界排名第一的位置，2015年在移动手机业务领域取得突破性进展，全球出货量仅次于三星与苹果。被告三星自2012年以来连续四年在智能手机全球市场稳居第一。二是诉讼内容令人关注。随着国家知识产权战略的进一步实施与落实，知识产权逐渐进入国人视野也愈渐受到重视，但目前我国多数企业在理解和运用知识产权方面仍存在很大误区与盲点，这次我国企业在复杂的专利权领域开展诉讼，自然引起了各界的广泛重视。❶

一、华为知识产权管理发展历程概述

（一）华为的发展与知识产权

华为知识产权的发展与其创新发展历程紧密结合，发展线路如图2.1所示，主要分为四个阶段。

第一阶段：起步阶段（1995~2000年）

彼时中国知识产权发展刚刚起步，华为在战略制定中敏锐地察觉到这一舶来制度对企业科技创新的影响，但在这一阶段，华为对知识产权的认识仍停留在摸索与尝试层面。

1995年，华为成立知识产权部，同年提出6件中国发明专利申请，自主开发PBX技术并进行商用，同时推出农村数字交换解决方案、C&C08数字程控交换机，销售额达15亿元人民币。

---

❶ 2017年4月6日，由泉州中院受理的华为公司维权案一审宣判——三星（中国）投资有限公司（以下简称三星公司）等三被告对华为的专利构成侵权，需共同赔偿8 000万元。

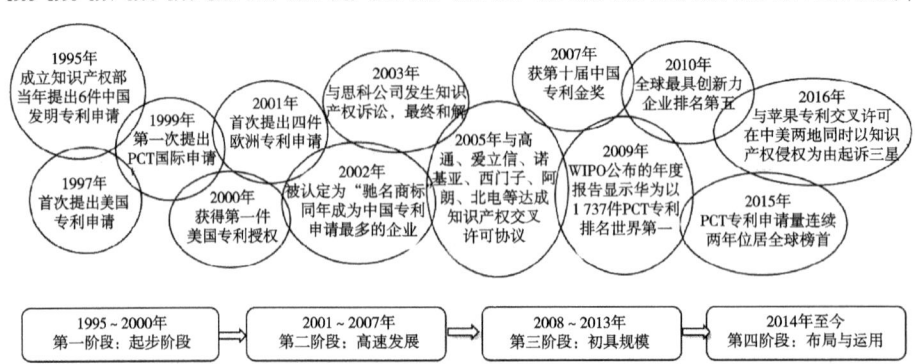

1995 1996 1997 1998 1999 2000 2001 2002 2003 2004 2005 2006 2007 2008 2009 2010 2011 2012 2013 2014 2015 2016（年）

- 1995年 成立知识产权部当年提出6件中国发明专利申请
- 1997年 首次提出美国专利申请
- 1999年 第一次提出PCT国际申请
- 2000年 获得第一件美国专利授权
- 2001年 首次提出四件欧洲专利申请
- 2002年 被认定为"驰名商标"同年成为中国专利申请最多的企业
- 2003年 与思科公司发生知识产权诉讼，最终和解
- 2005年 与高通、爱立信、诺基亚、西门子、阿朗、北电等达成知识产权交叉许可协议
- 2007年 获第十届中国专利金奖
- 2009年 WIPO公布的年度报告显示华为以1 737件PCT专利排名世界第一
- 2010年 全球最具创新力企业排名第五
- 2015年 PCT专利申请量连续两年位居全球榜首
- 2016年 与苹果专利交叉许可在中美两地同时以知识产权侵权为由起诉三星

| 1995~2000年 第一阶段：起步阶段 | → | 2001~2007年 第二阶段：高速发展 | → | 2008~2013年 第三阶段：初具规模 | → | 2014年至今 第四阶段：布局与运用 |

图 2.1　华为知识产权发展线路

第二阶段：高速发展（2001~2007年）

此阶段，华为于2001年推出综合业务接入网和光网络SDH设备，成立南京、上海研发中心，并于2004年通过了CMM5级认证。与美国德克萨斯仪器公司（Texas Instruments）、微软（Microsoft）等成立联合研发实验室，逐渐将触角探向世界的核心市场欧美。

在走向欧美的过程中，华为遭受了通信巨头思科的知识产权诉讼。此次诉讼最终以和解告终，华为也正面体验了发达国家对知识产权的严格保护，以及知识产权在拓展国际市场中的重要性。华为在进一步提升自身科研与创新能力的同时，也积极寻求合作，于2005年与高通、爱立信、诺基亚、西门子、阿朗、北电、英国电信等全面达成知识产权交叉许可协议，增加了知识产权储备，为其抢占欧美市场铺平了道路。

第三阶段：初具规模（2008~2013年）

在这一阶段，高速发展的华为已成为欧盟5G项目主要推动者、英国5G创新中心（5GIC）的发起者，发布5G白皮书，积极构建5G全球生态圈，并与全球20多所大学开展紧密的联合研究；华为对构建无线未来技术发展、行业标准和产业链积极贡献力量。2013年，华为正式超越爱立信，成为全球第一的通信设备制造厂商。

同时随着国家知识产权战略的实施与推进，知识产权成为企业的战略选择。华为在积极参与5G标准制定,将自有专利写进标准专利中,争夺国际话语权。

第四阶段:布局与运用(2014年至今)

自2014年至今,华为的知识产权管理体系已经十分完备,同时全球布局也具有相当规模,在标准制定、重点领域专利布局方面成为业界翘楚。截至2016年12月31日,华为累计获得专利授权62 519件;累计申请中国专利57 632件,累计申请外国专利39 613件。其中90%以上为发明专利。❶2016年,华为对其移动终端领域最强劲的竞争对手三星开展专利诉讼,更是我国企业拿起专利武器参与市场竞争的重要实践。

从总体上讲,随着华为公司规模的不断扩大,业务、市场范围的不断拓展以及研发能力的不断增强,其知识产权管理体系也愈加完善,水平不断提高。从最基础的专利储备到专利诉讼风险控制,从专利实施到专利运营,华为逐渐积累了自身的知识产权储备,并致力于发挥其知识产权优势,同时防范知识产权风险,让知识产权成为公司发展的利刃与盾牌。

(二)华为的创新与知识产权

华为坚持每年将10%以上的销售收入投入研究与开发。2016年,从事研究与开发的人员约8万名,约占公司总人数45%;研发费用支出为人民币76 391百万元,占总收入的14.6%。近十年累计投入的研发费用超过人民币313 000百万元。❷

由图2.2可知,在全球五大通信厂商的研发投入占营业额的对比中,华为并不是最高的,但考虑其研发单位成本、投入绝对值,华为在科研方面的投入力度可谓无人比肩。在加大技术投入的同时,华为在品牌营销与变革方面也不断发力。受益于效率的提升与规模的快速增长,华为的销售与管理费用率也有下降,整体运营成本降低,营业额显著提高,创新投入与营收形成良好的正反馈作用。

---

❶❷ 数据来源:华为2016年年报。

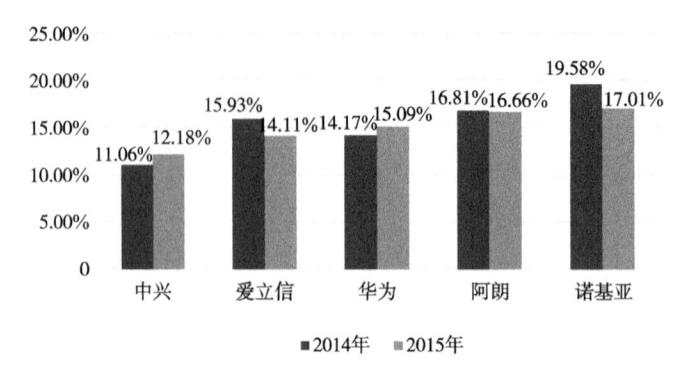

```
                                              19.58%
                                    16.81% 16.66%       17.01%
        15.93%         15.09%
              14.11% 14.17%
11.06% 12.18%

 中兴    爱立信    华为    阿朗    诺基亚
        ■ 2014年  ■ 2015年
```

图 2.2　2014 年、2015 年五大通信厂商研发投入对比

（三）华为的开放竞争与知识产权

华为始终坚持将开放竞争融入其企业精神。相较于以中国为中心走出去的"国际化"概念，华为更加强调"全球化"。华为通过全球16个研究院/所、36个联合创新中心，在全球范围内开展创新合作，通过共享对ICT技术发展的洞察，推动技术进步以更好地建设全联结世界。

华为作为核心成员与北美、亚太和欧洲合作伙伴积极推动5G产业生态圈的建设，突破5G空口算法关键技术，推动5G标准进程。华为与全球主流运营商、互联网公司及产业伙伴联手建立了NFV lab进行开放创新研究，引领和定义标准，树立了ICT融合时代下NFV生态系统建设、合作共赢的典范。针对未来基站密集组网场景，华为在微基站智慧路灯方面进行了众包合作建网商业模式的有益探索，与全球多所知名高校、技术创新型公司、开源组织合作，在分布式存储、SCM存储系统、云计算平台、大数据、人工智能与知识库、高清视频等领域开展广泛合作，推动技术创新。华为作为ICT标准与产业的重要贡献者，也以开放合作的态度推动产业发展与繁荣，积极融入、支持主流国际标准的制定与推行、积极参与开源社区。同时华为主动发起产业联盟：积极参与GSMA和ETSI，促进标准制定与产业发展。

互联网技术的高速发展，信息获取的开放性和便利性决定了任何一家企业都不太可能因为一个单点的能力而长期领先于世界，唯一的可能就是必须具备综合的平台能力，也就是在各方面的能力都要非常强大，才可能长期领先于世界。华为以开放的心态参与全球化进程，聚合世界最优秀资源拓展自身实力。在不断的开放竞争过程中，知识产权成为华为不得不重视的问题。华为不断磨练与提高自身知识产权竞争力，逐渐适应欧美市场，甚至已达到与世界顶级知识产权优势企业相抗衡的地步。

二、华为的知识产权管理保障体系

华为重视加强知识资产管理交流和合作，形成了多方面、多层次、立体化的知识资产管理网络。❶

（一）知识产权管理部门

华为知识产权部自1995年初建以来，职能不断完善，发挥的作用也越来越大，目前在公司内部与其他部门联合成立领导小组，建立联系工作制度，加强知识资产管理人员和技术研发人员之间的沟通和联系，帮助知识资产管理人员了解各个开发项目的进展，满足研究开发人员的需求。公司内部知识产权相关部门组织架构如图2.3所示。

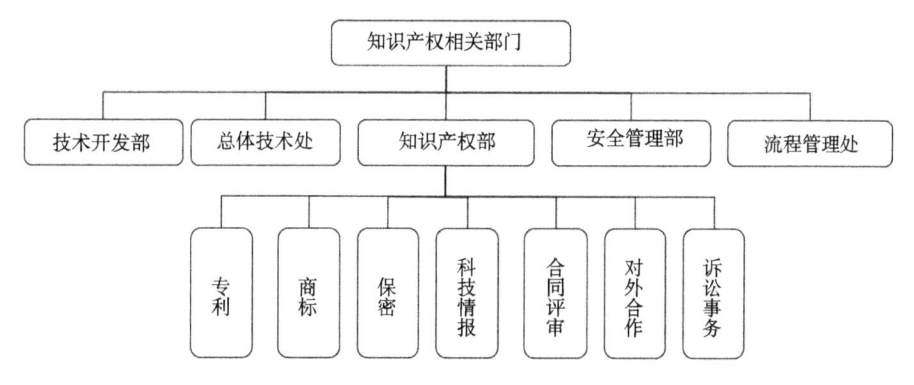

图2.3　华为知识产权相关部门组织架构

目前，华为的知识产权部门的工作职责主要分为两个方面：一方面对内全面负责制订知识产权管理战略、管理制度和业务流程，组织实施专利、商标规划；另一方面对外负责专利的国内国际申请、维护、分析，参

---

❶ 袁娟，郑小静.华为的知识资产管理能力建设[J].人力资源管理，2010（10）：66-70.

与处理公司研发系统的合同评审与涉及知识产权的谈判,应对处理各种知识产权纠纷。

(二)知识产权人才管理

随着企业知识产权数量的进一步积累,知识产权质量要求不断提高,为满足知识产权战略布局的进一步需要,华为持续不断增加知识产权人才储备。资料显示,2005年,整个华为公司从事知识产权相关工作的人员已经超过100名;2009年华为从事标准工作的专兼职员工已经超过200人;目前华为专利团队也早就达到300人。长期在专利团队队伍建设上的投入,华为专利团队在人数、专业知识积累与拓展、技能训练与提升、协同与合作等不同方面得到有效提升。

华为企业内部知识产权人才主要分为以下三类,如表2.1所示。

表2.1 华为内部知识产权人才分类

人才分类	技术相关知识产权人才	法律相关知识产权人才	管理相关知识产权人才
特点	多为技术人员兼职或转岗 有扎实的技术背景	民商法知识产权方向人才 拥有法律基础与诉讼经验	有丰富知识产权实务经验 熟悉企业发展线路与规划
从事工作	进行技术专利情报分析 参与研发规划与专利布局	处理企业知识产权纠纷诉讼 参与知识产权对外谈判工作	参与企业知识产权中长期战略制定与规划管理 参与企业知识产权风险审核评估与运营

目前华为内部知识产权相关岗位有:专利工程师、知识产权综合业务工程师、知识产权高级/主任工程师等。专利工程师的岗位职责是:负责研发活动中的专利规划与布局;负责公司基本专利、核心专利的国内外申请;公司重要专利纠纷的支持。知识产权高级/主任工程师的岗位职责是:负责公司各业务领域的知识产权战略规划;负责公司重要知识产权纠纷的处理;参与公司知识产权相关的对外谈判活动。

在注重企业内部知识产权人才积累的同时,华为与国内外知名律所、知识产权服务机构、研发机构均保持良好合作,以更高效、更专业的方式处理企业知识产权问题;同时也会邀请知名律师、知识产权专家在企业内部进行专题培训，让知识产权意识根植于每个员工的工作意识中，形成尊重和保护知识产权的氛围。

（三）知识产权流程管理

作为企业知识管理工作的重要组成部分，华为强调管理效率。在知识产权管理方面，更是通过一系列企业流程章程的颁布，使之融入企业的研发与日常管理之中。早在1995年，华为便制定《华为知识产权管理办法》《华为公司科研成果奖励条例（试行）》《关于接触尖端技术、商业秘密、管理核心机密的有关人员的管理规定（试行）》《专利申请加快处理需求管理规定》《版权与软件管理办法》等管理办法，形成了华为严谨而规范的知识产权流程化管理制度。在研发流程中，华为印发的《国内专利申请流程》《国外专利申请流程》《专利国外申请指导》《专利分析流程》《专利分析指南》等指导性工具书让企业内部科技工作人员能够更有效地取得知识产权。华为还通过信息化管理平台，将知识产权管理工作贯穿于企业研发、生产、经营等各个阶段（见图2.4）。❶

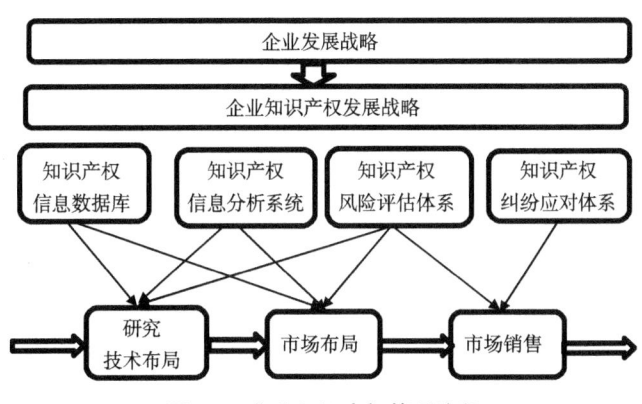

图2.4 华为知识产权管理流程

---

❶ 柴金艳.基于价值链的企业知识产权竞争优势培育——以华为公司的知识产权管理为例[J].科技进步与对策，2009（22）：53-56.

三、华为的专利布局

(一) 地域布局

根据华为2015年年报,其全球业务营收全面增长。中国市场仍是华为最大的业务增长区域,同时,欧洲、中东、非洲与美洲市场销售额进一步提升,市场占有率不断扩大,在亚太与其他地区,业务均有明显增长。❶

企业在全球的知识产权储备布局,体现的是其自身内在市场拓展的一种需求,如果企业没有相当的知识产权匹配度,其在全球市场的拓展会遭遇很大问题,比如会因为大量的知识产权侵权而退出一个市场,或因为知识产权方面存在很大风险而导致客户信任度和采购意向大幅降低。因此,在重点地域的知识产权布局对华为来说便显得尤为重要。

目前,华为已经申请外国专利30 613件。在美国、欧洲等地专利申请数量,中兴和华为的对比如图2.5所示。

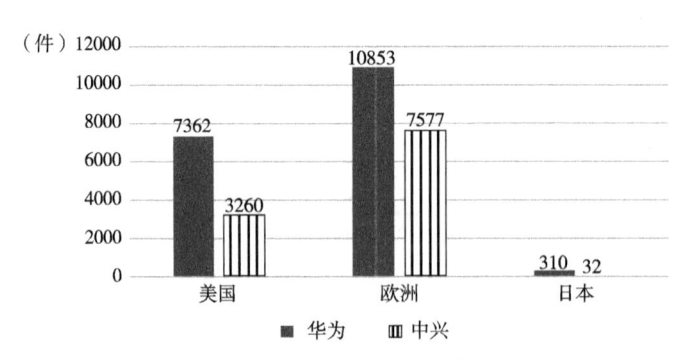

地区	华为	中兴
美国	7362	3260
欧洲	10853	7577
日本	310	32

图 2.5 华为与中兴海外专利申请数量对比

(二) 技术领域布局

基于华为的业务范围,其主要研发领域包括无线网络、固定网络、企业网络、电信软件、核心网等。

---

❶ 2013年我国专利授权量:华为中兴进前三[EB/OL].财经网. http://money.163.com/14/0221/13/9LK1OBCC00253B0H.html, 2014-02-21.

华为在IT领域继续围绕业务驱动分布式云数据中心（SD-DC2）的产品解决方案，2015年取得的持续创新成果如图2.6所示。

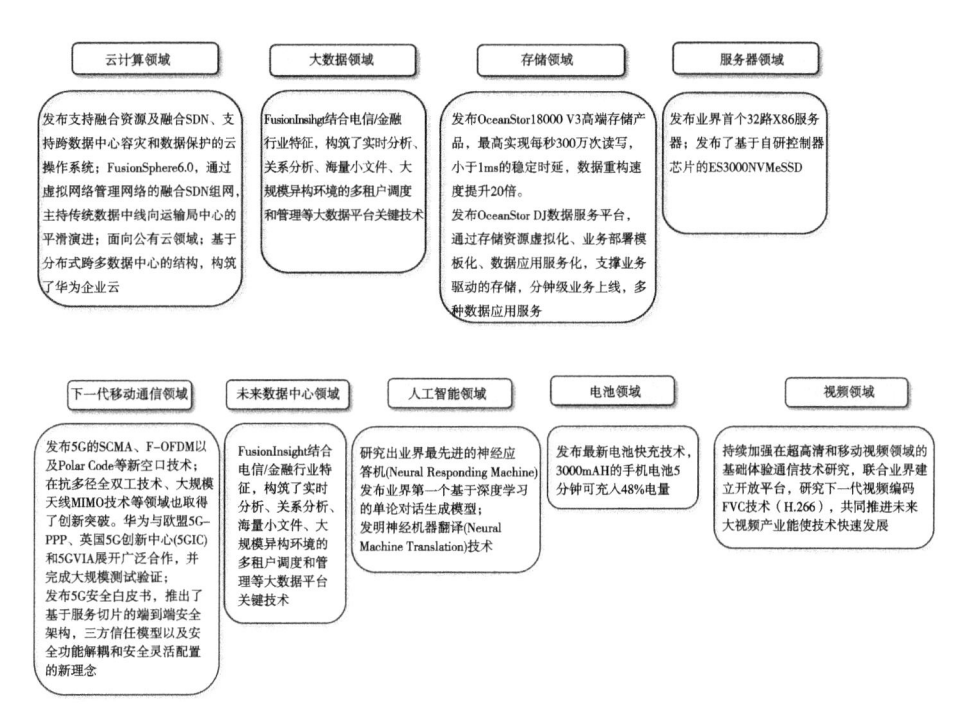

云计算领域
发布支持融合资源及融合SDN、支持跨数据中心容灾和数据保护的云操作系统；FusionSphere6.0，通过虚拟网络管理网络的融合SDN组网，主持传统数据中心线向运输局中心的平滑演进；面向公有云领域；基于分布式跨多数据中心的结构，构筑了华为企业云

大数据领域
FusionInsight结合电信/金融行业特征，构筑了实时分析、关系分析、海量小文件、大规模异构环境的多租户调度和管理等大数据平台关键技术

存储领域
发布OceanStor18000 V3高端存储产品，最高实现每秒300万次读写，小于1ms的稳定时延，数据重载速度提升20倍。
发布OceanStor DJ数据服务平台，通过存储资源虚拟化、业务部署模板化、数据应用服务化，支撑业务驱动的存储，分钟级业务上线，多种数据应用服务

服务器领域
发布业界首个32路X86服务器；发布了基于自研控制器芯片的ES3000NVMeSSD

下一代移动通信领域
发布5G的SCMA、F-OFDM以及Polar Code等新空口技术；在抗多径全双工技术、大规模天线MIMO技术等领域也取得了创新突破。华为与欧盟5G-PPP、英国5G创新中心(5GIC)和5GVIA展开广泛合作，并完成大规模测试验证；
发布5G安全白皮书，推出了基于服务切片的端到端安全架构，三方信任模型以及安全功能解耦和安全灵活配置的新理念

未来数据中心领域
FusionInsight结合电信/金融行业特征，构筑了实时分析、关系分析、海量小文件、大规模异构环境的多租户调度和管理等大数据平台关键技术

人工智能领域
研究出业界最先进的神经应答机(Neural Responding Machine)；发布业界第一个基于深度学习的单论对话生成模型；发明神经机器翻译(Neural Machine Translation)技术

电池领域
发布最新电池快充技术，3000mAH的手机电池5分钟可充入48%电量

视频领域
持续加强在超高清和移动视频领域的基础体验通信技术研究，联合业界建立开放平台，研究下一代视频编码FVC技术（H.266），共同推进未来大视频产业使技术快速发展

图2.6 华为在IT领域取得的持续创新成果

以下一代移动通信领域为例，华为在参与5G标准制定过程中的专利布局也非常具有远见。由于5G标准还没有完全成形，但基于通信技术迅捷互通的性质，积极实行5G专利布局已经成为各国通信产业竞争的重要内容。本节中的5G关键技术仅包括现阶段文献资料中各专家对5G关键技术的总结，虽未完全实现产业化，但对未来的5G标准确立起到关键作用。对照通信产业的产业链，将5G领域专利技术进行进一步的细分，在研究5G领域关键论文的基础上，确定以下的技术分解表，其内容主要包括无线传输技术和无线网络技术两个方面（见表2.2）。

39

表2.2　5G热点关键技术技术分解表

一级分类	二级分类
无线传输技术	MIMO技术
	FBMC技术
	全双工技术（Full-duplex，FD）
无线网络技术	超密集异构网络技术
	自组织网络技术
	软件定义无线网络技术
	内容分发网络

以申请（专利权）人=（华为）AND关键词=（MIMO OR FBMC OR 全双工 OR FD OR 自组织网络 OR SON OR 软件定义无线网络 OR SDN OR 内容分发网络 OR CDN）为检索式，在润桐专利检索系统检索，结果如图2.7所示。

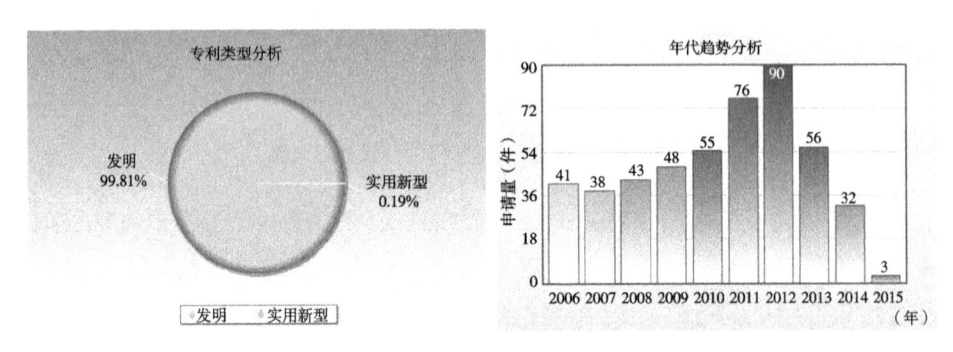

图 2.7　华为 5G 热点关键技术专利申请状况统计

自2006年起，华为技术有限公司开始针对5G标准关键领域进行专利布局，此时我国尚未发放3G牌照，华为当年即申请专利41项，随后可以看出其持续投入资金，专利数量持续增长，于2012年达到最高值，迄今为止在此6项关键领域共申请专利522项，其中发明专利521项，占整体专利数的99.81%，实用新型专利仅2010年一项，可见华为技术有限公司在技术方面

的投入收获明显，科研实力强劲。❶

华为公司在5G关键领域专利布局趋势分布如图2.8所示。由图中可见，其专利多集中在H04（电通信技术）领域，占整体专利的97.13%，在H01（基本电气元件）、H02（发电、变电或配电）、H03（基本电子电路），也有一定专利布局，这与华为在5G通信标准领域进行专利布局思路吻合，在基本电气元件、基本电子电路等技术领域的专利授权，也显示出华为在电子终端、配套设施等方面的布局思路。

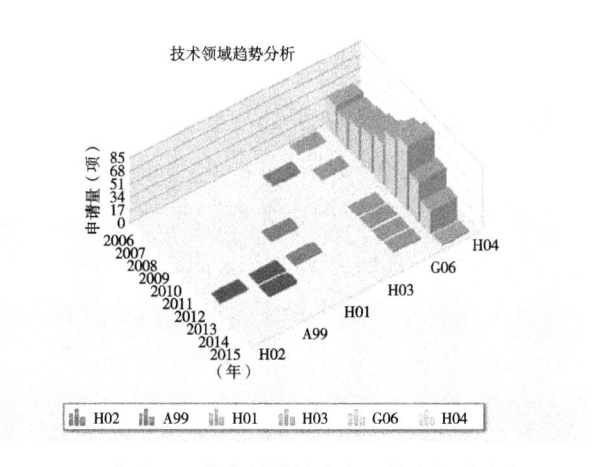

图 2.8 华为 5G 热点关键技术专利技术领域分布

在无线传输技术方面，华为在大型MIMO技术方面布局取得优异成绩，在FBMC技术方面并未发力，也体现了华为战略选择的重点并不在此项技术。在无线网络技术方面，华为的竞争对手中兴通讯表现更为出色，专利申请数量达到112件。中国台湾方面统计的数据显示5G技术主要专利权人前十名为Qualcomm、Ericsson、Nokia、Samsung、LG、Intel、Alcatel Lucent、RIM、DoCoMo和Huawei，高通、爱立信和诺基亚的5G专利数相比要高出不少，目前还没有一家公司独占5G技术专利的情况。中国企业要

---

❶ 宋天华，于光，石春生. 中外两家通信设备企业技术创新布局比较研究——基于思科与华为的DII专利分析[J]. 情报杂志，2010（7）：65-69.

想获得5G标准化话语权,唯一的选择仍是TD技术的演进,因此,华为与大唐电信的合作显得尤为重要。

在5G之外,华为按照技术领域划分了1 000多个技术点,按照产品线分成300多个产品类型,建立了一个大型交叉数据库,对几万件专利进行管理,从多个维度形成了各种类型的专利组合,包括智能手机专利组合、音频编解码专利组合等。这种对专利的管理就像管理自己家中的物品,完全做到分门别类、摆放整齐、打上标签以方便随时取用。

四、华为的知识产权诉讼战略

作为最早走出国门的高科技企业,在海外市场的不断拓展让华为引起了竞争对手的高度重视以及专利流氓的注意,2012~2015年,华为在美国每年遭遇的专利侵权诉讼均在50起以上。2003年遭遇思科的诉讼是华为第一次在海外经受专利诉讼,随后的13年间,华为在海外也经历专利流氓恶意诉讼、美国"337调查",直到近期对三星的诉讼以知识产权为刃反击,华为凭借不断积累的专利实力,在诉讼中显得愈加游刃有余。以下对华为在海外遭遇的知识产权纠纷的典型案例作简要整理分析。❶

(一)思科诉华为案

2003年年初思科向美国德克萨斯州东区联邦法院起诉中国华为公司及华为的美国分公司,要求华为停止侵犯思科知识产权。主要诉讼理由包括:(1)抄袭思科IOS源代码。(2)抄袭思科技术文档。(3)抄袭思科公司"命令行接口",这是思科IOS软件一个重要组成部件。(4)侵犯思科公司在路由协议方面至少5项专利。随后此案以3Com公司的支持证明和华为公司的反诉为转折,最终以华为自愿对某些路由器和交换机产品作出修改,双方达成和解协议结束。

思科以专利为武器,意图以专利诉讼阻止华为进入美国市场,对本次

---

❶ 陈星星. 浅析我国企业海外知识产权战略的构建——基于华为案例的引申思考[G]//中国知识产权法学研究会.中国知识产权法学研究会2015年年会论文集.北京:知识产权出版社,2015:897-905.

诉讼极为重视，投入多达138万美元资金游说美国政府。

此案是较早引起国人关注的一例知识产权案，也被视为中国企业走向世界的一个里程碑。对于当时的华为来说，初涉国际市场，又碰上如此强大的对手，能取得和解的结果，即使称不上多大的胜利，至少抵挡了对手的进攻，赢得了尊重。与思科缠斗的同时，华为的国际化成绩表开始变得喜人：GSM、CDMA产品成功打入40多个国家，到2003年年底已为120多个运营商提供了产品和解决方案，2004年上半年海外销售收入达到8.9亿美元。

（二）华为诉摩托罗拉案

该案以2011年年初华为向美国芝加哥联邦法院诉摩托罗拉非法转移其自主研发的知识产权为开始，以摩托罗拉同意撤回其在芝加哥联邦地区法院与Lemko的诉讼中针对华为的指控为转折，最终以华为与摩托罗拉和诺西达成协议，同意摩托罗拉向华为支付转让费后，将摩托罗拉与华为之间的商业合同转移给诺西，并撤销对摩托罗拉和诺西的指控结束。华为在这一案件中再次获胜，开创中国通信企业知识产权维权的先河。

（三）"337调查"

"337调查"是《美国1930年关税法》第337条款的通俗称谓，该条款的核心内容主要是调查进口中侵犯知识产权和不正当竞争的行为，实践中，有90%的相关调查为专利侵权。作为一种贸易救济手段，"337调查"是一种具有单边制裁性质的贸易保护主义行为，其杀伤力比反倾销和反补贴调查更大，因为如果侵权成立，涉案产品将完全被拒之门外。有专家表示，"337调查"真正目的在于保护市场份额，它正演变为一种竞争手段和知识产权壁垒。[1]"337调查"程序烦琐、复杂，涉时长，需要企业投入大量的时间与精力去应对。

根据美国国际贸易委员会（ITC）发布数据[2]显示，迄今华为在美国共遭遇5起"337调查"。具体统计如表2.3所示。

---

[1] 王含.美国对华贸易中的知识产权保护问题及对策[D].吉林：吉林大学，2014.
[2] 数据来源：美国国际贸易委员会官网。

表2.3 华为遭"337调查"情况统计一览

序号	起止时间	申诉方	涉及专利	结果	华为的代理所
1	08/25/2001- 12/19/2013	IDC❶	无线设备和3G功能和组件	侵权不存在（一项专利无效）	Convington & Burling LLP
2	05/18/2012- 08/27/2012	Anu IP LLC	带有可伸缩USB连接器的电子设备	撤诉	Sidley Austin LLP
3	09/05/2013- 03/14/2014	Flashpoint❷	电子显像装置	侵权不成立	Cadwalader Wickersham & Taft LLP
4	08/21/2012- 02/19/2014	TPL❸	天线消费电子设备组件	侵权不成立	Steptoe & Johnson LLP
5	01/30/2013- 02/11/2014	IDC	3G或4G无线设备功能组件	和解❹	Convington & Burling LLP

华为在这5次接受"337调查"的过程中，申诉方包括：（1）ANU IP LLC曾于2012年针对华为、三星、索尼、三洋、东芝等企业大举发动专利诉讼；（2）Flashpoint成立于1996年，主要从事影像处理与专利授权业务，原本是Apple的子公司，起诉时约拥有美国专利85件、申请中专利约100件；（3）IDC是一家全球通信标准专利巨头公司，它并不直接从事终端生产，主要依靠许可通信专利收取费用。IDC公司直接参与2G、3G等全球各类无线通信国际标准的制定，并将自己的专利融入标准。根据IDC公司2011年年报，IDC通过其全资子公司持有超过19 500项与无线通信基本技术有关的专利、专利申请组成的专利组合，其中许多成为移动无线标准的关键。❺

针对竞争对手的专利进攻，华为采取积极的态度应对：诉讼中聘请专

---

❶ IDC，Inter Digital Corporation.
❷ Flashpoint，Flashpoint Technology Inc.
❸ TPL，Technology Properties Limited.
❹ 吴斯丹. IDC"妥协"：不再对华收取歧视性专利费[N]. 第一财经日报，2014-02-21（A13）.
❺ 钱飞鸣. 华为诉IDC案：国际化应答的深圳范例[N]. 深圳商报，2014-02-28（A03）.

业的本土诉讼团队，多样化的诉讼策略，包括在国内提出反诉牵制对手❶、积极配合ITC收集证据进行陈述等，在诉讼之外寻求多样化解决途径，把握政府鼓励创新大环境提起反垄断调查、与竞争对手进行和解谈判等，最终取得令人满意的裁定结果。

（四）华为诉三星

2016年5月25日，华为宣布在美国加州北区法院和深圳中级人民法院分别提起对韩国三星公司的知识产权诉讼。华为在诉讼中要求三星公司就知识产权侵权行为承担赔偿责任，该案涉及第四代（4G）蜂窝通信技术、操作系统和用户界面软件。此案引起社会各界的广泛关注，在以下四个方面有着重要意义。

（1）选择诉讼方式的意义。选择诉讼途径解决和三星在移动智能终端领域的知识产权问题，是华为移动终端业务崛起、抢占市场份额的重要策略。目前全球智能终端出货量全球排名三星第一、苹果第二、华为第三。华为在先前与苹果签订了专利交叉许可协议的情况下，可能会通过诉讼途径牵制其最大的竞争对手三星，赢得市场时机。此次诉讼也将极大提升华为在全球范围内的知名度，彰显其技术实力。

（2）选择诉讼地的意义。华为选择在中美两地分别起诉三星，一方面出于对其终端业务全球性保护的考虑，显示其对国内市场与美国市场的重视；另一方面对中美两地判罚结果的期待客观上也对我国目前知识产权司法保护力度的强化起到倒逼作用。

（3）标准专利的意义。根据华为向美国加州北区地区法院提交的诉状，本次诉讼涉及的专利为11件，且该11件专利都是3GPP中关于LTE的R8标准的强制性部分。上述专利布局和积累显示华为作为传统通信设备制造

---

❶ 2013年年初华为向深圳市中级人民法院诉美国IDC公司利用知识产权滥用市场支配地位，广东省高院认定IDC公司与华为公司的专利许可费率是与苹果公司的百倍左右，是三星公司的十倍左右，明显违反了FRAND原则，最终判决华为胜诉，直接确定IDC公司在中国的标准必要专利许可费率为不超过0.019%。该案被誉为"中国标准专利第一案"，广东省高院成为世界范围内首个适用FRAND原则直接确定许可费率的法院，这充分显示出企业可有效运用知识产权法律武器及反垄断规则打破技术壁垒。

企业在核心技术领域的领先优势，也从另一侧面凸显了企业专利标准化的重要意义。

（4）真正重视创新与知识产权的意义。企业的知识产权水平是评价知识产权战略绩效的重要标志。在政府知识产权发展激励政策下，如今很多中国企业虽然强化了专利意识，但申请专利过于追求数量，对知识产权的质量与布局、利用都不够重视。华为经过了几十年的发展，完成了专利数量的原始积累和海内外布局，拥有了创新和发展的底气。如今，专利已经可以成为其挑战国际巨头的利刃。总之，重视创新，尊重、保护、有效利用知识产权，已经成为企业在全球化经营中提升核心竞争力的基本要求。

五、华为的知识产权许可管理

（一）华为知识产权许可管理的基础

任正非先生2015年10月份在接受福布斯中文网的一次采访中明确表示："我们不强调自主创新，我们强调一定要开放，我们一定要站在前人的肩膀上，去摸时代的脚。我们还是要继承和发展人类的成果。"华为主张通过缴费以合法的方式换取别人的技术进行使用，或者依靠自身的专利储备进行专利互换。为此，华为每年要向西方公司支付数亿美元的专利费，但华为坚持不投机，不存侥幸心理，乐于为有价值的创新成果支付使用费。

目前华为专利申请总量（未去同族）已达151 081件，丰富的专利储备较之高通、三星、爱立信等企业均不在少数，且在固定网络、移动通信、大数据、云计算、智能终端等领域有着较为全面的布局。专利成为华为各类产品海内外经营的保障。通过专利许可、专利风险处理、专利成本分担，华为既积极向专利权人缴纳专利许可费，同时也借助多元化机制提升自身拥有专利的使用范围，为产品进入专利权覆盖的市场奠定基础。

（二）华为知识产权许可管理实践

自2003年经历与思科一役后，华为充分意识到知识产权储备对于企业的稳定经营与海外拓展的重要作用，于2005年便与高通、爱立信、诺基亚、西门子、阿朗、北电、Sisvel、英国电信等业界知识产权权利人全面达成知识产权交叉许可协议，在短时间内增加了知识产权储备，为其抢占欧美市场铺平道路。2016年1月14日，华为与爱立信宣布达成续签全球专利交叉许可协议。该协议覆盖了两家公司包括GSM、UMTS及LTE蜂窝标准在内的无线通信标准相关基本专利。根据协议，双方都许可对方在全球范围内使用自身持有的标准专利技术。作为续签协议的一部分，华为自2016年起将基于实际销售向爱立信支付许可费。这一举措被解读为"与世界的握手，握住了整个世界"

同时华为也进一步完善自身知识产权许可体系建设。目前华为的专利组合在快速增长，年许可收入超过2亿美元。2015年8月，华为与苹果公司在中国国内进行了大批量的专利交叉许可和登记公告活动，其中华为许可给苹果公司781个专利族/1610件国内专利的使用权，苹果公司许可给华为58个专利族/98件国内专利的使用权。

六、结　语

通信设备世界排名第一的华为是最值得国人骄傲的中国企业，也是对知识产权理解最为透彻、实现与运用得最好的中国企业。在技术迭代发展迅速的通信行业，知识产权是企业在市场立足、竞争、发展的底气与武器。征战海外市场给华为带来的不仅是更广阔的盈利空间，更是值得国人骄傲的全球地位。而面对海外竞争中国际通信巨头的围剿、NPE的恶意诉讼以及更加严苛成熟的知识产权强保护环境，华为将科技创新作为企业立身之本，建立了较为完善的知识产权管理组织与管理流程平台，积累了丰富的知识产权诉讼经验，为我国高新技术企业走出国门、开拓海外市场起到示范作用。知识产权是企业的一项重要无形资产，华为还需要将知识产权战略与企业战略更紧密结合在一起，在核心专利领域增强实力，最大限度降低知识产权风险，真正完成从知识产权创造管理到系统完整的全循环、全链条管理，利用知识产权取得全球一流的竞争优势。

第三节　中兴通讯的知识产权战略管理[*]

中兴通讯股份有限公司（以下简称中兴通讯）是全球领先的综合通信解决方案提供商，是中国最大的通信设备上市公司。公司通过为全球160多个国家和地区的电信运营商和企业网客户提供创新技术与产品解决方案，让全世界用户享有语音、数据、多媒体、无线宽带等全方位沟通便利，是典型的知识产权密集型企业。截至2016年12月31日，中兴通讯专利资产累计超过6.8万件，全球授权专利数量超过2.8万件。[❶]实践中，中兴通讯的知识产权战略管理举措充分适应通信行业竞争需求，契合全球化发展理念，其成功经验值得类似企业仿效和借鉴，但也面临着专利资产与市场表现不匹配等问题。本节重点分析中兴通讯实施知识产权战略的外部环境，明确中兴通讯实施知识产权战略的必要意义，梳理战略管理体系和举措，以此为基础从知识产权战略与市场深度融合、增强纠纷管理能力等角度提出改进方向。

一、中兴通讯知识产权战略管理的必要性

在企业发展战略中，知识产权战略地位特殊，一方面，其与企业组织战略、营销战略、产品战略、投资战略、人才战略等诸多战略紧密相关，只有相互交错融合才能发挥其真正的战略价值；另一方面，由于知识产权专有性、无形性、地域性以及时间性的特点，其作为无形资产的意义、价值、运用手段都具有显著的特殊性。因此，不同企业基于产业特点与发展状态对知识产权战略的需求不尽相同。

（一）实施知识产权战略管理是通信行业的必然需求

中兴通讯是目前中国最大的通信设备上市公司，业务范围包括无线通信系统、有线交换与接入设备、光通信设备、数据通信设备、手机和电信

---

[*] 本节作者为南京理工大学知识产权学院硕士研究生丁旻玥，本节部分内容已经发表于《科技资讯》杂志2016年第23卷。

[❶] 数据来源：中兴通讯股份有限公司2016年年报。

软件系统和服务业务等，涵盖了通信产业的几乎所有业务，是典型的通信企业。相较于其他产业，通信行业更需要实施知识产权战略管理。

首先，通信技术更新周期缩短，知识产权柔性特征易于面对不确定市场环境。与物力资源相比较，知识产权自身具备柔性的特性：（1）自我创造，企业可以通过集成和整合人力资本以及先前积累的知识产权，创造出新的知识产品。（2）动态利用，企业可以根据自身的竞争需要决定知识产权的利用范围和程度。（3）消解不确定性的消极后果，企业在不确定的技术和市场环境中，通过在目标市场进行知识产权布局，提高反应能力。一旦不确定性降低，企业即可凭借其知识产权布局占得先机，遏制竞争对手，获得竞争优势。❶

中国自1995年正式开通GSM网络进入2G时代，到2009年正式商用3G标准，用了14年，而3G到2014年4G商用，仅用了5年，根据ITU（国际电联）的规划，5G标准也将于2020年正式商用。从上述通信设备投入和更新换代的时间和周期上可以看出，通信产品的技术周期明显缩短。通信企业在技术发展初期需要进行大量的研发投入，而随着技术的更新迭代，设备升级换代的周期缩短，在短期内将前期投入收回成为企业必须面对的经营因素。中兴通讯只有利用好知识产权资源，在竞争激烈、瞬息万变的通信行业中才会拥有应变转身的空间。

其次，通信技术标准性显著，标准专利带来巨大竞争优势。网络性是通信产业最显著的特点之一，通过网络节点的互联互通，信息交换获取价值。在实现互通的过程中，共同的规范（标准）成为通信产业链中重要的执行准则。关于通信标准，3G时代有欧盟主导GSM/WCDMA，美国主导CDMA及其后续演进，中国主导TD—SCDMA；在4G时代，有中国主导的TD—LTE、欧洲主导的FDD—LTE两种制式；目前国际电信联盟正在推动一个单一的5G标准，以实现全球手机制式的统一。只有建立知识产权为核心的企业发展战略，将构建标准必要专利（Essential patent）作为中兴通讯的首要任务，才

---

❶ 肖延高，李平，刘炬. 基于动态能力的新兴技术企业知识产权管理思维变革[J]. 科技与管理，2006（5）：102-104.

能够持续实现企业创新成果的最大价值，取得竞争话语权。

再次，通信市场竞争地域性突出，提前专利布局有利于抢占目标市场。通信企业在不同市场的资源不同，相应的竞争力水平也不同。通信设备产品服务等前期投入巨大，一定区域内的"先进入者"一旦先占市场，在服务表现稳定的情况下将产生很大的用户黏性，一般运营商或其他合作商不会轻易改变合作伙伴。"后进入者"想再进入此地域市场比较困难。知识产权的地域性❶造成企业创新成果仅在一定范围内受到保护，因此为取得区域内先入优势，针对目标地域市场的前瞻性知识产权布局十分重要。

最后，通信产业专利密集交叉，通过授权许可解决争端意义重大。化学和制药产业的产品因其特定的用途而可能具有极强的市场能力或者垄断地位，相应的技术被概括为"离散技术"（Discrete Technology），专利保护性非常强，也难以实施外围性发明创造，比较容易市场化，所以具有相对高的独占价值。相反，电子和通信设备及半导体产业领域的专利众多，且分散在不同的企业。在这些产业领域，极有可能发生一项新技术侵犯他人专利的情形。因此在通信产业领域，专利价值更多体现为授权许可和限制竞争对手。

通信设备尤其智能手机领域已爆发几百起专利诉讼，微软、诺基亚、苹果、摩托罗拉、爱立信、谷歌等信息和通信业巨头之间频繁爆发错综复杂的专利纠纷，诉讼链条令人眼花缭乱，互相之间既为原告又为被告。这些诉讼的出发点不再是单纯的保护自身知识产权，而是在关键时间、关键地区以针对性的诉讼，遏制对手的市场布局，划定己方的市场利益和份额。中兴通讯在走向全球和打拼市场的同时，也面临越来越复杂的知识产权竞争环境，只有通过知识产权战略，在知识产权储备数量和质量上取得优势地位，才能在争端解决与交叉许可中拥有谈判砝码，成为参与市场竞争的基础条件。

---

❶ 知识产权的地域性是指知识产权只在授予其权利的国家或确认其权利的国家产生，并且只能在该国范围内发生法律效力，受法律保护，而其他国家则对其没有必须给予法律保护的义务。知识产权所有人对其智力成果享有的知识产权在空间上的效力并不是无限的，而要受到地域的限制。

(二) 知识产权战略是企业全球化战略的基本保障

全球经济进入后WTO时代，国际贸易作为经济全球化的一项重要内容，有力地推动了经济全球化在广度和深度上的发展；经济全球化作为国际贸易发展的客观环境，极大拓展了国际贸易在规模和结构上的增长空间。❶全球电信市场逐步饱和疲软，中兴通讯作为创新型科技企业，不同于资源型跨国企业，只有依赖持续的创新才能实现全球扩张，取得全球市场红利，保证企业的生存和发展。中兴通讯只有实施知识产权战略，通过提升知识产权能力，才能有效进入西方市场、参与全球化竞争。

首先，通过实施知识产权战略，提升企业全球核心竞争力。在确定企业"竞争优势"的源泉和实现机理的过程中，学者从企业内部角度出发提出资源观（Resource-Based View，RBV）理论，认为企业是由一系列资源束组成的集合，企业的竞争优势来源于企业拥有的资源，尤其是异质性资源。知识产权作为由法律固化的智力成果，其无形性赋予了它柔性资源的特质，比物力资产更能够支持企业适应动态的技术和市场竞争环境，并在不确定性的竞争环境下做出积极的反应，使企业在不确定中获得竞争优势。中兴通讯只有不断提升自身知识产权能力，将自身的创新成果投入国际市场进行推广，通过知识产权构建排他性的异质性资源才能取得市场回报，进而在复杂严峻的市场形势中不断取得新的竞争优势（见图2.9）。

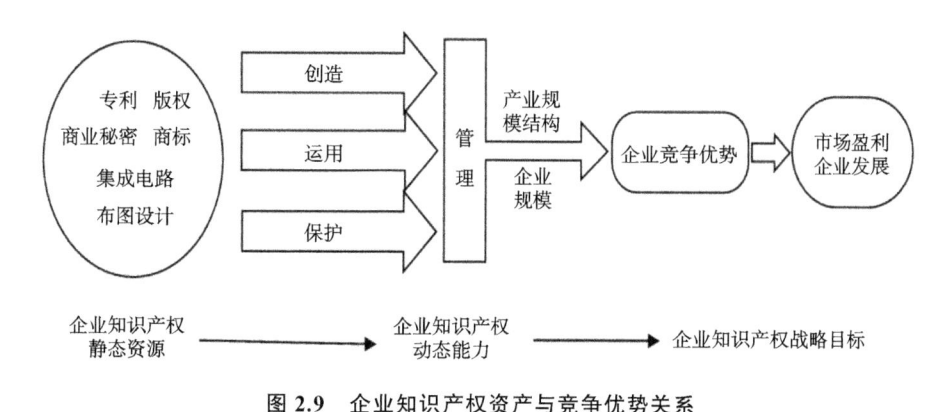

图 2.9　企业知识产权资产与竞争优势关系

---

❶ 范超. 经济全球化背景下国际贸易中的知识产权保护问题研究[D]. 大连：东北财经大学，2011.

其次，通过实施知识产权战略，在全球范围减少侵权风险。由于西方市场对知识产权实行严格保护，知识产权侵权问题处理结果不仅是巨额赔偿，产品禁令会让企业在该特定区域的市场竞争中完全错失时机。近年来，以华为、中兴为代表的中国通信设备厂商快速崛起，竞争力日益增强，市场规模不断扩大，市场份额重新划定势必影响到老牌欧美厂商的利益。这种背景下，老牌厂商通过专利诉讼打压降低竞争对手的优势，通过诉讼延缓对手进入市场从而取得市场时机优势。因此，中兴通讯必须高度重视竞争对手的知识产权诉讼，重视自身技术创新的同时尊重他人的知识产权，通过积极的诉讼处理战略和高超的风险预警机制解决各种争端。

最后，通过实施知识产权战略，在全球范围寻找合作伙伴。国外通信厂商知识产权实力雄厚，中兴通讯只有切实提高自身知识产权能力，固化创新成果，才能在国际市场形成与之竞争与合作的条件。实施知识产权战略也是为了实现知识产权的价值，通过与合作伙伴共建标准，借助交叉许可、专利联盟等手段谋取行业共赢，建立良性的通信产业生态系统。另外，中兴通讯是我国高新技术企业代表，是我国第一批走出国门的创新型企业，实施知识产权战略的成功经验会在高新技术企业中产生标杆作用，也为规范国内产业合作共赢机制提供了范例。

二、中兴通讯知识产权战略管理的环境分析

（一）外部环境

影响中兴通讯知识产权战略制定的环境要素包括政策环境要素、市场环境要素和竞争环境要素。

1．政策环境

就国内而言，随着知识产权战略实施的不断深入，国内知识产权政策调控从针对专利数量的简单刺激，到对专利质量、知识产权管理水平与运营能力以及知识产权服务业的全面发展进行转变。随着北京、上海、广州

知识产权法院的相继成立，知识产权司法保护规则不断完善，❶表明我国知识产权法制水平不断提高，为营造尊重和保护知识产权的社会环境创造了条件，也为中兴通讯发挥知识产权优势提供了土壤。2013年，中兴通讯成为全国首批35家国家专利运营试点企业，国家利用财税、金融、科技、贸易等政策杠杆促进试点企业发展。

就海外市场而言，美国、德国、西班牙等国家和地区，知识产权保护的标准非常高。美国、欧洲都是中兴通讯的重要市场，中兴凭借"走出去"战略已经成为美国排名第四的手机生产厂商，在欧洲市场的表现也同样抢眼。面对发达国家完善成熟的知识产权制度，中兴通讯一方面需要利用区域研发优势，积极进行专利布局，另一方面也需要利用各种竞争对手的不同特点，巧妙应对诉讼压力。相反，亚、非、南美国家作为潜在新兴市场，知识产权制度并不完善，保护力度也相对较低，中兴通讯在进入这些市场时则需要找准盈利点，结合当地通信产业发展阶段抢占市场，以较小的代价进行专利布局，赢得竞争优势。

2. 市场环境

通信行业一直是近年来国家重点支持的产业，通信设备行业的发展水平是现代社会中一个国家竞争力的重要体现，而长久来看整个通信产业将成为拉动经济增长的新引擎，因此国家对该产业的支持将长期不变。❷目前，国内国际通信市场的发展状态如表2.4所示。随着"三网融合"的不断推进，"互联网+"战略的提出，5G标准雏形的逐步显现，对于移动通信的要求不断提高，人口红利逐渐饱和的通信市场将面临转型发展的机遇，这些都对中兴通讯的战略选择提出更高要求。

---

❶ 2016年3月22日发布《最高人民法院关于审理侵犯专利权纠纷案件应用法律若干问题的解释（二）》，这份将在4月1日正式实施的司法解释共计31条，主要涉及权利要求解释、间接侵权、标准实施抗辩、合法来源抗辩、停止侵权行为、赔偿额计算、专利无效对侵权诉讼的影响等专利审判实践中的重点难点问题。

❷ 李云凌，谢玉梅. 我国通信设备制造业的国际竞争力分析[J]. 科技管理研究，2008，（7）：47-50+33.

表2.4　2015年国内外通信行业发展概况

国内	国际
（1）FDD-LTE牌照发放，国内运营商加大了4G网络规模部署及相关配套设施的建设 （2）"互联网+"行动计划提出 （3）高速宽带网络建设持续推进 （4）移动互联网快速发展 （5）4G智能手机不断渗透	（1）全球电信行业设备投资持续增长 （2）ICT产业融合、新兴业态的兴起及全球数字化战略 （3）工业4.0智慧城市、医疗信息化、教育信息化、移动电子商务、农业现代化等都将给电信行业的创新带来机遇

3．竞争环境

目前，中兴通讯面临的竞争形势十分严峻。其主要竞争对手如表2.5所示。

表2.5　中兴通讯主要竞争对手

国内	国际
华为 小米❶	爱立信 高通 思科 阿尔卡特-朗讯（Alcatel-Lucent） 诺基亚西门子

2015年华为全球营收3 950亿元，净利润369亿元，让曾经势均力敌的中兴通讯倍感压力。在移动终端领域，小米等互联网厂商异军突起，让中兴的移动终端消费者业务在国内并不尽如人意。国际市场方面，老牌通信巨头爱立信仍旧是欧洲霸主，也是中兴通讯的竞争对手。2016年1月7日，阿朗与诺基亚西门子完成并购，诺基亚在无线通信的优势和阿朗在光通信、知识产权方面的优势具有资源互补特性，其竞争力不容小觑。当前全球电信行业已遇到天花板，只能支撑少数几家供应商长期盈利。作为通信行业里排名第五的中兴，除去头两名爱立信和华为，还有联合壮大的阿朗与诺基亚的挤压，突出重围，争进前三的压力和危机感自然最为强烈。

---

❶　小米与中兴通讯的竞争主要集中在智能移动终端领域。

（二）内部环境

中兴通讯高度重视科技创新，坚持技术研发和创新投入。近6年中兴通讯研发投入超过500亿元，仅2015年研发投入超过100亿元，在国内所有公司里排名前三，在全球所有上市公司中预计排名前80。

中兴通讯在全球设立16个研究开发机构，体现其"国际化"战略向"全球化"战略转变的微妙变化。❶依靠全球各地不同的战略资源进行研发创新，发挥区域优势，降低创新成本，为中兴通讯知识产权的积累发挥了很大的作用（见表2.6）。

表2.6 中兴通讯主要研发机构

研发机构	作用
国内研发中心	核心研发机构，重点在技术产品化工作
欧洲、美国研发中心	前沿、核心关键技术研发
法国研发中心	促进高端市场突破
印度、巴基斯坦研发中心	客户推进、客户化定制

三、中兴通讯知识产权战略管理的发展现状

中兴通讯的知识产权战略经过三个阶段的发展：第一阶段是知识产权防御储备。2009年以前，中兴通讯知识产权战略侧重中国专利布局，快速增强中国专利实力，合理运用中国市场在全球贸易中的重要性，平衡公司面临的全球知识产权风险。此阶段工作主要实现了国内知识产权实力的原始积累。第二阶段是知识产权局部竞争。2009～2013年，中兴通讯为应对欧美市场区域高发的知识产权诉讼及谈判风险，避免对市场经营造成重大影响冲击，强化全球专利、欧美专利布局，提升全球知识产权竞争和风控能力。第三阶段是知识产权开放式运营竞争。2014年以后，中兴通讯通过知识产权实现在整个产业链上的合纵连横，求同存异开展合作及差异化竞争，促进产业的良性发展，提升企业自身知识产权市场运营价值。

---

❶ 祁陈利.中兴通讯国际化战略研究[D].南京：南京航空航天大学，2009.

经过这三个阶段的发展，中兴通讯将知识产权战略与企业经营战略的每一个环节深度融合，建立了完整的知识产权管理体系和顺畅的管理流程。中兴通讯构建了从决策层到管理层，再到执行层的知识产权有效管理组织，知识产权业务模块覆盖储备、运营、风控、竞争四大业务方向。其知识产权业务已经实现了向企业采购、物流、市场、研发、销售等主营业务流程的全面嵌入，形成覆盖公司各个层级和部门的企业知识产权工作体系。

合理布局是知识产权战略的体现。中兴通讯在技术领域的布局有两个显著特点：一是通信服务产品全线布局，二是贯彻企业发展战略进行前瞻性布局。中兴通讯于2014年年末提出M-ICT战略计划，认为世界正在迎来万物互联时代，信息化快速融入各个行业，预计2020年全球移动互联终端设备连接将增长10倍以上。根据中兴通讯的M-ICT战略，中兴将围绕"新兴领域"布局，如智慧无线充电、分布式并网发电、大数据平台及应用、互联金融、移动支付等。未来，将重点布局集"通信、大数据、移动支付"等增值服务于一体的车联网，以及"无人驾驶、机器人、低轨卫星通信"等领域。上述技术领域中，以物联网和5G标准的专利布局最为突出。

在物联网领域，中兴通讯物联网专利居全球企业首位，是物联网创新的主导力量之一，2004~2013年，中兴通讯拥有的物联网专利为全球各公司之最，并在六大领域实现全球广泛应用，在中国移动和中国电信建设物联网全网平台，与南非最大电信运营商MTN合作，共建物联网平台；同时作为主要参与方，参与中国移动以及中国电信的物联网平台相关企业标准的编制工作；此外，中兴通讯标准部积极参与oneM2M、ETSI、OMA等物联网相关国际标准化组织；在智能家居、智能电网、智能交通、物联网通信等领域均取得突出成就。

在5G领域，中兴通讯在位于中国、美国和欧洲的10多个研究所，已投入800多位专家。2015年投入2亿元专项资金用于5G领域的研究和开发，并在业内率先推出Pre5G，将已具备商用条件的5G核心技术应用于4G网络，目前已经进入商用阶段。在"2016世界移动通信大会"上，中兴通讯凭借Pre5G Massive MIMO的卓越表现，荣获全球移动大奖"最佳移动技术突破奖"和"CTO选择大奖"，多年来对技术的坚守和突破获得业界的高度认可。在云计算和大数据方面，中兴通讯目前投入7 000人，可以提供端到端的整体解决方案，并在国内外标准组织和开源组织中作出积极贡献，已获得200多项云计算专利。

企业知识产权在全球的储备布局，体现的是其自身内在市场拓展的一种需求，如果企业没有相当的知识产权匹配度，其在全球市场的拓展会遭遇到很大的问题，比如会因为大量的知识产权侵权而退出一个市场，或因为知识产权方面存在很大风险而导致客户信任度和采购意向大幅降低等一系列问题。中兴通讯显然意识到这一点，不断提高研发的质量和数量，积极通过《专利合作条约》（PCT）途径提交国际专利申请，如今已在海内外提交6万余件专利申请，并不断加大国外专利布局力度和速度。❶

中兴通讯注重所有专利申请海外布局的均衡性，以欧美等知识产权制度比较成熟的国家为布局重点，但是也不放弃其他的重点新兴市场国家，以便在未来若干年的竞争中，各个国家的风险都能够得到有效的控制，同时也为未来全球范围内知识产权的运作创造更好的机会（见图2.10）。

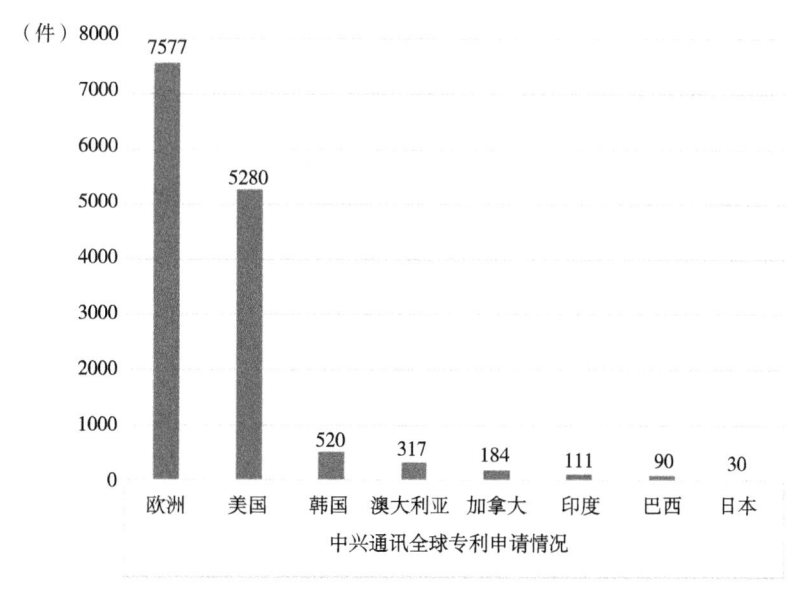

图2.10　中兴通讯国际市场主要布局国家

---

❶ 倪兰. 与市场拓展互促中兴专利布局进入良性循环期[J]. 通信世界，2012（10）：6-7.

目前，中兴通讯已经完成一定数量的专利积累，初步具有进行专利运营的条件。截至目前，中兴通讯已顺利加入两大专利池、四大标准组织，❶推动知识产权运营国际化。2011年，中兴通讯对外专利许可的项目数量就达几十个，其中牵涉的专利数量更多。以专利许可为例，中兴通讯将专利许可项目目标计划与其知识产权资产清理、维护、分析评估、风险管理、竞争情报研究等知识产权工作结合起来，在评估知识产权价值及评控许可风险的基础上，结合竞争态势与市场项目需求进行专利许可，以期将专利价值最大化。❷

四、中兴通讯知识产权战略管理的主要问题与对策

（一）主要问题

1. 知识产权资源未能带来与之匹配的市场表现

消费者业务是中兴通讯三大业务之一，智能移动终端是消费者业务的重要战场，也是其M-ICT战略的重要组成部分，在智能终端重点企业中申请量排名第三，仅次于三星、华为。❸

然而其市场表现却并不尽如人意，2015年中兴智能手机实际发货量5 600万部，终端总出货量超过1亿部，但核心指标智能手机未达到年初制定的6 000万部的销售目标。手机国内市场总销量只有1 500万部，被魅族赶超。智能微型投影仪Spro2与智能手表AXON Watch等产品也是叫好不叫座。与之相反，知识产权储备薄弱的小米却取得优秀销售业绩，在国内市场表现尤为突出，2015年以6 750万部的出货量力压华为、苹果，以15%的国内市场份额占据全国智能手机排行榜首。目前中兴在移动智能终端领域

---

❶ 中兴通讯现已成为70多个国际标准化组织和论坛的成员，有30多名专家在全球各大国际标准化组织担任主席和报告人等重要职务，累计向国际标准化组织提交文稿34 000多篇，取得280多个国际标准编辑者（Editor）席位和起草权。

❷ 徐明. 通信产业技术标准中专利许可的收益研究[J]. 科学学与科学技术管理，2012（11）：19-23.

❸ 数据来源：CAICT知识产权中心。

未能将知识产权的优势转化为市场竞争优势与经济效益，销售成绩与华为进一步拉大，这种现象显然与其实施知识产权战略初衷背道而驰。

2．知识产权运营价值未充分实现

我国知识产权制度起步较晚，至今仅发展三十余年，相较于已有500多年基础的海外欧美国家仍有较大差距。专利价值的评价、专利市场的不健全，以及初期对市场的过度调控和干预都让专利运营市场的活跃程度大打折扣。

同时由于ICT行业竞争相当激烈，中兴通讯若期待专利运营为企业带来更大收益，则其需要更高的专利完善度、专利组合市场接受度以及技术标准的融入度。

3．知识产权诉讼风险难以规避

自2005年中兴通讯第一次陷入专利纠纷以来，迄今为止已经遭遇NPE起诉60余起，7次经历美国"337调查"，调查基本情况如表2.7所示。虽然中兴取得连胜战绩，成功应对专利运营公司的诉讼，但每一起"337调查"的背后，原告诉求的专利许可费都达上亿美元。除了巨额赔偿，企业一旦败诉被美方认定侵权，还会波及上下游产业，涉案产品被永久禁止进入美国市场。由于应对海外知识产权诉讼风险大，耗资多，耗时长，流程复杂，即使胜诉也让中兴耗费大量精力，时间成本与资源成本难以收回。

表2.7 中兴遭"337调查"情况统计一览❶

序 号	起止时间	申诉方	涉及专利	结 果	中兴代理所
1	08/25/2011 - 12/19/2013	IDC❷	无线设备和3G功能和组件	侵权不存在（一项专利无效）	Brinks, Gilson and Lione
2	06/25/2012 - 03/14/2014	Flashpoint❸	电子显像装置	侵权不成立	Goodwin Procter LLP

---

❶ 数据来源：美国国际贸易委员会官网。
❷ IDC，Inter Digital Corporation。
❸ Flashpoint，Flashpoint Technology Inc.。

续表

序 号	起止时间	申诉方	涉及专利	结 果	中兴代理所
3	08/21/2012 – 02/19/2014	TPL❶	无线消费电子设备组件	侵权不成立	Brinks Gilson & Lione
4	01/30/2013- 02/11/2014	IDC	3G或4G无线设备功能组件	和解	Brinks Gilson & Lione
5	06/20/2013 - 09/13/2013	GPH❷	具有显示与处理能力组件的电子消费产品	撤诉	Goodwin Procter LLP
6	01/17/2014 - 08/25/2014	Pragmatus Mobile	手机和平板电脑等无线设备	撤诉	Pillsbury Winthrop Shaw Pittman LLP
7	05/05/2016 -	Creative Technology	便携式电子装置及其组件	诉讼中	Brinks, Gilson & Lione

4. 知识产权创造质量有待进一步提升

核心技术受先发企业垄断是每个行业的必然，受历史原因影响，中兴通讯作为后发企业，与高通、爱立信等老牌通信电子企业在技术水平上仍存在较大差距。2016年3月，中兴通讯突然遭遇美国方面的"出口限制"，2015年，来自美国的零部件预计占比为10%～15%，主要的供应商包括提供手机芯片的高通、提供基站芯片的Xilinx或Altera。如果美国制裁的时间过长，一些供应链就可能断裂。这一现象暴露出中兴乃至中国整个电信产业对美国硬件设备方面的依赖。一些高级零部件，目前只有美国掌握最先进的技术，能够生产出符合现有标准的商品。因此，只要这些零部件被限制出口，那么电信设备甚至整个系统网络都会受到连锁反应的影响。

（二）对策建议

基于以上分析，中兴通讯可以在以下领域进一步强化知识产权的战略管理。

---

❶ TPL，Technology Properties Limited.
❷ GHH，Graphics Properties Holdings, Inc.

1. 加强战略保障，重视战略的落实

知识产权战略是中兴通讯的核心战略，离不开全局性保障措施，主要包括资源保障、人才保障、财务保障三个方面。

资源保障方面，充足的人力资源能够保障在决策过程中知识产权是全程参与，企业整体的财力资源保证了创新投入和管理投入每年维持在一个较高的水平，由此期待企业经营成果与创新成果形成良性循环，促进知识产权战略的实施与企业发展。

人才保障方面，由于中兴通讯属于高新技术行业，了解技术、精通法律、熟悉一定商业方法的知识产权人才可以大大提高企业知识产权管理水平，因此中兴通讯需要通过设置合理的职业发展规划与薪金待遇，重视引进高水平复合型知识产权专门型人才。

财务保障方面，由于知识产权具有长期性和战略性价值，合理的财务规划以及财力投入有助于推动知识产权的创造、维护与运营，保证将有限的资源最大化投入知识产权战略中。

2. 重视纠纷管理，规避隐形风险

中兴通讯应继续重视知识产权管理，面对诉讼纠纷，首先制定整体策略。除了积极进行应诉抗辩、主动反击外，与其他共同被告进行深度联合，在应诉策略和资源分配上进行合作。其次是组建团队，从技术、商务、法律及品牌、证券等多个部门抽调一系列人才，调动公司资源组成"337调查"应诉团队；同时聘请资深律师，聘请有丰富ITC诉讼经验的律所，准备各种抗辩反击的方案，比如涉案专利的全球无效、不侵权抗辩及产品的回避设计分析等。❶必要时可在政府和行业协会的引导下，建立产业联盟，共同防御专利威胁。知识产权产业联盟能够发挥中国企业的整体聚合力，对外减少内耗，形成合力，共同应对国际化过程中国际巨头对中国企业的打压。此外，在进行科技创新、进出口贸易等活动前，从专利稳定性、侵权可能性等角度将知识产权风险评控作为重要内容，对潜在知识产

---

❶ 盘点华企国际专利反击战的背后[EB/OL].新华网. http：//news.xinhuanet.com/info/2014-03/24/c_133209980.htm，2014-03-24/2015-03-30.

权纠纷进行管理。

3. 提高创造质量，实现知识产权价值

中兴通讯在进行科技创新、专利布局时应当注意专利质量的把控，形成稳定性高、保护程度高的权利要求文本。与此同时，这些专利文件中可包含较大的保护范围，让竞争对手的产品难以绕开这些高价值的专利技术，从而借助起诉、和解、授权许可等方式，发挥专利的市场价值，提升专利的变现能力。

4. 契合"互联网+"战略，推动创新发展

2015年3月李克强总理在第十二届全国人民代表大会第三次会议上提出"互联网+"概念，旨在充分发挥互联网在社会资源配置中的优化和集成作用，将互联网的创新成果深度融合于经济、社会各领域之中，提升全社会的创新力和生产力，形成更广泛的以互联网为基础设施和实现工具的经济发展新形态。在此概念下，移动智能终端成为互联网与各产业结合的重要落脚点。这与中兴通讯M-ICT通过信息通信技术实现万物互联，改变社会生产生活方式的目标不谋而合。"移动智能终端+宽带+云"将成为整个社会和各个行业赖以运转的基础。为实现这一目标，超高速、超高容量、超可靠性、超短时延、绝佳用户体验的移动宽带网络成为让各个产业的信息和数据在不同的平台上自由流动的必要条件。这一战略概念让即将触顶的电信产业重新焕发生机。目前，中兴通讯在宽带与云技术方面积累了一定专利，但移动智能终端方面仍有欠缺。中兴通讯应当针对这一情况，从客户需求出发，及时调整专利布局，打造一批高质量专利，推动形成企业差异化发展的竞争新优势。

第四节　中兴通讯国内专利布局分析及启示[*]

中兴通讯是国内的主导通讯设备供应商，推出的一系列产品都处于市场领先地位，并且在全球范围内与其他跨国通信巨头展开激烈竞争，而专

---

[*] 本节作者为南京理工大学知识产权学院硕士研究生李晓晓。

利在这一竞争中发挥着越来越重大的作用。企业在市场竞争中的核心竞争力,很大程度上取决于专利的储备和专利布局的选择。本节以中兴通讯作为研究对象,对其专利布局进行研究,特别是对其在云计算、大数据和互联网三个新兴领域的专利数据进行挖掘,以期为创新型企业的专利管理提供可参考的意见。

一、中兴通讯专利布局整体概况

根据中兴通讯公司2016年年度审计报告(根据中国企业会计原则)中关于其子公司经营现状的详述,除了母公司中兴通讯股份有限公司以外,此处还选取了9家业务规模较大且专利储备可观的子公司作为专利分析的对象,包括深圳市中兴移动通信有限公司、努比亚技术有限公司等。至于专利数量只有几十件或者几件的公司,如上海中兴通讯技术股份有限公司(专利7件)则不计入统计。本研究中的专利信息来自合享新创incopat专利服务数据系统和国知局SIPO专利检索系统,检索范围为国内专利,最终检索式为:AP=〔(中兴通讯股份有限公司OR深圳市中兴移动通信有限公司OR努比亚技术有限公司OR深圳市中兴通讯股份有限公司OR深圳市中兴通讯股份有限公司上海第二研究所OR深圳市中兴微电子技术有限公司OR中兴通讯股份有限公司南京分公司OR深圳中兴网信科技有限公司OR中兴通讯(美国)公司OR西安中兴新软件有限责任公司)〕,经过数据检索和处理,共得到7万余件专利数据。

(一)中兴通讯专利申请趋势分析

截至检索日期(2017年4月5日为止),中兴通讯及其下属重要子公司在国内共申请专利72 915件,专利数量规模巨大,与其在通信产业内的领导者角色相匹配。中兴通讯一直将知识产权工作视为公司经营过程中最核心的构成,知识产权战略特别是专利战略占据重要地位。公司身处电子通信产业,行业技术密集,是创新活动最密集最活跃的产业之一。面对全球激烈的竞争环境,知识产权与技术创新一同成为中兴通讯开拓全球市场的铠甲。公司制定《知识产权战略规划运作规程》和《知识产权一体化管理规范》两项知识产权管理规程,并在知识产权与技术创新方面建立完善的内部组织体系,由公司管理层构成的中兴通讯知识产权战略委员会负责公司整体知识产权战略的决策，同时设立知识产权部门负责知识产权储备、运营、法律等相关工作。公司每年将营业收入的10%用于研发，近6年研发投入超过500亿元，仅2015年研发投入就超过100亿元。2016年公司研发投入占营业收入的12.6%，这有助于进一步加强创新研发工作力度，支撑公司发展。

1998年，中兴通讯开始专利申请工作，这一年一共有8件专利申请，在通信产业内属于较早开展知识产权布局工作的企业。1999年的专利申请便接近200件，2007年中兴通讯的专利申请数量年度趋势呈现出惊人的高速增长，几乎可以与指数级函数曲线相拟合。2003年，专利申请首次突破千件大关；2005年翻了一番，超过2 000件；2006年和2007年两度翻番，分别跨越了4 000件和8 000件，如此"恐怖"的专利申请趋势令人咋舌。此期也是公司在积累大量的技术经验和人才优势之后的爆发式增长时期，年度经营收入不断增长，企业规模逐步扩大，产业范围延伸到全球各地，一步步成长为中国电子通信产业的佼佼者。2008年，中兴通讯的专利申请数量首次出现下降，但在2009年重新保持了以往的势头，突破一万件。此后4年，公司的专利申请呈现出逐年下降的趋势。原因是电子通信产业同质化竞争的加剧，以及公司在全球各地受到不同竞争者提起的知识产权诉讼，专利申请工作从追求量的增加逐步转变为对于质量的高要求。2014～2015年，专利申请数量表现出小幅度的增长。公司近年来秉承着开放、合作、共赢的方式推进相关专利纠纷的解决，专利布局工作开始回暖。

（二）中兴通讯专利布局国内地域分析

中兴通讯在国内的专利布局主要集中在全国东南部经济发达地区，东北三省及中西部地区目前尚无专利申请数据。其中，广东作为中兴通讯集团的总部地点，是其专利申请的重地，共有71 897件专利申请及授权，占全部专利数据的98%以上。广东是我国传统的电子信息制造业重镇，通信设备、家用视听和电子元器件等产业高度发达，不仅中兴通讯在此起步发家，华为等其他的通信科技企业也都聚集于此，形成产业集群效应。母公司具备强大的专利布局能力，全国各地分公司的表现也丝毫不显逊色。上海（362件）和江苏（293件）两地的专利数据则来自公司分别设立的当地子公司的专利申请，包括中兴通讯在上海所成立的"深圳市中兴通讯股份有限公司上海第二研究所"和在江苏南京的"中兴通讯股份有限公司南京分公司"等。西安微电子技术研究所、西安中兴新软件有限责任公司、西安中兴通讯终端科技有限公司等分公司则处在西北内陆腹地的古都西安，因此在陕西（232件）拥有数百件专利。此外，湖北（10件）、浙江（6件）、山东（6件）、四川（5件）、河南（2件）、广西（2件）等省份也拥有数件专利申请或授权。

（三）中兴通讯专利法律状态分析

截至2017年4月5日，中兴通讯在国内的专利申请近73 000件，其中发明专利申请及授权共计68 632件，占专利数据总量的94%，实用新型及外观设计专利分别占总量的4%和2%。在三种专利类型中，发明专利数量远多实用新型和外观设计，这表明中兴通讯的科研实力强大，专利质量较高。

目前公司有1/4的专利（18 408件）仍处于审中状态，这主要是由于2012年之后大量的专利申请公开，仍然处于审查之中，尚未完结，在已经审结的专利之中又有驳回、权利终止和放弃等多种状态。其中，权利终止状态的专利共计5 436件，占全部专利总数的7.45%。权利终止，指专利权的效力不在，意味着专利权人不缴纳年费，或是专利权人将其发明创造成果面向社会公众领域开放。中兴通讯的专利数量规模巨大，而维持专利必须缴纳一定的年费，即使其自身资本雄厚，也难以对每一件专利无一例外地进行维护，所以价值较少的专利被舍弃也是在所难免。同样的，处于撤回状态的专利有3 065件，虽然占比只有4%，但从绝对值上来说却是一个不小的数量。总体上来说，中兴通讯目前的专利法律状态较为稳定，公司的专利布局工作成果丰硕。

（四）中兴通讯国内专利技术分析

中兴通讯国内专利排名前十的IPC分布如表2.8所示，可以发现H04大类（电通信）占据了七席之多，这表明电通信类专利在中兴通讯的专利布局中处于极为重要的地位。近年来，电通信技术行业的广阔前景和飞速发展使得这一技术领域内的众多厂家激烈竞争，产业内的专利申请数量也在高速增长，❶作为全球领先的综合通信信息解决方案提供商，中兴通讯在专利布局方面自然当仁不让。细分起来，H04L（数字信息的传输）占中兴通讯的全部专利数量的38%，高达27 748件，超过1/3，数字信息传输技术及其系统设计制造是电子通信产业的基础理论之一。同样地，H04W无线通信网络也拥有接近30%的专利占比。此外，H04B传输、H04Q选择、H04M电话通信、H04N图像通信等其他H04分类的小分类的专利数量也相当可观。这反映此期我国电通信业的飞速发展，特别是移动通信业的发展，4G信号的数字传输技术在中国移动通信技术中的飞跃式的发展，使中国的移动用户超过13亿，❷庞大的市场，吸引着相关企业不断投入大量的人力物力去开创进取，企业相关专利的投入和研发也相应地急剧增长。随着通信业不断的发展壮大成熟，5G引入中国以及云计算、大数据等新技术的开发，掀起又一波通信市场创新的热潮，各企业纷纷加大相关专利的投入与研发。我国电通信技术类专利中H04L（数字信息的传输，例如电报通信）；H04N（图像通信，例如电视）迎来专利申请的高潮，同时也反映中兴通讯在这两个技术领域的技术实力和创新能力都十分强，当然这些领域的技术竞争和专利攻防战争都很激烈。

表2.8　中兴通讯国内专利技术分析

IPC分类	专利数量（件）	占比	备注
H04L	27 748	38%	数字信息的传输
H04W	21 254	29%	无线通信网络
G06F	8 777	12%	电数字数据处理
H04B	8 432	12%	传输
H04Q	7 556	10%	选择
H04M	7 228	10%	电话通信
H04N	4 426	6%	图像通信

❶　孔爱红.基于专利地图的我国电通信技术专利研究[D].南京：南京邮电大学，2013.
❷　2016年通信运营业统计公报。

续表

IPC分类	专利数量（件）	占比	备注
H04J	2 374	3%	多路复路通信
H05K	789	1%	印刷电路；电设备的外壳或结构零部件；电气元件组件的制造
G06K	668	1%	数据识别；数据表示；记录载体；记录载体的处理

2016年8月，集团在2014年提出的M-ICT战略基础上，中兴通讯发布M-ICT2.0战略白皮书，进一步明确面向未来的五大战略方向，即VOICE[Virtuality（虚拟）、Openness（开放）、Intelligence（智能）、Cloudification（云化）和Internet of Everything（万物互联）]，认为未来继续向开放共享数字经济转型，业务部署普遍云化，万物互联、泛在智能、虚实结合将无处不在，公司将积极拓展"运营商市场、政企市场、消费者市场及战略性新兴市场"，为企业数字化转型赋能。因此，此处选取中兴通讯在大数据、云计算和物联网三个重要领域的专利分别进行详细研究。

为了更清晰地感知公司在新兴技术领域的竞争态势，研究中选取华为投资控股有限公司（以下简称华为）作为比较分析的对象，华为与中兴通讯同为通信产业耳熟能详的两大巨头，无论是在技术创新还是专利战略方面，二者都是势均力敌的对手，它们同为云计算、大数据和物联网等领域的主导厂商。与前文相似，在通过对华为企业内部经营状况的梳理之后，将其检索式的第一部分确定为AP=[（华为技术有限公司OR华为终端有限公司OR深圳华为通信技术有限公司OR上海华为技术有限公司OR华为软件技术有限公司）]，地域范围同样限定为国内，之后再进行与中兴通讯相似的二次检索，得到华为在各个领域内的专利数据。

二、中兴通讯云计算专利布局分析

自谷歌2006年推出"101"计划带来"云"的基础概念和理论以来，云计算被广泛认同为信息时代技术领域的又一次革命，并在潜移默化中改变着社会的商业模式和人们的日常生活。中兴通讯是目前国内云计算领域

的技术领军者之一,其在该产业内的专利布局策略和竞争态势值得重点关注。❶

从服务模式进行划分,云计算技术可以分为IaaS（Infrastructure as a Service,基础设施即服务）、PaaS（Platform as a Service,平台即服务）和SaaS（Software as a Service,软件即服务）三大类。虚拟化存储、应用化存储等关键技术的发展是支撑云计算产业化的重要条件,云安全、云平台等技术的具体应用也是该领域的关键组成。通过阅读相关专利文献和已有云计算专利分析的参考文献,❷❸最终确定关键词为:云计算OR设施即服务OR IaaS OR软件即服务OR SaaS OR平台即服务OR PaaS OR虚拟存储OR应用存储OR大容量存储OR多租户OR网格计算OR分布式网络OR并行计算OR分布式计算OR云存储OR云安全OR云平台OR云信息OR云数据OR云服务OR云模式OR云系统。经过多重布尔逻辑组合,在上文已确定的检索式基础上进行二次检索,在专利名称或摘要或权利要求字段输入上述关键词,对检索结果进行处理,导出专利信息数据,形成本文分析所需的专利数据库。与此类似,对华为在云计算领域的专利数据获取采取相同的检索策略。

（一）中兴通讯云计算专利申请趋势分析

截至2017年4月,中兴通讯在云计算领域一共拥有313件专利申请及授权数据。其中,超过99%为发明专利,占据绝对优势,只有3件实用新型专利。这一方面是因为云计算技术是一门基于互联网提供动态易扩展的虚拟化资源技术,其本质决定了它的知识产权集中在发明专利上,另一方面也说明中兴通信在该领域的技术研发投入产出高效,专利价值可观。

中兴通讯2001年便开始在云计算产业的专利布局工作,到2006年为

---

❶ 殷康.云计算概念、模型和关键技术[J].中兴通讯技术,2010（4）：18-23.

❷ 龚金梅,刘消寒,歹颖莉,肖红卫.基于专利分析的我国云计算技术发展现状研究[J].现代情报,2012（5）：71-75.

❸ 邓洁,余翔,崔利刚.基于专利信息的我国云计算产业竞争态势研究[J].情报杂志,2014（7）：50-56+15.

止一直都保持着相对稳定的专利申请数量，维持在5件以下，当时的技术创新尚处于萌芽阶段，其研发重点仍然处在所擅长的电子元器件和电通信方面。2006年谷歌拨"云"见日，开启云计算元年，产业进一步繁荣，中兴通讯在该领域的专利申请也逐步增多。此后5年，公司的专利申请呈现出健康稳定的成长态势。2008年，公司的云计算专利申请首次突破10件，2010年超过20件，2012年达到巅峰68件。专利数量的跨越式增长离不开公司对于云计算的高度重视，其在该产业内已经累积投入超过7 000名技术研发人员，并且在集团内部成立"云计算及IT产品经营部"负责相关事务。2013~2015年的专利数量下滑到30件左右，考虑到目前云计算技术竞争的胶着现状，专利的减少也在合理范围之内（见图2.11）。

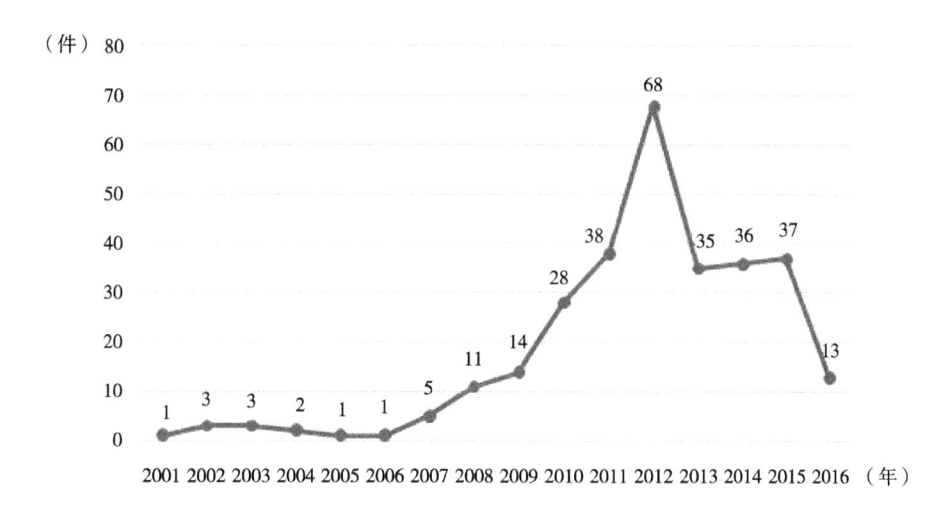

图 2.11 中兴通信云计算专利申请趋势

（二）中兴通讯云计算专利技术分析

表2.9是按照IPC国际专利分类小类统计的前10名情况。表中列举云计算领域排名前10位的IPC专利号、专利数量、占专利总量的比重以及涉及的技术领域。从中可以看出，H04L（数字信息的传输）在云计算领域所占比重为90%，占据绝对优势，支撑云计算产业中Iaas和Paas服务模式发展的关键技术虚拟化和分布式计算，是企业和研发机构进行专利布局的重

点技术领域，也是中兴通讯的核心技术优势。H04M1/725、G06F17/30、G06F9/455等小分类属于交叉技术领域，虽然发展时间较短，但它们与核心技术专利之间的关系紧密相连。

表2.9 中兴通讯云计算专利技术构成

小 类	专利数量（件）	备 注
H04L29/08	196	以协议为特征的数字信息传输
H04L29/06	82	传输控制规程，例如数据链级控制规程
H04L12/24	49	用于维护或管理的装置的数据交换网络
H04L12/56	28	存储转发交换系统
H04M1/725	19	电话通信
G06F17/30	18	信息检索，及其数据库结构
H04L12/46	13	网络的互连
H04L12/28	12	以通路配置为特征的，例如LAN[局域网]或WAN[广域网]（无线通信网络入H04W）
H04L9/32	10	包括用于检验系统用户的身份或凭据的装置的保密通信装置
G06F9/455	10	电数字数据处理 程序控制装置

（三）中兴通讯和华为技术分类对比分析

表2.10详细描述了中兴通讯和华为这两家公司在云计算领域众多技术分支内的专利分布情况，可以清晰地看出，这两家公司目前在云计算技术下的专利累积都相当丰富，涵盖三种服务模式、关键技术领域和云应用服务诸多方面。作为云计算产业内的主要竞争者，无论是中兴通讯还是华为都表现出追求技术进步的强烈意愿，充足的研发投入促进了专利储备的增长，技术水平较高，从专利绝对数量上来说，中兴通讯更胜一筹。当然，二者经营战略的差别也通过专利技术细分显现出来，华为尤其看重"存储虚拟化"技术的发展，在该方面申请了高达40件专利，而大容量存储技术

和多租户技术则并非其研究重点，仅有寥寥数件专利。中兴通讯的专利布局则相对均衡而广泛，在所有技术分类上均有涉及，专利申请呈现全面发力的态势。

表2.10　中兴通讯和华为云计算专利技术分类对比分析

主要技术	细　类	中兴通讯（件）	华　为（件）
服务模式	基础设施即服务（IaaS）	12	10
	软件即服务（SaaS）	11	4
	平台即服务（PaaS）	16	6
关键技术	存储虚拟化	10	40
	应用虚拟化	17	6
	大容量存储	25	4
	多租户	10	5
	网格计算	2	4
	分布式网络	64	48
	并行计算	33	38
	分布式计算	8	17
云应用	云存储	45	35
	云安全	6	0
	云平台	22	32
	云信息	0	0
	云数据	13	5
	云模式	1	0
	云服务	102	103
	云系统	21	21

中兴通讯不仅通过专利布局抢占技术高地，更是积极参与国内乃至国

际标准的制定。2012年年初,中兴通讯公司获得国际电信联盟标准组织下属云焦点组的副主席职位,另外还是国内第一家云计算架构方向报告人。2016年中兴通讯获得由云计算开源产业联盟(OSCAR)联合数据中心联盟和云计算发展与政策论坛组织的可信云开源解决方案的认证,这是自2015年通过云主机可信云服务认证后,在私有云开源解决方案认证方面再获权威认可。可信云服务定义、需求和场景正式写入国际上首个云计算框架性标准ITU-TY.3501ed2,这是我国在云计算国际标准领域的重大突破。

三、中兴通讯大数据专利布局分析

随着信息通信技术的发展,不断产生的大量数据正在无形之中影响着社会的方方面面。数据俨然成为一种商业资本,一项重要的经济投入。政府、企业都在研究如何从海量数据中获得新的认知、新的方法,创造新的价值,这就是当前最热门的IT技术——"大数据"。大数据技术和云计算技术息息相关、密不可分,只是前者更注重硬件资源的虚拟化,后者则侧重于海量数据的高效处理。大数据的发展融合多种新兴技术,覆盖范围极为广泛,但也意味着它的技术分类难以确定。在对相关专利分析文献[1]通读之后,本研究在专利检索模式方面,决定直接采用一个关键词"大数据"进行数据筛选。这种严格的专利数据收集模式,能够得到对于大数据的相关技术检索的最小值,使得所有获得专利必定归属于大数据的范畴之内。

(一)中兴通讯大数据专利申请趋势分析

中兴通讯在大数据领域内共有相关专利191件,并且全部都是在2000年之后申请。其中,只有一件外观设计专利,其余190件均为发明专利,这一点和云计算相关专利的类型分布相似,表明大数据专利质量相对较高,潜在经济价值值得挖掘。中兴通讯的第一件大数据专利始于2000年,到2016

---

[1] 龙海飞,吴小文,汪越,刘若兰,文雯.基于专利地图的大数据产业专利研究[J].贵州科学,2015(6):32-37.李文娟,刘桂锋,卢章平.基于专利分析的我国大数据产业技术竞争态势研究[J].情报杂志,2015(7):65-70.

年为止，年度申请趋势呈现较为稳定的波动状态，2007年的专利申请达到第一个峰值32件；2015年9月5日国务院印发《促进大数据发展行动纲要》，系统部署大数据发展工作，各种促进大数据发展的相关政策相继出台，中兴通讯的专利申请数量随之攀升到第二个峰值29件。无论是从专利总数，还是逐年申请趋势来看，中兴通讯的专利申请目前呈现出稳健态势，未来发展前景良好（见图2.12）。

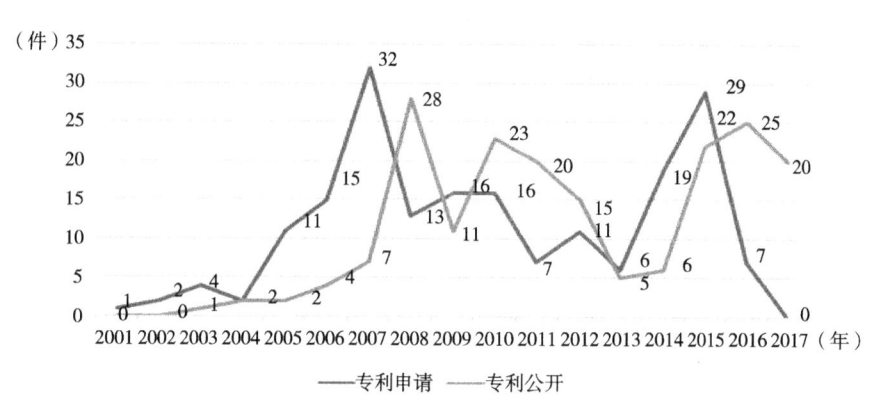

图2.12 中兴通讯大数据专利申请及公开趋势

（二）中兴通讯大数据专利申请技术分析

中兴通讯国内大数据专利主要集中在H04L、G06F和H04W三个小分类上，其中代表数字信息传输技术的H04L占据半壁江山，有99件专利申请，代表电数字数据处理的G06F也有55件专利申请，占比接近30%。检索过程中发现，相当一部分专利同时属于这两个分类，出现重复统计的情况，但数量上的绝对优势还是可以说明，大数据专利主要与数字处理及传输相关。其他专利主要分布在H04Q（选择），H04B（传输），H04M（电话通信）等（见表2.11）。

表2.11 中兴通讯大数据专利技术构成

IPC小分类	专利数量（件）	占比	备注
H04L	99	52%	数字信息的传输，例如电报通信
G06F	55	29%	电数字数据处理

续表

IPC小分类	专利数量（件）	占　比	备　注
H04W	43	23%	无线通信网络
H04Q	16	8%	选择
H04B	13	7%	传输
H04M	12	6%	电话通信
G06Q	7	4%	专门适用于行政、商业、金融、管理、监督或预测目的的数据处理系统或方法
H04N	4	2%	图像通信，如电视
G06K	3	2%	数据识别；数据表示；记录载体；记录载体的处理
G11C	1	1%	静态存储器

目前国内大数据市场应用尚未全面展开，但在部分细分市场已经具备较好的商业可行性。随着技术分支的不断细化，运营成本的降低，以及商业模式的创新，大数据将在不久的未来迎来爆发性增长。作为基础技术之一，大数据将为M-ICT提供数据存储、计算、挖掘分析的能力，是M-ICT战略实现的重要技术保障。另外，中兴通讯的专利储备在国内企业中属于第一队列，但与阿里巴巴、百度等互联网巨头以及专业大数据解析企业相比仍然存在不可忽视的差距。如何找准自身定位，利用长年累积的技术优势将大数据与电通信技术结合起来，将是中兴通讯未来几年发展的重要问题。

四、中兴通讯物联网专利布局分析

物联网（Internet of Things，IOT）被广泛认同为新一轮的信息技术革命，也是当今世界经济和科技发展的战略制高点之一，它正在悄无声息地改变着人们的生活方式。参阅大量技术文献和科学研究资料后，发现物联网技术主要可以分为感知技术、传输技术、网络控制技术和应用服务技术等四大构成，每一大类中又有数个关键技术，体现出较为复杂的产业和技术依托方式，产业上下游中的技术中心节点可能会有多个，因而物联网的技术链体系是星型结构的模式。综合诸多物联网领域的专利分析文献，❶确定二次检索的关键词：物联网OR RFID OR射频识别OR定位系统OR地理识别系统OR（传感器AND物联网）OR MEMS OR SOC OR二维码OR传感网OR NFC OR近距离无线通信OR M2M OR智能控制OR组网技术OR环境感知OR SOA。需要注意的是，由于物联网也涉及大量与云计算相关的专利技术，为避免重复分析，本节中的专利数据事先过滤掉云计算相关数据。

（一）中兴通讯物联网专利申请趋势分析

截至2017年4月，中兴通讯在物联网领域（不包括云计算产业）共拥有专利1 197件。咨询公司LexInnova物联网专利报告显示，2016年中兴通讯的物联网专利持有量居中国第一和全球前三（仅次于高通和英特尔），可知中兴通讯目前在该领域内的竞争优势是毋庸置疑的。

中兴通讯在2000年便申请了物联网相关专利，属于较早对该产业投入研发的企业之一。这一时期所申请的专利大多是关于定位系统和网络控制两方面。1999~2004年，中兴通讯每年的专利只有零散不超过5件的专利数据。2005年，国际电信联盟（ITU）发布《ITU互联网报告2005：物联网》，引用"物联网"的概念，其定义和范围已经发生变化，产业发展逐步升温，此年中兴通讯的专利申请接近20件。此后5年，公司在物联网领域加大人员及资金投入，专利产出飞速增长，2010年突破170件。2011年，中兴通讯和高新兴科技集团股份有限公司共同投资成立了一家专门的物联网公司——深圳市中兴物联科技有限公司，但由于中兴物联为合资企业，因此其专利并未归入本节的统计范围之内。2011年至今，中兴通讯的物联网专利出现小幅度下滑也与此有关（见图2.13）。

---

❶ 张亚斌，王淘迪. 基于TRIZ理论的物联网关键技术专利发展态势及预测分析[J]. 系统工程，2015（3）：130-136. 唐川，姜禾，张娟，田倩飞，房俊民. 物联网关键技术发展态势分析[J]. 科学观察，2012（1）：6-21. 潘颖，卢章平. 基于专利视角的中、美物联网产业比较研究[J]. 情报杂志，2012（9）：30-35.

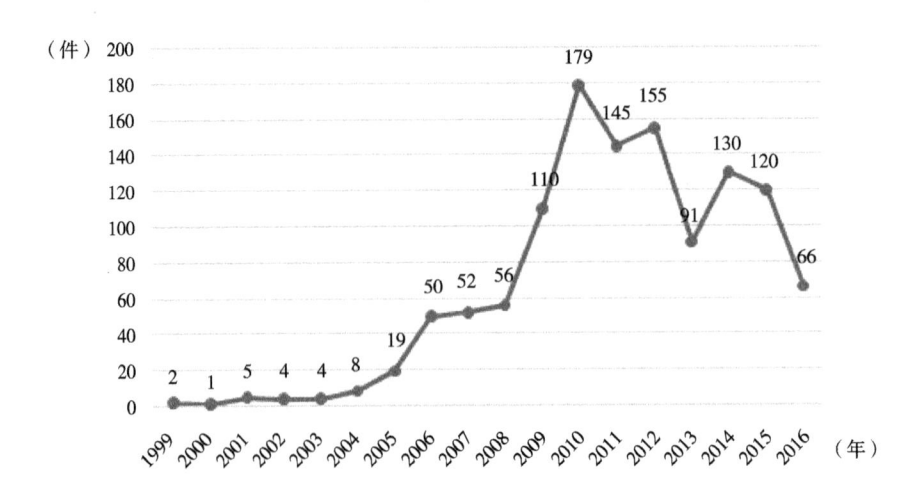

图 2.13　中兴通讯物联网专利申请趋势

（二）中兴通讯物联网专利技术分析

中兴通讯的国内物联网专利主要集中在H04和G06、G01这三大组，即大部分的专利都是面向通信技术、计算计数推算方法以及信号装置方面，其中H04L29和G06K7两个小类数量最多，分别达到144件和125件。物联网自身的特征决定了它的各个技术分支关联度较低，这一点从表2.12中可以窥得一斑，专利技术跨度较大，分散于不同的部门之中。

表2.12　中兴通讯物联网专利技术领域构成

IPC分类	申请量（件）	比例	备注
H04	864	59.66%	电通信技术
G06	310	21.40%	计算；推算；计数
G01	81	5.59%	测量；测试
H01	59	4.07%	基本电气元件
G07	33	2.27%	核算装置
G08	24	1.65%	信号装置
G05	14	0.96%	控制；调节

续表

IPC分类	申请量（件）	比 例	备 注
H02	12	0.82%	发电、变电或配电
H03	9	0.62%	基本电子电路
G02	6	0.41%	光学

从对比分析来看，中兴通讯与华为这两家在物联网领域内最有作为的企业，它们在各技术分支上的专利布局总体上相似，但也各有所长。对于至关重要的关键技术如射频识别RFID、定位系统和M2M技术，二者的专利数量都在百件之上，不分伯仲，但前者在NFC近距离无线通信方面的专利明显多于后者，而后者在SOC技术的专利申请则相对雄厚（见表2.13）。

表2.13 中兴通讯和华为物联网技术细分专利布局对比

物联网技术构成	关键技术细分	中兴通讯（件）	华为（件）
物联网感知技术	RFID 射频识别	152	78
	定位系统	472	444
	地理识别系统	21	0
	传感器and物联网	20	0
	嵌入式传感系统	0	0
	MEMS	14	32
	SOC	34	63
	二维码	70	69
	传感网	19	0
物联网传输技术	NFC 近距离无线通信	291	82
	M2M	222	152
物联网网络技术	智能控制	44	27
	组网技术	6	10
	环境感知技术	1	0
物联网应用服务技术	SOA	21	13

从这两家公司目前的商业策略来看，它们的专利布局模式的差异化也是理所当然。中兴通讯的物联网战略可以概括为"两平三横四纵"，"两平"即重点打造生态圈和资本两大支撑平台，"三横"是指在中兴通讯所擅长的终端、网络及PaaS三个层面布局，"四纵"主要聚焦在智慧城市、智慧家庭、工业互联网、车联网四大垂直领域，这几大领域的应用是中兴通讯物联网核心技术的延伸，均取得令人瞩目的成绩。因此，中兴通讯的专利布局倾向于物联网感知和传输技术的稳扎稳打。而华为则在智慧城市和智能家居等领域攻城略地，偏向于物联网应用技术。

（三）中兴通讯物联网专利与标准联动分析

为提升国际市场竞争力，中兴通讯制定并实施"技术专利化、专利标准化、标准国际化"的策略。一方面，中兴通讯在ITU-T（国际电信联盟通信标准化组织）取得多项物联网标准突破。在ITU-TSG20物联网研究组和SG17安全研究组全体会议上，中兴通讯成功当选为相关课题组副报告人，推动"智能停车场"项目更新，主持"智能电线杆"和"基于物联网区块链的去中心化服务平台框架"2个项目，全面提升中兴通讯在物联网标准领域的话语权。另一方面，中兴通讯物联网团队在业界发起万物互联产业联盟（Global IOT Alliance，GIA），吹响了生态经营的号角，其生态经营中最重要的一环便是"标准与专利子生态"，专利资源共享也是该联盟的口号之一。中兴通讯在物联网领域所拥有全球及国内领先的专利布局都将对GIA伙伴给予最优授权。GIA成立以来，丰富的平台资源吸引了大量的物联网领域上下游合作伙伴，联盟成员也迅速达到近百家。

目前，我国物联网产业链已经基本完善，涵盖电信运营、软件支持和应用服务等诸多方面。预计到2020年甚至更早的时间内，整个产业将迎来发展过程中的窗口期，5G技术的成熟促进物联网与互联网的交互融合，产业规模将急剧扩张。目前看来，没有哪一家巨头企业能够实现在物联网领域的全面垄断，赢家通吃几无可能。这种现状也有利于市场公平竞争。因此，中兴通讯需要依据自身专长，凭借丰富的专利储备，抢占技术标准先机，保持目前已有的竞争优势。

五、总结与启示

通过对中兴通讯在国内专利布局策略的分析,特别是对云计算、大数据和物联网三大技术的数据挖掘和横向对比,笔者认为,电子信息和通信产业在进行专利布局管理时应该注意以下问题。

第一,新兴技术专利前瞻性布局。作为勾画"互联网+"技术蓝图的关键技术手段,云计算、大数据和物联网概念深受市场和投资者的青睐,中兴通讯从传统的通信制造商企业经历数字化转型,新兴业务的拓展为其打开新的成长空间,并已经成为公司新的利润增长点。在前文的专利布局分析中可以发现,中兴通讯往往在技术处于萌芽阶段便已经开始着手技术研发和专利申请,这种敏锐的嗅觉是一个国际型企业在激烈的商业竞争和技术爆炸发展时代所必需。待到政府出台相关产业促进政策时,中兴通讯的专利产出也会随之暴涨。但那些没有进行前瞻性专利申请的企业往往会错过技术发展的最优时期,它们专利申请的滞后尤为典型。总之,在技术日新月异的信息时代,没有人能够永远保持领先优势,新的技术爆发点随时可能出现,企业应当高瞻远瞩,提前进行专利布局。

第二,专利布局与技术标准的联动战略。前文的阐述已经表明,中兴通讯在物联网、大数据和云计算等领域的技术标准制定方面获得越来越多的话语权。不仅如此,公司已经成为70多个国际化标准组织和论坛的成员,有30多名专家在全球各大国际化标准组织中担任主席和报告人等重要职务,累计向国际标准化组织提交论文3.4万余篇,取得280多个国际标准编辑者(Editor)席位和起草权。❶在4G、5G智能终端、光通信等重点产品和技术领域持续保持专利标准化优势,不断加强风险防御能力。技术与标准的紧密结合已经成为新兴产业的广泛现象,二者联动才能扩大市场影响。技术专利化、专利标准化、标准垄断化的道路成为企业追逐利益最大化的优先选择之一。

第三,适当的专利合纵连横策略。就本节专门分析的三大关键技术领

---

❶ 中兴通讯股份有限公司2016年年报。

域而言，中兴通讯在专利方面的合作联盟机制选择是相当谨慎的。专利转让、交叉许可等综合运营方式非常少见，仅有的数件专利转移也仅仅受限于集团内部，例如大数据产业的2件专利许可便是由母公司中兴通讯股份有限公司流向子公司深圳市中兴微电子技术有限公司。这并不是说中兴通讯在专利合作方面过于拘束，相反，对于尚未完全明确技术方向的新兴产业而言，郑重而仔细地挑选合作对象是十分必要的，例如中兴通讯集结物联网领域近百家中小型上下游企业，与它们的专利合作便不存在技术流失或泄密的风险。

第三章 互联网产业知识产权管理实证研究

互联网产业既是新型的高科技产业，具有知识产权密集型和技术文化密集型的双重特征，同时它也与国计民生紧密联系，深刻影响着民众的生活质量和获取信息的方式，关涉国家的公共安全和整体竞争实力。面对迅猛发展的产业环境和较为优越的政策支撑，在整体科技实力较强的大浪潮中，互联网企业一般都比较重视知识产权管理工作，建立起较为完备的知识产权管理体系和工作机制，一些企业甚至有着长期的战略谋划，能够熟练运用专利信息建立企业竞争优势。当然，互联网环境下的知识产权竞争日趋激烈，企业侵犯知识产权的现象也是屡禁不止，需要建立更为完备的知识产权保护和运用模式。

第一节 概　　述[*]

随着现代信息技术革命持续纵深发展，互联网深刻渗透进经济生活的各个方面，引发技术领域的重大变革和产业链条的突破转型，互联网产业已经成为各国优先发展、具有举足轻重意味的产业门类，并逐渐从单一的新闻门户、电子信息交互等产业领域，引申发展到即时通信、搜索引擎、社交网络、电子商务、信息安全等产业方向。"互联网+"范畴的提出和应用，让物联网产业、3D打印产业、智能制造产业甚至传统的家用电器、日常器具等都深刻烙上互联网的产业印迹，融入互联网产业的体系。互联网

---

[*] 本节作者为南京理工大学知识产权学院梅术文副教授。

产业在各种开放平台引领下覆盖各种不同用户的消费需求，带来巨大的市场利益。

一、互联网产业概况

互联网产业是以新兴的互联网技术为基础，专门从事网络资源搜集、资讯传递和互联网信息技术的研究、开发、利用、生产、贮存、传递、营销活动，可为经济发展提供有效的资讯信息，带动传统产业的转型升级和各种新兴业态的蓬勃发展，是典型的战略新兴产业和知识产权密集型产业。在现代高新技术环境下，互联网技术提供了发展中国家实现"后发优势"的基础平台，诸多互联网企业快速成长，并在激烈的市场竞争中逐渐获得核心资源和能力优势。互联网产业以现代电子信息和通信产业为基础，计算机、半导体、光电通信等为互联网硬件产业的发展提供支撑，软件产业、数据库产业与互联网产业同样构成密切的互补关系。互联网产业不仅是现代信息产业的重要组成部分，而且互联网内容的提供、传播本身就是提升文化产业水平能力的新引擎。互联网技术构成文化产业的技术基础，数字内容成为互联网产业发展的重要方向，科技与文化的联姻推动了产业的升级和融合。

互联网产业的发展历史虽短，但是整个进程却是波澜壮阔、突飞猛进。回顾我国1994～2014年20年来互联网走过的历程，其产业演进的三个历史阶段是❶：（1）1994～2004年：中国互联网的起步积累阶段。这是产业发展的第一个周期，也是以技术为导向的发展阶段，从市场中出现的试探性创新到技术入华，再到资本关注以及多种模式的市场爆发，最终以市场洗牌结束第一轮产业周期。（2）2005～2007年：中国互联网的爆发与调整阶段。这是产业发展的第二个周期，也是以内容为导向的市场阶段，从模式创新的兴起再到各类应用的探索、试错，逐步形成激烈的市场竞争，最终归于第二轮市场复盘。（3）2008年至今：中国互联网的持续快速发

---

❶ 国家互联网信息办公室. 中国互联网20年：网络产业篇[M]. 北京：电子工业出版社，2014：前言.

展阶段，这是产业发展的第三个周期，是以移动互联网、新一代信息技术为驱动力，同时，行业应用的典型表现是从第三产业向第二产业渗透、变革，与此同时，各类创新应用涌现，直至出现第三轮市场盘整。

互联网产业涵盖的内容范围广泛，而且随着互联网技术的发展而不断开疆拓土。在我国，互联网产业起始于互联网信息内容提供以及相应的服务行业，随后，搜索引擎产业、定位服务产业、电子商务产业、软件产业、数字娱乐产业、网络游戏产业、物联网产业、移动互联网产业、网络信息安全产业、互联网+传统产业等都逐渐成长起来。随着新一代信息技术的突破，中国互联网细分市场仍处于继续分裂和培养当中。

可见，互联网产业是一个庞大的体系，包括的子系统和次子系统的类型甚多。我国于2010年发布的《国务院关于加快培育和发展战略性新兴产业的决定》提出的七大战略性新兴产业中包括新一代信息技术产业。其主要措施包括：加快建设宽带、泛在、融合、安全的信息网络基础设施，推动新一代移动通信、下一代互联网核心设备和智能终端的研发及产业化，加快推进三网融合，促进物联网、云计算的研发和示范应用。着力发展集成电路、新型显示、高端软件、高端服务器等核心基础产业。提升软件服务、网络增值服务等信息服务能力，加快重要基础设施智能化改造。大力发展数字虚拟等技术，促进文化创意产业发展。我国于2015年发布的《中国制造2025》明确指出：加快推动新一代信息技术与制造技术融合发展，把智能制造作为两化深度融合的主攻方向；着力发展智能装备和智能产品，推进生产过程智能化，培育新型生产方式，全面提升企业研发、生产、管理和服务的智能化水平。可见，现代信息产业主要就是以网络技术为核心的互联网产业，现代制造产业也离不开网络基础设施和互联网技术的支持。考虑到本书已经在第二章讨论了电子信息产业和通信产业的知识产权管理情况，后面的章节中还将集中探讨制造产业，所以此部分集中关注互联网内容产业、互联网服务产业和电子商务产业等业态。

厂商是产业的基本组成单元，也是产业发展中最为活跃的组织。我国当前的互联网领军企业包括阿里巴巴、新浪、百度、网易、腾讯、搜狐、盛大、携程旅行网、奇虎360、巨人网络、分众传媒、TOM在线等。从产业链和价值链整合的角度观察，当前的互联网企业上下游垂直整合明显，主要互联网企业在产业竞争中形成各具特色的产业定位，同时也积极因应技术发展的态势，不断拓宽竞争领域，力争占据、提供和创造更多顾客价值，确保在激烈的互联网产业竞争中处于较为有利位置。

二、互联网产业知识产权管理的特征

互联网技术是当前最为热门、最有前景也是最具活力的创新领域，互联网产业正处于从导入期向成长期的转变阶段。新一代信息技术的发展带动新的产品和服务的推陈出新，产品生命周期越来越短，专利布局抢占竞争高地的需求大增，品牌优势和无形资源优势及其运用能力成为互联网企业最重要的竞争利器。

（一）知识产权布局和分布

互联网产业的专利质量普遍较高，企业创新活动密集，研发热情高涨。例如，下一代互联网即基于IPv6的互联网络大面积部署，给信息产业带来新的机遇，与美国在IPv4网络发展上的垄断优势相比较，在IPv6网络上的先发优势要小很多。学者通过世界专利文摘库（SIPOABS）公开的相关专利文献为分析基础，认为2007年后相应的互联网技术开始走向成熟并进入实际应用阶段，IPv6地址的专利申请数量明显增加。2004年起，相关中国专利申请量增长速度明显超过相关全球专利申请量的增长速度。主要申请人包括三星、华为、韩国电子通信研究院、日立、中兴、诺基亚、高通、爱立信、思科与清华大学等。其中，通信公司占有8席，中国占有3席，韩国2席，美国2席，欧洲国家2席，日本1席，反映了下一代互联网技术研究方面的格局。从IPC分类所反映的技术领域看，相关专利申请集中在数据开关网络和通信控制、传输方面。❶我国的代表性互联网企业腾讯、阿里巴巴、360、百度、小米、乐视等，在发明申请授权量方面都有大幅增长。尤其是2015年各个网络公司的专利授权量出现猛增，其中腾讯公司

---

❶ 程小梅等.下一代互联网技术专利申请状况分析[J].中国发明与专利，2013（1）：45-48.

增幅最大，授权量超过600件；360公司虽然专利布局起步晚于腾讯，但是仅经过3年积累，授权量紧随其后排名第二，超过400件；而小米、阿里巴巴、乐视、百度等公司的授权量仍然低于200件。❶可见，我国互联网企业的专利数量和质量仍然有很大的提升空间。

从商标申请和运用情况来看，互联网企业的商标品牌意识较强，一些知名的商标品牌具有较高市场价值和消费认可度。通过诉讼程序或者相应的行政程序，百度、腾讯、阿里巴巴（以下简称BAT）等都被认定为驰名商标，这有力强化了互联网产业的品牌保护。在"走出去"的过程中，以BAT为代表的中国企业表现不俗，通过上市融资和改善品牌声誉等多种途径，国际社会的认可度大幅提升，增强了中国互联网产业的国际竞争力。

从其他知识产权的管理上看，互联网产业一般坚持知识产权全覆盖的布局模式，采取多种举措管理知识产权。例如腾讯公司的"全程跟踪、提前评审、复合保护、立体维权"策略展现知识产权管理溯及整个产品研发和产品周期，涵盖域名、商标、版权、专利、商业秘密等各个领域。该公司运用著作权保护企鹅卡通形象、游戏软件、游戏中人物形象、软件名称等，运用商标保护腾讯商标和企鹅卡通商标，运用商业秘密保护源代码、设计图纸，运用专利权保护各种技术方案以及软件技术等。再如谷歌公司坚持建立专利布局、商标布局和著作权布局的综合布局架构，重视商业保密保护。谷歌的工程师们严格遵守着保密原则，甚至拒绝透露他们的具体工作内容，谷歌认为这是不泄露给竞争对手丝毫商业秘密的唯一方法。

（二）知识产权运用

互联网产业重视知识产权运营和投融资，尤其是互联网内容产业在这方面进行有益探索。例如盛大文学专注于运营文学版权，采用的是全版权运营的商业模式。旗下运营的子公司有6家原创文学网站，一家提供网络文学、数字图书、报纸杂志等电子商品的云中书城，两家阅读网站和三家图书策划出版公司。《鬼吹灯》是盛大文学网站版权输出成功的典范。《鬼

---

❶ 大数据显示360专利团队最高效[EB/OL].中国经济网. http://www.cankaoxiaoxi.com/science/20160311/1097696.shtml，2016-05-06.

吹灯》为天下霸唱所著,主要讲述"摸金校尉"(盗墓者)的一系列诡异离奇故事。这部作品2006年在网络上流行,点击率数以亿计。2007年,起点中文网将《鬼吹灯》实体出版权转至安徽文艺出版社,短短数月销量突破50万册。2009年上海游趣网络将其改编成一款纯3D探险类MMORPG游戏。2010年,它的影视改编权被转让给华映电影公司。❶通过知识产权的运用不仅有助于发挥知识产权的价值,也带动了产业链的繁荣与活跃,不仅出现"长尾效应",而且可以延缓产品生命周期,带动产业群落的整体发展。

(三)知识产权管理体系

互联网产业的知识产权管理体系较为完备,企业知识产权管理制度较为健全。例如腾讯公司目前的知识产权管理架构采取分块管理,其中专利事务与其他知识产权事务分别由专利管理部门和法务部分管。专利管理部门由专利管理委员会、专利评审小组、重点部门专利委员会或专利支持组、研发管理部专利组等4个分支机构组成,主管企业专利管理与维护工作(涉诉类专利事务除外);法务部则主管商标、版权、商业秘密、域名以及企业所涉侵权等事务。互联网企业知识产权管理队伍人员学历高、专业化趋势明显。管理人员的单兵作战能力和协同作战能力持续强化,承担的工作量也比较大,例如专利年申请70多件是常态,360专利团队年人均申请量甚至达到180多件。腾讯离职人员知识产权管理制度中,法务部联合研发管理部、人力资源部发起《离职人员源代码系统操作确认表》,确保腾讯商业秘密得到有效保护,取得很好的效果。

(四)知识产权竞争和诉讼

互联网企业之间的知识产权竞争日趋激烈,知识产权管理绩效与公司的整体产品布局相互结合,为产品创新和推广保驾护航。互联网企业之间的知识产权角力并不少见。例如,引起广泛关注的"3Q"大战就是我国互联网企业在市场竞争浪潮中的正面冲突。当然,国外企业的知识产权竞争

---

❶ 张晓梅.新媒体与新媒体产业[M].北京:中国电影出版社,2014:247-248.

同样激烈,例如Facebook遭遇Yahoo提出的10多件专利诉讼,同时遭受亚马逊公司的"专利追杀"。由此可见,互联网企业要进入国际市场,提升企业核心竞争力,很难逾越的一个壁垒就是知识产权。一般情况下,互联网企业的产品呈现出主打品牌+多元化的格局,相应的知识产权布局自应紧跟公司的经营策略,研发未动,知识产权先行。例如360公司的主打产品是"信息安全"领域,在安全的基础上拓展到云技术产品、智能硬件、摄像头、行车记录仪、儿童手表等产品,为此整个公司的专利布局也快速跟进,迅速拓展至相应的技术领域,在商标品牌上进行同步跨越,提升公司的整体形象和影响。❶因此,在某种意义上看,互联网产业的知识产权竞争体现了产业的竞争,也是企业之间进行竞争的重要手段和工具。

三、互联网产业知识产权管理的发展趋势和战略措施

随着云计算、大数据、物联网等多领域技术与移动互联网的叠加和跨界融合,互联网像蒸汽机和电力,不但不会打掉所有行业,相反,很多行业都会利用互联网完成升华。麦肯锡资深董事合伙人布鲁诺·罗伊(Bruno Roy)表示,如果按照占GDP的比例计算,中国的互联网经济已经超过美国、法国和德国。中国互联网公司的崛起也正在世界上造成巨大的影响力和奇迹。❷随着"互联网+"战略的深入实施,互联网产业应该以更加国际化、前沿性的标准定位知识产权战略,开展更高水平的知识产权布局和运用。

首先,因应互联网技术和产业的特征,建立网络知识产权的制度体系。网络知识产权法是调整现代信息技术所带来知识产权问题的法律规范总和,在制度体系上涵盖以下内容:❸(1)总论。(2)网络著作权。(3)网络商标权。(4)网络专利权。(5)计算机软件的知识产权保护。

---

❶ 佚名. 360专利团队打造互联网行业知识产权管理标杆[EB/OL]. http://www.jcrb.com/culture/IP/201603/t20160314_1598522.htm,2016-07-10.

❷ 佚名. 首届世界互联网大会:颠覆还是融合[EB/OL]. http://www.iprchn.com/Index_NewsContent.aspx?newsId=78734,2015-12-05.

❸ 梅术文. 网络知识产权法:制度体系与原理规范[M]. 北京:知识产权出版社,2016:23.

（6）数据库的知识产权保护。（7）网络域名的法律规制。（8）集成电路布图设计的知识产权保护。（9）网络知识产权侵权与法律救济总论。（10）网络服务提供者侵犯知识产权的责任。（11）网络知识产权保护与不正当竞争。互联网产业比任何一个其他产业更需要建立综合性的知识产权保护机制，构建网络知识产权法律体系是最为基础性的因应措施。

其次，充分理解和利用网络技术的特质，探索有效的知识产权运用模式。互联网经济的本质是借助互联网获得产业升级、不断提升产业竞争力的经济，网络知识产权法治的首要目的是促进网络知识产权获利能力的提升。通过建构网络环境下权利行使的自主原则，用以表彰权利的行使。例如，网络环境下的版权人应该将允许利用其著作物的条件预先揭示给用户，从而在一定程度上解决因著作物被大量复制、传播而引起的版权问题。❶更大限度发挥市场作用，允许权利人和其他利益相关者对自己的利益作出判断，发挥授权许可协议的作用，通过市场机制实现各方利益的协调。实际上，只有权利人、网络服务提供者有了更多的通过网络获取市场利益的途径，网络技术的发展才会更快，网络也会更为繁荣，消费者才可以持续地从网络技术和文化创新中获得更多的福祉。孤儿作品的利用应该遵循保障社会公众获取信息和权利人获得合理报酬的原则，在遵循合理有效的搜寻仍不能确认著作权人时，建立孤儿作品著作权使用费的提存机制，允许著作权集体管理组织保管5年时间，5年后没有权利人主张权利或者利益相关人认领的，应通过相应的文化发展基金使之归入社会公共领域使用。只要建立合理的盈利模式，互联网产业的发展才具有不竭动力。

互联网商业盈利模式包括内容收费模式、免费+增值服务模式、广告收费模式和平台分成模式等，❷互联网企业要善于突破固有的思维障碍和制度依赖，既要善于通过向用户收取费用直接盈利，也要能够尊重网络共享和免费使用的情况下，通过收取广告费、增值服务费实现盈利，或者通过终端预装广告平台获得广告收益。互联网企业还可以通过创新内容形式、提

---

❶ [日]北川善太郎.网上信息、著作权与契约[J].外国法译评，1998（3）：40-49.
❷ 张晓梅.新媒体与新媒体产业[M].北京：中国电影出版社，2014：171-173.

高内容的专业性、差异性等方式满足顾客的个性化需求，通过建立有效合理的互联网开放平台与开发者实现知识产权的合作和分享，使互联网产业价值链中的每一个参与者在竞争与合作中达到共赢共生的目的。

最后，实施产业知识产权战略，运用国际化的思维参与互联网产业的知识产权竞争。我国互联网企业应该更加重视国际专利申请，注重在美国、欧盟国家和日、韩等竞争企业所在国家开展知识产权布局，大力实施互联网产业知识产权国际化战略，护卫本国产业的核心利益。我国申请人的相关专利申请大多在本国进行，在其他国家的申请很少。美、日的思科、高通、日立等企业的专利研发与申请策略中的国际化水平更值得学习。与此同时，推动高质量知识产权成果产业化也是重要的任务。各国都确定了由政府主导的扶持政策，并且选择与国家核心竞争能力以及战略发展需要相一致、有利于国家获得知识产权竞争优势的重点目标领域作为财政支持的重点和方向。❶当前，我国的互联网产业扶持政策有利于互联网企业的后起勃发，国内企业可以抓住互联网经济带来的弯道超速机会，推动自主知识产权成果快速实现商品化，推动最新科技成果的规模化生产应用，在自主知识产权成果产业化的进程中打造具备国际影响力的企业。

积极实施产业知识产权战略，提高我国互联网产业的整体竞争力。无论是基于企业外部环境，还是基于企业内部资源和能力，产业知识产权战略都有助于产业竞争优势的形成。从外部环境来看，产业知识产权战略可抑制新进入者的威胁、替代品的威胁、买方议价能力、供应商议价能力以及现存竞争者之间的竞争等。就内部资源和能力而言，产业知识产权战略可扩充知识产权资源，提高运用这些资源的能力。❷环顾全球，互联网的发展正处于一个新的变革周期，我国的互联网产业更应该熟练运用知识产权武器，树立知识产权战略意识，赋予互联网资源创造财富的新能力，通过相关的策略联盟和利益分享机制，不断提升中国互联网产业的国际影响

---

❶ 胡晓辉. 国外自主知识产权成果产业化的财政政策及其启示[J]. 中国科技论坛，2008（3）：80-85.

❷ 詹映，温博. 行业知识产权战略与产业竞争优势——以印度软件产业的崛起为例[J]. 科学学与科学技术管理，2011（4）：98-104.

力，通过知识产权巩固和强化我国互联网产业的竞争优势。

第二节 阿里巴巴集团的知识产权管理[*]

互联网的普及，使电子商务的迅猛发展态势远远超出人们的预想，从20世纪90年代至今，短短20余年，电子商务从无到有、从小到大，至2016年上半年，中国电子商务市场的交易额高达10.5万亿元人民币。[❶]以线上交易为代表的电子商务经营模式，已经成为我国社会经济发展中的重要组成部分，并不断改变着人类社会的生产和生活方式。电子商务不仅从根本上推倒了传统商业的交易模式，而且重构了传统商业文明的理念、秩序和伦理。然而，任何事物的发展总是在曲折中前进，在电子商务繁荣的背后，企业知识产权管理问题已经成为影响电子商务能否健康、持续、良性发展的重要问题。本节选取电子商务产业的代表企业阿里巴巴集团为研究对象，对阿里巴巴集团自有知识产权的管理体系进行全面梳理，并从全球和中国两个层面整理其知识产权资产布局，将其和其他国内互联网企业的专利质量进行比较分析；之后研究其作为第三方平台对他有知识产权的监管现状，归纳出阿里巴巴集团对他有知识产权管理的主要措施以及在目前社会环境中面临的困境与挑战，并提出具有针对性的改善意见。

一、阿里巴巴集团概述

阿里巴巴集团控股有限公司（以下简称阿里巴巴集团）是以曾担任英语教师的马云为首的18人，于1999年在中国杭州创立的互联网企业。阿里巴巴集团在发展过程中清晰地界定它的目标客户，其业务系统主要分为三部分：阿里巴巴、淘宝和支付宝。阿里巴巴集团共享价值观体系的强大企业文化表现为6个核心价值观，即客户第一、团队合作、拥抱变化、诚信、激情、敬业，其利润主要来源于注册会员缴纳的会员费。阿里巴巴集团公

---

[*] 本节作者为南京理工大学知识产权学院硕士研究生李晓晓。
[❶] 数据来源：中国电子商务研究中心，发布时间：2016年10月。

布的2016财年全年业绩的财报显示，其平台成交额已经达到3.092万亿元人民币，同比增长27%。❶

阿里巴巴集团在发展过程中一直注重知识产权的管理，早在2002年淘宝网创立之前，便组建专业团队，处理海内外知识产权投诉。2008年，阿里巴巴集团出台知识产权保护平台Aliprotect。2014年9月19日，阿里巴巴集团在纽约证券交易所正式挂牌上市，为了进一步参与国际竞争，阿里巴巴集团的知识产权管理之路任重而道远。❷

二、阿里巴巴集团的自有知识产权管理

企业的知识产权管理是一个系统而庞大的工程，其有效的运转依赖于科学合理的管理体制。企业知识产权管理的实施主体是其知识产权管理人员，其素质的高低直接影响该企业知识产权制度的实施效果。阿里巴巴集团拥有40人组成的专利管理团队，主要负责企业内部的专利制度建设、专利信息管理、专利取得维持、专利经营应用和专利纠纷处理等事务。该团队年人均专利申请任务量约为80件，处于互联网企业里工作人员平均每年产出70~90件专利的中游水平。

（一）阿里巴巴集团全球专利布局

1. 申请趋势

阿里巴巴集团自2005年开始在国内申请专利，当年仅仅申请6件专利。2006年，阿里巴巴集团的专利申请迅速增加，达到164件。目前，阿里巴巴集团正处于繁荣发展时期，专利申请一直保持稳定高速增长，2010年全球专利申请接近1 000件，5年间专利申请速度惊人。2012~2013年，阿里巴巴集团的专利申请增速略有下降，2014年重新回到高速增长阶段。可以预见，在未来几年，阿里巴巴集团的专利申请仍会持续增加（见图3.1）。

---

❶ 数据来源：2015阿里巴巴知识产权保护年报，发布时间：2016年4月26日。
❷ 刘斌，陶丽琴，洪积庆. 电子商务领域知识产权保障机制研究[J]. 知识产权，2015（2）：64-68.

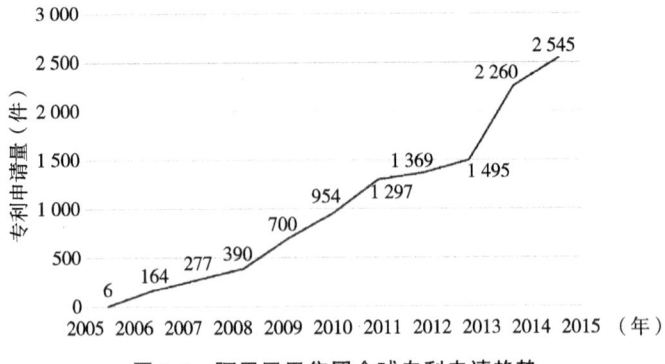

图 3.1 阿里巴巴集团全球专利申请趋势

2. 地域分析

由表3.1可知，阿里巴巴集团在全球的专利申请中，中国的专利申请占据46%，近半壁江山。众所周知，专利申请广泛存在"本国优势"（Domestic Bias）现象，即企业在开始专利申请工作时，在本国内的专利申请最为简便，效率最高，也更容易获得经济效益。对于阿里巴巴集团在中国的专利申请将在后文详细分析。

表3.1 阿里巴巴集团历年全球专利申请数 （单位：件）

年份	2005	2006	2007	2008	2009	2010	2011	2012	2013	2014	2015
中国	6	156	153	153	276	267	753	633	414	1 514	1 158
中国香港	0	0	12	128	99	127	118	205	495	178	496
世界知识产权组织	0	1	25	21	46	70	60	86	130	106	427
美国	0	1	27	23	67	120	80	129	177	180	270
中国台湾	0	0	14	22	86	157	100	115	72	126	164
欧洲专利局（EPO）	0	2	38	35	83	127	93	96	72	57	4
日本	0	0	7	7	43	86	93	105	114	70	8
韩国	0	1	1	1	0	0	0	0	21	24	7

续表

年份	2005	2006	2007	2008	2009	2010	2011	2012	2013	2014	2015
印度	0	0	0	0	0	0	0	0	0	0	10
新加坡	0	0	0	0	0	0	0	0	0	5	0
澳大利亚	0	2	0	0	0	0	0	0	0	0	0
加拿大	0	1	0	0	0	0	0	0	0	0	1

除了在中国提交的专利申请以外，阿里巴巴集团也越来越注重在主要产品销售和使用地进行专利布局，其专利申请主要集中在美、欧、日等国，以及中国台湾、中国香港地区。

中国香港和中国台湾一直都是阿里巴巴集团推进电子商务平台全球化的前哨，在其日后的发展前景中也占据重要地位。2007年11月，阿里巴巴集团在香港联交所主板挂牌上市。为了规避在香港上市后的专利风险，并进一步赢得香港市场的信心，2008年阿里巴巴集团在中国香港地区提交128件专利申请，与其该年在中国内地的专利申请数量大致相当，远远超过在其他国家和地区的专利申请。此后，阿里巴巴集团在中国香港地区的专利申请一直保持着稳步增长的良好势头。另外，早在10年前，阿里巴巴集团就已经开始在中国台湾布局电子商务，并拥有相当可观的专利授权量。受制于台湾地区的互联网技术发展水平，以及当地线下零售业的发达，阿里巴巴集团在台湾的市场拓展并不理想。

2014年9月19日，阿里巴巴集团于纽约证券交易所上市，上市后估值仅次于谷歌公司，成为全球第二大互联网企业。但其巨大的经济体量和专利持有量不成正比。阿里巴巴集团获得授权的美国专利数量，只是亚马逊和eBay等电商企业的零头，与其他专利大鳄相比，这个数字更是可以直接忽略。总体来说，阿里巴巴集团正在迅速积累专利储备，表现出积极扩张的专利申请态势，但阿里巴巴集团与其竞争者在专利数量方面差距过大，非一朝一夕能够弥补。尽管有后发优势，阿里巴巴集团不太可能在短时间内追上其国际竞争对手，原因颇为复杂，其中重要原因之一是中国和美国在计算机软件、商业方法上的专利保护差异。

3．技术分析

阿里巴巴集团的专利主要集中在G06F、H04L和G06Q 3个领域，即计算机数据数字处理技术、数字信息传输技术、适用于特别领域的数据处理系统或方法。这与该集团的主要业务是息息相关的，阿里巴巴集团主营电子商务，平台商如何处理好层出不穷的商品信息，如何让用户快速准确地检索出目标产品，决定了电商平台的根本质量。从技术申请趋势上看，排名前10的技术分类仍然处于增长阶段，没有显示出衰退的迹象。从全球技术分布来看，阿里巴巴集团对中国、美国和中国香港的技术分布大体上趋同化，可见阿里巴巴集团并没有固守在自己的主场，而是将目光放在更广阔的世界范围。

（二）阿里巴巴集团中国专利布局

1．申请趋势

阿里巴巴集团在国内的专利申请趋势与其在全球范围内的专利申请趋势大致相同。在2005年申请首批6件专利，之后5年内的专利申请保持稳步增长，2011年突飞猛进达到750余件，2012～2013年略微有所下降，2014～2015年，又重新保持之前的高速增长（见图3.2）。

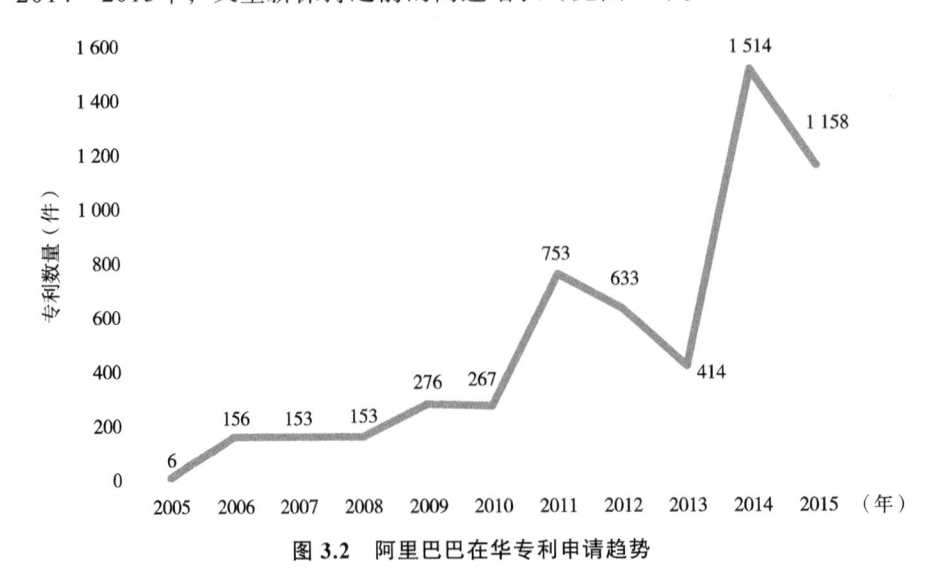

图 3.2 阿里巴巴在华专利申请趋势

2．技术分析

阿里巴巴集团在国内的专利申请技术分布与上文中的全球技术分布大致相当，主要集中在信息检索、数据库结构等方面。此处不再赘述。

3．专利质量比较分析

对于发明专利质量的评估，本节主要采用专利说明书页数、权利要求项数、授权率和审查周期等指标进行评估。同时将阿里巴巴集团和腾讯、百度这3家国内规模最大的互联网企业进行横向对比分析（见表3.2）。❶

表3.2　BAT专利质量对比❷

公司	说明书页数	权利要求项数	授权率	审查周期（月）
阿里巴巴集团	10.65	12.95	66.71%	49.97
腾讯公司	8.8	11.1	72.87%	41.90
百度公司	11.2	14.7	62.87%	38.06
国内平均参考值	7.3	7.8	60%	32

根据统计结果，3家互联网企业的发明专利质量均超过国内平均水平，特别是阿里巴巴集团的发明专利质量更是显著超过国内专利平均水平，这也从一个侧面说明其创新活动密集、技术含金量较高。阿里巴巴集团的发明专利授权率处于中游水平。一般认为发明专利申请的审查周期越长，专利的质量越低。阿里巴巴集团的审查周期最长，约为50个月，远远高于国家知识产权局公布的平均审查周期。腾讯公司和百度公司的专利审查周期同样高于平均值，某种程度上反映互联网企业注重专利申请数量的累积，但却在某种程度上忽视了专利质量。

此外，近年来百度公司的专利申请也在稳步增长，逐步实现自身的专利布局和知识产权战略。实际上，百度除了专注核心搜索引擎业务，更在

---

❶ 佚名．网企发明专利申请各有特点 360专利授权率超94%［EB/OL］．http：//www.bjgongteng.com/news/20170518/69468.html，2017-05-18.

❷ 上述各表中的授权发明专利的说明书页数、权利要求项数的统计数据源自随机抽取的3家互联网企业的50件授权发明专利。

诸如云计算、人工智能、大数据等互联网前沿领域斩获颇丰。毋庸置疑，百度正在通过专利成果的稳定积累，筑起行业竞争的壁垒，为后续业务扩张提供保障。❶阿里巴巴集团与百度公司在数据搜索技术方面有相似之处，后者的经验值得阿里巴巴集团借鉴，双方应加强合作，实现共赢。❷至于腾讯公司，2014年3月它宣布放弃自有电子商务业务，也意味着其放弃了该领域的技术研发，因此，近两年腾讯的发明专利申请量有所下降，无法与阿里巴巴集团抗衡。即便如此，随着腾讯公司巩固其在即时通信和社交网络领域的垄断性地位，并在金融、医疗健康等领域业务扩张，其未来专利申请量仍会保持相应量级。

（三）知识产权运营管理

企业知识产权运营能力是实现知识产权资产价值的能力，通过知识产权产品化、市场化、商业化、资本化等形式具体运作，以知识产权许可、转让，知识产权投资、知识产权收购、知识产权资产重组等形式提高知识产权资产的配置效率和利用水平。❸

1. 专利运营

根据统计结果，阿里巴巴集团的专利转让主要分两个部分，一是2015年11月向口碑控股有限公司转让了4件外观设计专利，二是在2016年7月向中联盛世文化（北京）有限公司转让了4件与手机设计相关的专利。事实上，口碑控股有限公司本就是阿里巴巴旗下的分公司，中联盛世文化（北京）有限公司也是阿里巴巴影业集团有限公司间接全资附属公司。可见，阿里巴巴集团专利转让尚处于内部摸索阶段，其转让的专利大部分为外观设计专利，价值较低。至于专利许可等其他方面，就目前笔者收集的资料

---

❶ 罗文. 互联网产业创新系统及其效率评价研究[D]. 北京：北京交通大学，2014.

❷ 陈红蕾，孙乐民，敬卿. SooPAT及百度、Google专利搜索引擎比较[J]. 高校图书馆工作，2011（3）：46-48.

❸ 冯晓青. 我国企业知识产权运营战略及其实施研究[J]. 河北法学，2014，32（10）：10-21.

看，还没有发现有影响力的实例（见表3.3）。❶

表3.3 阿里巴巴集团的专利转让

执行日	转让人	受让人	专利公开号	专利名称
20151105	阿里巴巴集团控股有限公司	口碑控股有限公司	CN10509584A	一种单据的信息识别的方法和装置
20151111	阿里巴巴集团控股有限公司	口碑控股有限公司	CN303042188S	带模拟收银买单流程显示界面的手机
20151113	阿里巴巴集团控股有限公司	口碑控股有限公司	CN303042170S	带模拟交通信号灯筛选栏显示界面的手机
20151127	阿里巴巴集团控股有限公司	口碑控股有限公司	CN303151325S	带标签固化功能的图形用户界面的手机
20160701	阿里巴巴集团控股有限公司	中联盛世文化（北京）有限公司	CN303531928S	带图形用户界面的手机
20160711	阿里巴巴集团控股有限公司	中联盛世文化（北京）有限公司	CN303492868S	带图形用户界面的手机
20160712	阿里巴巴集团控股有限公司	中联盛世文化（北京）有限公司	CN303395592S	带电影购票界面的手机
20160713	阿里巴巴集团控股有限公司	中联盛世文化（北京）有限公司	CN303368084S	带图形用户界面的显示装置

2. 商标运营

阿里巴巴集团作为一家互联网企业，其专利运营并不是知识产权运营的全部，商标运营也占据不小份额。商标的使用既是企业维持其商标权的一个基本要求，也是企业提高品牌形象和商标价值的前提。很多企业都愿意对外实施商标的使用许可，由此获得一定的许可费用，并帮助企业扩大商标知名度或者进入原企业无暇顾及的市场。在企业发展过程中，如果遇到资金周转困难的情况，可以通过商标权质押的方式进行融资。另外，注册商标的转让也是充分利用商标权的一种形式。2007年，北京香阁娜工艺饰品有限公司在京宣布，该公司通过商标转让购买方式，获得阿里巴巴商

---

❶ 叶月萍. 试析我国企业知识产权管理中存在的问题及对策[J]. 企业经济，2009（1）：92-94.

标在珠宝饰品类领域的所有权。香阁娜公司毫不避讳地承认，是看好阿里巴巴的市场品牌价值。一般而言，企业转让自己的商标应当慎之又慎，因为培育一个有着良好信用的商标是一件不容易的事情。

（四）知识产权纠纷管理

企业之间的知识产权纠纷主要是指有关知识产权的民事诉讼，包括知识产权归属、侵权和合同诉讼等。知识产权诉讼作为一项法律活动，需要遵守一定的法律程序和规则，参与知识产权诉讼的企业应当学会善于应用法律赋予的权利，利用知识产权诉讼规则；同时，商场如战场，知识产权作为一项商业战略，要求企业将知识产权诉讼和商业经营结合起来，为自身谋取最大的经济利益和市场优势。

1. 应对知识产权纠纷

互联网企业在参与国际竞争时，经常会面对其他对手发起的知识产权诉讼。例如，2015年4月，美国的IT公司EXpress Mobile在美国得克萨斯州东区地方法院提交了一份诉讼，指控阿里巴巴集团侵犯了一项有关平台级独立网站开发的专利，涉案专利在美国专利管理部门的登记号为6546397。2015年"双十一"期间，全球资产管理私人有限公司向阿里巴巴集团发起专利侵权诉讼，称阿里巴巴的网站www.alibaba.com涉嫌侵犯其美国专利号为US6690400，名为"用于电脑超级操作系统资源管理的图形用户界面"（Graphic User Interface，GUI）的专利技术。在网站开发、数据检索等方面，阿里巴巴集团与其他互联网企业时常发生专利侵权纠纷，但这类纠纷并不都会对阿里巴巴集团产生负面影响。阿里巴巴集团正采取合理策略积极应对此类起诉。也就是说，面对知识产权诉讼攻击，企业不必自乱阵脚，应当采取合理策略进行应对，如及时调查对方所主张的权利的有效性，同时检查自身是否存在真正的侵权或违约行为，合理利用各种法定事实进行抗辩，以及在应对诉讼的各个阶段努力促成和解。

2. 运用知识产权诉讼

如何有效地运用知识产权诉讼作为商业进攻的工具，这是国内企业目前所欠缺的。❶一般来说，企业在主动运用知识产权诉讼时，应该提供足够的证据证明自己的诉讼请求，同时，在法律允许的范围内，可以有针对性地选择对自己有利的诉讼时间和地点，根据诉讼进行的情况，灵活采取不同的策略。如2012年，阿里巴巴公司将"双十一""双十一狂欢节"文字注册在第35类广告与实业、38类通讯、41类教育娱乐上。在2014年11月11日到来前，阿里巴巴集团陆续向其他电子商务企业发布律师函，称其享有"双十一"等注册商标专用权，禁止其他电子商务企业在11月11日的网购促销活动中使用与其注册商标相同文字即"双十一"进行宣传。同时致函各媒体，要求各媒体不要为其他电子商务企业发布带有"双十一"字样的内容，否则构成侵权。据报道，京东等电子商务企业因此不得不修改之前已拟定好的营销策划宣传中有关"双十一"的文字，而改为"11.11"。阿里巴巴集团主动向其他电子商务企业采取商标进攻战略，尽管关于"双十一"注册为商标是否存在对公有领域的侵占争议，但此举依然为阿里巴巴集团在电子商务大战中再添助力。

（五）阿里巴巴集团自有知识产权管理的问题与对策

1. 加强全面的知识产权战略管理

阿里巴巴集团在商标战略等方面取得显著成绩，是国内电子商务产业内的佼佼者，但是阿里巴巴集团仍然面临着许多知识产权尤其是商标侵权的困扰。例如，阿里巴巴于2013年打造"聚定制"平台，但"聚定制"已被他人"抢注"，而2015年阿里巴巴与抢注人的商标转让谈判却陷入僵局。事实上，阿里巴巴集团作为一家互联网企业对知识产权管理并未给予应有的高度重视，更少有从战略的高度策划知识产权的运营、制定知识产权运营策略。只有当专利侵权等诉讼纠纷发生时，阿里巴巴集团才会防御回应。当然，白手起家的公司在创业阶段筚路蓝缕，很难面面俱到，但阿里

---

❶ 冯晓青. 我国企业知识产权战略现状与对策研究[J]. 中国政法大学学报，2013（4）：84-104. 冯凡. 浅谈我国企业知识产权管理的现状与发展——以陕西省泾渭新区企业知识产权的发展为视角[J]. 知识经济，2012（2）：7.

巴巴集团已经成为电子商务领域的霸主，这时就应该注重知识产权战略的制定与执行。

阿里巴巴集团应当加强从制度层面和战略层面重视知识产权的管理和运营。知识产权战略在企业经营中具有重要的地位和作用，一个完备的知识产权战略规划有助于阿里巴巴集团进行市场竞争，保持在互联网界的领先地位。即使阿里巴巴现有的知识产权管理体系足以让它领先于国内其他互联网企业，但如果没有长久的知识产权战略，并且将其融入品牌战略和创新战略之中，也难与国际互联网巨头同台竞争。

2. 提升知识产权管理能力

尽管阿里巴巴集团拥有自己的专利管理团队，但与其本身巨大的经济价值相比，管理队伍的人数仍过少。阿里巴巴在美交所上市前夕才着手开展专利部署工作，主要是为了避免专利侵权纠纷，相应的知识产权管理人员并未及时跟进。阿里巴巴应当设立知识产权管理部门，并受企业决策层的直接领导，扩大专门人员的数量，从而制定企业知识产权管理的各项规章制度，并监督其实施情况；负责企业知识产权的申请、保护工作，开展知识产权管理的策略研究；负责企业员工的知识产权知识培训；建立企业内部知识产权文献"数据库"等。此外，阿里巴巴集团在电子商务领域已经扩张到国际市场，特别是在美国，互联网企业难免经受来自同行或"专利海盗"的诉讼威胁，当年Facebook上市前仅有12件专利，上市前一年就成为多达22件专利诉讼的被告，不得不从IBM和微软手中耗费巨资购买大量专利以应对雅虎等竞争对手的专利诉讼。阿里巴巴集团的国际竞争之路充满挑战。

3. 灵活开展知识产权运营

阿里巴巴集团对企业知识产权资本经营意识比较淡薄，对知识产权的认识还停留在"保护"层面，从经营管理的角度认识和运作知识产权的经验不足。与此相对照的是，目前很多跨国公司的知识产权资本经营已成为一种重要的盈利模式。像IBM等国际跨国公司都将知识产权当成一种重要的资本进行经营并取得丰厚经济效益。知识产权运营是通过知识产权许可、转让以及资本运营等多种手段实现经济效益，而阿里巴巴集团对于知识产权运营的方式过于单一，主要依赖于自行实施。阿里巴巴集团应当学习国外先进互联网企业多元化运营知识产权的经验，将自有知识产权作为资本，盘活无形资产，争取投资回报，优化融资渠道，提高企业的资信和担保能力，不断构筑市场竞争新优势。

三、阿里巴巴集团对他有知识产权的管理

以阿里巴巴集团为代表的电子商务平台在其产生发展过程中不可避免地挑战了知识产权法律保护的传统模式。例如，阿里巴巴集团旗下的电子商务活动完全不受时间、空间的限制，而传统知识产权的保护在时间和空间上是有限的，这两者势必形成一定冲突；阿里巴巴集团平台商发布商品信息完全"公开"，私主体承担公共监管的职责，与知识产权的私权保护性质产生一定抵触；淘宝平台上的知识产权侵权行为更加隐蔽，行政、司法管辖更难界定，证据获取、证据效力的确认与保留更加困难。❶

（一）阿里巴巴集团他有知识产权管理的法理基础

2005年，中国电子商务协会发布了我国电子商务领域第一个行业规范《网络交易平台服务规范》，其中规定了交易平台商有交易安全监管的义务，即负有运营管理、信息管理和用户注册管理等义务。2010年，国家工商总局颁布《网络商品交易及有关服务行为管理暂行办法》的行政法规，第一次较为明确地规定了交易平台商的安全交易监管义务。但是，网络交易服务提供者在交易过程中如何承担对知识产权的监管义务，相应规范仍然不明确。❷

阿里巴巴集团旗下的电子商务平台本身并不直接参与网络交易，而是为交易活动的卖家和买家提供中介服务，在民事法律关系中属于独立的第三方主体。❸换言之，如果有淘宝用户利用淘宝平台实施侵犯知识产权的行

---

❶ 米强. 网络交易平台数字信息产品知识产权保护研究[J]. 法制博览，2015（8）：7.
❷ 孔维刚. 我国国家知识产权战略发展动态评析[D]. 贵阳：贵州师范大学，2006.
❸ 吴汉东. 论网络服务提供者的著作权侵权责任[J]. 中国法学，2011（2）：38-47.

为，淘宝平台依法所承担的是基于他人直接侵权行为所产生的间接侵权责任。如果法律要求阿里巴巴集团对其各电子商务平台上难以计数的商品都进行审查，在侵权行为发生时承担法律责任，这显然超出了阿里巴巴集团的能力范围，不具备实际操作可行性。所以，阿里巴巴集团所提供平台上发生知识产权侵权时，直接责任人一般是利用各电子商务平台发布信息、实施侵权的网络用户或网络经营者，阿里巴巴集团在采取合理措施阻止侵权的情况下，原则上不应承担责任。❶

阿里巴巴集团是私法意义上的民事主体，其各电子商务平台所提供的用户协议是私法性质的契约，可实际上该契约已经超出私法范畴，含有大量的公共政策条款。如《淘宝规则》第4章"市场管理"与第5章"通用违规行为及违规处理"中都具有公共服务条款，特别是违规处罚条款。❷这些条款已在某种意义上超出普通民事主体行为能力的范围，具有一定的管理监督意涵。《淘宝规则》是由淘宝平台官方拟定的，淘宝用户在阅读并同意该规则之后方能注册淘宝账号，并使用淘宝平台。因此，也可以说是该规则具有自治性，淘宝平台只是基于用户的同意而履行某种"管理"的职能。所以，这种管理权是一种纯粹的自治权，不具有任何行政或司法性质。当淘宝平台上发生侵犯知识产权行为时，该规则的约束程度有限，需要取得司法或者行政机关的支持才能真正地发挥效力。

当然，如果阿里巴巴集团的平台明知或应当知道用户所传播的内容侵犯知识产权，且负担监督与除去侵权信息的行为在技术上是可行的，由于其未尽注意之义务因此应承担责任。阿里巴巴集团虽然不能对所有的网络信息负有审查义务，但应该采用一些过滤技术防止侵权信息的传播，或对于一些明显的侵权信息应及时进行删除。如果网络交易平台商未履行上述"应注意并能注意"之义务，那么就要承担过错责任。❸既然阿里巴巴集团为用户提供了向社会公众发布信息的渠道，这些信息就有可能危害到社会

---

❶ 吴汉东. 网络侵权责任的立法考量[J]. 法制资讯，2011（4）：8.
❷ 陈文煊. 电子商务知识产权纠纷案件综述[J]. 电子知识产权，2012（4）：72-78.
❸ 吴汉东. 侵权责任法视野下的网络侵权责任解析[J]. 法商研究，2010（6）：28-31.

公共利益，或者侵犯其他人的知识产权。阿里巴巴集团不仅要负有一定的监督管理义务，而且为避免法律风险也应当尽到一定的注意义务。所以，在强调平台的注意义务同时，实际上也强调其"善良管理人"的地位，隐含赋予其一定的公共管理权力。

（二）阿里巴巴集团他有知识产权管理的有效措施

一般而言，电子商务平台上对他有知识产权的保护体系，可分为平台外的公权力管理体系（主要指行政、司法部门的保护体系）和平台内的自发性管理体系。目前，以阿里巴巴集团为代表的电子商务的迅速发展不仅对公权力保护体系提出越来越高的要求，而且对内部自发性的知识产权管理也提出更高期待。阿里巴巴集团主动采取了多种有效措施监督并治理其平台的他有知识产权。

1. 建立切实有效的他有知识产权管理系统

阿里巴巴集团平台上的他有知识产权管理系统主要有知识产权投诉系统、用户诚信规则系统和会员处罚平台系统等；淘宝平台的知识产权保护系统同样也是由知识产权线上投诉系统、知识产权淘宝规则系统、淘宝扣分处罚系统所组成。阿里巴巴集团平台知识产权投诉系统和淘宝平台知识产权线上投诉系统功能大体上是相似的，详细记录会员被投诉的历史，逐步建立起网上投诉档案，被投诉方可以据此进行自我监督并改进，其他会员随时查询投诉记录以及被投诉方申请情况，以此作为警戒，事前防御经营者侵犯他人的知识产权。至于阿里巴巴集团平台的用户诚信规则系统和知识产权淘宝规则系统，二者的功能同样大同小异，是采用累计扣分方式对屡次侵犯知识产权而不改的会员处以警告、修改用户权限和注销用户等惩罚。阿里巴巴集团平台的会员处罚系统与淘宝平台的扣分处罚系统的功能则是对上一级的用户诚信规则系统的具体实施，处罚规则及过程完全透明、实时，会员可以清晰地看到违规明细，这大大地提升了用户自我监督和自我教育的意识。可见，两公司都已组建形成了各用户之间相互协调、统一有效的他有知识产权管理系统。

2. 成立他有知识产权管理专业团队

阿里巴巴集团于2007年成立知识产权保护专业团队，对网络交易中的知识产权侵权纠纷进行专项监管与治理。淘宝平台则于2010年明确信息安全部承担知识产权保护职责，成立知识产权保护专业团队；2011年建立维权处理、知识产权合作、商品品质控制等三个知识产权管理团队，打造了一支由近5 000名消费者组成的"神秘买手"团队，形成集政府配合、品牌合作、维权处理等业务职能于一体的知识产权保护体系。❶2015年12月，阿里巴巴集团对企业组织结构进行大幅度调整，新建阿里巴巴集团平台治理部，主要负责电子商务平台的规则拟定、知识产权保护等管理事宜；任命苹果公司的资深总监兼知识产权执法安全顾问马修·巴希尔（Matthew Bassiur）为阿里巴巴集团全球知识产权执法业务总监，开始阿里巴巴集团在全球范围内的知识产权维权行动。

3. 加大与知识产权行政管理部门的合作

阿里巴巴集团注重加强与知识产权行政管理部门的合作，共同打击各种知识产权侵权行为。2011年与浙江省知识产权局签订了知识产权保护合作备忘录，共建网络专利侵权处理联动机制，浙江省知识产权局就数百个疑难案件给予专业的解答。以此为基础，阿里巴巴集团还在浙江省知识产权局支持下制定和完善网络专利纠纷投诉处理相关程序、重大群体性专利侵权案件通报机制等制度。❷浙江省工商局、杭州市工商局与淘宝平台加强合作，适时公布商标侵权指导案例，与阿里巴巴集团建立网络商标侵权处理联动机制，完善和升级网络消费维权体系。2015年5月，浙江省"双打办"牵头与阿里巴巴集团联合发起"云剑行动"，全面开展浙江范围内的知识产权侵权打击行动。"云剑行动"历时3个月，涉及浙江省11个地市，联动品牌158个。行动期间，阿里巴巴集团共向浙江省经侦总队推送线索385

---

❶ 董晖. 淘宝持续加大网络维权力度[EB/OL]. http://finance.sina.com.cn/g/20111228/015411078132.shtml，2016-07-11.

❷ 佚名. 浙江局与阿里巴巴、淘宝网签署知识产权合作备忘录[EB/OL]. https://club.1688.com/article/26712943.htm，2016-07-11.

条，立案169起，破案164起，抓捕犯罪嫌疑人300名，捣毁点244个，现场查获商品价值4.01亿元，涉案总价值达8.16亿元。行动期间，浙江省侵犯知识产权立案数同比上涨120%，破案数同比上涨7.3%。❶由此可见，通过政府部门与平台商之间的有效合作，平台商能够获得有针对性的应对措施，从源头上解决知识产权纠纷，而政府部门则可以准确高效地打击线下假冒伪劣商品，这种政企联动合作模式是处理电子商务中知识产权侵权行为的长效机制。

4. 创新对他有知识产权进行管理的技术方法

随着互联网技术的不断发展，阿里巴巴集团对他有知识产权的监督维权技术也在不断地升级。近年来，阿里巴巴集团对于各平台上浩如烟海的电子信息采取"大数据治理"的模式。大数据治理，是指电子商务平台在法律允许范围内，对用户在交易行为中产生的海量数据进行分析、提炼、归纳、建模后，对有关涉假行为进行直接处理，或者将涉假信息提供给执法机关并协助开展线下打击的行为。阿里巴巴集团一直致力于利用大数据工具提升知识产权管理工作效能。2015年，阿里巴巴集团大数据打假系统已实现每秒分析数据1亿次，拦截淘宝网涉假商品信息1.2亿余件，在日常监控、智能识别、网络DNA溯源、线下打击等方面发挥巨大作用。❷在上文提到的"云剑行动"中，大数据治理模式起到了重要作用。

（三）阿里巴巴集团对他有知识产权进行管理的问题与对策

1. 加大各电子商务平台间的联动

随着阿里巴巴集团治理知识产权的不断加强，部分侵权者为规避风险，开始通过时下流行的社交软件，来完成侵权产品的展示、推广、议价等过程，只将阿里巴巴集团平台作为担保交易工具。甚至一些被阿里巴

---

❶ 佚名.阿里"云剑行动"打假战果展[EB/OL]. http：//www.aliresearch.com/blog/article/detail/ id/20943.html，2016-07-11.

❷ 郑志辉.阿里大数据打假建奇功[EB/OL]. http：//news.163.com/16/0517/02/BN82E2RC00014Q4P.html，2016-07-11.

集团平台和淘宝平台清退的店铺，明目张胆地将侵权产品转移至其他平台继续销售。电子商务各平台之间缺乏联动，给侵权者以可乘之机。❶面对知识产权侵权行为"跨平台化"的趋势，阿里巴巴集团应当和行政、司法部门联手，共同搭建知识产权侵权信息共享平台。互联网企业之间，尤其是电子商务企业能够通过该平台，在保证交易数据商业秘密的基础上，实现知识产权侵权信息共享，从而实现联动作战，更好地保护知识产权。对于屡次侵权知识产权的网络用户，应当杜绝其改换平台的可能性，从根本上打击侵权人。❷

2. 提升权利人配合水平

前文中已经提到阿里巴巴集团打造了全球领先的知识产权投诉系统，集合"权利人资质验证、权属备份、通知、反通知处理、数据分析"等诸多功能，全球权利人均可以通过该系统对侵权商品链发起投诉，实现快速维权。阿里巴巴集团根据权利人投诉删除涉嫌侵犯知识产权的在线商品信息近千万条。权利人是治理知识产权侵权的最直接受益者，权利人配合鉴定的程度，直接关系着打假的结果与成效。权利人不配合鉴定，不仅会导致鉴定准确性丧失，让不法分子逍遥法外；甚至可能导致商家因错误鉴定而被迫关店，损害多方利益。

阿里巴巴集团对他有知识产权进行监管和治理的过程中，权利人的鉴定是非常重要的一环，但在实际操作中，有个别权利人对平台或执法机构维权过程中的鉴定需求缺乏主动配合性，大大地推迟了侵权案件的处理进程。阿里巴巴集团应更好地与权利人合作，建立相应的督促奖励机制，激励权利人配合电子商务网站提出的联合鉴定请求，共同建立侵权数据库，配合消费者出具商品鉴定证明材料，与电子商务网站协同打假，通过打假信息的流畅交互，协助公开假货信息、售假卖家与店铺。

---

❶ 数据来源：2015阿里巴巴知识产权保护年报，发布时间：2016年4月26日。
❷ 刘斌，陈强. 网络交易平台提供商知识产权保护的理论探索与制度设计[J]. 社会科学研究，2014（1）：16-21.

3. 加强知识产权平台监督体系

目前，开发高精度的文字识别、图像识别技术仍然是整个互联网领域的难题。阿里巴巴集团的主动识别技术虽能对涉假文字、图片信息做识别，但受限于客观原因，实际识别效果无法达到100%。部分侵权者利用业界现有技术局限性，采用变种信息展示手段，规避平台监控，不断攻击平台的知识产权监管体系。

四、结　　语

本节主要研究阿里巴巴集团的知识产权管理现状，分为自有知识产权管理和他有知识产权管理两大部分，同时结合管理中存在的问题提出相应的建议和对策。阿里巴巴集团对于自有知识产权的管理仍处于探索阶段，存在运营方式单薄、资本经营经验缺乏等问题，知识产权并没有成为其基本的核心竞争要素，仍然有着很大的改进空间。近年来，阿里巴巴集团一直致力于对他有知识产权进行管理，注重发挥网络交易平台的知识产权监督功能，严厉打击各类侵权行为，取得了一定的实效，得到业内肯定和认可。当然，打假之路依然任重而道远，这需要电子商务企业和权利人、消费者、政府部门、行业协会联合起来，形成知识产权治理的综合架构和联动机制，共同保护权利人的知识产权和社会公众的利益，保障"互联网+"战略的有效实施。

第三节　新浪网的知识产权管理[*]

20世纪末以来，随着传播技术和思维的迅猛发展，以互联网、手机媒体为代表的新媒体接连出现和蓬勃发展。Web3.0、手机即时通信、网络交互式传播、移动互联文化已经渗透人们的生活。新浪（SINA）是一家为世界各地中国人提供全面互联网（Internet）信息服务的国际性公司，主要产品是大型中文综合网站——新浪网以及相关的中文网络应用软件。本节对

---

[*] 本节作者为南京理工大学知识产权学院博士研究生戴碧娜。

新浪网的知识产权管理进行综述,梳理新浪网在知识产权管理上取得的主要成绩,并提出一些思考和建议。

一、引　言

2016年1月22日,中国互联网络信息中心(CNNIC)发布第37次《中国互联网络发展状况统计报告》(以下简称《报告》)。❶《报告》显示,截至2015年12月,中国网民规模达6.88亿,互联网普及率达50.3%,半数中国人已接入互联网,手机网民占整体网民90%。同时,移动互联网塑造了全新的社会生活形态,"互联网+"行动计划不断助力企业发展,互联网对整体社会的影响已进入新阶段。❷

新浪(SINA)是一家在线媒体及移动增值服务提供商,在全球范围内注册用户超过2.3亿,日浏览量超过7亿次,是中国大陆及全球华人社群中最受推崇的互联网品牌。此外,凭借领先的技术和优质的服务,新浪深受广大网民的欢迎并享有较高声誉。2003~2005年,新浪连续三年荣获由北京大学管理案例研究中心和《经济观察报》评出的"中国最受尊敬企业"称号。中国互联网协会发布的《2007中国互联网调查报告》中,新浪在门户和博客两大领域的用户年到达率❸指标中高居榜首。2007年,新浪还被北京大学新闻与传播学院、信息产业部分别评为"十大创新媒体"及"中国互联网年度成功企业"。2013年、2014年和2015年,在由中国互联网协会和工业和信息化部信息中心发布的《中国互联网100强》❹报告中,分别位列第6、第10、第8名。而由新浪运营的微博是国内最大的社交媒体。截至2015年9月,微博月活跃人数已达到2.12亿,较2014年同期相比增长48%;

---

❶ 第37次《中国互联网络发展状况统计报告》[R].北京:中国互联网络信息中心(CNNIC),2016.

❷ 中国网民规模达6.88亿人 互联网普及率达到50.3%[EB/OL].http://media.people.com.cn/n1/2016/0123/c40606-28078214.html,2016-06-21.

❸ 用户年到达率:指某项互联网服务在过去一年中所到达的使用过该服务的用户的数量占中国互联网用户总规模的相对比例。

❹ 中国互联网100强[R].北京:中国互联网协会,工业和信息化部信息中心.

日活跃用户达到1亿，较2014年同期增长30%。

从上述各组数据中，可以发现互联网在普通大众的生活中已经占据了不可替代的地位，对生活造成深远影响。在各家互联网企业中，新浪的影响范围广，服务用户多，是一家具有代表性的互联网公司。研究新浪网的知识产权管理情况，有助于管窥以它为代表的门户网站在知识产权管理上存在的经验、成绩、缺陷和漏洞。

二、新浪网基本情况

新浪网公司成立于1998年年底，其前身是四通利方信息技术有限公司和华渊资讯公司。两家公司于1998年12月1日宣布合并，成立新浪网公司并推出同名的中文网站。得益于四通利方与华渊公司的极强的互补性，新浪网在正式成立的半年之中便取得巨大的成功。原华登国际投资集团副总裁茅道林先生等人相继加盟，使得公司的高级管理团队得到进一步加强。1999年3月，新浪网获得国际著名投资人的新投资，公司实力更加强劲；4月12日，以统一形象、统一服务、整合资源为目标的新浪网改版完成。❶

新浪网拥有多家地区性网站，以服务大中华地区与海外华人为己任，通过新浪网（SINA.com）、微博（Weibo.com）、新浪无线（SINA Mobile）等开展网络新闻内容、微博客、移动增值以及其他业务，向广大用户提供包括地区性门户网站、移动增值服务、微博、博客、影音流媒体、相册分享、网络游戏、电子邮件、搜索、分类信息、收费服务、电子商务和企业电子解决方案等在内的一系列服务。

新浪网公司的主要结构如图3.3所示。

根据新浪公司官网介绍，新浪网的具体产品和服务分为以下几个板块：❷

新浪网是网络品牌广告的优良载体。公司的广告产品包括新浪网页上的横幅、按钮、文字链接和流媒体内置广告，以及频道内容合作和赞助、广告活动设计和管理服务等。新浪网的门户网络由四个服务于全球华人

---

❶ 陈曦. 我国上市公司管理层收购绩效问题研究[D]. 吉林：吉林大学，2013.

❷ 佚名. 新浪产品与服务[EB/OL]. http://corp.sina.com.cn/chn/sina_prod.html，2016-04-30.

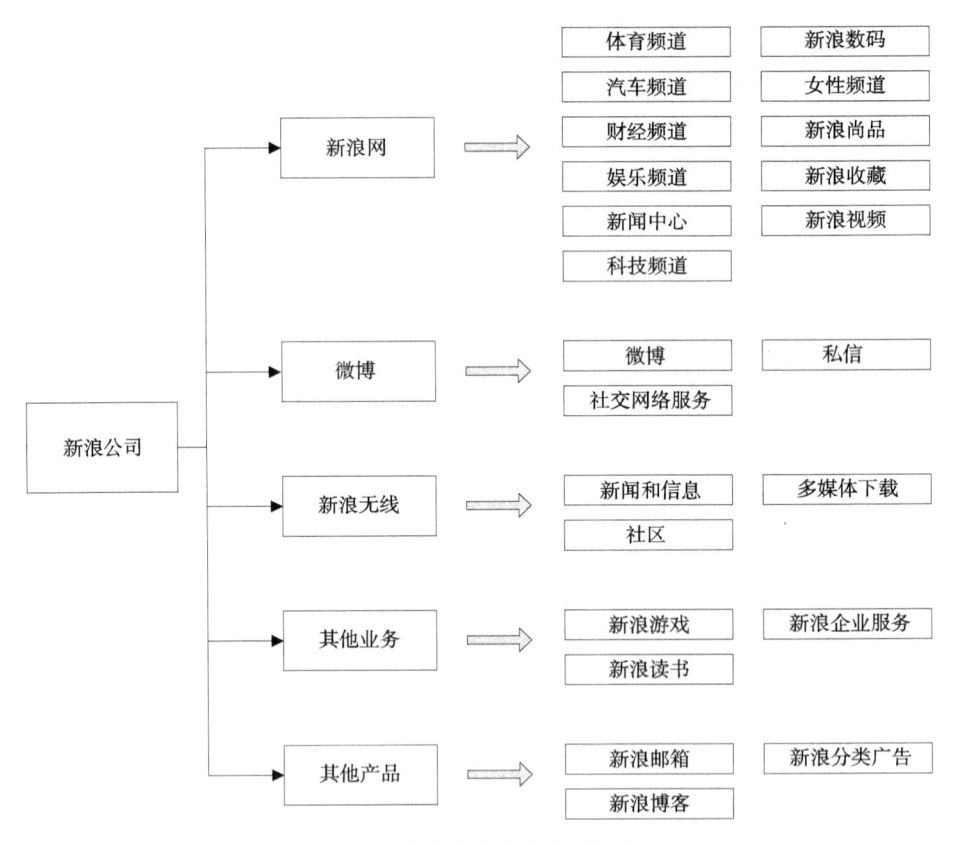

```
                        ┌─ 体育频道    新浪数码
                        │  汽车频道    女性频道
             ┌─ 新浪网 ─┤  财经频道    新浪尚品
             │          │  娱乐频道    新浪收藏
             │          │  新闻中心    新浪视频
             │          └─ 科技频道
             │
             ├─ 微博 ────── 微博        私信
             │              社交网络服务
 新浪公司 ──┤
             ├─ 新浪无线 ── 新闻和信息  多媒体下载
             │              社区
             │
             ├─ 其他业务 ── 新浪游戏    新浪企业服务
             │              新浪读书
             │
             └─ 其他产品 ── 新浪邮箱    新浪分类广告
                            新浪博客
```

图 3.3　新浪公司业务主要结构

社群的网站组成：中国大陆（www.sina.com.cn）、中国台湾（www.sina.com.tw）、中国香港（www.sina.com.hk）和服务北美华人的新浪北美（www.sina.com）。每个网站均包含分频道的中文新闻和内容，丰富的社区和社交服务，以及基于新浪搜索和目录服务的网络导航能力。

新浪微博（http：//weibo.com）是新浪旗下网站，是中国最具影响力的社会化媒体平台，是一个基于用户关系的信息分享、传播以及获取的社交网络平台。❶用户通过Web、WAP以及各种客户端等形式，在新浪微博平

---

❶ 新浪[EB/OL]. http：//www.baike.com/wiki/%E6%96%B0%E6%B5%AA，2016-07-28.

台上以文字、图片、表情符更新信息,实现即时分享与社交。新浪微博自2009年8月推出以来,迅速风靡中国,截至2012年二季度,注册用户达到3.68亿。2010年11月,新浪微博推出开放平台服务,通过开发者为用户提供服务,实现新浪微博、用户、开发者多方共赢,构建新浪微博生态圈。

新浪无线致力于帮助用户获取新闻和信息,下载手机铃声、游戏和图片,参与约会和交友等社交活动。通过SINA.com或手机下单用户即可获得新浪无线基于月付或按信息条数收费的服务。新浪门户网站和包括电视、广播在内的传统媒体,以及各省运营商都是新浪无线的促销或联合促销载体。新浪借助中国移动公司的移动梦网和中国联通公司的联通在线等移动运营系统向终端用户提供无线增值服务并收取费用。

新浪游戏频道为用户提供网络游戏下载和游戏通道、网络和PC游戏信息和更新以及增值应用工具,致力于提高中国网络游戏玩家的多媒体社群体验。新浪读书是提供书籍评论、免费及收费网络书籍阅读的一站式平台。它还提供与热门社会和文化议题相关的信息并持续更新,以及作家和知名评论家的访谈。新浪邮箱的服务内容包括为个人用户提供的免费邮箱、VIP收费邮箱以及为企业用户提供的新浪企业邮箱三个部分。新浪邮箱同时支持POP3和SMTP,并向用户提供不间断的反垃圾邮件和反病毒保护。新浪博客是深受网民欢迎的供个人原创写作与用户分享浏览的交互平台。

新浪公司是从事互联网内容经营的代表性企业,涉及的产品和业务较为宽泛,在创新发展的过程中,既有自身知识产权的保护和管理问题,也存在防止知识产权风险以及进行知识产权运用的需求。下文拟从著作权管理、专利管理和商标管理三个最基本的视角进行探讨。

三、新浪网的著作权管理

截至2016年,新浪网共计发生约176件著作权侵权诉讼,其中大部分(165件)集中在北京,❶其余小部分分散在不同省份。作为"中文第一门

---

❶ 数据来源:openlaw,http://openlaw.cn/search/judgement/litigant。

户网站”，新浪网在著作权管理上存在一些问题，从微博用户在申请注册微博账号时与新浪网签订的《新浪网络服务使用协议》就可以看出。

《新浪网络服务使用协议》（以下简称《协议》）[1]是用户和新浪网之间确定权利义务的重要法律依据，其中的第1.1条规定“新浪网技术（中国）有限公司（Sina.com Technology（China）Co.，Ltd.）及北京新浪互联信息服务有限公司（Beijing SINA Internet Information Service Co. Ltd.）（以下合称新浪）同意按照本协议的规定及其不时发布的操作规则提供基于互联网以及移动网的相关服务（以下简称网络服务），为获得网络服务，服务使用人（以下简称用户）应当同意本协议的全部条款并按照页面上的提示完成全部的注册程序。用户在进行注册程序过程中点击‘同意’按钮即表示用户完全接受本协议项下的全部条款”。《协议》共13条，涉及知识产权、隐私保护、免责说明、违约责任等与各项权益相关的条款。研究《协议》有助于审视新浪网在微博这一平台上对著作权的保护力度（见图3.4）。

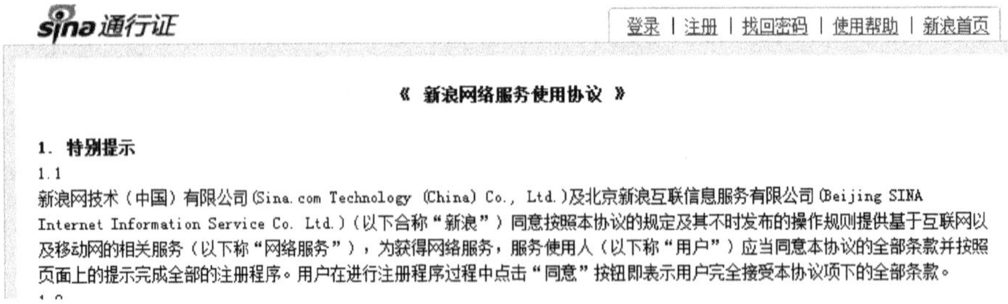
sina通行证

登录 | 注册 | 找回密码 | 使用帮助 | 新浪首页

《 新浪网络服务使用协议 》

1. 特别提示

1.1

新浪网技术（中国）有限公司（Sina.com Technology (China) Co., Ltd.）及北京新浪互联信息服务有限公司（Beijing SINA Internet Information Service Co. Ltd.）（以下合称“新浪”）同意按照本协议的规定及其不时发布的操作规则提供基于互联网以及移动网的相关服务（以下称“网络服务”），为获得网络服务，服务使用人（以下称“用户”）应当同意本协议的全部条款并按照页面上的提示完成全部的注册程序。用户在进行注册程序过程中点击“同意”按钮即表示用户完全接受本协议项下的全部条款。

图 3.4　新浪网络服务使用协议

《新浪网络服务使用协议》中第4.5条规定：

对于用户通过新浪网络服务（包括但不限于论坛、BBS、新闻评论、个人家园）上传到新浪网站上可公开获取区域的任何内容，用户同意新浪在全世界范围内具有免费的、永久性的、不可撤销的、非独家的和完全再许可的权利和许可，以使用、复制、修改、改编、出版、翻译、据

---

[1] 新浪网络服务使用协议[EB/OL]. http：//tech.sina.com.cn/i/2004-09-15/1733425916.shtml，2016-04-30.

以创作衍生作品、传播、表演和展示此等内容（整体或部分），和/或将此等内容编入当前已知的或以后开发的其他任何形式的作品、媒体或技术中。

从本条的规定可看出，新浪微博作为新浪网站上可以公开获知的区域，用户在其上发布的微博，等同于"同意新浪在全世界范围内具有免费的、永久性的、不可撤销的、非独家的和完全再许可的权利和许可，以使用、复制、修改、改编、出版、翻译、据以创作衍生作品、传播、表演和展示此等内容（整体或部分），和/或将此等内容编入当前已知的或以后开发的其他任何形式的作品、媒体或技术中"。❶

对基于创作而享有著作权的微博作者而言，用户自然享有《著作权法》第10条规定的人身权利和财产权利。按照《新浪网络服务使用协议》，新浪网享有在全世界范围内具有免费的、永久性的、不可撤销的、非独家的和完全再许可的权利，即修改权、保护作品的完整权、复制权、发行权、改编权、汇编权、翻译权等。从知识产权角度看，微博用户发布的微博所拥有的最直接也是最主要的权利，就是对其原创微博的著作权。而新浪微博在格式条款中明确其对于该权利的许可、利用、汇编和再创作等一系列权利，并且没有涉及任何财产利益的分享。该条款未作出特别提醒，而是作为普通的一款，与别的条文并列出现在合同中。❷这种强制性的要求和格式内容，显然是对著作权人利益的一种重要限制。

此外，《新浪网络服务使用协议》第6条规定了以下与知识产权相关的其他条款：

6.1 新浪提供的网络服务中包含的任何文本、图片、图形、音频和/或视频资料均受版权、商标和/或其他财产所有权法律的保护，未经相关权利人同意，上述资料均不得在任何媒体直接或间接发布、播放、出于播放或发布目的而改写或再发行，或者被用于其他任何商业目的。所有这些资料

---

❶ 佚名.隐形的翅膀飞不过隐形的手：fawave、微博通等新浪微博第三方应用遭封杀【更新】[EB/OL]. http://www.wangchao.net.cn/it/detail_105004.html，2016-05-13.
❷ 方浩长，吴家栋.浅析微博服务协议中的知识产权条款——以新浪微博为例[J].知识经济，2012（16）：38-19.

或资料的任何部分仅可作为私人和非商业用途而保存在某台计算机内。新浪不就由上述资料产生或在传送或递交全部或部分上述资料过程中产生的延误、不准确、错误和遗漏或从中产生或由此产生的任何损害赔偿,以任何形式,向用户或任何第三方负责。

6.2 新浪为提供网络服务而使用的任何软件(包括但不限于软件中所含的任何图像、照片、动画、录像、录音、音乐、文字和附加程序、随附的帮助材料)的一切权利均属于该软件的著作权人,未经该软件的著作权人许可,用户不得对该软件进行反向工程(reverse engineer)、反向编译(decompile)或反汇编(disassemble)。

从上述规定中可以看出,新浪网对于"提供的网络服务中包含的任何文本、图片、图形、音频和/或视频资料"的"著作权、商标和/或其他财产所有权"和"任何软件(包括但不限于软件中所含的任何图像、照片、动画、录像、录音、音乐、文字和附加程序、随附的帮助材料)"的"著作权"保护都有所提及,特别要求使用者获得明确权利授权,未经允许不得发布。

四、新浪网的专利管理

通过检索,截至2015年新浪的专利申请总量为207件,[1]图3.5反映了新浪在专利申请方面的布局情况。

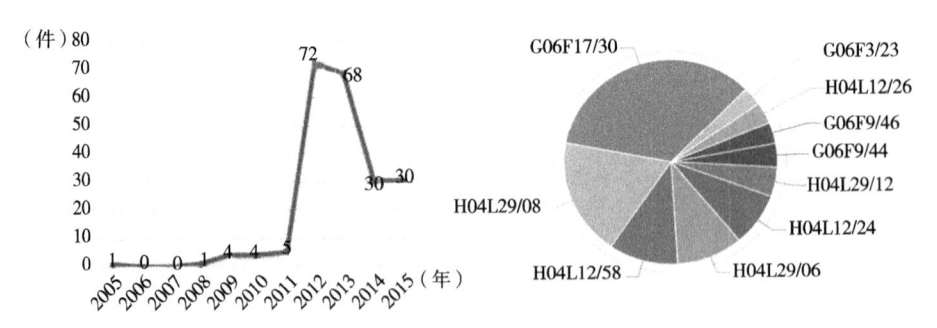

图3.5 新浪公司专利申请概况

---

[1] 数据来源:国家知识产权局,http://www.sipo.gov.cn/zhfwpt/zljs/,2016-03-20。

从图3.5的专利申请趋势中可以看出，新浪的专利申请始于2005年，虽然当年专利申请量仅为1件，但是在国内各大互联网公司中专利申请也属前列。❶之后几年，新浪公司的专利申请量一直较少，每年仅为四五件。但是在2012年，新浪的专利申请量呈现出井喷式上涨，一下子从2011年的年申请量5件飙升至72件。这是由于自2009年新浪开始运营微博之后，新浪、搜狐、腾讯、网易等各大门户巨头互联网公司展开了在微博领域内的"圈地"竞赛，企图占领这个新的平台，从中获取巨大收益。企业为实现此种目标，一个有效的方法就是从专利布局入手，抓住核心专利或者用外围专利包围竞争者的核心专利，达到有效遏制竞争者的目的。实际上，在2012年申请的专利中，有多项针对微博的专利申请。例如CN102622099A（一种嵌入APP应用程序的输入法系统及相应方法）通过建立输入法与各APP应用间的通信协议，实现了基于输入法的文本内容向APP应用间的无缝转移，并实现了向用户即时提醒更新信息的功能，从而给用户带来全新理念和使用体验；CN102938775A（一种视频微博发布方法、系统及客户端）则提高了视频微博发布的效率。

新浪的专利申请大多（共146件，占专利申请总量的68%）处于审中状态。这说明尽管从申请量上看，新浪的专利数量很可观，但从实际授权量上看，新浪的专利储备较少，有效专利仅占总专利的29%，也就是63件。与其他互联网公司相比，新浪的专利数量明显不足，不利于后续的专利布局。在7件无效专利中有6件是因"驳回"而无效，说明在申请专利时，并没有十分关注专利的质量，可能存在为了申请而申请的主观因素。

从图3.5的技术领域分布状况中可以看出，新浪申请的专利类别集中在G06（计算；推算；计数）类和H04（电通信技术）类上，分别占比55.79%和43.68%，还有小部分集中在G09（教育；密码术；显示；广告；印鉴）类上，占比0.53%。从这组数据中可以看出新浪专利布局的重心所在。

除了在中国申请，新浪公司还于2000年在韩国申请了3个关于GPS定位

---

❶ 百度公司的专利申请始于2000年，腾讯公司始于2001年，阿里巴巴始于2005年，网易始于2006年，奇虎360公司始于2007年。

精密时间的专利。在韩国的专利申请早于国内，但也仅限于2000年，这可能是因为早期的新浪曾宣布与韩国网络游戏公司NC Soft成立合资公司，但未取得成功。另外，新浪公司在美国有16件专利，可以看出，新浪微博的专利布局具有全球视野，新浪网希望借此在世界范围扩大商机，2014年4月17日正式在美国纽约纳斯达克上市也从侧面印证了这一点。

五、新浪网的商标管理

从图3.6商标注册分布比例情况中可以看出，❶新浪公司的商标集中在第9类、❷第42类❸和第41类。❹并且许多商标都是跨类注册，例如"微博"的商标 跨类注册了第9、16、35、38和41类，并且还在第9、35、38、41和42类注册了"围脖"的防御商标，全方位保护"微博"商标。新浪的商标注册战略不可谓没有先见之明，在微博尚未成为流行之初，已经预见到了知识产权保护的战略意义。

其实，新浪微博于2009年内测前就已经开始提前部署商标工作。2009年8月26日，新浪申请了第35、38、41类"微博"商标，同时还申请了第9、16、35、38、41、42类六类"围脖"商标。2010年12月28日，新浪申请的35类（在线广告）的"微博"商标与第9类（计算机程序）、38类（通信服务）、41类（电子出版物）、42类（软件设计）的"围脖"商标获得通过。而第38类与第41类的"微博"商标被驳回。2010年12月31日，新浪又

---

❶ 数据来源：国家工商行政管理总局商标局，http://sbcx.saic.gov.cn：9080/tmois/wscxsy_getIndex.xhtml，2016-04-30。

❷ 该类别包括：科学、航海、测量、摄影、电影、光学、衡具、量具、信号、检验（监督）、救护（营救）和教学用装置及仪器；处理、开关、传送、积累、调节或控制电的装置和仪器；录制、通信、重放声音或影像的装置；磁性数据载体，录音盘；光盘、DVD盘和其他数字存储媒介；投币启动装置的机械结构；收银机、计算机器、数据处理装置、计算机；计算机软件；灭火器械。

❸ 该类别包括：科学技术服务和与之相关的研究与设计服务；工业分析与研究；计算机硬件与软件的设计与开发。

❹ 该类别包括：教育；提供培训；娱乐；文体活动。

申请了第9、16、35、38、41、42类六类"weibo"商标。❶2011年3月11日，新浪还向美国专利局递交了"微博"和"weibo"两个商标的申请，两个申请都包含了第9、16、35、38、41、42类六个类别。

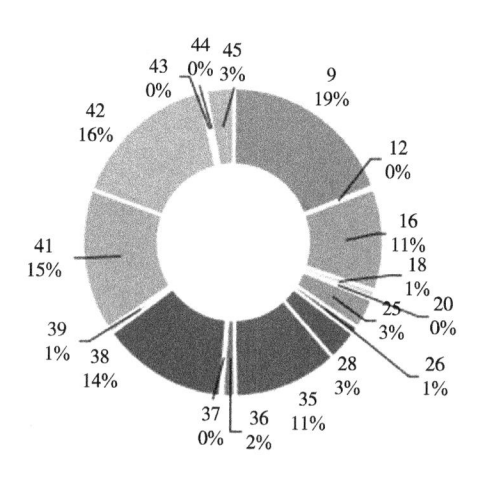

图3.6 新浪网的商标注册分布

最初的各家微博经过5年的发展，网易微博、搜狐微博均已关闭，腾讯微博也已不再开发新功能，只是维持。现在"新浪微博"一家独大，不管从用户数量还是从覆盖面来说，新浪微博都占主导地位。这很大程度上得

---

❶ 针对其中的第35类和第38类申请，深圳市商标协会提出异议。2013年3月19日，商标局根据2001年《商标法》裁定被异议商标予以核准注册。深圳市商标协会不服，向商评委申请复审。2015年7月30日，商评委根据2013年《商标法》裁定被异议商标不予核准注册。微梦创科公司不服商评委的裁定，向北京知识产权法院提起诉讼。北京知识产权法院判决驳回微梦创科公司的诉讼请求。微梦创科公司不服，向北京高院提起上诉。北京高院认为，微博基于用户关系进行信息的分享、传播及获取，是一种通过关注机制分享简短实时信息的广播式的社交网络平台。在实际的市场经营活动中，存在腾讯微博、央视微博等多种微博服务，上述网络服务提供者在经营活动中，不仅将汉字"微博"作为产品名称，也会将"weibo"作为产品名称进行标注。被异议商标直接表示了服务的特点，不具有区分服务来源的功能。2016年8月，北京高院作出终审判决，驳回微梦创科公司的诉讼请求，维持原判。至此，微梦创科公司在第35类、第38类上注册"weibo及图"商标的申请被彻底驳回。相关判决书：北京高级人民法院（2016）京行终第1975号、北京高级人民法院（2016）京行终第1971号。

益于新浪在最初各家都在壮大微博平台时及时注册"微博"商标,有效地遏制了其他互联网公司在微博领域的扩张。

六、结　　语

1999年至今,新浪已经换过5任CEO,高层的频繁替换带来的是企业战略的摇摆不定。创始人王志东作为公司初期当家产品的发明人,他制定的发展战略中带有明显的技术导向。2001年9月,以资本运作见长的茅道临在上任新浪CEO不久便开始一系列眼花缭乱的并购行动。但是当时国内宽带网络应用尚不景气的状况和国家的种种政策壁垒,使得茅道临的种种资本运作对新浪"毫无意义"。2002年,以阳光卫视吴征辞去新浪董事及联席主席职位为标志,新浪跨媒体战略彻底终结。随后,茅道临又带领新浪转向企业服务平台领域并于2002年2月25日宣布进入企业信息化服务领域。同年4月5日,茅道临在美国宣布新浪未来的发展方向:新浪网更名为新浪,下辖新浪网(SINA.com)、新浪企业服务(SINA.net)、新浪在线(SINA Online)三个独立事业体。❶2003年5月,汪延出任CEO之后,一直试图为新浪寻找新闻与无线之外的第三只触角。为此,新浪开展一系列新业务:2003年宣布与韩国网络游戏公司NC Soft成立合资公司,后又通过收购财富之旅进入在线旅游领域;2004年4月,与雅虎合资成立一拍网,进入电子商务领域,❷其后在7月宣布收购UC即时通信技术平台。然而,除了UC取得一定的发展之外,这些新业务均未取得成功。

与新浪的多元化策略屡屡受挫形成鲜明对比的是,网易、TOM等网站通过差异化、专业化策略,发展迅速,增长稳定。自2003年网易将自己定位为"中国领先的互联网技术、在线游戏和无线增值业务提供商"以来,无线增值一直是其重要的收入来源。但是从2005年第三季度开始,网易财报中的公司定位去掉了"无线增值",改为"中国领先的互联网技术、在

---

❶ 新浪网CEO茅道临诠释新浪2002年商业策略[EB/OL]. http://tech.sina.com.cn/i/c/2002-04-08/110410.shtml,2002-04-08/2016-05-15.

❷ 李宽宽. 一拍网将成为最后绝唱？[N]. 南方都市报,2005-08-11.

线游戏服务提供商"。这标志着网易正式割舍无线业务，专注于游戏和社区。2015年第二季度财报显示，网易80%的收入来源于在线游戏。❶TOM通过无线业务的增长保持总营收的稳定增长，同样源于专业化的深耕。就拿歌曲版权来说，TOM目前已经建立起自己完善的版权库，所使用的每一首歌都有三个版权状态报告，包括铃声版权、歌曲版权、彩铃版权。网易和TOM的成功无不得益于对一项业务的专注与战略的稳定。相反，新浪的多元化战略导致其每项业务都浅尝辄止，致使每项新兴业务都无法形成足够的竞争力。

从新浪的现状看，笔者认为新浪应该在保持新浪新闻和新浪体育的传统优势基础上，重点发展微博。根据2016年第一季度的新浪财报显示，2016年第一季度运营亏损为850万美元，上年同期亏损为2 520万美元。2016年第一季度非美国通用会计准则运营盈利为560万美元，上年同期运营亏损为1 360万美元，这得益于微博运营效率的提升。新浪董事长兼首席执行官曹国伟表示："微博在运营和财务业绩两方面继续显露强劲势头。微博的用户数量和活跃度保持强势增长，这主要得益于对信息流的优化和微博平台上视频内容的旺盛需求。移动端方面，微博巩固了在该领域的领先地位，2016年3月通过移动设备访问微博的日均活跃用户占微博总日均活跃用户的91%以上。货币化方面，来自大客户和中小企业客户的广告营收已成为微博营收增长的主要驱动器。"❷加强专利布局和商标注册，完善著作权管理制度，提高用户使用的满意度，对于新浪来说是发展微博的应有之义。

第四节　谷歌在华专利布局分析与启示 *

近10年来，我国互联网产业蓬勃发展，无论是在技术还是商业应用领

---

❶ 网易第二季度总收入48.33亿　游戏收入占比80%[EB/OL]. http：//tech.hexun.com/2015-08-13/178301695.html，2015-08-13/2016-05-15.

❷ 新浪第一季度净营收1.987亿美元 运营亏损850万美元[EB/OL]. http：//tech.qq.com/a/20160512/009392.htm，2016-05-12/2016-05-15.

* 本节作者为南京理工大学知识产权学院硕士研究生任晓波，本节部分内容已经发表于《管理观察》杂志2016年第28卷。

域都取得巨大成功。据英国《金融时报》2015年1月的报道，全球市值最高的互联网公司中，7家来自美国，3家来自中国，文章写道"中国的互联网行业已经开始与美国相匹敌，基本上形成了一种中美双头垄断的格局"。但应该注意到我国企业与美国企业仍有一定差距。中国市值最高的互联网企业阿里巴巴在进行了史上规模最大的IPO融资后，市值为1 650亿美元，而谷歌公司的市值高达3 905亿美元，是阿里巴巴的2.4倍。以谷歌公司为代表的美国互联网企业无论是在技术研发还是在商业开发上仍有许多值得我们学习、借鉴的地方。本节对谷歌公司在华专利布局进行分析，对其知识产权管理模式进行研究，希望能给我国互联网企业的知识产权管理提供一些思考。

一、谷歌公司概况

1998年9月，加州斯坦福大学理学博士生拉里·佩奇和谢尔盖·布林以自己开发的搜索算法引擎为基础创建谷歌公司。经历了十多年的发展，谷歌公司在搜索排序方法、在线视频、智能手机操作系统等传统、移动互联网领域的市场份额都遥遥领先其他竞争对手。由于创始人的科研背景，谷歌对技术研发十分重视，开发了诸如谷歌眼镜、无人驾驶汽车、量子计算机等震惊高科技领域的创新产品。在这些创新技术、产品的背后，谷歌的专利策略功不可没。例如为了开发谷歌眼镜，谷歌收购了SR Tech Group的多项语音识别专利，大大缩短研发周期。类似的例子还存在于谷歌收购摩托罗拉、安卓等公司的案例中，其灵活多变的专利自主研发、收购策略为其产品提供了强大的技术支撑。

2001年，谷歌在中国申请了第一件专利，正式展开对中国市场的专利布局。2005年7月19日，谷歌宣布在中国设立研发中心，并以重金聘请李开复主管谷歌中国的业务，希望能用更为先进的搜索技术，从百度手中分得更多网页搜索的市场份额。但由于谷歌涉嫌违反中国的法律法规和政策、自身水土不服、市场份额未达到总部预期等原因，谷歌于2010年关闭了中国大陆的网页搜索服务。[1]虽然作为谷歌根基的搜索业务退出了中国大陆市场，但从其专利申请和市场营销的活跃程度来看，谷歌从未减缓在中国专利布局、商业开发的脚步。谷歌近年来在中国对智能手机、云计算、网络广告、在线视频等多个领域进行专利布局，且专利大多为与美国、欧洲市场同步的PCT专利，可见谷歌重返中国大陆市场只是时间问题。一旦谷歌计划重回中国大陆，凭借前期完善的专利布局，将在其所涉猎的领域拥有巨大的竞争优势。为帮助国内互联网企业效仿、学习跨国互联网巨头先进的专利管理技巧与思路，运用专利预警、情报分析等方式，突破其专利、技术的包围、封锁，本文将围绕谷歌公司在华专利申请的总体分布、年度分布、IPC类别分布等展开分析，希望能从中得到启示。

文中数据来源于中国国家知识产权局专利数据库，使用其专利检索与服务系统和Soopat网站进行数据分析。因发明专利申请自申请日起18个月公布、实用新型专利申请在授权后公布、PCT专利申请自申请日起30个月后进入到国家阶段等原因，本节以谷歌公司在2001年1月至2015年12月申请的专利作为分析的对象。

二、谷歌在华专利布局

（一）谷歌在华专利布局的总体情况

截至2015年4月28日，谷歌公司在华专利申请1 112件，其中发明专利申请1 080件，均为PCT申请，占申请总量的97.1%，外观设计与实用新型专利申请分别占申请总量的0.45%和2.45%。谷歌公司早在2001年10月1日已向国家知识产权局提交了第一件专利申请，但其真正大规模进行专利布局开始于2004年，2004～2013年（2013年、2014年和2015年的专利申请数据不完整）平均每年申请专利107.7件。在三种专利类型中，发明专利数量远多于实用新型和外观设计，可见谷歌的科研实力强劲，专利价值较高。

---

[1] 苏璇.在华跨国公司的本地化经营战略研究[D].合肥：安徽大学，2014.

（二）谷歌在华专利布局的年度变化趋势

申请日是反映申请人取得技术成果并开始寻求专利保护的日期，能客观表明企业专利技术的发展规律。谷歌在华专利申请数量呈逐渐上升趋势，特别是在2005年李开复受谷歌总部重托，大力开发中国市场后，谷歌专利申请数量均保持在75件以上（2008年谷歌业绩受美国金融危机影响，技术开发经费减少，导致专利数量略有下降）。即使2010年谷歌公司最为主要的搜索业务退出中国大陆市场，其在华专利申请量亦未受影响，2011年、2012年专利申请量反而大幅度增加，两年共申请专利396件。谷歌在华专利数量的稳步增长说明该公司对于中国大陆市场有一个长期的、稳定的专利战略布局策略。虽然谷歌赖以成名的搜索业务已退出大陆市场，但近年来安卓操作系统、网络广告等其他谷歌产品始终占据各自细分市场的领先地位，其相关专利的布局从未止步，且均为PCT申请，足见其十分重视中国大陆市场。谷歌在华发明专利大多于2012年后申请，说明其近年来针对中国大陆进行大量知识产权布局，加大对其最新技术成果的保护力度，谋求对未来市场的持续垄断。

（三）谷歌在华发明专利法律状态分析

通过检索发现，谷歌有686件发明专利申请还处于在审状态，这是因为谷歌公司有近730件专利是在2012年后才申请公开，尚未结案。授权、视撤、终止、驳回、放弃等已结案件中，授权量所占比例最大，而视撤和驳回的数量均不大，其中有51件发明专利的专利权终止。专利权的终止指专利权的效力不在，意味着专利权人不缴纳年费，不愿维持或专利权人为将其发明创造自愿贡献给全社会，可以向专利局提出书面声明主动放弃专利权。谷歌在华专利申请始于2001年，专利权不涉及期限届满问题。而在已结案的发明专利申请中，其终止和放弃的专利仅占4.7%，从另外一个角度说明谷歌对知识产权和市场的风险做过精细评估，了解和掌握竞争对手的策略，专利法律状态稳定。

三、谷歌在华专利布局策略分析

中国大陆的互联网产业发展放眼全球仅次于美国，在例如C2C、IM等细分领域可以和美国分庭抗礼甚至领先。谷歌在中国大陆这个竞争态势愈发激烈的、世界最大的市场中，不仅要应对微软、雅虎等的正面竞争，还面临着百度、腾讯等本土企业的强势崛起。虽然谷歌的核心业务——网页搜索退出中国大陆市场，但谷歌中国研究院未受影响，加之谷歌全球近两万名研发人员，其技术创新和产品本土化能力不容小觑。结合谷歌先进的知识产权管理理念，其在中国大陆的专利布局一直有条不紊地运行着。

对比图3.7和图3.8中谷歌美国专利和在华专利IPC构成，可以发现排名前三的技术领域相同，在美国排名第四、第五的技术领域在华分别排名第五、第七，美国前十中仅G09G，即模拟计算机领域的专利数量未出现在在华技术领域数量排名的前十位。虽然在华专利申请的绝对数量少于美国，但技术领域构成基本相同，其数量差距较大源于大量谷歌产品当下因政策原因不能在中国大陆市场上市，❶大量外围专利没有申请的诉求。可见谷歌在华专利布局与谷歌全球专利战略是一脉相承的，紧密结合谷歌全球技术创新的脚步。

[google]-[IPC构成分析]　　　　　　　　　[Google CN]-[IPC构成分析]

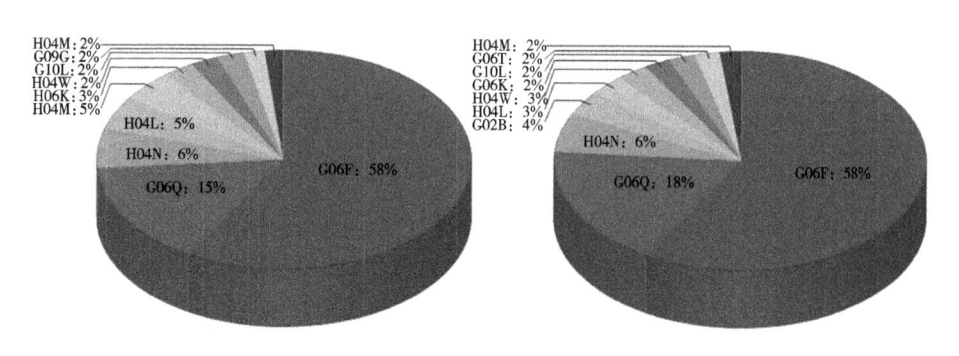

图 3.7　谷歌美国专利 IPC 构成　　　图 3.8　谷歌在华专利 IPC 构成

---

❶ 蔡尚伟，曹旭. 从"谷歌事件"管窥中国互联网政策[J]. 深圳大学学报（人文社会科学版），2010（6）：153-156.

通过检索国家知识产权局数据库发现（见表3.4），目前谷歌在华专利主要集中于排名前十的IPC（第八版）小类中，占总量的80%。谷歌在华专利主要集中于数据处理、图像处理、无线通信等领域，申请量排名第一的电数字数据处理小类的专利共574件，占谷歌在华专利总数的46.32%。此外某些专利申请同时涉及多个技术领域，例如移动终端网络浏览器的相关专利申请不仅包括H04M电话通信主分类号，还涉及H04L数字信息传输、G06F数据处理等其他分类号。因为当今用户对移动终端网络浏览器的要求已经不单单是获取简单的信息，对反应速度和节约上网流量也有很高的需求，这体现出移动终端网络浏览器未来发展的趋势。

下面将逐一对谷歌在华排名前三的主分类号的专利申请态势和专利布局进行分析，并与百度在华专利申请态势进行比较。

表3.4 谷歌在华专利IPC小类排名

排名	分类号小类	专利数（件）	百分比
1	G06F 电数字数据处理	574	46.32%
2	G06Q 专门适用于行政、商业、金融、管理、监督或预测目的的数据处理系统或方法；其他类目不包含的专门适用于行政	176	14.20%
3	H04N 图像通信，如电视	57	4.6%
4	G02B 光学元件、系统或仪器	36	2.9%
5	H04W 无线通信网络	29	2.34%
6	H04L 数字信息的传输，例如电报通信	27	2.18%
7	G06K 数据识别；数据表示；记录载体；记录载体的处理	22	1.78%
8	H04B 传输	22	1.78%
9	G06T 一般的图像数据处理或产生	21	1.70%
10	G10L 语音分析或合成；语音识别；音频分析或处理	19	1.53%

（一）主分类G06F的专利布局态势分析

谷歌在华申请的专利中，主分类涉及G06F的申请量为574件，占谷歌在华专利的46.32%。G06F（电数字数据处理）所涉及的技术领域是谷歌核心的网络广告、网页搜索、大数据处理、智能终端设备等业务、产品的重要技术组成部分，包括了处理自然语言数据（G06F17/20）；信息检索及其数据库结构（G06F17/30）；数据的获取和记录（G06F17/40）等。在上述技术领域，谷歌无论从数据处理的方法、工具还是用途上都有大量的技术创新点。我们经常使用的谷歌搜索、谷歌关键词广告、安卓操作系统等服务、产品的核心技术均来自该大类专利。该大类专利一直处于稳步增长的状态（2008年谷歌业绩受美国金融危机影响，技术开发经费减少，导致专利数量略有下降），且数量多，技术活跃度及创新度较高，表明该技术领域为谷歌重点研发对象，为其核心竞争力所在。

通过检索发现，信息检索及其数据库结构小组（G06F17/30）的授权专利数量达到申请量的一半以上，而该小组所对应的技术领域是谷歌核心业务网络广告和网页搜索。众所周知，谷歌是世界上最大的搜索引擎，其搜索业务并不向用户收取费用，其主要利润来源是其广告业务。2014年，谷歌网络广告业务Google Adwords收入660亿美元，占其总收入的近90%。Google Adwords的中文名为谷歌关键词，是一种通过使用Google 关键字广告或者Google遍布全球的内容联盟网络来推广网站的付费网络推广方式。其运作机制为网民使用谷歌进行网页搜索时，服务器会记录其搜索的关键词，并通过大量的数据分析、计算出用户有可能感兴趣的产品或服务，有针对性地向用户推送相关广告，使广告效果最优化。广告主也可以主动购买搜索的关键词，根据关键词与网站内容的匹配程度，自动将广告投放于与广告内容相关的网站上，进一步扩大广告的潜在用户触及范围。网络信息的数据量巨大，高效率地进行信息检索，并在庞大的数据库中有效地寻找相关联的关键词对应的网页内容和广告是Google Adwords业务受到世界各地广告主青睐的重要原因，而这都离不开G06F17/30领域专利技术的支撑。

数据的获取和记录（G06F17/40）则是整个G06F小类中专利平均年龄较小的一个小组，谷歌该领域在华专利平均年龄为3.2年。该技术领域对应的产品为谷歌地图。近年来，基于位置的服务（LBS）成为各大网络巨头争相竞争的战场，指通过电信移动运营商的无线电通信网络或外部定位方式，获取移动终端用户的位置信息，在GIS平台的支持下，为用户提供相应服务的一种增值业务，例如当下流行的嘀嘀打车、大众点评网等均是典型的LBS软件。LBS软件能否准确、快速地获得用户的位置信息或规划用户的行驶路径需要地图软件的支持，可以说地图软件是整个LBS领域的基石，而谷歌地图是地图软件中毫无争议的全球第一，无论是苹果推出的"苹果地图"、百度研发的"百度地图"还是阿里巴巴收购的"高德地图"，其技术水平与谷歌地图仍存在明显差距，软件用户体验相差较大。❶由于政策原因，中国大陆的用户无法直接使用谷歌地图的服务器，但谷歌仍在华申请了10项该领域的基础专利，为未来重返中国大陆市场进行专利布局。

我国本土互联网巨头百度与360的网页搜索、腾讯的大众点评网、嘀嘀打车等业务大多与G06F领域的技术有关，谷歌在华申请了大量该技术领域的基础专利，进行了缜密的专利布局。一旦我国政策开放谷歌的网页搜索、地图等业务，谷歌可以向本土企业"发难"，通过诉讼来挤垮这些企业，从而垄断市场，或者向企业收取高额专利使用费，获取超额利润。

（二）主分类G06Q的专利布局态势分析

主分类为专门适用于行政、商业、金融、管理、监督或预测目的的数据处理系统或方法；其他类目不包含的专门适用于行政、商业、金融、管理、监督或预测目的的处理系统或方法（G06Q）的在华专利申请数量排名第二，共176件，占谷歌在华专利的14.2%。专利数量总体呈上升趋势。这是因为2010~2012年社交网站和大数据的兴起，谷歌发布了Google+、Google Advisor等一系列新产品，作为其重要技术支撑的该领域专利数量增幅十分明显。此外，Youtube、网络广告和网页搜索等业务也与该技术领域有紧密联系。

谷歌商业运营领域的相关专利中购物或电子商务大组（G06Q30/00）的专利数量最多，主要主题为行销方法，例如，市场研究与分析、调查、促销、广告、买方剖析研究、客户管理或奖励。价格评估或确定的小组

---

❶ 梁晓明．智能手机导航软件界面用户体验研究[D]．无锡：江南大学，2013．

（G06Q30/02）的专利与网络广告和网页搜索业务息息相关。对广告受众进行精确剖析、准确投放广告的关键在于获取大量的用户数据和对数据的精确分析、评估。作为全球最大的搜索引擎，谷歌毫无疑问掌握了大量用户使用互联网产生的数据。Google Adwords并不单纯以用户在谷歌网站键入的搜索关键词为唯一数据，用户选择点击的网页内容、用户关心的热门话题、用户好友的动态等信息均可作为分析用户的数据，谷歌该领域的专利，例如基于话题聚类的推荐（CN201180065617）、受众分组估计（CN201080045960）、使用来自用户视频游戏交互的信息来定向广告（CN200680043609）等专利均为找到精确的广告受众提供了数据分析的方法与机制。

运输通信（G06Q50/30）则是整个G06F小类中专利平均年龄较小的一个小组，谷歌该领域在华专利平均年龄为2.6年。该技术领域对应的产品为以Google+为代表的社交类网站。近年来Facebook、Twitter等社交类网站的兴起分走了谷歌大量的用户流量，而庞大的用户流量是谷歌受到广告主青睐的重要因素。因此谷歌推出了自己的社交类网站Google+。即使Facebook、Twitter甚至Google+自身无法在中国大陆正常使用，谷歌在华仍申请了9项与社交类网站相关的专利。社交类网站的发展趋势异常迅猛，未来有逐渐取代搜索网站成为网络流量最大的网站类型，谷歌提前在华进行专利布局，可见其专利策略的前瞻性。

（三）主分类H04N的专利布局态势分析

主分类为图像通信，如电视（H04N）小类的在华专利申请数量排名第三，共57件，占谷歌在华专利的4.6%。该小类的专利数量于2012年呈急速上升趋势（2013年、2014年和2015年的专利申请数据不完整），是智能手机、在线视频、跨平台应用、可穿戴设备、移动互联网等时下热门商业领域的基础专利技术所在的小类。2012年发布的谷歌眼镜、谷歌云，2013年发布的视频聊天软件Google Hangouts等技术均和该小类专利技术有关。

虽然和排名前两位的小类相比数量较少，但值得关注的是谷歌在华申请了多项在线视频技术领域的专利。由于我国4G互联网和智能手机的普及，消费者使用移动终端观看视频的习惯正逐渐养成，取代在PC端观看视频的方式。目前制约我国移动端视频发展的桎梏已非移动网络的带宽，而是远大于图片和文档的视频文件带来的流量问题，据国际电信联盟2014年《衡量信息社会报告》，我国移动宽带资费，高于大部分发达国家，其中，后付费手机宽带资费的相对价格在166个国家和地区中位于104位。❶谷歌在华申请了诸如用于使用自适应分段的视频编码的系统和方法（CN200980135559）、视频压缩方法（CN200480020019）等专利可以在一定程度上起到压缩视频文件，降低流量的作用，可见其专利布局带有一定的针对性。此外，传统的语音通话也将会逐渐失去市场，用户体验更佳、能拉近人与人之间距离的在线视频通话可能会成为主流。谷歌在华申请了在视频会议期间修改参与者的外观（CN201380014075）、使通信会话中的参与者静音（CN201280036349）等专利，提前布局在线视频通话业务。但通过查阅其他该领域的专利可以发现，谷歌的专利布局不仅仅是在线视频技术的解决方案，还申请了多项和广告相关的在线视频专利。例如定向的视频广告（CN200780045620），其摘要为"公开了一种提供定向的视频推销材料的计算机实现的方法。该方法包括传送用于在视频终端上显示的推销项目，确定该推销项目是否已被跳过，以及基于该所述推销项目是否已经被跳过，更新与该推销项目或该推销项目的观众相对应的简档"。❷可以推断，如同谷歌的网页搜索业务免费使用，换取大量流量以吸引广告主的业务模式未来可以复制到在线视频领域——用户在使用谷歌免费提供的网络视频、在线通话等服务时，需收看谷歌推送的相应视频广告。一个好的商业模式若无法产生盈利模式，那么这个商业模式是失败的、不长久的。谷歌在进行技术、产品专利布局的同时，也对其未来盈利模式的相关专利进行专利布局，反映出谷歌专利策略的整体性与先进性。

---

❶ 李国文. 全球网速及资费大对比[N]. 南方都市报，2015-04-21.
❷ 米哈伊尔·德米特利耶夫，尼古拉斯·李，拉亚斯·蒙卡，马尼什·古普塔. 定向的视频广告[P]. 中国专利：CN101554048A，2007-10-17.

四、谷歌在华专利布局与商业策略

谷歌素来以高科技的形象示人，其产品往往给人以科幻、技术超前的印象，被网友称为"黑科技"。例如2012年上市的谷歌眼镜，虽然作为一个商品，谷歌眼镜可以认为是失败的，但其技术水平至今仍让人惊叹。但这些项目大多是在高度保密的Google X实验室中悄无声息地研发，很难通过正常途径了解到谷歌的最新技术进展。但谷歌为了寻求对其创新成果的最大化保护，不得不借助专利制度的力量，为其新技术申请专利保护，因此专利情报是一个很好的了解谷歌最新技术进展的突破口。例如，最先报导谷歌的可穿戴设备将以眼镜形式推出的记者正是通过谷歌申请了Curved near-to-eye display（US8582209B1）推测得出的结论。因此，本节对谷歌近3年（申请日为2013年5月1日后）在华申请的94项专利进行检索、分析，希望从中找出谷歌在华专利布局最新动态与其未来商业策略之间的联系。

（一）移动设备

通过对谷歌在华2013年5月1日后申请的94件专利逐件分析，共有4件专利与移动设备有密切联系，分别是移动设备语音激活（CN201310624853）、面部识别（CN201310260172）、混合模型语音识别（CN201380041641）和语音识别的文本输入的视觉确认（CN201380033856）。这四项与移动设备相关的专利申请均与未来信息输入方式有关。在iPhone出现前，移动设备的输入方式为实体键盘键入，iPhone出现后，触摸屏虚拟键盘输入成为主流。谷歌申请的多项语音识别专利和视觉识别专利表明，谷歌认为未来移动设备的输入将由语音和图像（人脸或手势）完成。如今以Siri为代表的语音交互方式并不成功，语音识别准确度有待改善，用户体验不佳，而谷歌在华申请的相关专利中涉及复杂的语音分析和利用视觉确认语音识别的准确度等技术，可能会带来更好的用户体验。若谷歌未来将更先进、使用体验更友好的语音识别技术加入在中国移动设备市场占有率近80%的安卓智能手机操作系统中，谷歌在智能设备的霸主地位将更加难以撼动。

值得注意的是谷歌于2011年收购了当时濒临破产的摩托罗拉移动。众所周知，摩托罗拉是2G时代移动通信领域的巨头，拥有大量移动设备、电信领域的基础专利。谷歌收购摩托罗拉也正是希望通过摩托罗拉的专利进一步扩大自己在移动设备领域的技术水平和市场地位,减少专利诉讼的风险,而非借用摩托罗拉的品牌进军智能设备市场。此前,谷歌和苹果多次因移动设备技术的专利对簿公堂,但由于谷歌收购了大量摩托罗拉的高价值专利,双方已发表声明同意放弃彼此针对的专利诉讼,共同为专利改革作出努力。❶事实证明,不到3年,谷歌就将摩托罗拉移动的品牌转卖给联想,但谷歌保有摩托罗拉价值巨大的专利权,以应对来自高通、苹果、微软等竞争对手的威胁。

(二)智能家居

94件专利申请中共有4件专利与智能家居有密切联系,分别是用于深度链接到应用情境中的方法和系统(CN201310537778)、通过移动装置访问安全储物柜(CN201380045201)、用于控制移动装置操作的系统和方法(CN201380039647)和启用NFC的便携式设备的家庭自动化设备配对(CN201310269157)。这些专利大多涉及远程操控机制的构建,使用户可以不受地理空间限制地操作家居,是智能家居领域较为基础的专利。虽然谷歌在智能家居领域尚未推出实质性的产品,但其对智能家居最核心的技术——远程操控的专利布局已经开始,未来我国智能家居领域的企业将面临如何绕开这些基础专利的挑战。

由于谷歌在智能家居领域起步较晚,因此收购了多家智能家居领域的企业以快速提升自己的技术水平。其中,最知名的案例是2014年谷歌以32亿美元的价格收购了智能家居行业领先者Nest Labs公司。谷歌选择Nest Labs,除了它有先进的专利技术和产品,还因为它的人才。Nest Labs由托尼·法德尔和马特·罗杰斯创办,两人均曾在苹果公司效力,法德尔曾担任iPod部门高级副总裁,被维基百科称为"iPod发明人之一",罗杰斯则带领团队开发了iPhone原型机,两人拥有丰富的硬件开发经验。

---

❶ 郭松.企业并购的资本协同效应研究[D].青岛:中国海洋大学,2014.

（三）热气球网络

94件专利申请中共有5件专利与热气球网络有关，分别是气球材料的激励回收（CN201380046781）、基于测量的网络选择（CN201380043569）、利用密度调节和/或体积调节的气球高度控制（CN201380036079）、气球网络中的位置知晓"幽灵"简况（CN201380038357）和地理围栏（CN201380046082）。由Google X实验室主导的热气球网络计划希望利用热气球为农村、偏远和不发达地区提供廉价的互联网接入服务，让全世界每一个角落都能连接网络。传统的互联网接入服务需要大量基础设施建设，成本较高。谷歌计划在大气平流层放飞无数热气球，组成一个无线网络，为更多尚未联网或网络条件不稳定的地区提供更加廉价的互联网服务，填补网络服务的盲区，或帮助受灾断网地区恢复网络。❶中国西部地广人稀，若采用传统的互联网接入方式成本较高，谷歌的热气球网络计划能相对低成本、高效率地解决问题，其在华申请的该领域专利技术在我国具有很好的发展前景。虽然目前该计划处于试验阶段，但谷歌已提前在该领域布局多件专利，一旦技术成熟，可投入大规模商用，谷歌必将成为该领域的领跑者。在用户使用其互联网接入服务的同时，也将为谷歌带来大规模的流量，提升其广告收入。

五、启示与建议

通过对谷歌在华专利布局策略的分析、最新专利技术的挖掘和谷歌未来在华重点发展业务预测，可为我国本土互联网企业总结三点关于专利布局、管理的启示与建议。

第一，专利布局与市场策略结合。通过第三部分的分析，可以发现谷歌在华专利布局均有一定的市场指向性，以其现有的或未来推出的产品或服务出发申请在华专利。例如，谷歌申请大量追踪用户行为的专利，以便于其进行有针对性的广告投放。在相对基础专利外，谷歌还十分重视申

---

❶ 王辰越. 谷歌X的新疯狂：用热气球架设覆盖全球的WiFi[J]. 中国经济周刊，2013（28）：78-79.

请外围专利,全方位地保护产品或服务,巩固其特定商业市场中的竞争优势,避免竞争对手的侵犯。谷歌的专利布局与其市场策略紧密结合,一旦推出新的产品或服务,必将获得巨大甚至垄断的竞争优势。我国互联网企业今后在进行专利布局时,应学习谷歌将申请专利与市场开发同步进行,甚至先于市场开发,以保证自身最大的竞争优势。

第二,有针对性地专利布局。谷歌在美专利数量远超在华专利数量,对于谷歌这样的商业巨头,专利维持费用绝对不是其未将所有在美专利以PCT方式在华申请的唯一原因。谷歌挑选在华申请的专利均与其在华商业策略有关,有针对性地申请与未来将在华推出产品或服务相关、适合中国国情的专利。例如谷歌热气球网络技术十分契合中国国情,未来在华会有较大发展空间,即使谷歌的热气球网络计划尚未成型,处于试验初期阶段,谷歌仍在华申请多项专利。我国互联网企业开拓国际市场时,可以学习谷歌该策略,在节省专利维护费用的同时,避免技术先于市场需求进入某国,导致20年专利保护期人为的缩短。

第三,积极面对专利购买战略。谷歌作为科技界巨头,拥有超过20 000名工程师,但仍频繁通过收购来扩充自己的专利库。截至2015年2月,谷歌共收购了177家公司,其中既有摩托罗拉、YouTube等大公司,也有Polar、Holomni等不为人知的初创企业。谷歌收购这些公司的目的往往不仅是看重其技术、专利,更看重其研发团队的价值。例如谷歌收购安卓公司时,安卓的智能手机操作系统尚未成型,但谷歌看到其研发团队的潜力,收购后给予大量的资金、技术支持,最终成功开发了安卓智能手机操作系统,长期占据智能手机操作系统市场份额第一的位置。我国互联网企业应秉持更开放的心态,积极参与海外收购。此外,我国互联网企业在进行收购时,还应该学习谷歌关注企业开发团队的未来潜力而非当前企业的专利、设备等资源的思路。

谷歌、微软等跨国巨头在华专利布局的脚步已悄然加快,我国互联网企业未来的发展空间势必会受到影响。我国企业应积极学习跨国企业的专利布局策略,并在此基础上结合我国国情进行专利布局,避免跨国企业通过专利进行技术封锁、市场垄断。此外,"一带一路"倡议、"亚洲基础设施开发银行"等均需要我国企业在海外进行专利布局,对于跨国经营经验较少的本土互联网企业而言,学习跨国企业的专利布局经验还有助于我国企业更好地开发国际市场,获得更大的竞争优势。

第四章　家电与日用品产业知识产权管理实证研究

家电与日用品产业作为家用消费品产业的重要组成部分，是中国制造业中开放最早、参与国际产业分工最充分、嵌入全球生产链最深入的产业。家电与日用品产业的成长和发展是中国改革开放以来，经济高速发展、国力不断提升的产业典型代表，对于中国整体经济的发展起到重要带动作用。❶进入新世纪以来，随着国际市场增长空间趋向饱和、国内市场消费升级以及数字化技术深度发展，家电与日用品产业在经历近十年的飞速发展期后步入转型调整阶段，传统依靠"低成本、规模化、粗放式"发展模式已经无法适应产业发展需要。❷为适应新常态下产业发展新要求，家电与日用品产业唯有通过大力实施知识产权战略，全面提升知识产权创造、运用、管理、保护能力，着力打造全产业链核心竞争力，才能实现产业的科学发展和转型升级，为中国制造向中国智造的跨越提供强有力的支撑。

第一节　概　　述[*]

家用消费品产业按照消费时效进行划分，可以分为家用耐用消费品

---

❶ 刘军，宋冰晨，冯晞.中国家电全产业链转型升级蓝皮书：产业微笑曲线的O2O之路[M].杭州：浙江大学出版社，2015：2.
❷ 佚名.中国洗涤用品行业发展"十三五"规划[J]. 中国洗涤用品工业，2016（8）：21-31.
* 本节作者为南京理工大学知识产权学院郑伦幸博士，助理研究员。

（耐用品）产业和家用快速消费品（快消品）产业。家用耐用消费品产业是指研制和生产家用消费周期较长，可多次使用，一次性投入较大的产品产业，家用电器产业是最主要的家用耐用品产业类型之一，而家用快速消费品产业是指研制和生产家用消费周期较短，需要多次、重复购买产品的产业，典型的家用快速消费品产业是日用品产业。虽然基于产品属性的差异，家用电器产业与日用品产业之间在产品研发模式、营销策略、发展路径等方面存在明显的区别，但家庭作为两个产业共有的消费对象，其消费的共性诉求必然决定两大产业发展之间亦存在很多的同一性特征。此外，随着数码技术的发展，不同厂商家电性能的差距不断缩小，产品功能趋同，价格显著降低，家用电器的更新换代速度不断加快，因此，家用电器产业亦有向日用品产业转变的发展趋向。❶

一、家电与日用品产业概况

家电产业是研制和生产家庭范围或类似场所使用电器或器具的工业，家电产业又通常被称为日用电器产业、民用电器产业等。❷家电产业的产品主要包括洗衣机、电冰箱、空调等替代人们日常劳务的白色电器，电视、音响为代表的为人们提供娱乐的黑色电器以及电脑等提供信息的米色电器三种类型。目前，从世界范围来看，北美、亚洲和西欧是全球家电的生产基地，就家电的竞争态势来看，全球家电产业的发展呈现出美国、欧洲、日本以及韩国四足鼎力的局面，如美国的惠而浦、GE，欧洲的飞利浦、博世、伊莱克斯、西门子，日本的索尼、松下、三洋，韩国的三星、LG等均为全球家电产业企业的领跑者，这些国家或地区的家电企业由于掌握着家电产品的核心技术和工艺以及雄厚的资金，因此控制了全球大部分家电的生产和销售，据统计，全球83%的家电产品均出自以上三大领域或地区。

---

❶ [日]岩谷英昭.松下幸之助在哭泣——日本家电业衰落给我们的启示[M].玉兰三友翻译会译.北京：知识产权出版社，2014：22.

❷ 佚名.家电产业投资分析咨询[EB/OL]. http：//www.chinabgao.com/k/jiadian/，2017-03-26.

近年来,随着数字信息技术的发展,家电产业有着智能化、网络化、系统化的发展趋向,家用电器已经成为生活智能化的主要接口,通过互联网和物联网的连通,进行家居电器之间以及与用户之间的信息交互,并通过数据分析和计算实现个性化、系统化的智能家居体验。❶正是在家电产业的发展新形势之下,欧洲、美国、日本的家电厂商逐渐将战略重心向家用电子信息领域调整,而传统的家电生产则逐步向发展中国家转移,这同时也为发展中国家嵌入家电产业的全球价值链提供了契机和空间,新兴经济体近些年在家电产业中的逐渐崛起就是例证,以金砖国家为例,2014年家电进出口贸易总额为587亿美元,约占全球总额的23%。中国作为全球新兴经济体自20世纪90年代以来,开始承接全球家电产业的转移,家电产业经历了爆发式发展,从最初的年产值仅有8.6亿元规模的产业,一跃成为仅次于美国、日本的全球第三大家电生产大国,据统计,我国家电产业的空调、微波炉的产量占全球70%,小家电占全球产量的80%,冰箱、洗衣机占全球的40%,并涌现出一批诸如海尔、美的、格力、TCL等家电龙头企业,且正不断加快追赶家电跨国巨头企业的步伐。

  日用品产业是指研制和生产人们日常生活用品的工业。日用品产业中的生产行业主要由:洗漱用品、家居用品、厨卫用品、装饰用品、化妆用品行业构成。日用品产业由于主要依赖消费者对于产品的快速、高频次的消耗而获取利润,决定了其具有周转周期的短暂性,供给渠道的广泛性,提供方式的便捷性特征,并且由于产品费用较低,因此消费者购买选择非常容易受到厂商品牌效应的影响。目前,从全球日用品产业的发展状况来看,仍然是宝洁、联合利华、丝宝等跨国企业主导的局面。如宝洁公司作为全球日用品行业巨头,创造了日用品企业持续增长60年的经营神话,根据2014年宝洁公司财务报告显示,宝洁公司总体营收达到5 100亿元。宝洁公司的市场份额,护肤品类方面,其"玉兰油"品牌产品占据全球护肤市场8%份额;洗发护肤品类方面,"海飞丝""潘婷"等品牌产品占据全球

---

❶ 刘军,宋冰晨,冯晞.中国家电全产业链转型升级蓝皮书:产业微笑曲线的O2O之路[M].杭州:浙江大学出版社,2015:23-24.

市场20%份额；洗涤、家庭护理品类方面，"汰渍""碧浪"等品牌产品占据全球市场25%份额；男士护理品类方面，宝洁公司作为全球剃须刀市场的引领者，更是以"吉列锋速""锋隐""锋速3""Prestonbarba"以及"维纳斯"产品占据全球市场70%的份额。❶此外，作为日用品行业重要部分的化妆品，也已形成高度集中的格局，包括雅诗兰黛、欧莱雅、宝洁、科蒂、拜尔斯道夫、Inter Parfums、LVMH、香奈儿、资生堂、爱茉莉在内的十大集团占全球高端化妆品市场的65%。❷当前，随着消费者的消费诉求因应技术的发展而升级，对于日用品的生态化、安全性以及功能性提出更高要求。日用品企业只有不断通过技术创新、管理创新以及制度创新，进而实现产品创新才能有效回应现实发展诉求。

近些年，中国日用品企业凭借中国作为世界第一人口大国得天独厚的市场条件，并利用政策、土地、人力等红利，实现了规模化、扩张式发展，很多日用品企业在中国的市场销售额已经超过国际日用品跨国企业，如立白在2015年中国市场的销售额超过联合利华达到200亿元，排名全国第二，仅次于宝洁。但是仍应清醒地看到与日用品国际巨头公司相比，我国的日用品企业仍存在较大差距，如在2015年的世界500强排行榜中，宝洁、强生等均作为日用品企业入围，而我国尚无一家日用品企业入围，究其原因，主要是与我国日用品产业低端化发展密切相关，很多企业仍处在规模化的扩张阶段，产品之间同质化严重，我国还远非日用品强国，以洗涤用品为例，美国在20世纪80年代初期就开始推进洗衣粉浓缩化，2003年后又开始推进液体洗涤剂的浓缩化进程，目前液体洗涤剂已占市场80%以上的份额，日本自1983年开始洗衣粉的浓缩化，如今浓缩洗衣粉占洗衣粉总量的95%以上，❸而我国的洗涤企业近几年才开始洗涤剂液体化的尝试和创

---

❶ 陈龙. 不老宝洁发布2014财报：5 100亿元帝国的秘密[EB/OL]. http：//news.138job.com/info/220/93294.shtml，2017-03-27.

❷ 佚名. 2016年全球化妆品行业七大趋势[EB/OL]. http：//www.chyxx.com/industry/201606/422862.html，2017-03-27.

❸ 张秦宁. 洗衣粉"浓缩时代"来临？[EB/OL]. http：//finance.stockstar.com/SS2011121500003709.shtml，2017-03-27.

新。因此，我国日用品企业想要实现转型升级，跻身国际日用品行业先进行列仍有较长的路要走。

二、家电及日用品产业知识产权管理现状

家电及日用品产业知识产权管理具有一般产业的普遍特点，同时也拥有家电及日用品产业固有的个性特征，具体来说，家电及日用品产业知识产权管理状况可以概括为以下几个方面。

（一）知识产权创造及布局

目前，家电及日用品产业已经进入转型调整期，一方面，随着政策红利的逐渐消退，人力成本的不断上扬，消费市场的日趋饱和，企业数量的不断增多，传统依靠规模化、粗放式的发展模式远不能适应市场竞争的需要；另一方面，随着人们生活品质的提升，消费者对于家电及日用品功能、品质的要求也日益提升，家电及日用品产业已非"从无到有"的时代，而是"从有到优"的时代，高端化、智能化、生态化是家电及日用品产业发展的新方向。❶在转型调整期，家电及日用品企业正是通过不断创新来回应产业发展的新需要。近年来，家电及日用品企业的研发投入达到前所未有的水平，知识产权数量快速增加，如海尔集团2010～2014年的在华专利申请量达到10 543件，已经超过之前15年专利申请量的总和。从国内家电企业专利情况的拥有量来看，截至2014年，超过5 000件的企业已达到5家，分别是美的16 541件，海尔11 360件，格力9 300件，TCL 8 300件以及长虹5 166件，一定数量知识产权的积累和运用有力提升了家电及日用品的产品附加值、含金量。

家电及日用品企业的知识产权创造并非盲目，在获得知识产权之前就因应产业发展趋势，联系企业市场发展战略，通过知识产权积极进行布局，以占领市场竞争的高地。在家电及日用品产业高端化发展趋势下，家电产品朝着高效方向发展，如在冰箱领域，据统计，多开门冰箱的市场销

---

❶ 郑舞虹. 履行社会责任，实现和谐共赢[J]. 中国洗涤用品工业，2009（4）：31-32.

售比重已由2013年的14%，上升到2015年的26.5%，❶海尔集团在冰箱相关领域布局的专利达到2 192件之多，其中不乏涉及多门冰箱的高价值专利。在家电及日用品产业智能化发展趋势下，家电及日用品不仅要彰显其基本功能，还应与家用其他产品形成智能链接，融入家居一体解决方案，为消费者提供智能整体家居体验。海尔集团在家电智能化方面走在行业前列，其仅围绕网络家电技术就布局有32件专利，其中发明专利23件，实用新型9件，其首款家居机器人Ubot就是基于网络家电技术的典型家电智能化产品。在家电及日用品产业生态化、绿色化发展趋势之下，家电及日用产品应在实现产品功能的同时注重降低环境资源的消耗。如西门子在21世纪初主打"绿色"家电并对该领域专利进行布局，截至2014年西门子在"绿色"专利领域有1.8万余项专利。❷海尔集团亦在洗衣机的专利布局中通过洗衣方法、外形构造方面的创造，达到节水节电、减少洗涤剂用量以及降低环境污染的生态化目的。❸

（二）知识产权运营

对于企业而言，获得并拥有知识产权并非是终极目的，因为知识产权的获得和维护需要经费的投入，如申请和维持一件专利可能就要花费十几万元，如果将知识产权仅作为"沉没资产"不加利用，这样的知识产权对于企业发展而言无疑只能算作负累，毫无意义和价值。知识产权的价值只有通过有效的运营才能释放。知识产权运营包括投资、许可、转让、标准化等多种形式，对于家电及日用品产业而言，知识产权许可是普遍使用的方式。知识产权许可可在保证权属主体不变的前提下，通过让渡使用权的方式而获得利润。如海尔集团通过向国内数十家电热水器厂商许可电热水器防触电技术专利权，获取了超千万元的专利许可费。知识产权许可不仅

---

❶ 中国家用电器协会信息部. 2015年中国家电行业运行情况及2016年展望[EB/OL]. http://www.dianqizazhi.com/dianqi/1036，2017-03-27.

❷ 袁方洁. 组织理论视角下高新技术企业知识产权战略的实施——以铜陵有色、兖矿集团、西门子公司为例[J]. 黄金，2016，37（5）：1-6.

❸ 李向阳，王吉星，赵永杰，等. 市场期待的浓缩洗衣粉[J]. 日用化学品科学，2010，33（4）：9-11.

是家电及日用品企业获利的手段,同时还是其拓展市场,获得竞争优势的重要手段。如同样是海尔集团通过关于一项新型压缩机专利对全球最大的数家压缩机厂商的普通专利许可,在获得超过1.5亿元专利许可费的同时,还约定被许可方在量产后独家供货海尔两年。如此一来,海尔通过专利许可不仅回收了前期的研发投入,更间接的延展了产业链,取得了市场竞争优势。❶

在"技术专利化、专利标准化、标准国际化"的技术发展格局下,技术标准已经成为企业获得市场主导力量,获得高额利润的重要工具。家电及日用品企业同样认识到标准的重要意义,在"技术专利化"的同时,很多企业参与"专利标准化"以及"标准国际化"的进程,如西门子公司就专门在知识产权运营部门下建立标准化与法规部门,该部门由20多位熟悉国际标准制定规则的专家组成,其工作职责就是争取在公司各项业务相关标准制定早期就参与标准的制定,并应用于产品的开发中,最终达到进入国际标准组织(ISO)和国际电工委员会等标准组织委员会,获得标准必要专利的目的。近年来,我国的海尔集团同样也注重专利标准化工作,其一方面与国内领先企业共同构建在智能家居、人工智能、固态制冷等多个核心领域的专利联盟和标准合作,进行前瞻技术领域的专利占位及布局;另一方面大力将自己的专利融入标准之中,成为标准必要专利。目前海尔集团公司承担国际标准组织委员会秘书处2个,占据15个IEC的组织席位,是无线电力联盟(WPC)的核心成员,主导4个家电标委会分技术委员会的工作,主导和参与300多项国家标准的编制。

(三)知识产权诉讼及保护

家电与日用品产业是市场化程度最高,竞争程度最充分的产业,商标对于家电与日用品企业的发展具有非常重要的意义和价值,消费者选购家电或日用品非常容易受到企业"品牌效应"的影响,商标可以说是家电与日用品企业赢得激烈竞争的重要保障,因此,家电与日用品企业一般非常

---

❶ 佚名. 海尔的知识产权经营之道:从"烧钱"到"赚钱"[EB/OL]. http://finance.sina.com.cn/roll/2016-07-04/doc-ifxtrwtu9790313.shtml,2017-03-27.

重视对于商标品牌的保护和维权。如宝洁公司于2016年10月，因海飞丝洗发水瓶子外形、颜色、商标被抄袭，对Vi-Jon公司提起商标权侵权诉讼，宝洁公司认为Vi-Jon公司的抄袭行为非常容易导致消费者在选购洗发露的过程中产生混淆，导致不正当竞争。同年，宝洁公司还针对RNA公司，向美国俄亥俄州南区联邦地区法院，提起围绕"伊卡璐"洗发水和护发素的商标、产品外观设计知识产权侵权诉讼。

跨国家电与日用品企业通常还将知识产权诉讼当做竞争性武器，一旦竞争对手侵入自己的"领地"，其就会拿起知识产权诉讼的大棒进行打击。如美国电器巨头惠而浦公司，2011~2016年，就作为原告提起37起知识产权诉讼，被其控诉的企业达45家。2016年3月，中国天津的远大公司就遭到惠而浦公司在德国东区联邦法院提起的专利侵权诉讼，其用意非常明确，就是阻止远大公司在美国市场的业务拓展。同年遭受惠而浦公司竞争性武器"打击"的还包括加拿大的家电供应企业——NLA公司，该公司供应的产品大部分为世界知名家电品牌，如博士、西门子、三星等，惠而浦公司的诉讼目的在于法院颁布永久禁止令，禁止涉案产品在美国市场的销售。

近年来，随着我国家电与日用品企业知识产权意识的提升，很多企业也逐渐认识到知识产权的意义和价值，并有意识地、积极地进行知识产权维权。家电与日用品行业最有代表性的案件莫过于正泰集团诉法国施耐德公司案，该案被称为电器领域"中国第一"与"世界第一"之间的较量，正泰公司提起对施耐德公司的诉讼实为无奈之举，自1995年开始，施耐德公司就在德国、意大利、法国等欧洲国家提起多项对正泰集团的专利侵权诉讼，据统计，案件数量达到20余起，因此，正泰集团在中国提起的对施耐德的诉讼实为一次"翻身仗"。在该案中，正泰集团认为施耐德在天津的一家全资子公司侵犯了其"高分断小型断路器"的实用新型专利权，在一审法院作出认定施耐德公司侵权成立，并要求施耐德公司赔偿3.35亿元的一审判决后，施耐德公司提起上诉，并最终在二审过程中与正泰集团达成和解，双方以1.75亿元签订调解协议，创下了当时中国知识产权案件的最高

补偿额纪录。❶

三、家电及日用品产业知识产权管理发展趋势和战略措施

从家电及日用品产业的总体发展趋向来看，在跨国企业围攻以及国内市场需求日趋饱和的双重压力下，可以预见其市场竞争将会越来越激烈，知识产权作为企业核心竞争力的作用亦会愈加凸显，我国家电及日用品企业唯有通过实施科学、合理的企业知识产权战略，加强知识产权管理，打造核心竞争力，实现产业链的攀升，才有可能逆势而上。具体而言，家电及日用品产业知识产权管理发展趋势主要表现为四个方面：（1）高质量知识产权的创造与布局成为取得市场竞争领先的关键。随着人力成本、土地资源、政策红利的比较优势逐渐消退，家电及日用品企业单纯凭借价格、成本优势已难以在市场竞争中立足。获得核心技术的知识产权，并进行有效的市场战略布局已经成为家电及日用品企业在行业激烈竞争中立于不败之地的关键。（2）知识产权的有效运用与经营是价值发散的必然要求。知识产权不会自动产生价值，通过投资、许可、标准化、诉讼等组合运营手段对知识产权进行有效的运用是家电及日用品企业发挥知识产权价值，打造企业核心竞争力的必然要求。（3）商标的积极维权是"品牌效应"持续释放的重要保障。家电与日用品虽然被分别划分为"耐用品"和"快消品"，但是现代家电有着向"快消品"发展的趋势，品牌对于消费者购买"快消品"具有重要的引导作用，而对商标侵权行为进行积极维权是维护"品牌效应"的重要手段。（4）建立知识产权信息分析与预警机制是减少知识产权风险的重要手段。竞争对手的举动往往瞬息万变，通过对竞争对手知识产权信息进行动态跟踪和分析，并绘制专利地图，可以有效预测竞争对手行动走向，形成预警机制，有效减小企业的知识产权风险。基于以上发展趋势的考量，我国家电及日用品产业的知识产权战略措施包括以下

---

❶ 韩芳，余建华，孟焕良. 小专利扭转大乾坤——正泰集团诉法国施耐德公司专利侵权案调解纪实[EB/OL]. http：//www.chinacourt.org/article/detail/2012/04/id/510699.shtml，2017-03-27.

方面。

（1）大力加强高质量知识产权创造。从目前我国家电及日用品产业发展现实来看，由于在关键、核心技术上受制于人，因此，家电及日用品企业大多仍处在全球产业链的中低端水平。我国家电及日用品企业要实现产业链的攀升，解决核心技术受制于人的局面，只有通过加大研发投入，增强研发力度，获得越来越多的自主知识产权技术才会有根本性的突破。此外，对于知识产权创造我们也不能片面追求数量增长，而是要注重质量提升，面对家电及日用品产业"高端化、智能化、生态化"的发展趋向，家电及日用品企业应有针对性地进行知识产权创造与前瞻性全球布局，形成高质量的知识产权组合，不断扩大我国家电及日用品企业在全球市场的影响力。

（2）不断提升知识产权运用水平。知识产权只有在运用中产生价值，目前我国大多数家电及日用品企业对于知识产权利用主要还是拘于自我实施的单一方式，一定程度抑制了很多知识产权价值的释放。通过知识产权运用所能给企业实现的不仅是直接的经济利益，同时还能给企业带来潜在的市场竞争优势，如通过知识产权许可可以扩展企业的横向或纵向产业链；专利标准化可以让企业参与市场规则制定，占领市场主导地位；知识产权投资可以让企业获得竞争亟须的核心专利技术等，因此，我国家电及日用品企业应根据企业整体发展战略，结合知识产权的特征，采用多元化的运营方式对知识产权进行运用，不断提升知识产权运用能力，以实现知识产权价值的最大化。

（3）积极防范商标权侵权行为。目前我国大多数家电及日用品企业对于商标还是停留在"标示商品来源"的基本功能上，缺少对于商标品牌的维护和经营，也正是意识的落后导致了家电及日用品领域商标侵犯的情况较为严重，我国家电和日用品知名商标被国外抢注的现象也屡有发生，如"海信"就在德国被抢注，"康佳"在美国被抢注，"科龙"在新加坡被抢注。基于"品牌效应"对于家电及日用品企业的意义和作用，家电及日用品企业应积极开展商标领域的维权行动，在保护企业合法权益的同时，扩大企业知名度，对企业起到间接宣传的作用。

（4）加强商业秘密的管理和维权。很多家电及日用品企业在发展过程中由于法律意识淡薄，在技术、装备乃至市场的发展方面，为节约成本，采取高薪聘请挖角手段达到快速发展的目的，非正常渠道的技术流失、扩散现象较为严重，这也成为行业发展一窝蜂现象形成的原因之一。因此，家电及日用品企业应通过制定企业保密制度，与员工签订保密协议、竞业禁止协议，在合同中约定"脱密期"等方式加强商业秘密的管理。此外，对于侵犯商业秘密的行为应进行主动追责，一方面防止企业商业秘密信息的泄露和扩散，另一方面也以儆效尤，防止此类现象再次发生。

（5）建立知识产权信息分析与预警机制。家电及日用品产业是市场化程度非常高，竞争程度非常激烈的产业，因此，在家电及日用品市场领域中，市场发展动向和竞争对手的行动和举措往往对于企业发展战略决策具有重要的影响和意义。家电及日用品企业应通过知识产权信息分析与预警机制的建立，一方面，收集来自行业、竞争对手的各方面信息，监测行业市场发展的态势，定期制定行业发展报告；另一方面，分析竞争对手专利组合和技术状态，密切关注竞争对手的发展动态，分析潜在的技术竞争风险，从而为企业知识产权战略的制定和实施提供决策依据。

总之，家电及日用品产业作为传统产业，在当前的转型调整期，知识产权对于产业发展的核心意义和作用愈加凸显。家电及日用品企业只有通过高质量的知识产权创造与布局、高水平的知识产权运用、高强度的知识产权保护、高效率的知识产权预警，才能在激烈的市场竞争中取得竞争优势，并立于不败之地。

第二节　西门子的知识产权战略[*]

互联网技术的深度发展给人们生活方式带来变革的同时，也催化了很多产业的发展和变革。中国的家电产业发展30余年，成为市场化竞争最激烈、产品更新周期短、创新程度高的产业代表。众多传统家电厂商因无法适应产业的快速发展，最终不得不选择退出市场，而西门子却凭借其知

---

[*]　本节作者为南京理工大学知识产权学院博士研究生邓雨亭。

识产权战略在时代的变革中位于不败之地。西门子成立于1847年,作为世界最大的电子电气公司,也是全球最大的物联网企业之一,其在成立初期就开始进行知识产权保护。西门子的创始人维尔纳·冯·西门子曾说过:"西门子成功的主要原因就是产品建立在自主发明之上。"创新一直以来都是西门子的生命线。同时,西门子也通过有效的知识产权战略与创新政策对其创新成果进行保护,西门子在全球拥有超过60万件专利,且大部分专利处于有效期内。

一、西门子实施知识产权战略的必要性

实施知识产权战略是西门子企业内部发展与企业外部环境压力共同作用的应然结果,是其获得核心竞争力的重要手段,是推动企业国际化战略的必然要求,同时也是适应家电产业竞争的迫切需要。

(一)实施知识产权战略是企业获得核心竞争力的重要手段

西门子在国际范围内的竞争对手众多,其目前拥有的主要产业共八大类:电力和天然气、风能与可再生能源、能源管理、建筑技术、移动设备、数字化工厂、流程工业与驱动、医疗保健(见图4.1)。八大类产业的核心技术千差万别,技术通用性不佳,西门子要在不同领域面对不同的竞争对手,制定不同的商业战略。知识产权战略作为企业竞争的核心战略,在企业竞争中起着"矛与盾"的作用。知识产权既可以作为企业在竞争中通过法律手段保护自己技术的防御措施,也能在专利战中通过有效专利给予竞争对手致命一击。

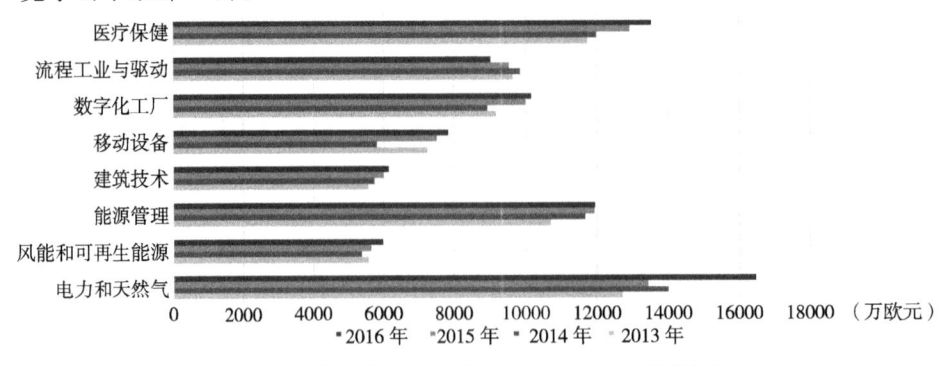

图4.1 西门子各主要产业2013~2016年营收情况

从西门子的主要竞争对手来看，通用（GE）公司与飞利浦公司存在较多的业务交叉，且飞利浦与通用公司亦是全球专利保有量最多的企业之一，西门子与飞利浦、通用公司之间的战争早已在知识产权领域打响，为了获得足够的市场竞争力，西门子公司通过研发申请大量专利进行布局势在必行（见表4.1）。

表4.1 西门子主要业务领域竞争对手

产品领域	竞争对手
能源管理	通用公司等
移动设备	通用电气； 飞利浦等
风能和可再生能源	三菱重工； 阿尔斯通公司等
医疗保健	迈瑞公司； 联影医疗； 飞利浦保健等

（二）实施知识产权战略是推动企业国际化战略的必然要求

对于西门子这样的德国企业，若想成为行业内的领导企业，势必要将产品出口到世界各国，而宏观来看世界各国的知识产权保护情况参差不齐。若出口到他国的西门子技术产品不申请专利保护，将被进口商品所在国同行业竞争对手肆意仿制，降低产品竞争力的同时，企业还会损失大量的经济利益。从专利数据上看，西门子除在德国申请大量专利外，在欧洲专利局、PCT框架下均申请了大量的专利，知识产权战略的实施充分保障其实施企业国际化战略。

（三）实施知识产权战略是适应家电产业竞争的迫切需要

家电产业的发展史与电气技术的发展息息相关，以爱迪生发明白炽灯作为家电产业的开端，到集成电路的发明将家电产业带入微电子时代，再到互联网的渗透，家电产业逐渐成为物联网的重要组成部分，技术的进步在推动着产业发展,西门子实施知识产权战略是适应家电产业日益激烈的市场竞争的迫切需要。企业的研发往往耗资巨大,若技术处于未被保护的范围,一旦被竞争对手模仿,企业的竞争优势将不复存在,同时企业也将损失大量的研发成本与管理成本。知识产权以法律为手段对企业的核心技术予以保护,兼顾社会公众利益的同时,对技术研发企业赋予存在限制的垄断性权利,使其可以在一定时间内享有对所研发技术的垄断权,企业使用、许可或以其他方式使用其知识产权可以获得一定的物质收益,对知识产权研发企业进行保护。西门子在创立之初就意识到,若想在家电市场竞争中脱颖而出,势必要进行企业知识产权战略的构建。

二、西门子知识产权战略分析

西门子的知识产权战略主要由知识产权创新战略、知识产权管理战略、知识产权运营战略以及知识产权人才战略四个部分构成。

(一)知识产权创新战略

1. 研发资金来源改革

早在30年前,西门子研发经费来源多为中央研究院,业务部门与政府部门补助共占出资研发经费的30%。20世纪90年代,西门子公司进行研发经费改革,规定50%的研发经费由公司各业务部门进行支出。这使得公司的研发机构更加重视所研发产品以及研发技术的实用性,以便获得公司业务部门的青睐,从而得到足够的研发资金。此举也加强了研发部门与业务部门的共同协作能力,使先进技术更加切合市场,使业务部门在竞争中获得足够的市场竞争力。

2. 中央研究院与业务部门的协作研发制度

西门子中央研究院与业务部门积极协作推进研发,业务部门通过对产品和顾客需求的分析,通过"产品多代规划(MGPP)"对核心产品未来所需技术进行规划。中央研究院的研发眼光更加长远,西门子著名的未来图景分析法帮助中央研究院及时规划研发方向。未来图景分析法是指追踪未来发展趋势、确定趋势引领技术的重要工具,它根据现在来预判未来的产品、技术和客户需求，并设想未来的新市场、新技术、新业务等方面情景，再回溯到现在。这种方法将商业前景与科研前景进行交叉分析，在形式结构上构成闭环回路，通过预测能够有效地对现有科研方向进行指导。在研发开始前，西门子中央研究院将与各业务部门进行沟通，多次修改研发路径，使研发技术的使用价值最大化（见图4.2）。

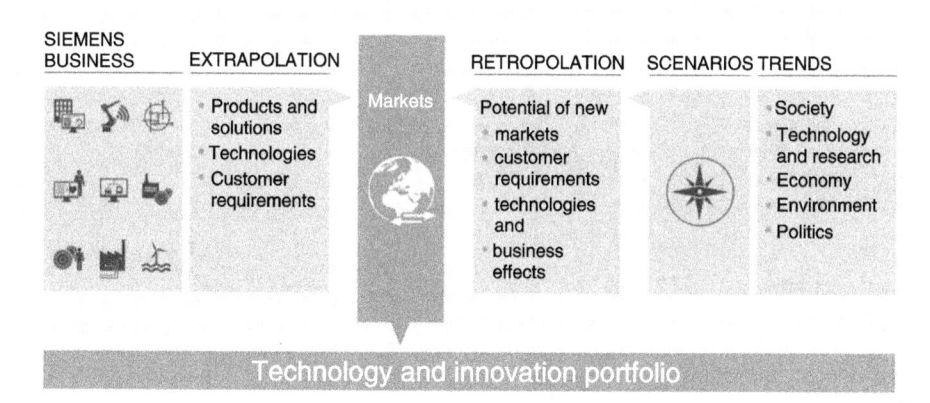

图 4.2 西门子通过"未来图景法"对技术进行预测
（图片来源：西门子官网）

3．技术孵化器机制

西门子相信技术创新是企业前进的动力，创意带来创新，但有创意的人往往不能将其创意商业化。故西门子在20世纪90年代便启用"技术孵化器"机制，旨在将合适的创意用于技术研发。同时，技术创意入围的技术人员还可以获得丰厚的酬金，且获奖技术创意的所有者也将成为自己创意项目的主持人。1996年，西门子启动"技术孵化器"，来自德国、美国等140位员工向中央研究院提交245份技术创意书，这些创意书被中央研究院的18位裁判评判，每位裁判的评审项目不超过15项，裁判期间与创意提出者进行细致沟通，充分了解其技术创意目的。评审后，裁判团将20件优秀的研发创意刊登在企业的研发管理报刊上，同时将另外22件创意以书面形式提交到西门子中央研究院。最终，经过中央研究院的评审，6项技术创意获得西门子"创意种子基金"，其余另有112项创意说明书被转交到其他业务部进行进一步的研发与实施（见图4.3）。❶

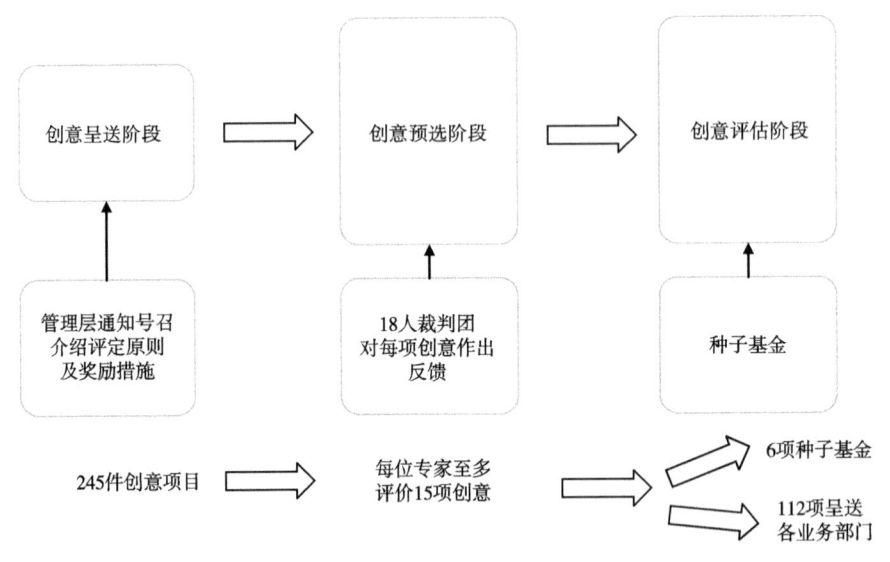

```
┌──────────┐      ┌──────────┐      ┌──────────┐
│ 创意呈送  │ ──→  │ 创意预选  │ ──→  │ 创意评估  │
│  阶段    │      │  阶段    │      │  阶段    │
└──────────┘      └──────────┘      └──────────┘
     ↑                 ↑                 ↑
┌──────────┐      ┌──────────┐      ┌──────────┐
│管理层通知 │      │18人裁判团 │      │          │
│号召介绍评 │      │对每项创意 │      │ 种子基金  │
│定原则及奖 │      │作出反馈   │      │          │
│励措施    │      │          │      │          │
└──────────┘      └──────────┘      └──────────┘

                                    → 6项种子基金
245件创意项目 → 每位专家至多评价15项创意 →
                                    → 112项呈送各业务部门
```

图 4.3 西门子"技术孵化器"机制示意

西门子的"技术孵化器"机制并非心血来潮，其对于研发的作用影响至今，截至2005年，6项种子基金的研发项目已有4项投入生产之中。而"技术孵化器"机制之所以能够影响西门子，有其内在原因：（1）主管领导直接对接。在"技术孵化器"机制中，西门子管理层直接强调了创新以及"技术孵化器"机制的重要性，号召所辖各业务部门及研发部门成员积极参加，并直接由管理层下达通知，公司的重视将持续该机制评选、奖励等全部过程。管理层的重视直接影响了所辖各部门员工的积极性。（2）呈送方式灵活。"技术孵化器"机制的呈送方式并不固定，员工可以将技术创意通过电子邮件、企业内部网络或纸质材料递交。但这并不意味着企业

---

❶ 梁欣如，许庆瑞. 创新进化机制剖析——以西门子为例[J]. 中国软科学，2004（10）：92-97.

对技术创意的消极对待，西门子对呈送的技术创意均作了详尽的指导方针，包括市场信息与竞争策略方针等。（3）评价体系透明。"技术孵化器"的评价体系在其启动之初就向全公司公开，使得员工在申请之初就清楚各评价指标的权重。在创意呈送之后，专业的评估裁判还会就各个创意的经济条件、市场条件作出评价，对呈送人的创意计划书给予反馈评价。专业裁判的不遗余力也间接激发了创意呈送人的研发热情。

（二）知识产权管理战略

西门子拥有集中共享的知识产权管理模式，体现在公司集中管理所有部门的发明创造，且内部各部门可在相应业务范围内免费实施、运用公司的专利。相比较而言，公司总部的研发多偏向于基础性、共性发明创造，其他各部门的研发则带有各领域的专业特点，同一项发明创造很有可能在多部门或者事业部进行使用。通过集中共享式管理，可以更方便快捷地运用、协调各部门的知识产权，提高企业的研发、运营效率。

作为全球专利保有量最大的企业之一，西门子拥有一套完备细致的知识产权管理策略（见图4.4）。

图 4.4 西门子知识产权管理战略示意

1. 优化专利申请

西门子公司内部每年会组织4次专利评估会议，评委会成员将在会议上对员工拟申请的专利进行评估，选出具有商业价值的创意或发明去申请专利，在申请阶段着力节约企业运营成本。在专利维护阶段，西门子坚持以动态模式对知识产权进行评估，将价值较低的专利淘汰。每年大约220名知识产权专家与各业务部门进行合作，重新评估西门子的有效专利，并着重检查有效期超过5年的专利，剔除不需要的专利，以确保保留的专利维护成本低于其给企业带来的收益，减少企业在知识产权维护方面的成本。

2. 积极制定标准化规则

西门子虽然是一个销售和制造网点遍布世界190多个国家和地区的巨型跨国企业，但其标准信息网络十分畅通和快捷。在西门子内部有一个计算机标准信息系统，又称NORIS，在NORIS的中央数据库中存有国际、地区和有关国家标准近35万个，其中西门子公司企业标准即SN标准按产品和专业分别进行了汇编。❶西门子将标准化和法规部门设立在知识产权的运营和管理部门中，共计20余位国际专家参与西门子的标准化建设，使西门子在产品的研发阶段就积极响应国际化标准规则的内容。

3. 专利组合实现专利价值最大化

世界范围内，大部分的科技型企业的知识产权管理基本都是围绕专利策略展开，专利在给专利权人带来相应利益（垄断权）时，也会产生一些专利运营中的问题，比如专利侵权问题，甚至权利被宣告无效等。一旦大量出现这种情况，专利权人将损失重大。通过对专利的申请及实施进行计划，将更有利于公司的运营发展。从本质上来看，专利提供市场力量的程度主要依赖三个要素：专利长度、专利宽度和专利高度。为了达到平衡，专利机制期望通过一系列的制度协调使这三个要素达到最优，以使专利系统在鼓励创新和企业垄断之间找到一个平衡点。专利长度，即专利的有效期。知识产权具有时间性，企业的专利保护并非一劳永逸，否则会造成权

---

❶ 京日.德国西门子公司的标准信息管理[J].福建质量信息，1999（3）：23.

利人对技术的长期垄断，限制市场竞争，对社会公众利益造成较大的损害。专利宽度，即专利权利要求中确认的保护范围。一般来说，专利的保护范围由专利文书中的权利要求书所记载。其保护范围体现了专利技术与其他技术或现有技术的差别。专利高度，即专利的创新性。如果专利高度较低，相当于其创新性很低，这种专利对社会或权利人的利益贡献不大，如果降低对专利高度的要求，甚至可能造成一定程度上的专利权泛滥。当专利的三要素在一定程度上排列组合达到最优时，专利对企业的价值就会得到最好的体现。❶

Wagner提出专利组合理论，强调以单个专利为主导的时代已经过去，在新的市场中专利组合的价值将远远大于单个专利价值的数量和，目前各国家或地区不断扩张的专利申请活动正是企业普遍实施专利组合战略的结果。❷专利组合主要有两点竞争优势：一是与专利组合的规模性特征有关，即专利组合中的技术相互关联，形成一个保护范围更大的"超级专利"；二是与专利组合的多样性特征有关，创新不确定性所带来的风险可以由专利组合内部单个专利的差异带来的多样性化解，即专利组合拥有"不确定性保险能力"。从经济学角度来看，虽然通过专利组合策略加大了企业在研发阶段的成本，但是从市场的反馈来看，其边际收益也明显增加。

围绕关键专利进行专利布局，保护特殊的技术信息，形成完善的技术壁垒，使得企业在技术战、专利战中更能发挥优势，并且能为企业带来巨大收益。西门子在21世纪初主打"绿色"家电并对该领域专利进行布局，截至2014年西门子在"绿色"专利领域有1.8万余项专利，以"绿色"专利为核心的业务在2010年收益达到约280亿欧元，为西门子贡献了近1/3的销售额。

4. 知识产权电子化管理

在美国Teleos等机构共同举办的六届"最受赞赏的知识型企业"调查

---

❶ 刘林青，谭力文，赵浩兴.专利丛林、专利组合和专利联盟——从专利战略到专利群战略[J].研究与发展管理，2006（4）：83-89.

❷ Parchomovsky G, Wagner R P. Patent Portfolios[J]. University of Pennsylvania Law Review, 2005（1）：1-77.

活动中，西门子连续6年排名位于前20名。近年来，西门子将公司内部逐步推行的知识电子化管理推广到已经实施的项目，使项目管理网络化，这也大大地提高了企业的运营效率，且会为企业和客户创造更大的利益。在知识管理实践中，西门子还指出一条成功通往知识管理的道路——以业务目标为导向，依据一定的业务战略，实施知识产权管理。这种知识产权管理战略强调了一种融合型思想，即企业应将业务目标、知识产权战略以及知识管理实施过程有机融合，知识产权管理应"从企业战略、业务目标中来，并到企业战略、业务目标中去"。[1]

为了创造更多的客户价值、改善业务运营，西门子采用新的知识产权协作和管理方法，来创造全球化的知识网络，不仅将业务"边界"延伸，还增加智能化功能。同时西门子的目标也十分明确：通过对知识流与知识库的加速整合，缩短产品生产周期，以尽早获得市场机遇或危机的信号；通过开展实践社区项目，来管理企业核心竞争力并加速知识产权创新，降低协作研发成本；通过建立企业虚拟社区改善客户忠诚度；通过组织知识讲堂、"Brownbag Lunches"等方式，以加速创新实践成果在组织中的传播。

西门子将知识产权管理网络化，建立了ShareNet（共享平台）进行企业内部的知识产权信息交流分享，通过网络将全球46万名员工的知识集合起来，扬长避短，增加各子公司的知识产权创新能力。可想而知，让员工改变原有的传统理念，自发将自己的知识或创意分享到"共享平台"上并非易事，西门子采用"恩威并施"的方式鼓励员工使用"共享平台"，例如只要经理人运用"共享平台"解决一些问题，分享这项知识的员工就可以得到一定的分红，且如果分享人提供的知识专业有效，员工甚至可以将知识转化为股份。后来，这个奖励系统演变成为一个"在线商店"。在该商店，股份可以通过交易置换成其他的产品，例如知识产权专业文献和西门子电脑等。这项机制为西门子也带来巨大收益，"共享平台"自1999年推行以来，虽然只在西门子信息通信事业部进行试运行，但是成效十分显

---

[1] 石书德.西门子的知识产权管理[J].企业管理，2012（10）：50-51.

著。"共享平台"的运作成本只有780万美元,但它却为西门子增加近1.22亿美元的营利收入。❶同时其也为西门子提供了全球本土解决方案,协调全世界的员工资源。例如,马来西亚电讯公司拟架设试验性宽频网络,但西门子在马来西亚的人员在专业性上不足以应付当地的情况,通过"共享平台",他们发现丹麦的一个团队曾经处理过一模一样的案子,马来西亚团队因而取得工程承揽权。

(三)知识产权运营战略

专利运营是西门子知识产权运营的重要环节。西门子坚信专利是保护企业核心竞争力的关键所在。若产品投入市场之后,没有高水平的专利运营手段与专利保护水平,企业的技术优势将荡然无存。西门子目前在全球范围内共有超过400名专职知识产权运营人员直接参与管理全球专利运营。❷西门子认为尽管其关键专利统计数据在世界范围内处于领先范围,但这并不意味着企业的成功取决于专利申请数量,而是取决于企业在对市场进行分析之后对其不同市场、不同技术领域的专利进行战略组合,并且有针对性、持续地进行科学专利运营。西门子的知识产权运营战略主要包括:制定知识产权运营报告、专利运营产学研相结合以及结合地区差异进行知识产权布局。

1. 知识产权运营环境报告,加强企业专利运营可行性研究

西门子在每年的年度报告中都会对企业的知识产权运营环境进行分析。知识产权运营报告从两个方面进行阐述:首先,西门子从创新环境、市场环境与法律环境等方面对当前的世界知识产权运营环境进行分析。在该知识产权运营报告中,西门子的调查团队对市场环境作了较完善的说明,将知识产权运营市场分为欧非以及中东区、美洲区、亚洲澳洲区三大区域,分别对过去一年三大区域的知识产权运营状况从市场竞争状况、专利研发情况、专利运营风险进行阐述。其次,西门子对其电力和天然气、

---

❶ 张昊天. 西门子公司的知识管理[J]. 企业改革与管理, 2013 (8): 66-68.
❷ 佚名. 知识产权日的意义[EB/OL]. http://www.pincai.com/article/729207.htm, 2016-07-08.

风能和可再生能源、能源管理、建筑技术、移动设备、数字化工厂、流程工业与驱动、医疗保健主营八大产业分类别进行分析，总结各产业知识产权的年研发状况、知识产权年收益等运营状况，并提出各产业知识产权运营方面的未来预期。西门子通过知识产权运营分析报告，为未来各主要地区知识产权运营提供良好的背景信息支持。

2. 产学研相结合，打造市场引领型知识产权运营方式

产学研相结合是指企业在研发、运营知识产权的过程中与高校等科研机构进行合作，打造或收购符合市场需求的高质量知识产权的知识产权运营方式。截至2007年，西门子与五大洲共计600多所高校开展了产学研相关项目。以中国为例，西门子已经与清华大学、上海交通大学、湖南大学等50余所高校及研究机构达成产学研合作协议，相关研发成果多以专利的形式被西门子采用或购买，投入到实际的生产当中。西门子的产学研结合专利运营模式，在推动企业创新方面意义重大，企业的事业部往往掌握着行业最新动态，而科研机构通常掌握着尖端的技术，产学研相结合将市场风向与领先技术有机结合，有助于企业进行更高效的经营（见图4.5）。

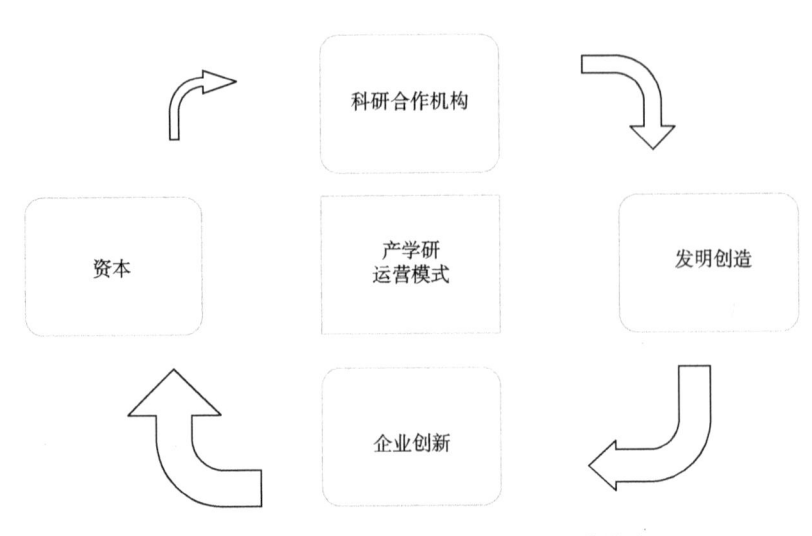

图 4.5 西门子产学研相结合知识产权运营模式

3. 结合地区差异进行知识产权布局

西门子在不同国家地区的知识产权布局并未完全一致。以专利权为例，西门子在德国、美国与中国的专利布局存在较大差异，H01H（电开关；继电器；选择器）领域的专利在德布局甚多，这是由于德国存在施耐德等大型电开关企业；相比而言，G06F（电数字数据处理）领域在美国布局甚广，而在德国申请的专利并不多，这是由于G06F领域的专利为计算机领域技术，美国通用公司、IBM公司均为西门子公司的主要竞争对手，西门子势必要在该领域加强布局；西门子在中国专利布局最多的是A61B（诊断；外科；鉴定）医疗领域技术，这是由于西门子认为中国政府正在积极进行医疗改革，将全民健康提高到国家战略高度，市场前景巨大。中国市场是西门子医疗的全球第二大市场，获得市场竞争力的必要手段就是在该领域申请大量专利，为此西门子还提出"健康中国2030"计划，将中国市场视为医疗产业的商业主战场之一。结合地区的市场及政策状况进行知识产权布局，在节约企业成本的同时，实现企业现有技术的价值最大化。

（四）知识产权人才战略

1. 人才培养战略

西门子深知创新的基础是人才，截至2016年，西门子全球范围内的研发人员为3.3万人，占公司总工作人数的近10%。西门子在甄选创新人员时也并非"唯专业论"，其在聘请研发人员时除了考虑其是否拥有扎实的专业知识外，还对其个人品质或特质"是否有好奇心""是否有其他兴趣爱好"等方面进行考量。❶西门子也为进入公司的研发人员提供二级培养体系，即新员工培训、在职培训等。西门子在全球拥有60余个创新培训场所，新研发人员在正式入职之前会接受公司组织的员工入职培训，使其可以尽快适应企业的研发环境。这使得不论是研发水平较高的科研人员还是受教育程度较低的一般工人，均可以在签订工作后，尽可能快地投入到研

---

❶ 翟青. 世界一流企业的创新模式研究——德国西门子集团的科技创新体系[J]. 科技管理研究，2009（8）：468-471.

发和生产之中。西门子相信,社会在革新,企业若想不被迅速变化的世界所淘汰,技术与知识的更新换代,企业的创新成长,人是最根本的动力,故西门子十分注重对在职员工的培训与进修,西门子每年用于员工培训预算的60%都是针对在职员工的培训。

2. 人才激励战略

西门子对创新人才的激励主要体现在四个方面:兴趣激励、发展激励、物质激励与文化激励。兴趣方面,西门子鼓励员工参与一些具有挑战性的工作。同时这些工作也要满足符合员工兴趣的要求。西门子强调在工作过程中,以工作本身来激励员工。发展激励是指西门子企业内部具有良好的上升渠道与学习机会。西门子每年为每位员工进行一次职业发展评价,个人职业规划与创新能力均对评价有影响。西门子还为企业员工提供大量的学习机会,无论是在西门子管理学院还是在各所与西门子有合作的高校,员工均可以学习到与其发展预期相符的知识。物质激励是指西门子对优秀的创新人才提供高工资高福利的物质奖励。每年西门子的管理系统都会对员工的"个人目标承诺"进行审批,目标往往与个人的工资绩效有联系,目标完成不仅提高了公司的运作效率,也为个人赢得了物质上的奖励。西门子自创始以来就以创新为根本,公司的文化激励对企业的发展产生一种无形的影响,这种影响是自下而上的,从一线员工到公司领导层,各级员工都对创新有着不同程度的认识。企业文化是企业创新过程中软实力的体现。

三、西门子知识产权战略实施中的风险

一般来说,企业知识产权风险分为固有风险与偶发风险,固有风险是指企业在运营过程中无法避免的知识产权分析,偶发风险是指企业通过一系列的方式能够降低或规避的知识产权风险。由于知识产权固有风险与偶发风险的存在,尽管西门子拥有世界领先的知识产权管理水平,但其在经营过程中不可避免地会遇到多种知识产权风险(见图4.6)。

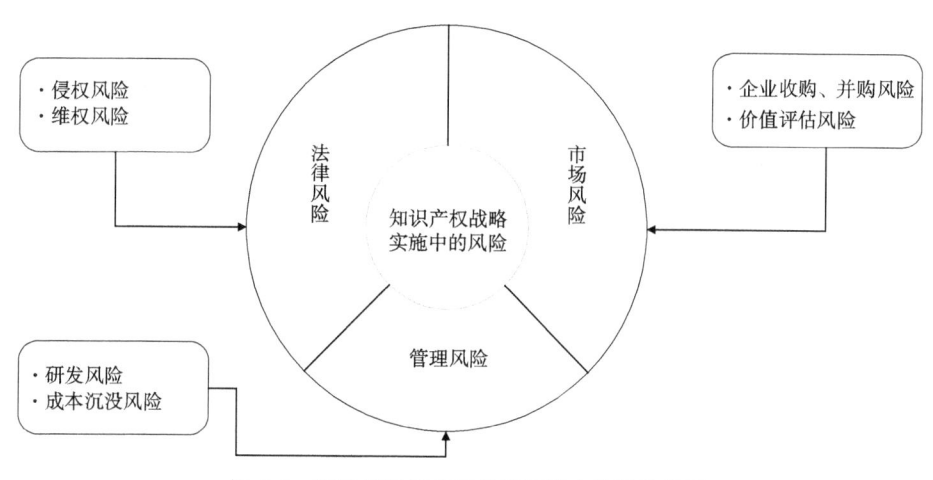

图 4.6　西门子知识产权战略实施中的风险分析

（一）西门子知识产权战略实施中的法律风险

1. 被控侵犯知识产权风险

西门子在技术研发时进行大量的知识产权相关检索与分析工作，但是由于知识产权地域性的特性，西门子在德国申请的专利权与在其他国家已经存在的专利权，在技术特征上存在相似性风险，从而导致西门子在本国或其他国家面临专利侵权风险。另外，由于目前部分欧美国家"专利蟑螂"的存在，西门子不可避免会被卷入到相关专利侵权诉讼中。尽管西门子在知识产权诉讼能力上不占劣势，但专利案件的相关费用与时间成本也将耗费企业大量的人力财力，造成不必要的损失。

2. 知识产权保护水平地区差异性导致知识产权维权风险

由于全球经济发展水平差异较大，知识产权保护的强度也存在较大的差异。西门子的业务范围覆盖全球五大洲，不同地区的知识产权保护水平差异性也使得西门子在不同国家或地区面临的知识产权侵权救济行为存在差异。在知识产权保护能力相对较弱的国家，本土企业往往通过模仿迅速提升企业的技术水平，而部分国家受限于本国经济发展，往往在知识产权立法与执法上，对本土侵权企业采取放任的态度。西门子在知识产权保护水平较弱的国家将面临知识产权被侵权风险,在相关国家,西门子应尽量避免尖端技术产品的投放,以免以"知识产权溢出"的形式造成核心技术流失。

(二)西门子知识产权战略实施中的管理风险

1. 企业收购、并购风险

企业收购、并购是快速获取知识产权的重要途径,但由于信息的不对称性,收购、并购为企业带来较大的知识产权风险。近年来,西门子加速企业并购进程,先后收购能源领域巨型企业德莱赛兰与风电领域企业歌美飒,其中仅收购德莱赛兰一案,西门子就斥78亿美元巨资,体现出西门子向能源领域与风电领域业务转型的信心。西门子通过并购业务,快速获得了相关企业知识产权的同时,相关的知识产权风险也随之而来,主要包括收购、并购企业知识产权的侵权风险、专利时效性风险与专利价值风险等。企业的收购、并购应建立在理想的信息对称基础上,也有助于降低西门子在运营新获得知识产权时的相关成本。

2. 价值评估风险

企业获取知识产权一般有两种渠道:一是通过自行研发获取知识产权;二是通过授权等方式从其他企业或研发机构获得知识产权。企业在以第二种形式获取知识产权时,伴随而来的是知识产权价值评估风险。知识产权的价值评估需要研发部门的技术支持与业务部门的市场信息整合后得到评估结论。尽管西门子的中央研究院与各研究部门拥有强大的研发实力,但在与业务部门进行交接时,由于信息的多样性,难免会造成技术与市场不融合或产品市场期望过高的评估事故,导致知识产权价值高估等风险。

(三)西门子知识产权战略实施中的市场风险

1. 市场研发风险

西门子的"未来图景法"可以对技术市场进行预测,但市场的变化势必会带来知识产权研发风险。这主要表现为三个方面:技术领先风险、市场领先风险与组织管理风险。[1]其中西门子主要面临的就是技术领先风险，主要表现为专利密集型产业中企业保持先进技术的风险、缩短研发周期的风险等。一般来说，研发的不确定程度较高，创新型企业往往可以在一段时间内保持较高的技术优势，困难的是在企业发展过程中一直保持较高的技术领先优势。西门子的竞争对手众多，且多为创新型企业，一旦西门子在研发环节出现问题，将导致企业迅速失去竞争优势。缩短研发周期风险是指在创新过程中，企业若想抢占市场先机、获得足够的竞争优势，缩短研发周期是有效途径。然而对于创新产品而言，研发阶段是最为耗时的环节，一旦创新产品达不到行业标准或得不到良好的市场满意度，企业将失去预期的市场先机。

2. 成本沉没风险

知识产权成本沉没风险是指企业研发人员的知识产权创造与企业的价值创造不匹配或研发落入竞争对手的权利陷阱中。知识产权创造与企业的价值创造不匹配是指新研发的知识产权对企业的技术发展战略并无较大贡献，并且企业为研发也将耗费大量的前期投资。西门子的业务范围较广，研发部门无法规定每一项研究的研发方向，在研发过程中，有可能造成研发路径偏转。研发落入竞争对手的权利陷阱是指创新者研发的知识产权落入在先知识产权权利人的权利要求范围内，导致企业的研发无法实施，研发投入化为泡影。对于西门子来说，近年来其将原有四大业务领域扩张为七大业务领域。对于新业务领域来说，作为产业的新进入者，西门子面临在后创新风险，若研发过程中没有掌握足够的信息，往往会落入竞争对手的陷阱，阻碍企业技术发展的同时也会丧失大量的研发投入，造成知识产权成本沉没。

四、启示与建议

西门子作为创新型企业，其发展的成功与知识产权战略实施和运用存

---

[1] 李金生，于燕. 基于研发风险的创新型企业柔性组织模型研究[J]. 科技进步与对策，2014（1）：97-102.

在密切关联,但基于西门子所独有的资源禀赋以及发展机遇、环境,并非所有西门子的知识产权战略内容都值得其他创新性企业复制和学习。我国创新型企业应结合自身发展实际情况,以西门子知识产权战略为参考,建构适合企业特点的知识产权战略。

（一）探索独有的知识产权预测分析路径

科技产品是科技创新型企业的主要盈利产品,而选准关键的技术领域对企业未来发展起着至关重要的作用,如果企业在技术未成熟前就率先预测完善的技术趋势,则能够使企业在未来的竞争中取得较大优势。同时若该科技领域的预测结果不甚理想,企业可减缓该科技领域的技术研发投资,降低企业的研发成本,增加企业的边际收益。西门子中央研究院的未来图景分析法与业务部门的产品多代规划方法,将企业产品及核心技术的未来发展方向进行预测,在顺应市场变化的同时,提高研发效率,缩短研发周期。

（二）积极开展"创新创意"收集活动

西门子知识产权战略中较为有特色的活动便是其"技术孵化器"机制。通过企业管理层直接下达通知,号召各研发部门及业务部门积极参与"创新创意"收集活动,同时在创意入选后可获得一定的物质奖励,调动企业的研发积极性。国内企业长期以来多为研发部门进行技术路线规划,思维闭塞是此类研发方式的最大阻碍。通过企业内部的创意收集可以发散研发部门的视野,也可以使优秀的创意变为企业的部分核心技术。让更多的企业员工参与到创新和研发之中,企业的技术来源更加多元,也易于贯彻"创新"发展理念。

（三）提高出口产品自主知识产权比重

西门子自成立以来在全球范围内共申请超过60万件专利,申请国遍布五大洲,这也为其实施知识产权战略奠定了坚实的基础。我国发明专利申请量已连续5年位居世界之首,2015年我国发明专利年申请量达到100万件,然而在PCT框架下的专利却不足3万件。相比于西门子60%的国际专利比例,我国企业在实施国际化的过程中,境外自主知识产权的比例过低。

适当提高出口产品知识产权比重对我国创新型企业有两点优势：首先，境外自主知识产权比重的升高，有助于增加我国创新型企业在国际知识产权运营合作时的筹码。知识产权交叉许可、知识产权联盟等多种运营方式建立在企业拥有良好的知识产权基础上。其次，提高出口产品自主知识产权比重，为竞争对手设置更多知识产权障碍。我国创新型企业在参与国际竞争过程中，知识产权是有力武器，良好的知识产权境外储备将对竞争对手的知识产权侵权造成限制，同时也可以提高我国创新型企业的诉讼信心。

（四）合理的知识产权布局

西门子科技引领型产品的售价在低价市场上并无强大的竞争力。其之所以能在家电市场占据领导地位，是因为其科学合理的知识产权布局为西门子带来核心竞争力。西门子的知识产权布局特点可以归纳为四个方面：（1）知识产权保有量。科学合理的知识产权布局的基础在于企业拥有足够的知识产权储备量，西门子在全球范围内超过60万件专利是其知识产权战略的有力保障。我国企业进行知识产权布局的基础目标是在技术领域内围绕核心技术大量申请专利，形成专利技术屏障，限制竞争对手的研发。（2）注重优化知识产权组合。知识产权组合的价值优于单一知识产权的价值，通过知识产权组合可以形成完整的核心技术领域，不仅在知识产权诉讼时占据优势，也可以在许可授权时获得良好的收益。同时由于专利组合的价值较高，也增加了企业在进行交叉许可谈判中的筹码。（3）知识产权布局国别分析。西门子作为全球化企业，在不同国家的知识产权的申请领域存在较大的区别。我国企业在进行"走出去"知识产权战略规划时，应分析不同国家的知识产权保护环境或技术领域发展情况，酌情对不同国家的知识产权进行有区别的布局。（4）标准化专利的积极推进。西门子积极推进标准化建设使得其知识产权收益大幅提高。我国企业在全球化进程中，应加大力度对技术领域内的标准技术进行研发，做技术领域的领导者而非跟随者，不仅可以加强我国自主知识产权创新程度，又可以为企业带来巨大收益。

第三节　宝洁专利布局分析 *

日用消费品属于快速消费品的重要组成部分。快速消费品主要是指那些与大众的生活息息相关、高频率消费、拥有广泛的消费群体、对商品购买的便利性要求比较高的产品。❶快速消费品具有周转速度快、单位价值低、便利性要求较高、消费频率高等特点。与之相对应的，快速消费品行业具有高时效、门槛低、销售规模大、发展速度快等特点。日用品行业存在企业不断增多，产品同质化严重，竞争异常激烈的状况。作为快消品产业中知名企业的宝洁公司，始创于1837年，总部位于美国俄亥俄州辛辛那提，在全球80多个国家和地区设有工厂或分公司，拥有12.7万名员工，所经营的300多个品牌的产品畅销160多个国家和地区，其中包括美容美发、居家护理、家庭健康用品、健康护理、食品及饮料等。宝洁公司从公司发展之初就非常重视专利布局，一方面通过自主研发、合作创新等多种方式夯实专利布局的储备和基础，另一方面运用包括联系与发展、市场导向等布局策略进行前瞻式的专利布局。宝洁公司的专利布局不仅让其适应日用品行业竞争生态，而且可为我国相关企业的发展提供学习范式。本节通过梳理宝洁公司专利布局状况，分析其专利布局策略，最终提出宝洁公司专利布局的启示和建议。

一、宝洁专利总体概况

截至2017年3月15日，宝洁公司在全球共计申请了约20万件专利。在这些专利申请中，以发明申请或授权为主。以美国和中国为例，宝洁在美国的专利申请中发明专利占66.6%，而在中国这一比例也高达65.5%。宝洁专利申请以发明为主的特点说明其创新能力较强，申请保护的都是创新较高的技术。由于专利申请与公开存在一定的时间差，所以本次分析不参考2014年之后的数据。

---

* 本节作者为南京理工大学知识产权学院硕士研究生王树磊。
❶ 丁丽敏. 体验营销在快速消费品行业中的运用[J]. 农业与技术，2008（3）：111-113.

（一）专利申请趋势分析

宝洁公司在1998年的专利申请量超过1万件，但之后便经历了一个6年的衰退期。1998～2004年，宝洁公司的专利申请量总体呈大幅下滑的趋势。通过查阅相关资料得知，宝洁公司通过PCT方式进入中国等国家申请专利，导致1998年的专利申请量爆增。虽然在1998年之后经历衰退期，但是每年的申请量也都高达5 000件，仍是一个很高的数字，足见宝洁对于其技术专利化的重视。

经历了申请量的递减期，宝洁公司的专利申请2004～2014年保持稳定。这一阶段宝洁公司的专利申请量，每年3 000～4 000件，表明宝洁公司在这10年间的技术研发较为稳定。

（二）地域分析

宝洁公司专利申请量排名靠前的国家或地区分别是美国、欧洲专利局（EPO）、加拿大、中国、澳大利亚，申请量分别为20 059件、19 891件、14 167件、11 680件、10 496件。宝洁公司在排名靠前的这几个国家和地区的申请量都超过1万件，其中美国更是高达2万件。经过调查发现，美国、欧洲、加拿大等国家和地区都是宝洁公司的主要市场。由此可知，宝洁公司的专利申请与其市场需求紧密相连（见图4.7）。

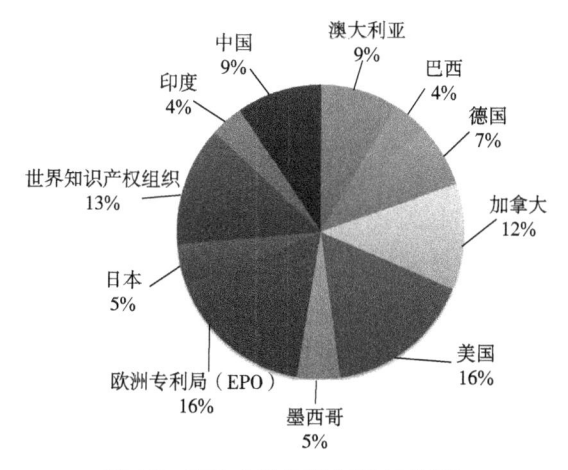

图 4.7　宝洁全球专利申请地域情况

二、宝洁在主要产品领域的专利布局

宝洁公司在美容美发、居家护理、家庭健康用品、健康护理、食品及饮料等十大品类共拥有65个领先品牌,其中价值10亿美元以上的有25个。❶ 在众多的品牌商品中,挑选宝洁公司的明星领域即日化用品、医用品和处于次要地位的食品领域进行分析,可以学习其在这些领域的专利布局方法和策略,分析其边缘产品则可以从最薄弱处看宝洁公司的整体布局战略(见表4.2)。

表4.2 宝洁公司商标列表

商品类别	品牌
洗护发	飘柔、潘婷、海飞丝、伊卡璐、沙宣
个人清洁用品	舒肤佳、玉兰油、卡玫尔
口腔护理	佳洁士、欧乐B
婴儿护理	帮宝适
织物护理	汰渍、碧浪、兰诺
妇女卫生用品	护舒宝、朵朵
护肤系列	玉兰油
男士护肤	吉列
零食	品客
电池	金霸王

根据图4.8、表4.3可以发现,宝洁在洗涤剂、医用品两个领域的专利申请最多。其中C11D这一技术领域的专利申请更是占到总量的25%,可见宝洁对日化洗涤这一领域专利申请及布局的重视。

---

❶ 宝洁全球官网[EB/OL]. http://www.pg.com.cn/Company/Global.aspx, 2017-03-10.

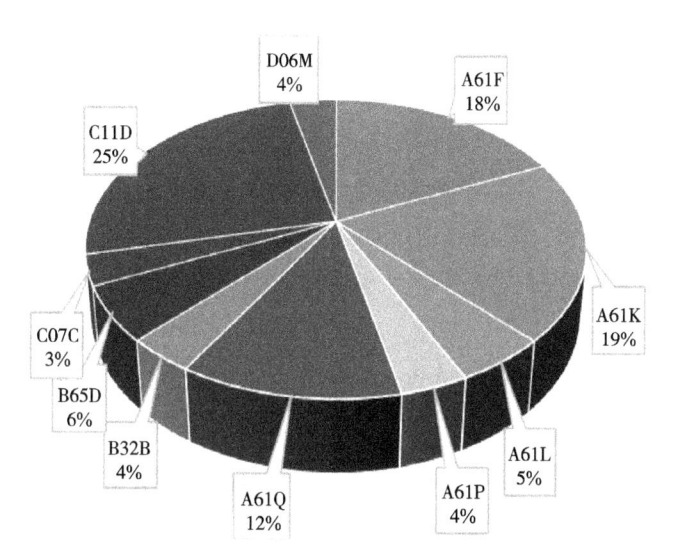

图 4.8 宝洁专利申请 IPC 分类

表4.3 宝洁主要技术领域专利申请

IPC号	技术领域	专利数量（件）
C11D	洗涤剂组合物；用单一物质作为洗涤剂；皂或制皂；树脂皂；甘油的回收	47 604
A61K	医用、牙科用或梳妆用的配制品	37 206
A61F	可植入血管内的滤器；假体；为人体管状结构提供开口、或防止其塌陷的装置；整形外科、护理或避孕装置；热敷；眼或耳的治疗或保护；绷带、敷料或吸收垫；急救箱	34 494
A61Q	化妆品或类似梳妆用配制品的特定用途	22 932
B65D	用于物件或物料贮存或运输的容器；所用的附件、封口或配件；包装元件；包装件	11 112
A61L	材料或消毒的一般方法或装置；空气的灭菌、消毒或除臭；绷带、敷料、吸收垫或外科用品的化学方面；绷带、敷料、吸收垫或外科用品的材料	9 648

（一）日化品领域的专利布局

日化品是人们日常生活中使用的具有清洁、美化、清新、抑菌杀菌、保湿保鲜等功能的精细化学品，按照用途可划分为洗漱用品、家具用品、

炊事用品、装饰用品、化妆用品、床上用品等。❶

1. 日化领域的主要技术

宝洁公司在日化领域具有强大的技术优势，其在该领域的专利申请布局主要涉及两类技术：C11D和A61Q。第一类主要是洗涤剂，现代洗涤剂的组成有表面活性剂、助剂、助洗剂。表面活性剂用来洗涤去除污垢，助剂用来改善和增加表面活性剂的洗涤效能，助洗剂用于改善和提高表面活性剂的洗涤质量。

2. 宝洁在C11D领域的专利布局

（1）宝洁在C11D领域专利申请的总体情况。宝洁公司在C11D领域共计申请了4.7万余件专利，其中欧洲专利局（EPO）6 612件，美国4 558件，加拿大4 130件，澳大利亚2 544件。

根据图4.9可见，宝洁公司在C11D技术领域的专利申请，1998～2003年呈现下降趋势，2004～2014年保持稳定。C11D这一领域的专利申请与宝洁在所有专利申请上的趋势是一致的，表明宝洁在C11D领域的专利申请策略是与总体策略一致的，即在1998年之后的5年里通过PCT方式在新兴市场大量申请。

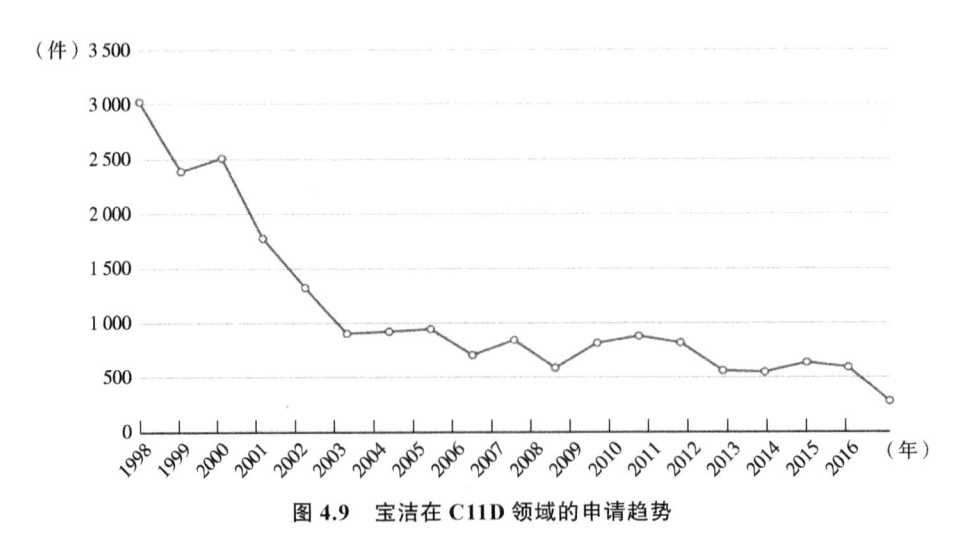

图4.9 宝洁在C11D领域的申请趋势

---

❶ 李军. 日用化学品成分复杂使用应有度[J]. 绿色中国，2015（16）：69-72.

宝洁在4.7万余件C11D专利中，共计发生过2 810件转让，占总数的6%。在转让的地域方面，美国共计有2 784件，中国有26件。美国的专利转让人大多是个体发明人或企业，且转让数量众多，表明美国在C11D技术领域的技术研发较为活跃。中国的专利转让人一般是宝洁的子公司或其他企业，表明中国在C11D技术领域的研发活跃度较低，产生的成果也较少。宝洁公司在4.7万余件专利中仅有6起许可，远低于转让的数目。可见，宝洁公司更愿意通过受让C11D相关的技术来增强自己在这一领域的竞争优势，而不愿意将自己的技术许可给他人。

（2）宝洁在C11D细分领域的专利申请。宝洁公司在C11D领域的专利申请主要包括洗涤剂组合物的其他配料成分（C11D3，占82.74%）、表面活性化合物（C11D1，占44.8%）、洗涤剂或皂剂的物理制备的技术和方法（C11D17，占44.73%）。这些细分技术可以运用到洗护发、个人清洁等产品的生产过程，帮助宝洁公司提高产品质量、降低产品成本，取得更多的竞争优势。

3. A61Q的专利布局

（1）宝洁在A61Q领域专利申请的总体情况。

宝洁在A61Q领域共计申请专利22 924件，其中欧洲专利局3 135件、美国2 442件、加拿大1 996件、澳大利亚1 957件。宝洁在A61Q领域申请的2万余件专利中，共有1 739件转让，占总数的7.6%。宝洁在A61Q领域的专利转让比例比C11D高，说明其在该领域的自主研发能力相对弱于后者，更加依赖公司外的自主研发人员的研发成果。在转让涉及的地域方面，美国有1 737件，中国有2件，表明宝洁在A61Q领域的专利运营主要集中在美国总部。

1998~2003年，宝洁公司在A61Q领域的专利申请量波动较大。1998年的申请量为1 302件，1999年减为974件，2000年则暴增至1 602件，波动幅度高达60%。表明宝洁公司在这5年对A61Q领域的研发不稳定，导致专利申请的数量出现大幅波动。2003~2013年，宝洁公司在A61Q技术领域的专利申请量呈现下降趋势，但是下降幅度较小，表明宝洁在这一领域的研发逐渐保持稳定（见图4.10）。

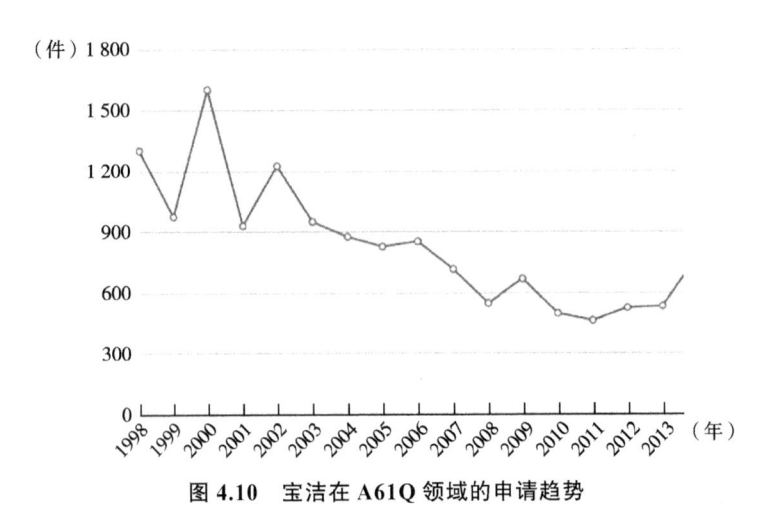

图 4.10　宝洁在 A61Q 领域的申请趋势

（2）宝洁在A61Q细分领域的专利申请。

由表4.4可知，宝洁在A61Q领域的专利申请主要包括关于毛发（A61Q5）、皮肤（A61Q19）、口腔护理（A61Q11）的制剂。这三大部分的制剂分别对应宝洁公司的三大类产品，即洗护发、皮肤清洁护理、口腔清洁护理产品。宝洁公司在这三大类产品中有众多的知名品牌，例如飘柔、舒肤佳、佳洁士等。宝洁在A61Q技术领域进行的深入研究，帮助公司在三大产品领域不断取得技术上的优势，赢得市场上的竞争优势。

表4.4　宝洁在A61Q领域的细分专利申请

IPC号	技术领域	比例
A61Q5	关于毛发护理的制剂	43%
A61Q19	护理皮肤的制剂	39%
A61Q11	用于护理口腔中牙齿或假牙的制剂，例如，牙粉或牙膏；漱口剂	21%

（二）医用品领域的专利布局

宝洁在医用领域的产品主要涉及清洁消毒、口腔护理。例如佳洁士牙膏、帮宝适纸尿裤等。这些个人清洁、护理的产品需要医用技术方面的研发和创新，因此，宝洁公司也在A61K领域申请了大量专利。

1. 宝洁在A61K领域专利申请的总体情况

宝洁在A61K领域共计申请3.7万余件专利,其中欧洲专利局(EPO)4 391件,占26%,美国3 628件,占22%,澳大利亚3 130件,占19%,加拿大2 959件,占18%,中国2 603件,占15%。

由图4.11可见,宝洁公司在1998~2004年处于一个波动下降的阶段,在这一阶段的专利申请量波动极大,例如1999年相对1998年降低33%,2000年相对1999年增长47.5%。1998~2000年,受亚洲金融危机影响,宝洁公司的业绩下滑,资金短缺,导致其在A61K领域的专利申请大幅降低。

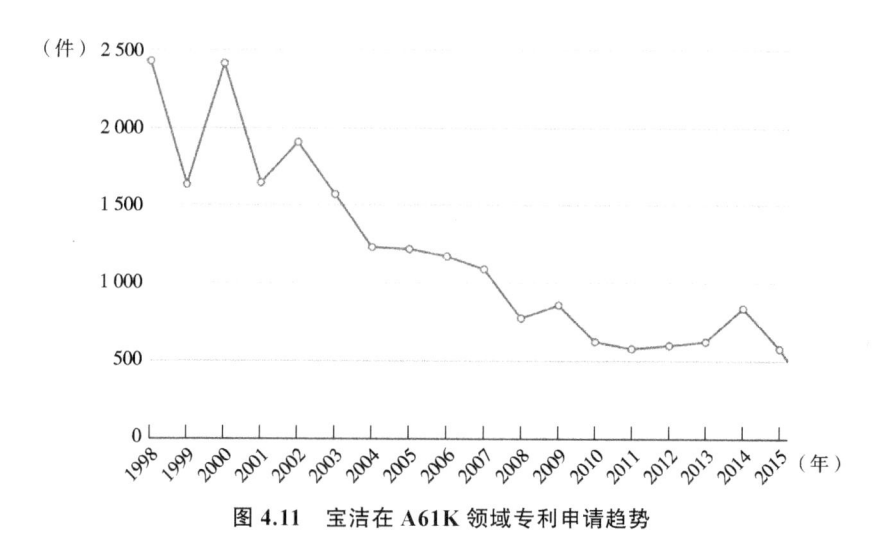

图4.11 宝洁在A61K领域专利申请趋势

2. 宝洁在A61K细分领域的专利申请

宝洁在A61K领域的专利申请主要包括化妆品或梳妆用配置品、医药配置品。以帮宝适纸尿裤为例,宝洁公司目前是世界上最大的纸尿裤生产商。其"帮宝适"系列产品的品牌优势正是由宝洁公司在A61K9领域的技术开发和创新所赋予的。纸尿裤产品的研发创新自然会带来A61K9领域的专利申请。而宝洁在A61K9领域的专利申请又进一步促进其在该领域的技术优势,帮助帮宝适在纸尿裤市场取得较大的竞争优势。

（三）食品领域的专利布局

品客薯片是宝洁公司为数不多的食品类产品之一。自1970年诞生以来，品客薯片逐渐成为薯片市场第一品牌。宝洁先进的生产科技赋予品客三大独特的品牌优势：弧形片装，独特罐装以及可口的味道和松脆的口感。由于品客薯片的生产工艺非常复杂和独特，所以全球所有的品客薯片都在美国和比利时的两家工厂生产。

1. 宝洁在A23领域专利申请的总体情况

宝洁公司在食品领域的专利申请集中在A23，共计申请8 600多件，其中欧洲专利局（EPO）1 053件，占25%，美国999件，占24%，加拿大849件，占20%，澳大利亚715件，占17%，德国591件，占14%。宝洁在A23领域申请的专利共计发生过600余件转让，其中九成以上发生在美国，说明宝洁公司在食品领域的技术开发集中在美国。

由图4.12可见，宝洁1998~2001年的专利申请波动极大。1998年宝洁在中国成立第一家合资企业——广州宝洁有限公司，因此从1998年开始正式大力开拓中国市场。市场的开拓离不开法律的保护，宝洁通过申请专利技术，保护其产品不被轻易复制，赢得竞争优势。

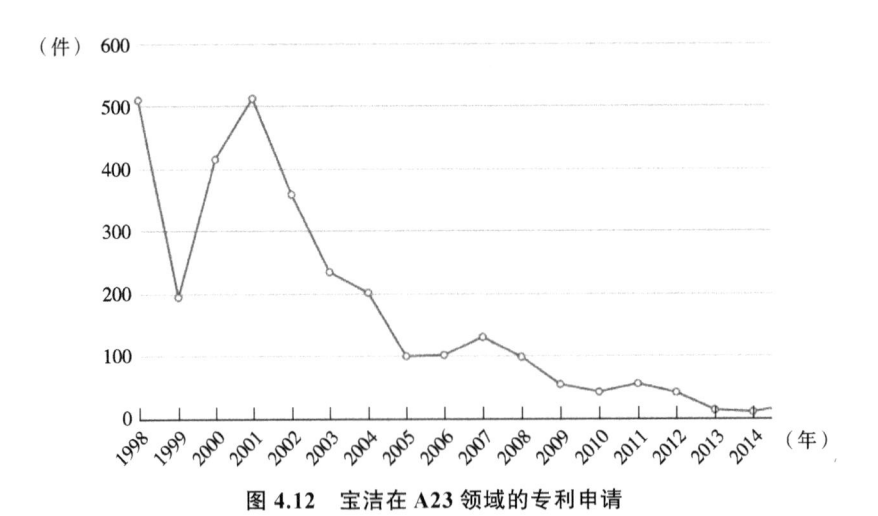

图4.12 宝洁在A23领域的专利申请

2. 宝洁在A23细分领域的专利申请

宝洁公司在A23领域的专利申请主要集中在非酒精饮料、糖果蜜饯等食料及它们的制备或处理。宝洁公司在食品领域最知名的产品就是品客薯片，在薯片的生产过程中必然涉及食品及其制备或处理。仅在A23L1领域，宝洁共计申请4 800多件专利，可见其在品客薯片的生产过程中研发了大量的新技术并将其通过申请专利的方法予以保护。

三、宝洁专利布局策略

宝洁公司实施的专利布局主要可以概括为以下两种："联系+发展"战略、市场导向战略。"联系+发展"战略目的在于提升宝洁公司自身的研发能力，市场导向战略充分利用研发成果在目标市场形成保护体系，将技术优势转化为市场优势。

（一）"联系＋发展"战略

宝洁"联系+发展"战略的行动口号是"合作创造价值"——为宝洁和合作伙伴创造价值。宝洁将"联系+发展"策略视为创新过程中极重要的因素，用于创新的各个方面。

宝洁公司与全球的发明人、商业合作伙伴开展联合创新。宝洁共有7 500余名研发人员，分布在9个国家，每年的研发费用高达17亿美元。亚洲、拉美、欧洲和北美的科学家通过这个庞大的科研网络分享最新的技术和成功经验，不断开发品质卓越的产品。❶但是，这并不是宝洁创新成功的决定性因素。以前，宝洁的创新体制更多地强调内部竞争，研究人员被分成一个个小组，为研发项目、资金甚至为获得公司领导的关注而相互竞争。然而，过度竞争不仅没有带来应有的成果，反而造成大量资源的浪费。

宝洁公司针对这种情况，提出"对外竞争，对内合作"的方针，产品创新过程不再被称为研发，而是称为"联系+发展"，即在开发过程中加强跨技术、跨学科、跨地域和跨业务部门之间的联系。

---

❶ 汪建斌.宝洁公司在华专利布局态势分析[J].统计分析，2013（3）：48.

在开发佳洁士Whitestrips美白牙贴时，参加开发的人员不仅包括了解牙齿美白的口腔护理业务部门人员，也有曾开发过新型贴膜技术的研发人员，甚至连织物和家庭护理产品领域的漂白专家也参与了项目开发。在开发玉兰油面膜时，宝洁希望这种产品能起到清洁和保湿双重作用。为此，公司组织不同业务部门的人员进行"会战"，涉及部门包括护肤、毛巾、布料高效增味剂等。

公司也鼓励研发人员之间自由进行知识共享。宝洁有一个"创新网"，该公司分散在全球各地的研发、设计、市场研究、采购等方面的人员可以通过该网进行交流。负责研发的高级副总裁纳比尔·萨卡布将它形容为"全球餐厅"。在"创新网"上，有一个名为"你来问我来答"的功能。无论谁在研发过程中遇到困难或有什么需要，就可以把问题贴在网上，然后问题会被转给有相关专业经验的人，而且往往在24~48小时内就能找到能够提供答案的人。网上还有各种技术专业社区，供人们讨论交流。当有人在开发中遇到困难时，这些专业社区就会成为其求教的主要来源。

通过"联系+发展"战略，宝洁加强了内部研发与外部研发之间的联系及对外部人才的应用，从中受益匪浅。2010~2014年，宝洁实现200类品牌产品的更新换代，并创造了不少全新的产品类别，如美白牙贴，其销售额已达到20亿美元。此外利用外部创新最大的优点是降低了自行研发的费用和失败的概率，它无须像对待公司员工那样管理外部研发人员，不用给他们发工资。更重要的是，由于研发成果是现成的，拿来即用，不仅无须承担研发过程中的风险，而且缩短了从发现市场机会到获得利益之间的时间。

（二）市场导向策略

宝洁公司的专利保护以目标市场为导向，为产品市场开辟道路，在目标市场形成保护体系，不断将技术优势转化为市场优势。

根据前文的分析，无论是总的专利申请还是主要产品技术领域的专利申请，宝洁公司都在几个主要的市场国家或地区申请了大量专利。例如宝洁在美国、欧洲的专利申请占其申请总量的16%，申请量大约都在2万件。可见宝洁十分重视在主要市场将技术通过专利进行保护，再通过专利保护其市场。

除了传统的重要市场之外，宝洁在新兴的市场如中国也大力申请专利。宝洁在中国的专利申请总数已经达到1.1万多件，每年的申请量都在百件以上，可见其专利布局的势头之猛。

宝洁以市场为导向的专利布局战略，不局限于在目标市场的专利申请，更注重在主要产品上的专利申请。宝洁公司在主要产品所涉及的技术领域申请大量专利，在日化品、医用品领域，宝洁分别申请了4.7万余件和3.7万余件专利，数量十分惊人。

四、启示与建议

宝洁公司正是通过专利布局的有效开展，获得在竞争激烈的快消品行业中的领先地位。通过对宝洁公司专利布局的分析，为我国快消品产业的发展总结了以下启示与建议。

（1）多渠道拓展研发，夯实专利布局的储备。宝洁公司一方面通过公司内部的研发人员开展研究，另一方面通过"联合+发展"战略加强对外部人才的应用。不断地创新研发，提高宝洁产品的品质，也为其在相关市场赢得更多的竞争优势。我国企业在研发过程中，不能仅局限于公司内部现有的资源，要加强对企业外研发资源的利用，与全球的发明人、商业合作伙伴开展联合创新。

（2）加强目标市场的专利布局。宝洁公司在全球范围内申请了数量惊人的专利，这些专利的申请集中在宝洁公司的主要市场。例如，宝洁在美国、欧洲、中国等地申请大量专利。我国正大力推进"一带一路"倡议，不仅是贸易大国，更将会成为对外投资大国，国内企业走出国门的步伐明显加快。知识产权是企业走出去必须攻克的环节，国内企业必须提前谋划，市场未动专利先行，及时在目标市场占据专利优势。

（3）专利布局与产品的开发相适应。宝洁的专利申请和布局坚持市场导向，一方面在重点产品的技术上申请和布局专利，另一方面在产品的重点市场上加强专利的申请和布局。国外专利的申请和布局需要大量的资金，企业如果没有足够的资金去采取大规模专利申请的策略，可以集中精力在重点产品和重点市场进行专利申请和布局，围绕自身产品构建专利网，同时密切监控竞争对手的技术发展状态，积极地进行专利防御。

第四节 海尔集团专利布局分析与启示[*]

海尔集团成立于1984年，经过30多年的发展壮大，已从当初亏损147万元濒临倒闭的小厂，发展成为国内家电行业的领导者，在国际家电行业也享有一席之位。2015年，海尔集团全球营业额实现1 887亿元，成功入围"世界品牌500强"，并位居全球白色家电品牌第一名。❶在全球化和国际化发展的道路上，海尔作为中国首批进军海外市场的公司，非常提倡和鼓励创新，重视知识产权的发展，特别是在专利布局方面有着众多独到的经验与做法，并与国内外领先企业共同构建在智能家居、人工智能、固态制冷等多个核心领域的专利联盟和标准合作机制，大力支撑了其企业全球化战略的实施。本节从核心技术领域、专利估值、专利引证、同族专利等角度分析海尔集团的专利布局情况，并结合企业自身的战略，提出启示与建议。

一、海尔集团专利布局分析

（一）总体情况分析

1. 中国专利申请概况

以专利公开日计算，从1995年1月1日至2015年6月20日，海尔集团国内专利申请（包括发明、实用新型和外观设计）总量为21 439件，发明为

---

[*] 本节作者为南京理工大学知识产权学院硕士研究生施颖杰，本节部分内容已经发表于《江苏商论》杂志第11卷。

❶ 新华网. 张瑞敏首次提出转型互联网企业的六要素[EB/OL]. http：//news.xinhuanet.com/fortune/2016-01-23/c_128660569.htm，2016-01-25.

9 508件，占44.35%，实用新型为5 433件，占25.34%，外观设计为6 498件，占30.31%，总体呈现增长态势。

从海尔集团技术的发展趋势来看，其国内专利发展态势大致可分为四个阶段（见图4.13）。

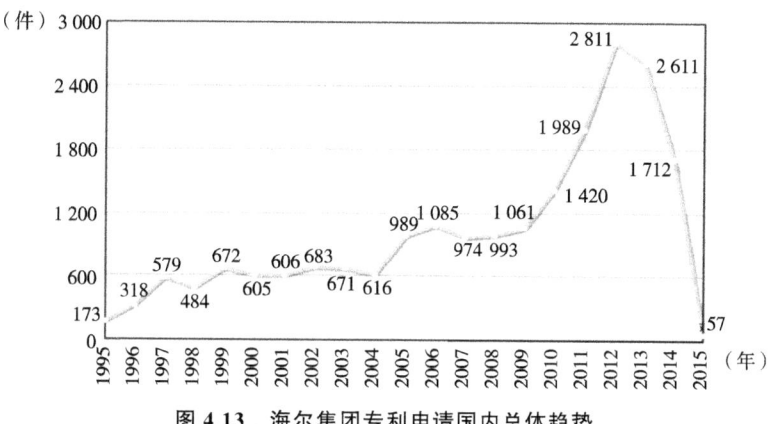

图 4.13 海尔集团专利申请国内总体趋势

（1）萌芽期（1998年之前），此时正处于海尔集团的名牌战略发展阶段和多元化战略发展阶段，专利数量较少。1985年，厂长张瑞敏亲自砸毁76台不合格冰箱，严抓质量，提出"要么不干，要干就干第一"的口号。❶同时，海尔响应国家鼓励兼并重组的号召，先后兼并国内18家家电企业，使企业在多元化经营与规模扩张方面快速发展。

（2）缓慢发展期（1998～2005年），恰逢海尔国际化战略发展阶段，专利储备逐年稳步增长。20世纪90年代末，中国积极推动加入WTO，海尔紧随时代机遇，提出"走出去、走进去、走上去"的"三步走"战略，提倡走出国门，出口创牌，逐渐在海外建立设计、制造、营销的本土化模式。

（3）稳定发展期（2005～2012年），海尔集团实施了全球化品牌战略，意在打造互联网时代的全球化品牌，专利数量快速增长。随着互联网带来的全球经济一体化的挑战，海尔集团开始整合全球的研发、制造、营

---

❶ 人民网．"海尔大锤"被国家博物馆正式收藏为国家文物[EB/OL]. http：//www.ce.cn/cysc/zgjd/kx/200904/23/t20090423_18892339.shtml，2009-04-23.

销资源，探索互联网时代的"人单合一双赢"模式。面对全球化的机遇与风险，海尔集团在专利数量方面实现了稳步快速增长。

（4）快速发展期（2012年以来），海尔集团开始进入网络化战略发展阶段，专利申请增长态势迅猛。互联网时代的发展打破了传统经济发展的格局，而新格局的基础与运行则体现在网络化上，市场与企业在越来越多的方面体现出网络化的特点。同时，这一时期也成为海尔集团稳步提升专利数量和质量的重要阶段，专利的布局与管理将直接影响企业方方面面。

根据检索结果可知，海尔集团的专利申请主要涉及四大领域：（1）F25D（冷柜；冷藏室；冰箱；其他小类不包含的冷却或冷冻装置）；（2）D06F（纺织品的洗涤、干燥、熨烫、压平或打折）；（3）F24F（空气调节；空气增湿；通风；空气流作为屏蔽的应用）；（4）A61K（医用、牙科用或梳妆用的配制品）。在这四大领域，海尔集团进行了数量较大的专利部署。

基于上述专利集中技术领域的分析可知，海尔集团高度关注冰箱、洗衣机、空调等领域，积极研发制冷技术、空气调节增湿通风、洗涤干燥熨烫压平打折等新技术，并在医用、牙科用或梳妆用的配制品上寻求突破。在相关领域密集覆盖大量的专利技术，既可以为其产品投入市场构建完善的专利保护屏障，又可以运用相关专利技术开拓更为广阔的市场空间。

2. 全球专利申请概况

1998年1月1日至2014年12月31日（作为公开日进行检索），海尔集团全球专利申请总量为489件，总体呈现增长态势（见图4.14）。全球专利申请的总体态势基本符合海尔集团的发展战略变化。海尔集团从之前个位数的年度申请量到之后上百件的飞跃，体现了其开拓海外市场的决心与魄力。从2008年起，海尔集团海外申请量有较大幅度的上升趋势，尤其是2013年，增长率在100%以上，加快了其进军国际的步伐，为企业的飞跃式发展打下了基础。

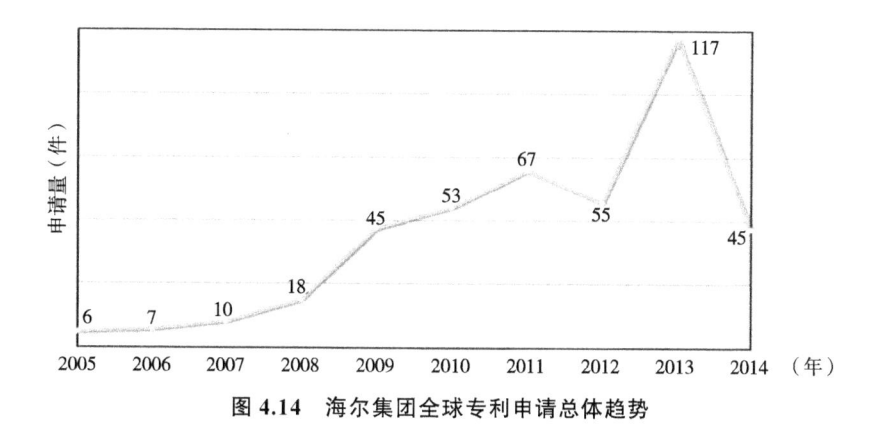

图4.14 海尔集团全球专利申请总体趋势

目前，海尔集团在50多个国家或组织进行专利布局，除了中国，海尔集团的海外专利申请国家和地区主要有：PCT申请占比60.55%，美国（US）占比10.97%，欧洲专利局（EP）占比8.65%，日本（JP）占比5.06%，韩国（KR）占比1.69%，德国（DE）占比1.27%等。可以看出，海尔集团主要在上述国家和地区开拓市场，专利布局情况与海尔公司在世界各国分支机构的发展情况密切相关。为了适应经济全球化的发展趋势，海尔集团正在根据自身的发展情况积极调整专利布局战略。

海尔集团的全球化战略表现为：先从周边国家入手，逐步拓展至各发展中国家，最终，在技术和管理水平等条件成熟的情况下全面进入发达国家。

海尔集团在全球申请专利的主要技术领域与其中国专利的领域分布基本一致，但在少数领域分布上有所不同。海尔集团全球专利申请国家或地区技术构成主要为四个方面：D06F（纺织品的洗涤、干燥、熨烫、压平或打折）、F25D（冷柜；冷藏室；冰箱；其他小类不包含的冷却或冷冻装置）、H02J（供电或配电的电路装置或系统；电能存储系统）和H04N（图像通信，如电视）。可见，冰箱、洗衣机领域依然是海尔集团专利布局的重点技术领域。

（二）核心业务分析

海尔集团核心业务主要集中在空调、冰箱、洗衣机、热水器、厨电产品等白色家电产品。本节选取三个核心业务对其进行初步的专利检索分析，从而了解海尔集团的核心技术领域。

1. 空调业务

在Patsnap中以关键词"Haier"和"空调"检索，共找到2 193件专利。企业专利数量最多的核心技术领域为F24F（空气调节；空气增湿），占比76.80%。还有部分专利主要集中在F25B（制冷机；加热和制冷的联合系统；热泵系统）、F04D（非变容式泵）、B01D（分离）和H02P（控制变压器、电抗器或扼流圈）这4个技术领域，分别占比17.94%、2.88%、1.37%和1.01%。

核心专利是企业研发能力的体现，也是了解一个企业技术实力的重要参考。本节主要从三个指标：（专利估值、专利被后续引证次数、同组专利数目）判断核心专利。

专利估值是判断核心专利的重要指标，海尔集团专利估值最高的5个核心专利分别为CN101290151B（空调过滤网自清洁装置，该发明可以使过滤网清洁时不用拆卸，既省时又省力）、CN101290152B（过滤网自清洁装置，该发明能在较短时间内清除过滤网上的灰尘，清除效果好，噪声小，且结构简单、可靠、耐用）、CN102242996B（中央空调机组中电子膨胀阀的开度的控制方法，该发明增强了中央空调的抗干扰性、提高了中央空调机组的可靠度）、CN101929770B（热水空调器的控制电路，该发明可对空调制冷、制热、制热水、除霜等多种运行模式进行可靠的控制，电路结构简单，成本低）和CN101149168B（定温除湿空调器的控制方法，该方法具有独立除湿的功能，在除湿运转时能够设定需要的房间温度和湿度，实现降温除湿、恒温除湿或升温除湿，使用户能感受到舒适的室内环境）。

专利作为创新成果的核心内容，包含解决某个具体问题的技术，而且一个新的专利引证了若干前期专利，换句话说，继承和发展了前期专利中全部或部分技术，因此专利引证体现了技术继承和发展的关系。❶通常在一定时间一定范围内多次被引证的专利，极有可能就是该技术领域的核心专

---

❶ 许琦，顾新建，陈芨熙. 基于专利引证网络的技术进化路线分析——以数据挖掘领域为例[J]. 科研管理，2013（2）：27-35.

利。专利内容被后续引证次数越多,表明其影响力越强,表4.5为海尔集团引证次数最多的5项核心专利。

表4.5 海尔集团空调领域核心专利引证信息

专利号	标题	引用次数(次)
CN101149168A	定温除湿空调器的控制方法	8
CN1361392A	可用手机、计算机无线监控的空调机	7
CN101726072A	变频空调低温制热的控制方式	6
CN2459575Y	柜式空调控制器的屏幕安装盒	6
CN2665593Y	太阳能和交流市电双电源空调系统	6

专利在其他国家和地区覆盖的家族越大,表明其影响力越强,表4.6显示了海尔集团专利家族最大的5项核心专利。

表4.6 海尔集团同族专利信息

专利号	标题	同族专利数目(件)
CN103307720B	一种空调送风装置	22
CN101290151B	空调过滤网自清洁装置	8
CN101290152B	过滤网自清洁装置	7
CN103453636B	空调送风装置及空调	4
CN103453638B	设有气流分配组件的空调送风装置	4

以CN101290151B专利为例,这一专利披露的是一种能够自动清扫空调室内机进风口侧过滤网的清洁装置。其族号为39875055,其同族专利除了有向中国申请,还有一部分向美国、日本、欧洲等国家和地区申请,可见美国、日本、欧洲等都是其国际化的重要战略地区。

2. 冰箱业务

在Patsnap中以关键词"Haier"和"冰箱"检索,共找到2 192件专利。企业专利数量最多的核心技术领域为F25D(冷柜;冷藏室;冰箱;其他冷却或冷冻装置),占比88.77%。还有部分专利主要集中在F25B(制冷机；加热和制冷的联合系统；热泵系统)、F25C（冰的制造、加工、储存或分配)、E05D（门、窗或翼扇的铰链或其他悬挂装置）和A61L（材料或消毒的一般方法或装置）等4个技术领域。

海尔集团冰箱业务专利估值最高的5个核心专利分别为CN101315245B（一种带有制冰机的冰箱，该专利能提供一种具有独立制冰制冷的制冰机的冰箱）、CN101307977B（一种冰箱，该专利能提供一种能充分利用空间且存放物品十分便捷的带有制冰机的电冰箱）、CN101608855A（电冰箱，该专利涉及的是一种采用一个冷冻室但设置多个抽拉门体、且冷冻室设置在冰箱下部的电冰箱）、CN101135531B（具有活动中梁对开门的电冰箱，该专利针对现有技术的不足具体针对活动中梁导向机构的曲线特征加以细化，以及活动中梁与门体之间的固定和连接机构加以改进，减少梁与门体之间的冷气外泄的间隙）和CN101767147B（一种冰箱后背板的拉延折弯成型工艺及其模具，该专利可以解决现有技术中存在的产品质量不高、生产成本高的问题，消除冰箱后背钢板扭曲用的钣金坯料产品的缺陷）。

专利内容被后续引证次数越多，表明其影响力越强，表4.7为海尔集团引证次数最多的5项核心专利。

表4.7 海尔集团冰箱领域核心专利引证信息

专利号	标　题	引用次数（次）
CN1393672A	声控开门冰箱	11
CN101135531A	具有活动中梁对开门的电冰箱	8
CN2442207Y	冰箱抽屉式保湿果菜盒	8
CN2539113Y	电冰箱	8
CN101988724A	一种冰箱保湿控制方法及保湿冰箱	7

专利在其他国家和地区覆盖的家族越大，表明其影响力越强，表4.8显示了海尔集团专利家族最大的5项核心专利。

表4.8 海尔集团同族专利信息

专利号	标题	同族专利数目（次）
CN103185435A	直冷冰箱	11
CN1116581C	冰箱温度控制方法和使用该方法的电冰箱	9
CN101307977A	一种冰箱	8
CN101315245B	一种带有制冰机的冰箱	8
CN104160225A	电冰箱及其工作方法	8

以CN1116581C专利为例，这个专利披露的是一种涉及电冰箱以及对电冰箱的压缩机开机或关机温度自动控制的方法，该方法可以根据环境温度的变化，自动变化开机、关机的温度控制，而且该专利还可以提供一种环境传感器的位置安放合理、电路设计简单的电冰箱。其族号为5275750，其同族专利除了有向中国申请，还有一部分向美国、韩国以及德国等国家和地区申请，可见美国、韩国、德国等都是其国际化的重要战略地区。

3. 洗衣机业务

在Patsnap中以关键词"Haier"和"洗衣机"检索，共找到1 859件专利。企业专利数量最多的核心技术领域为D06F（纺织品的洗涤、干燥、熨烫、压平或打折），占比94.92%。还有部分专利主要集中在B08B（一般清洁；一般污垢的防除）、A61L（材料或消毒的一般方法或装置）、C92F（水、废水、污水或污泥的处理）和F16D（传送旋转运动的联轴器；离合器；制动器）这4个技术领域。

海尔集团洗衣机业务专利估值最高的5个核心专利分别为CN101570932B（一种具有改进水路的洗衣机，具有改进的软化水、电解水以及树脂再生水路的洗衣机）、CN101910498B（洗衣机、靴子净化用辅助件、靴子托盘及靴子附件，提供一种能利用净化空气良好的净化靴子的洗衣机）、CN102154801A（节水滚筒洗衣机及洗衣方法，运用洗涤小球参与洗涤的全自动洗衣机，从而达到节水节电、减少洗涤剂用量、降低环境污染的目的）、CN102251369B（洗衣机，涉及具有能够以垂直或倾斜的轴为中心旋转的、顶面开口的洗涤脱水槽的立式洗衣机）和ＴＷ１４４５８６４Ｂ（洗衣机）。

专利内容被后续引证次数越多，表明其影响力越强，表4.9为海尔集团洗衣机领域引证次数最多的5项核心专利。

表4.9 海尔集团洗衣机领域核心专利引证信息

专利号	标　题	引用次数（次）
CN1580360A	一种不用洗涤剂的洗衣机的洗涤方法	12
CN1580361A	一种洗衣机	12
CN1616744A	洗衣机以及洗涤方法	12
CN102061588A	洗衣机、洗涤方法及洗衣筒	10
CN102061589A	洗衣机	10

以专利号为CN1616744A的专利为例，该专利披露了一种拥有用于盛装洗涤物的洗涤桶、一个向该洗涤桶供水的供水装置、电解供水装置提供的水的电解装置的洗衣机。该项专利被广东科龙电器股份有限公司等多个洗衣机制造企业的后续专利引证，且有多项被引证专利具有X相关性。

专利在其他国家和地区覆盖的家族越大，表明其影响力越强，表4.10显示了海尔集团洗衣机领域专利家族最大的5项核心专利。

表4.10 海尔集团洗衣机领域同族专利信息

专利号	标　题	同族专利数目（件）
CN1151324C	一种双向洗涤方法及其洗衣机	14
CN101910498B	洗衣机、靴子净化用辅助件、靴子托盘及靴子附件	13
CN103911815A	洗衣机及洗衣机驱动方法	13
CN101570932B	一种具有改进水路的洗衣机	11
CN102086586A	利用负压自动添加洗涤剂的洗涤方法及洗衣机	10

以CN101910498B专利为例，其披露的是一种能够利用净化用空气净

化靴子的洗衣机以及为了利用净化用空气净化靴子而使用的靴子净化用辅助件、靴子托盘及靴子附件。其族号为40800982，其同族专利除了有向中国申请，还有一部分向美国、日本、韩国、欧洲、德国等国家和地区申请，可见美国、日本、韩国、欧洲等都是其国际化的重要战略地区。

（三）重点技术分析

1. 热水器防电墙技术

通过在Soopat上对海尔热水器防电墙技术初步的检索，共找到18项专利。这些专利主要集中在F24H（一般有热发生装置的流体加热器，例如水或空气的加热器）。有9项专利属于分类号F24H9/20（控制或安全装置的配置或安装），3项专利有关F24H9/00（零部件）和F24H9/14（各分段的连接，例如在水加热器中的），2项专利有关G06F1/16（结构部件或配置）、F24H1/00（有热发生装置的水加热器，例如锅炉、流动加热器、储水加热器）和F24H1/10（连续流动加热器，即仅在水流动时产生热的加热器，例如水与加热介质直接接触的），1项专利有关F24H9/06（座或支架的配置）、F24H9/02（外壳；罩盖；装饰板）、H05B6/36（线圈装置）、F16L9/16（用加强或不加强的，薄片或条带绕制的）和F25B21/02（应用珀耳贴效应；应用能斯特—厄廷豪森效应）。同时，在WIPO中查到两个中国同组专利，分别是WO2011143984A1和WO2011160403A1，涉及操作面板的防电冲击罩和无线传输系统。

海尔集团在2002年3月推出热水器防电墙技术，解决了热水器内部元件漏电和环境带电的问题，实现产品安全到系统安全的跨越，彻底解决洗浴安全问题。热水器防电墙技术先后被国家标准委员会和国际电工委员会收录为国家标准、IEC国际标准，实现从专利到行业标准的成功运作。由海尔集团发起申请的防电墙技术提案，于2007年顺利通过国际电工委员会大会一系列的审定程序，被正式写入《家用和类似用途电器的安全储水式电热水器的特殊要求》，这为海尔热水器进入国际市场，尤其是发展中国家市场提供了良好的契机。

2. 洗衣机双动力技术

通过在Soopat上对海尔洗衣机双动力技术初步的检索，共找到25件专利，发明专利12项，实用新型7项。这些专利主要集中在F24H（一般有热发生装置的流体加热器，例如水或空气的加热器），少量集中在F16L（管子；管接头或管件；管子、电缆或护管的支撑；一般的绝热方法）和F25B（制冷机，制冷设备或系统；加热和制冷的联合系统；热泵系统）。同时，在WIPO查到1件中国同组专利WO2014101769A1，涉及的是一种洗衣机及洗衣机的驱动方法，也是该项技术的核心专利之一。

海尔集团通过合理的专利布局，为双动力洗衣机提供从核心到外围全方位的保护。该技术获得第九届中国专利金奖、法国列宾国际发明金奖，2005年以中国自主品牌身份被纳入IEC国际标准提案。

3. 网络家电技术

通过在Soopat上对海尔网络家电技术初步的检索，共找到32件专利，其中发明专利23件，实用新型9件。这些专利主要集中在H04L（数字信息的传输，例如电报通信）占比53.12%，G06F（电数字数据处理）占比34.38%，G08C（测量值、控制信号或类似信号的传输系统）占比21.88%，H04Q（选择）占比12.5%，还有少量为H04B（传输），F24H（一般有热发生装置的流体加热器，例如水或空气的加热器），H04M（电话通信），H04N（图像通信，如电视）和H04W（无线通信网络）等。

海尔网络家电技术的最新发展是推出众多网络智能产品，如智能交互机器人"Ubot"（优宝），Ubot是海尔集团首款可以听、说、嗅、看、走和思考的家居生活类智能机器人。❶

二、海尔集团的专利布局策略

专利布局策略的有效运用是产业知识产权管理的重要内容。海尔集团

---

❶ 环球网. CES2016：海尔携智能机器人惊艳亮相[EB/OL]. http://www.baidu.com/link?url=Lxv_nA6NwzJX0NR5Sb1HyHTUooajeGRx7cMSUX_HzpM3b63v8vg7fzGEHkQeECGVrhW3wHMJP9ykJ2H6ScJofozau6QO5LAyCKuZC8wGT4a&wd=&eqid=b650c1110003a892000000035926d813, 2016-01-07.

成功的专利布局是与其专利标准化策略、专利并购策略、专利情报策略等多元化的专利布局策略运用密不可分的。

(一)专利标准化策略

WTO/TBT协定在其序言中指出,标准化有利于提高生产效率和便利国际贸易。当企业拥有一项产品的标准时,自然而然就成为这个市场的领跑者。位于利润链顶端的公司,拥有一定数量的专利,通过对专利标准的把握获得巨大利益。专利标准的本质不是专利,而是权力。专利标准化策略会给标准的拥有者带来行业领先地位。

海尔的热水器防电墙技术、洗衣机双动力技术、网络家电技术等6项技术先后被纳入IEC国际标准,海尔成为第一个进入IEC未来技术高级顾问委员会的发展中国家的企业代表。

以冰箱行业为例,海尔集团凭借自身独创的精控干湿分出储技术,成功为全球冰箱行业制定保鲜标准。仅在原材料采购这一环节,海尔集团就制定出28项标准,让霍尼韦尔、杜邦等全球500强企业都要按照海尔的标准来供应原材料,海尔标准成为全球冰箱行业高标准的代名词。

再如,2016年5月19日,在由全国家用电器标准化技术委员会发起的"家用和类似用途热泵热水器"标准起草工作会上,海尔集团成功主导"CO_2为制冷剂的热泵热水器的国家标准""家用和类似用途转速可控型热泵热水器的行业标准"两项热水器产品核心应用标准。❶

海尔集团承担国际标准组织委员会秘书处2个,占据15个IEC的组织席位,是无线电力联盟(WPC)的核心成员,主导4个家电标委会分技术委员会的工作,主导和参与300多项国家标准的编制。

在海尔集团看来,"有创造无创新、有创新无专利、有专利无标准、有标准无应用"都不是真正的自主创新,实现从制造优势到创造优势的转变,必须依赖有价值的专利和标准的充分结合,并着眼于市场应用,才能

---

❶ 制冷快报.海尔牵头制定空气能两项核心技术标准[EB/OL]. http://www.baidu.com/link?url=De3OjHqkLw3yJYurxD6ok0YiZSf8sUS3yNdD8JT-qWRovjO1oBaD7KLe4Gl46S9Ytm1GHSypcE6whKzBCMDopq&wd=&eqid=c9243b950003d3150000000035926d83e,2016-05-25.

发挥出自主创新的巨大作用。

（二）专利并购策略

海尔集团虽然取得一定的知识产权成果，但单纯地依靠企业内部研发，不足以支撑海尔成为全球家电产品的引领者和规则制定者的战略目标。海尔集团开始通过并购和全球技术合作来接纳和获取国际先进的知识产权资源，并购国外优秀企业是一个快速获得技术、专利等核心实力的手段。

2016年6月7日，海尔集团以55.8亿美元成功并购通用电气旗下家电业务，这是中国家电业最大的一笔海外并购案。海尔集团将接管GE家电部门的人员和在美国的业务基础，同时还将获得其大量专利和"GE"的商标，将其作为正式开拓欧美等发达国家市场的立足点。据英国调查公司欧瑞信息咨询公司统计，家电的全球市场份额方面，海尔位居全球第7位，GE位居第19位。收购后的海尔GE联盟将超过日本松下和美国宝洁（P&G），跃居全球第5位。❶此举加速海尔集团全球化的进程，有助于其开拓美国、加拿大、巴西、墨西哥等市场。"知识产权实力强强相加，企业的市场竞争力会更强"，海尔的收购不仅意味专利数量的进一步增加，而且使双方的品牌在国际市场拥有更强的竞争力。

通过海外并购可以获得有价值的专利和成熟的市场渠道，企业既节约研发时间，又缩小与国际领先企业之间的技术差距，可以快速增强自身的竞争实力，实现弯道超车（见表4.11）。

表4.11 海尔集团并购业务信息

企业名称	时　间	并购金额	业务辐射地区	并购业务
日本三洋电器集团	2011年10月	约100亿日元	日本、东南亚地区	洗衣机、冰箱及家电业务
新西兰斐雪派克集团	2012年11月	约7.66亿美元	欧美、澳洲及大洋洲等	家电业务
美国通用电气集团	2016年1月	约54亿美元	美国、加拿大以及拉美市场	家电业务

---

❶ 海尔收购GE家电后将跃居全球第5[EB/OL].新浪科技. http：//finance.sina.com.cn/stock/usstock/c/2016-01-18/doc-ifxnqriz9804119.shtml，2016-06-18.

（三）专利情报策略

海尔向来重视专利情报分析，对已有产品项目进行国内外技术动态信息监控，从相关专利和技术领域对国内外目标公司从不同角度进行专利跟踪，形成强大的综合专利情报资料库。1988年，海尔集团收集了1974～1986年世界上25个主要工业国家有关冰箱的1.4万条专利文献资料，建立第一个覆盖面广、应用简便、方便查阅的检索专利卡片系统。1990年，海尔集团购买制冷领域的专利说明书和多种中国专利公报。1995年，海尔集团建立第一个针对中国家电行业的专利信息数据库，紧跟国际国内行业同行的技术发展状况和市场需求，定期更新专利资讯，结合企业自身发展规划与需要，准确把握市场的切入点、销售方式、产业链上下端的动态。目前，海尔建立了敏锐完备的中外专利数据库和专利分析数据库，紧随全球最新技术走向与趋势，高效、便捷地进行专利管理工作。

海尔中央研究院是最重要的情报中心，随着海尔集团的国际化战略实施，该研究院在洛杉矶、东京、悉尼、里昂和香港都设立信息站，及时收集国内外的科技和市场情报，监测竞争对手的发展趋势和变化。海尔中央研究院的核心工作包括：（1）动态跟踪、采集、分析全球经济、市场和技术动态，为集团决策提供依据；（2）为集团在全球制造、采购和服务部门提供研发能力和技术支持；（3）整合全球科技资源，实现超前技术项目的商品化，为公司国际化发展提供源源不断的技术支持。

三、启示与建议

基于对海尔集团专利数量和分布情况以及专利布局策略运用情况的分析，本节为我国家电产业总结以下关于专利布局的启示与建议。

第一，通过专利标准化策略运用助力专利布局。如前文所述，核心专利的研发过程，必然伴随着相关领域技术发展规律的探索，跟踪核心专利，有利于更好地发掘市场机会，预测未来技术的发展趋势。将核心专利融入标准，则能创造更大的利润，使专利布局更加科学合理。当今世界，卖产品已经成为一种最低级的竞争方式，较高一级的是服务，更高级的就是卖标准。当一个企业主宰一项产品的标准时，通过对标准的控制，可以实现对专利更合理地布局，自然而然就可以成为这个产品市场的主宰者。

第二，根据竞争对手的发展适时对专利布局进行调整。作为中国白色家电三巨头的海尔、美的、格力，在冰箱、洗衣机和空调行业厮杀激烈。在冰箱领域，海尔与美的专利申请数量不分伯仲；在洗衣机领域，海尔的专利申请数量优势明显；在空调领域，格力与美的的产业规模不可小觑，格力的专利申请略胜一筹。对比三家公司的专利布局策略，海尔与国内外企业、高校的合作较为密切，学术推动程度较高；美的通过大量并购，国际化版图在逐步扩张中；格力产品品种比较集中，通过资源集中来提升产品质量。密切关注竞争对手的发展，对专利布局进行适时的调整，才能使企业立于不败之地。

第三，将专利布局与企业战略发展相结合。从海尔集团专利发展态势的四个阶段可以看出，其专利布局的变化紧密跟随企业战略发展的变化，而企业战略的走向则是紧随市场的脚步。科学的专利布局不仅与当下企业的发展息息相关，更是对企业的未来发展产生举足轻重的影响。

第四，通过专利并购策略加强专利布局。海尔集团通过多次企业并购获得迅速发展，并购强化了开发能力，开拓了当地市场，带来成熟的技术和商标等无形资产。正如在收购三洋电机株式会社时，海尔副总裁杜镜国表示，"海尔的此次收购不是一个简单的资源获取和叠加，而是在技术研发和市场机制上，创造性构筑海尔和原三洋资源的协同效果。以此为契机，海尔将打造在日本以及东南亚地区引领行业的研发能力、竞争力一流的制造基地以及东南亚地域的本土化市场营销架构，实施海尔在东南亚市场（Haier及SANYO）以及在日本的（Haier及AQUA）双品牌运作机制，实现全流程的以创新为导向的市场瞬间扩充"。❶科学合理地对待专利并购，而非简单地资源获取和叠加，才能更好地取得专利布局的弯道超车效果。

---

❶ "走出去"的海尔赢得"三连冠" [EB/OL]. http：//news.ifeng.com/gundong/detail_2012_07/26/16314355_0.shtml，2016-01-18.

第五章 汽车产业知识产权管理实证研究

汽车产业是一个国家工业的集成，在一定意义上，其发展水平是衡量一国工业化水平、经济实力和科技创新能力的重要标志，具有重要的战略地位，因此，通常是世界各国经济发展过程中着力抢占的战略高地，也正因如此，世界经济强国无一不是汽车工业强国。中国的汽车产业历经了改革开放30多年来成长，特别是21世纪以来的"井喷式"发展，中国已经毫无争议地成为世界汽车生产大国，但是不容否认的是中国的汽车产业仍处在全球产业链中低端的现实，特别是很多汽车企业在发展过程中急功近利，比较注重短期利益，产品质量不稳定，缺乏长期发展战略。中国汽车产业只有通过不断地提升自主创新能力，增强知识产权管理水平，打造核心竞争力，才能摘掉汽车代工厂的帽子，在国际分工的新格局中实现整个汽车产业链的升级和跨越，继而让中国成为名副其实的世界汽车强国。

第一节 概 述[*]

汽车产业是典型的技术和资金密集型产业，在汽车的制配过程中涉及大量新技术、新材料、新工艺、新设备的应用，因此，汽车产业相较于其他产业而言，具有资金投入的长周期性、成本回收的高风险性特点，从而决定了知识产权在汽车产业发展中的重要地位和作用。事实证明，世界汽车巨头在其企业成长过程中也一直将知识产权的创新、布局、运用、保护

---

[*] 本节作者为南京理工大学知识产权学院郑伦幸博士，助理研究员。

贯穿始终，作为其发展的生命线，这也是我国汽车企业发展过程中应当借鉴的成功经验。

一、汽车产业概况

汽车产业是指生产汽车整车、零配件或者装备汽车的工业部门，主要包括整车产业、零部件产业以及其他相关产业。汽车产业由于具有产业关联度大、就业人员面广、科技含量高、经济带动力强等特点，因此，对国家经济社会发展具有重要的支撑作用。据统计，目前我国汽车工业利税总额已占机械行业的30%以上，汽车及相关产业从业人员近3 000万名，占城镇就业人口的13.5%，汽车产业已成为我国名副其实的国民经济支柱产业。[1]汽车产业是与技术互动最为密切的产业之一，在汽车产业百余年的发展历史中，其因新技术而生，因新技术而变，也因新技术而兴。特别是在第三次科技革命浪潮之下，随着数字化技术、智能化技术、互联网技术以及新材料技术与汽车产业的融合，汽车的制造工艺和创新能力不断提升，特斯拉、谷歌、苹果等全球知名高新技术企业纷纷进入汽车市场，汽车产业发展正经历商业、生产、管理模式转换调整的变革期以及"弯道超车"发展的机遇期，[2]节能、安全、环保成为汽车产业发展的新理念，新能源汽车、互联网汽车、智能化汽车成为汽车产业发展的新方向。在这一变革期和机遇期，只有顺势而为，通过创新取得高新技术及其运用，才能争取主动抓住机遇，赢得市场先发优势，从而占据市场的领导地位。

全球汽车产业总的来说经历了四次大的变革，每一次变革都伴随着汽车产业的转型和升级。全球汽车产业的第一次变革发生在20世纪初，是以美国福特开创以流水线的方式大规模生产T型车为标志，汽车的生产成本大幅降低，美国出现汽车普及的热潮，至此世界汽车的发展中心由欧洲转移到美国，美国成为世界汽车强国，其代表性的汽车企业是福特。第二次变

---

[1] 陈秀山,韩波.政府战略性贸易政策对中国汽车产业发展影响效应分析[J].江海学刊,2007（1）：69-75.
[2] 谭剑.全球汽车产业发展趋势分析[J].汽车工业研究,2015（10）：15.

革发生在20世纪50年代,这一时期在欧洲经济复苏的背景之下,欧洲汽车企业通过产品差异化策略进行品牌塑造,法国、德国等欧洲国家重新成为汽车强国,欧洲汽车产量超过美国汽车产量,德国奔驰、宝马、大众等成为世界级的汽车企业。第三次变革出现在20世纪60年代,随着小型汽车市场的兴起,日、韩汽车产业快速崛起,在世界汽车市场中开始占有一席之地。丰田、本田、起亚、现代等日韩汽车企业成功跻身世界级汽车舞台,至此世界汽车产业呈现出欧洲、美国、日韩三足鼎立的格局。❶第四次变革则出现在20世纪80年代后,这一时期以中国、印度等新兴发展中国家汽车产业迅速崛起为标志,新兴汽车工业国的崛起使得全球汽车产业呈多极化的发展格局。中国、印度等新兴市场汽车产业能在三足鼎立的格局中崛起:一方面,随着北美、西欧和日本汽车市场趋于饱和以及汽车生产成本的不断上扬,为缓解压力,传统汽车强企纷纷采用通用部件和平台战略,采取全球采购、模块化的供货方式,试图通过实现最佳资源配置降低生产成本以及市场饱和的双重压力,由此给新兴的发展国家嵌入汽车全球产业链和价值链提供契机;另一方面,由于发展中国家为代表的新兴国家居民生活水平不断提升,新兴国家对汽车的需求全面释放,从而使得新兴汽车工业国家在世界汽车发展中的地位和重要性日益突出。❷

中国作为全球汽车产业新兴市场的典型代表,自2001年"入世"以来,汽车产业呈现出"井喷式"发展。汽车产销量在全球市场的排名不断被刷新,自2009年以1 379万辆的数字一跃成为全球第一大汽车市场以来,中国汽车产销量已连续8年蝉联全球第一,2016年中国汽车全年累计产销双超2 800万辆,领先第二位的美国多达1 200万辆,在全球汽车市场的比重,已接近1/3。❸巨大的汽车产销市场使得中国具备了培养世界级汽车企业的

---

❶ 北京汽车经济管理研究所.中国汽车产业海外发展战略研究[M].北京:北京理工大学出版社,2012:20-21.

❷ 唐杰,杨沿平,周文杰.中国汽车产业自主创新战略[M].北京:科学出版社,2009:82-83.

❸ 2016年中国汽车产销量分析及发展趋势预测[EB/OL]. http://www.chyxx.com/industry/201606/427479.html,2017-04-01.

环境和土壤，催生了一批具有国际竞争力的本土品牌汽车企业，截至2016年，中国汽车销售达百万辆、利润达百亿元的自主品牌汽车企业达到3家，分别是长安、长城以及吉利。在2016年福布斯发布的《全球企业2000强》榜单中，中国汽车企业亦有上汽、东风、比亚迪、长安、长城、北汽、广汽7家入围。虽然中国的汽车产业总体发展走势表现良好，但不容忽视的产业现实是中国汽车在世界汽车贸易中的份额依然很小，且以低附加值、高能耗、原材料密集型和劳动密集型产品为主，如车用玻璃、轮胎以及制动盘等，在发动机、变速器等汽车核心领域、关键部件，还缺少龙头企业，缺少核心品牌，受制于国外企业集团。零部件关键技术的突破，核心品牌的培养，在未来一段时间内，仍将是中国汽车产业面临的主要任务和挑战。❶

二、汽车产业知识产权管理现状

汽车产业作为知识产权密集型产业有着与其他知识产权密集型产业共有的知识产权管理特征和举措，但是基于产业特性，也有其产业特别的知识产权管理方式，具体来说，汽车产业知识产权管理状况主要可以概括为以下方面。

（一）知识产权创造与布局

当今世界汽车市场的竞争日趋激烈，汽车产品的更新换代速度不断加快，世界各大跨国汽车企业纷纷投入巨额资金用于新技术的研发，以加快新产品进入市场的步伐，赢得市场领先优势，汽车产业已成为继电子计算机产业、医药保健产业之后目前全球研发投入第三大产业类型。在2016年度全球研发投入100强企业中，汽车企业接近1/5，特别是大众汽车更是以136.12亿欧元排名百强首位。❷不断加大的研发投入刺激了汽车产业的研发

---

❶ 国务院发展研究中心产业经济研究部，中国汽车工程学会，大众汽车集团（中国).中国汽车产业发展报告（2015）[M].北京：社会科学文献出版社，2015：57.

❷ 2016年度全球研发投入100强企业排行榜[EB/OL].http://www.askci.com/news/hlw/20161229/14594285451.shtml，2017-04-07.

产出。基于高水平的研发投入占销售额比例，汽车企业也产生了一批举世瞩目的核心技术，以2012年为例，丰田、日产、本田等汽车企业分别达到3.7%、4.9%和5.7%，由此产生发动机的智能可变气门正时系统技术、复合涡流控制燃烧技术、GOA车身技术、安全屏障技术等重要创新成果。❶随着新技术的产生，同时也产生大量围绕新技术的专利。据统计，2015年，全球汽车行业专利公开量超过15万件，其中美国、日本、德国三国的专利公开量占比超过40%，日本更是接近3万件。此外，以全球专利申请数量的分布进行衡量，目前汽车产业中最前瞻性的汽车技术布局领域为燃油经济、车载资通信、自动驾驶、驾驶辅助、抬头显示器5个方面。据汤森路透公司2015年针对全球汽车产业所作的一项整体创新速度与密度调查研究报告显示，在燃油经济领域，韩国的现代汽车布局的专利最多，其次是美国通用和福特；在车载资通信领域，以美国通用和韩国现代为主；自动驾驶方面，丰田则拥有最多的专利数，美国通用和韩国现代紧追其后。总体而言，在全球汽车产业的知识产权创新与布局方面，日本汽车企业显露出强大的实力和良好的发展态势，占据全球领先地位，欧洲与美国的公司也表现得较为强劲。❷

近年来，我国汽车企业的研发投入虽然出现较快速的增长，但是在研发投入总量和投入强度上仍明显不足，特别是一些大型合资企业由于依赖国外技术，对消化吸收和自主创新的重视还不够，直接导致我国汽车技术与产品研发的落后。具体到专利产出方面，存在"大而不强，多而不优"的问题，虽然从数量上我国国内申请人与国外申请人之间的差距不大，但是国内申请人侧重于申请发明专利和实用新型专利，国外申请人的重点几乎全部集中在发明专利。❸据国家知识产权局公开信息显示，截至2016年年

---

❶ 国务院发展研究中心产业经济研究部，中国汽车工程学会，大众汽车集团（中国).中国汽车产业发展报告（2015）[M].北京：社会科学文献出版社，2015：140.
❷ 汽车产业中各领域专利数量排名分布[EB/OL].http: //www.ctex.cn/article/zxdt/xwzx/zxdt/201501/20150100003106.shtml，2017-04-07.
❸ 国务院发展研究中心产业经济研究部，中国汽车工程学会，大众汽车集团（中国).中国汽车产业发展报告（2015）[M].北京：社会科学文献出版社，2015：67.

底,我国六大汽车企业,包括一汽、东风、上汽、北汽、长安、广汽,累计申请专利数量达12 322件,其中发明公布、发明授权、实用新型以及外观设计占比分别为19.7%、7.1%、42.2%和40%,并且在发动机、底盘、车身和车用电气相关核心专利中,发明专利申请数量位居前列的基本都是国外企业。此外,目前我国大部分自主品牌汽车企业尚未形成总体的知识产权布局规划,未来出现知识产权壁垒和侵权风险的可能性较大。

(二)知识产权运用

知识产权运用是汽车知识产权释放价值的必要途径。汽车企业对于知识产权的运用主要包括转让和许可的方式,通过对于汽车知识产权的有偿转让和许可可以扩张技术的使用范围,并获得可观的转让许可费用。目前对于汽车知识产权的转让是我国汽车企业运用知识产权最主要的方式,据统计,2013年我国汽车专利转让次数占到专利运营次数的85%。❶此外,由于汽车所涉技术庞大且复杂,因此,一家汽车企业很难掌握所有汽车技术,企业之间进行汽车专利技术的交叉许可也就成为较普遍的专利运用方式。基于专利交叉许可,很多汽车企业相互之间构建专利联盟或专利池也是近些年汽车企业惯常使用的知识产权运营方式。如福田汽车2015年联手长城、吉利、长安、北京工业大学等整车企业、零部件企业、科研院所等30余家单位构建了我国首家汽车专利联盟。专利联盟的成立有利于联盟组织内部进行技术的联合攻关和许可,实现整体技术提升,共同防御外部企业的竞争攻势。

专利技术是品牌的基础和支撑,品牌是专利的外化和促进。品牌已成为汽车跨国公司控制和配置资源、抢占和控制市场的利器。汽车跨国企业通常以品牌运营的方式扩展自己的竞争市场和优势。跨国公司对于品牌经营主要手段包括:(1)通过合资、并购手段,打压本土品牌,建立自己的品牌。大众、丰田、本田等跨国汽车企业正是通过与我国汽车企业合资、并购我国汽车企业等方式,达到挤压我国自主品牌的生存空间,扩张自己

---

❶ 张婷.专利运营:让车企专利"变现"[EB/OL].http://www.cnautonews.com/xw/hy/201501/t20150107_340934.htm,2017-04-07.

品牌效应的目的。（2）通过多品牌策略运用，占有更多的细分市场。目前根据各目标市场的不同利益，建立、营销、推广多个品牌的多品牌策略也是各大汽车企业经营品牌惯常使用的方式，如通用汽车旗下就有雪弗莱、别克、凯迪拉克三大品牌。多品牌策略可以根据不同目标市场的要求，建立和打造不同特点和属性的品牌，从而达到吸引不同类型消费者，占领细分市场的目的。❶

值得注意的是，近年来，部分汽车跨国企业有开放其拥有专利的动向和趋势。如在继2014年电动车巨头企业特斯拉公开其拥有的所有483件专利，供任何人免费实施使用后，丰田在2015年同样宣布在全球范围内免费开放5 680项有关氢燃料电池技术的专利，其中包括Mirai的1 970项关键技术。❷同年福特也宣布公开其电动车相关专利，但区别于丰田和特斯拉，福特是有偿开放，即在付费之后，可以参照福特专利仿制、使用这些电气化车辆技术，而福特公司不予以责任追究。❸特斯拉、丰田、福特等汽车跨国企业纷纷公开专利固然有其各自市场竞争策略的考量，如特斯拉主要是希望通过专利公开，让其他更多的汽车企业使用和利用技术标准，从而扩大自己技术标准的影响力和推广度，最终实现将自己企业标准推广到行业标准的目的。丰田则希望通过专利公开，联合其他企业共同做大燃料电池市场，并形成强劲的技术主导优势，间接起到打击竞争对手技术路线，取得市场优势地位的目的。❹福特公司的专利公开可能出于在电动车技术新突破的基础上，通过将并不重要的非核心专利的公开，将更多的汽车厂商和资源聚拢在自己主导的专利联盟组织之中，有限范围产生技术的共享效应和

---

❶ 马春阳.汽车企业多品牌策略分析[J].汽车工业研究，2012（9）：5.
❷ 丰田汽车开放氢燃料电池技术专利使用权[EB/OL].http：//qiqihar.dbw.cn/system/2015/01/07/056248611.shtml，2017-04-07.
❸ 福特曾经的技术堡垒为何从内部被打破[EB/OL].http：//www.pcauto.com.cn/client/649/6499761.html，2017-04-07.
❹ 车企竞相放开专利为哪般[EB/OL].http：//auto.163.com/15/0610/09/ARO4CMGC00084TV6.html，2017-04-07.

排他效应。❶

(三)知识产权诉讼与保护

近年来,随着全球汽车市场竞争的日趋激烈以及知识产权对于企业价值的不断凸显,汽车领域的知识产权诉讼呈不断上升趋势。据统计,仅2007年汽车行业知识产权诉讼就较之前翻了一倍,大量汽车企业卷入知识产权诉讼。目前,全球汽车企业所遭遇典型的知识产权诉讼主要包括以下类型:(1)汽车配件企业发起的知识产权诉讼。汽车企业为了保证供应商的地位,对关系企业的仿制产品行为进行集中维权。如作为汽车传感器供应商的日本丹因碧克(Wacoh)公司2008年在威斯康星联邦地区法院,发起了针对本田、马自达、通用、大众、宝马等公司的专利侵权诉讼。2009年又在密歇根东区联邦地区法院对福特、铃木、宝马、马自达、本田、通用等公司提起专利侵权诉讼。(2)汽车企业及关系企业发起的知识产权诉讼。通常来说,拥有渠道优势的汽车企业在知识产权诉讼方面秉持保守态度,一般不会主动提起诉讼,但是在某些情势下,知识产权诉讼也是重要的竞争反制工具。如在2009年,继"亚德诺"设备公司提起侵权诉讼后,福特、本田、宝马、奔驰等公司提起知识产权反诉。针对上述丹因碧克公司提起的专利侵权诉讼,奔驰、克莱斯勒、福特、马自达等公司在另一案中也对丹因碧克公司提起反诉。(3)专利运营公司发起的知识产权诉讼。目前,汽车行业遭遇非专利实施主体(NPE)发起的专利诉讼情况也较为多见,如MHLTEK公司是一家专门负责运营股东发明或者收购专利的公司,该公司于2008年在得克萨斯东区联邦法院就对通用、福特、奔驰、沃尔沃、克莱斯勒等公司发起专利侵权诉讼。在此之前,该公司还将日本大部分汽车企业告上法庭。(4)通用技术经营企业发起的知识产权诉讼。汽车产业本身就涉及大量技术的综合运用,一些拥有和经营通用技术的企业也纷纷对汽车企业提起知识产权诉讼,如2008年,移动微媒体方案公司对丰田汽车提起专利侵权诉讼。同年,存储控制公司对现代和丰田提起专利

---

❶ 巢艳君.为什么车企纷纷公开专利?开放背后的车企小心思[EB/OL].http://ip.people.com.cn/n/2015/0610/c136655-27132684.html,2017-04-07.

侵权诉讼。[1]

进入21世纪以来，我国汽车产业的知识产权诉讼也不断增多，其原因一方面是基于中国汽车市场的"井喷式"发展，中国汽车市场已成为跨国汽车企业最具战略价值的高地，而知识产权诉讼是跨国汽车企业开疆拓土，排挤和打击本土汽车企业的重要手段；另一方面是我国汽车企业的起步发展较晚，整体实力较国外跨国汽车企业而言，仍有很大差距，模仿跨国汽车企业的先进技术、产品外形是一条发展的捷径，不仅有利于产品较快提升技术水平，也能短时间为消费者所接收和认可，但是模仿同样也给跨国汽车企业拿起知识产权诉讼的大棒进行威胁提供了空间和可能。近年来，我国汽车企业遭遇典型的知识产权诉讼包括：（1）外观设计专利侵权诉讼，主要是国外汽车企业认为我国汽车企业生产的汽车外形涉嫌其同类产品外形的抄袭而提起的知识产权诉讼。如2003年、2004年美国通用分别向奇瑞公司提起的QQ外观侵权诉讼。2007年意大利菲亚特向长城公司提起的精灵汽车外观侵权诉讼。2016年捷豹、路虎向陆风公司发起了关于陆风X7外观侵权诉讼。（2）商标侵权诉讼，主要是国外汽车企业认为我国汽车企业所设计的产品图形商标构成对其商标的混淆而提起的知识产权诉讼。如2002年，日本丰田向吉利发起的关于美日图形商标侵权案。[2]虽然我国汽车企业在与跨国汽车企业的知识产权诉讼中大多以胜诉告终，但是从长远来看，要成为国际知名汽车企业，我国的自主品牌汽车企业应摒弃"山寨""抄袭"发展模式，加大研发投入力度，掌握更多的自主知识产权，只有这样才能尽量规避知识产权风险，在国际市场竞争中站稳脚跟。

三、汽车产业知识产权管理发展趋势及战略措施

未来汽车产业将朝着智能化、高端化、国际化方向发展，在这一发展趋

---

[1] 魏衍亮.全球汽车行业专利案件的七种类型[EB/OL].http：//www.chinafastener.biz/gb/news/2848.htm，2017-04-07.

[2] 盘点国内汽车专利侵权典型案例[EB/OL].http：//shuoke.autohome.com.cn/article/13723.html，2017-04-07.

势之下：汽车"智造"将取代汽车制造，3D打印技术、工业机器人技术将进入汽车制造流程，汽车生产成本大幅度降低，汽车生产周期不断加快；软实力竞争将取代硬实力竞争，导航技术、物联网技术等参与汽车功能之中，人性化、智能化将是汽车企业之间竞争的关键；消费者导向将取代产品导向，云制造技术在汽车设计中的应用让消费者参与汽车制造成为可能，汽车将会越来越体现消费者的个性要求和特征。❶随着汽车产业发展的转向，汽车产业的知识产权管理也呈现出新的发展趋势：（1）知识产权创新模式将更加多元。随着新能源、物联网、云制造等越来越多新技术参与和应用到汽车制造之中，一家企业掌握所有汽车制造技术的现象将会变得愈加少见，因此构建多元化的创新模式成为新形势下汽车企业跨越技术瓶颈的重要途径。（2）专利标准化将是专利运用的重点方向。在汽车产业的高端化、国际化方向发展趋势之下，可以预见全球汽车企业的竞争将会愈加激烈，未来汽车企业的竞争将是标准的竞争，专利标准化将会是汽车企业专利运营的重要路径和目的。（3）培育品牌价值将成为企业维护核心资产的重要手段。汽车作为消费品，其品牌形象是消费者选购商品的重要依据，因此，品牌在汽车企业竞争之间扮演着非常重要的角色，培育和经营品牌价值是汽车企业提升核心资产价值的必然要求。（4）知识产权保护将成为企业的生命线。汽车产业作为资本密集型和技术密集型产业，知识产权是其企业生存和发展的关键，因此周延保护知识产权利益是捍卫和固守企业的生命线。基于以上发展趋势的考量，我国汽车产业的知识产权战略措施包括以下方面。

（1）建构可持续的知识产权自主创新体系。一台汽车的制造涉及上万个零部件，特别是随着越来越多诸如新能源、物联网等新技术参与到汽车制造之中，可以预见，未来的汽车制造将是一个高度技术密集型的活动和过程，单一企业创新能力将越来越难支撑汽车制造全过程的技术要求，因此，集合多方优势创新资源，形成自主创新体系将是未来汽车企业的必然选择。对于我国汽车企业而言，本来起步较晚，与跨国汽车企业无论从技术还是资金积累方面，都存在较大差距，更应该集合各方创新要素资源，

---

❶ 谭剑.全球汽车产业发展趋势分析[J].汽车工业研究，2015（10）：7.

打造和建构专属于自己可持续的自主创新体系，以回应新形势下汽车产业发展的需求。具体而言，我国汽车企业应当有效整合"政、产、学、研"资源，为建构自己的创新体系提供支撑：从"政"的角度要用好用足国家和地方政府在推进产业转型、升级方面的各项产业政策；从"产"的角度要与其他企业进行技术创新的合作，构建产业联盟，进行联合技术攻关；从"学"的角度要实事求是、勇于创新，以目前的科研院所、研究基地为支撑，为创新提供专业与人才支撑；从"研"的角度则要利用好高校研究所具有的创新资源和条件，与其建立良好的联合技术开发和攻关的关系和渠道。[1]

（2）强力打造汽车企业的自主品牌。品牌是消费者辨识汽车产品及服务的重要依据，在现代市场激烈的竞争中，品牌已成为跨国公司控制和配置资源、抢占和控制市场的利器。我国汽车企业在与国外汽车企业20多年的合资过程中，不仅没有通过引入国外汽车先进技术进行吸收和再创新，反而还丢失了原有的品牌，目前在国内汽车市场，除了比亚迪、长城、长安、吉利等少数本土自主品牌之外，更多的是世界汽车巨头的身影。因此，建立自主品牌是构筑中国汽车竞争力的必要条件。具体来说，我国汽车企业打造自主品牌的措施可以包括：合理利用多品牌策略，科学规划企业品牌与产品之间的架构和关系，优选最佳的品牌发展规划和战略；在可能的每个营销途径宣介品牌价值，并尽可能统一企业品牌与各产品品牌之间价值的和谐性和统一性；将品牌作为企业的核心资产进行有效管理，不断培育品牌的知名度和溢价率。

（3）加强高价值知识产权的创造与布局。对于汽车产业而言，高价值知识产权与产业的控制力密切相关，企业只有拥有核心的技术，才可能在不依赖其他企业的前提下谋得自主发展，才可能拥有影响市场的控制力。目前，从我国汽车企业自主创新能力来看，相较于国际汽车巨头还有较大差距，我国企业应当将创新作为企业生存与发展的生命线，不断加大

---

[1] 唐杰，杨沿平，周文杰.中国汽车产业自主创新战略[M].北京：科学出版社，2009：166-167.

研发投入强度，通过自主创新与联合创新相结合的方式，尽可能获取更多的高价值知识产权，并在此基础上，作好知识产权的布局，从全球范围来看，巴西、墨西哥、俄罗斯、印度、埃及、南非、泰国、印度尼西亚、土耳其、澳大利亚等国家市场都是我国汽车企业知识产权布局比较好的目标选择。❶

（4）大力提升知识产权保护力度。汽车产业的创新具有不同于其他产业的特点，因为汽车是唯一的零件以万计、年产量以百万计、保有量以千万计、集众多学科尖端技术于一体的综合性、交叉性的产品，具有技术和资金密集型的特点，因此汽车产业的创新具有长周期性、高投入性、高风险性的特点，❷知识产权是汽车企业核心竞争力所在。大力保护知识产权对于汽车企业而言，不仅是保证前期大量投入资本、人力等各项资源能够得以回收，同样还是防范或打击竞争对手的重要市场工具。具体而言，我国汽车企业首先应摒弃"抄袭""模仿"的老路，不断提升自主创新能力，以增强技术硬实力；其次应建立专利信息检索和跟踪制度，在技术研发之前应做好专利信息的检索和查新，技术研发及专利申请过程中对竞争对手的相关技术进行跟踪和监控；最后面对海外知识产权诉讼成本高的问题时，我国汽车企业还应抱团取暖，加强与相关企业的知识产权保护协同，联合建立知识产权风险预警和应对机制，共同防范和应对海外知识产权风险和诉讼。

总之，汽车产业作为典型的知识产权密集型产业，决定了知识产权对于其产业发展的意义和价值。我国的汽车企业由于起步较晚，与跨国汽车巨头仍存在较大差距，唯有通过创新能力的显著提升，知识产权管理水平的不断加强，知识产权实力的整体跃升，才能在全球汽车市场竞争中立足，并参与汽车全球产业链和价值链，最终为我国成为汽车强国提供强有力的支撑。

---

❶ 北京汽车经济管理研究所.中国汽车产业海外发展战略研究[M].北京：北京理工大学出版社，2012：243.

❷ 唐杰，杨沿平，周文杰.中国汽车产业自主创新战略[M].北京：科学出版社，2009：23.

第二节 丰田汽车专利管理战略实证分析及启示[*]

丰田汽车（又称丰田自动车株式会社，Toyoyta Motor Corpopation Japan）是一家日本汽车制造公司，也是目前全世界排名第一的汽车生产公司。丰田汽车公司成立于1938年，创始人丰田喜一郎1933年在纺织机械制作所设立汽车部，从而开始了丰田汽车公司制造汽车的历史。1935年，丰田AI型汽车试制成功，次年正式成立汽车工业公司。❶ "二战"之后，丰田汽车公司加快发展步伐，通过引进欧美先进汽车生产制造技术，在国际汽车技术专家和管理专家的指导下，很快掌握了先进的汽车生产管理方法，并根据其自身发展环境的特点，创造了著名的丰田生产管理模式，在日后的发展历程中不断加以完善，极大地提高了生产效率。❷ 2016年，丰田汽车公司位居《财富》杂志世界500强企业第8名，全球100大最有价值品牌第5名。丰田汽车公司一直重视专利管理工作，并在专利战略运用上取得较为突出的成绩。丰田汽车公司是基于一件专利转让而诞生的公司。发明家丰田佐吉，也就是创始人丰田喜一郎的父亲，申请过126个专利，其中织布机在全世界都取得了专利，他花费5年时间以10万英镑转让费转给英国一家公司，以此为资本成立汽车部，1936年独立出来诞生丰田汽车公司。丰田汽车公司在发展过程中确立了著名的"技术质量发展战略"，公司内部员工都非常重视技术创新，积极地将研发和生产过程中的发明创新申请相关专利，并进一步运用到生产实践中。作为一家在全球汽车产业占据一席之地的制造企业，丰田汽车公司希望通过实施专利战略不断创造经济价值，获得竞争优势。长期以来，除了广泛宣传创新思想，制定企业发展的专利战略外，公司还组织形式多样的员工发明和经验交流活动，企业员工普遍拥有较强的专利意识，形成自身独特的专利文化。以下将从丰田汽车公司在全球和国内两个维度上的专利布局现状展开分

---

[*] 本节作者为南京理工大学知识产权学院硕士研究生李晓晓。

❶ 丰田汽车公司历史简介[EB/OL].http://auto.ifeng.com/culture/culcomposite/20091019/127116.shtml, 2017-04-07.

❷ 陈腾,曾国屏,杨君游.丰田、本田、日产电动汽车专利计量分析[J].科学与管理，2013（2）：26-31.

析,并重点阐述其最近采用的专利开放战略的优劣,进而提炼出对国内汽车产业发展的启示。

一、丰田汽车专利管理体系

从生产规模来看,丰田汽车公司远不及美国通用汽车公司和福特汽车公司,从人均销售额与人均纯利润来看,它却将诸多同行远远甩在身后。丰田汽车公司成功的关键在于其创新且独具特色的生产、经营和管理方式,特别是专利管理体系。

(一)丰田汽车专利管理架构体系

1962年1月,丰田汽车公司在技术管理部门下成立专利组(Patent Section),负责专利管理工作,1978年更名为专利部(Patent Department),1991年再次更名为知识产权司(Intellectual Property Division)。知识产权司主要负责统筹规划企业内部的专利申请工作、改进发明创造评议方式和分析其他企业的专利情报等。此外,1949年丰田汽车公司还成立发明和设计委员会(Invention and Design Committee),1992年更名为知识产权委员会(Intellectual Property Committee)。该委员会由来自管理层、技术开发和知识产权管理部门的人员组成,他们致力于将知识产权和研发活动紧密结合,建立强大的专利联盟,在必要情况下收购所需知识产权,防范知识产权管理风险,确定知识产权管理策略。此外,丰田汽车公司也在海外专门进行知识产权工作,如2005年丰田汽车公司就派任加茂广先生作为第一任常驻中国的知识产权事务人员,并于2006年1月在丰田汽车技术中心(中国)有限公司正式成立知识产权部,主要工作是负责调查取缔侵权商品、处理法律事务。[1]

此外,在互联网尚处于理论构建阶段的1978年,丰田汽车公司就成立了依赖于人工整理的专利材料办公室(Patent Materials Office),这是一个收集日本和美国专利信息公告的存储库,旨在方便研究开发者直接查看相关专利信息。办公室内含大量的纸质专利信息公告,涉及汽车技术、电子技术、材料技术和半导体技术等与汽车制造产业息息相关的诸多方面。该

---

[1] 刘琳.跨国汽车公司在华专利战略与我国汽车企业的应对[D].武汉:华中科技大学,2013.

办公室拥有1950~2009年的日本专利信息，涵盖日本领先的汽车技术相关专利信息，其中的信息资料对丰田集团所有下属公司开放。专利材料办公室其实就是如今借助成熟的互联网技术而迅速发展起来的专利信息检索系统雏形。

（二）丰田汽车专利管理制度体系

丰田汽车公司的知识产权部门每年都会制订专利工作计划，对专利研发方向和专利申请数量进行详细的规划，根据每一个技术领域内的专利需求因地制宜地制定研发战略，必要时申请相关专利，以建立一个强大的全球专利组合。专利申请必须要经过知识产权部审查，知识产权部根据发明是否能获得批准、对于公司是否必要以及是否有经济前景等评价指标决定是否申报。

丰田汽车公司自1981年就开始开展系统性的专利分析工作，当时称为"专利评价"（Patent Reviews），目的是提高专利申请的质量，现更名为"专利战略活动"（Strategic Patent Activities）。主要活动包括开发人员（发明者）和专利管理人员关于单个开发主题的专利信息分析，研发过程中对发明的不断发现，提交涵盖权利广泛的专利申请，开发覆盖核心技术的专利网，确认其他竞争公司的专利申请等。

对于知识产权管理人才培养方面，丰田汽车公司效仿美国联合碳化物公司建立专利联络官（Patent Liaison Officer）制度。这些专利联络官大多由高水平的技术人员担任，承担联络专利部门和研究人员的责任，主要包括：（1）将研发过程中的工作情况向专利部门反映，挖掘其中的潜在专利，并有意识地诱导发明活动；（2）解答研发人员关于专利事务的咨询；（3）将公司计划、发展方向和活动情况向研究人员传达，提供必要的专利情报，指导具体领域内的研发侧重点。

二、丰田汽车专利布局管理

（一）丰田汽车的全球专利布局

1. 专利申请趋势

本节数据来源于中国国家知识产权局专利数据库，使用其专利检索与服务系统和合享新创incopat网站进行数据分析。由于国内发明专利申请自申请日起18个月后公布、实用新型专利申请在授权后公布、PCT专利申请自申请日起30个月后进入到国家阶段，本研究统一选取自丰田汽车公司开始申请专利的第一年，即1960年至2015年12月31日时间段内所申请的国内外专利申请为研究对象。

通过对相关专利数据库进行检索（检索日期截至2015年12月31日，检索地域为日本、中国、美国、世界知识产权组织、欧洲专利局、德国、韩国和英国8个主要国家和地区），并筛选后得到丰田汽车公司在全球范围内的专利申请概况。

由图5.1可知，1960年丰田汽车在美国申请第一件专利，该专利公开号为US3049742A，是一件关于汽车驱动雨刷系统的专利。由此可见，丰田汽车公司自发展之初便具备专利管理的强烈意识，同时格外注重专利的全球布局，走在其他汽车企业的前列。之后到1965年丰田汽车公司又申请2件专利，直到1973年，丰田汽车公司的专利申请仍然很少，处于缓步增长的状态。此时公司处于早期创业时期，所用的生产制造技术主要来源于欧美先进汽车企业，自我创新能力不足，可申请专利的技术有限，因此专利申请处于萌芽阶段。

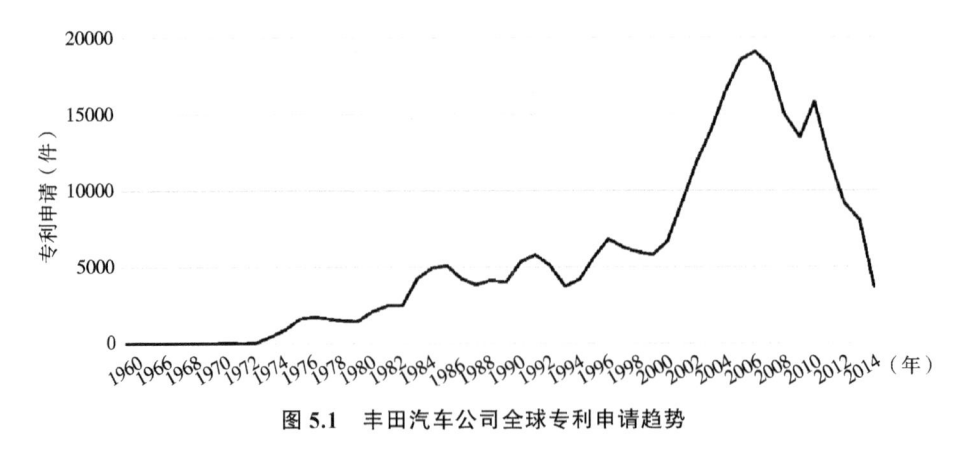

图5.1 丰田汽车公司全球专利申请趋势

自1974年开始，丰田汽车公司的专利申请进入快速发展阶段，迅速地突破1 000件，并且在5年内超过2 000件，之后又在不到3年超过4 000件，到20世纪90年代，丰田汽车公司的专利申请仍然保持着可观的数量，稳定在6 000件左右。2000年之后，丰田汽车公司的专利申请再攀高峰，达到1万件以上，尤其是2007年的专利申请高达1.9万余件，这是其他同行竞争者望尘莫及的。这一时期，也是丰田汽车公司全面繁荣发展阶段，汽车出口总量达到200万辆，并且在2008年取代美国通用汽车公司成为全球排名第一的汽车生产公司。丰田汽车公司在汽车产业专利申请方面的优势与其在行业内的霸主地位是相符的。

近5年来，丰田汽车公司的专利申请呈现缓步下降趋势，究其原因：一方面，传统汽车产业的技术已经到达成熟期，产业内的专利申请速度总体上有所减缓，而新能源汽车等新兴产业迅速崛起，中国等发展中国家的汽车企业也在高速扩张之中，丰田汽车公司在产业内的统治地位不断受到新的挑战。另一方面，一向以品质著称于世的丰田陷入接二连三的全球汽车召回门事件。2009年由于相关车型油门踏板存在设计缺陷问题，丰田汽车公司引以为傲的品质把控受到消费者质疑，被迫在全球范围内进行大规模的汽车召回。2010年，混合动力汽车普锐斯刹车系统出现问题，丰田陷入新一轮的"刹车门"旋涡。❶虽然丰田汽车公司最终较为成功地解决了质量危机事件，挽回市场的信任，但也迫使公司回归生产线，更加注重品质控制问题。因此，专利申请速度有所减缓。

2. 专利区域分布

丰田汽车公司在全球的专利申请主要集中在日本、中国、世界知识产权组织、德国、欧洲专利局（EPO）、美国、韩国和英国等。作为最具备代表性的日本汽车企业，丰田汽车公司在母国的专利申请占到全部专利申请的85%以上。众所周知，专利申请广泛存在"本国优势"（Domestic Bias）现象，即企业在开始专利申请工作时，在本国内的专利申请最简

---

❶ 刘刚，黄苏萍.企业社会责任、关系资本与竞争优势——基于丰田"召回门"事件的分析与思考[J].财贸经济，2010（6）：121-126.

便,效率最高,也更容易获得经济效益。❶日本本土汽车企业豪强林立,除了丰田汽车公司以外,本田、日产、马自达、铃木、三菱、五十铃等汽车均具有不可小觑的竞争力,若要保持在本土的技术领先优势,丰田汽车公司必须尽全力地进行技术研发和专利申请,不惜一切代价保持本土优势。

除日本之外,丰田汽车公司在中国的专利申请将其他国家甩在身后。丰田汽车公司进入中国的历史源远流长,1964年便首次向中国出口丰田CROWN皇冠轿车。改革开放之后,丰田汽车公司开始迅速地抢占中国市场,专利申请工作一直在有条不紊地进行。此外,丰田汽车公司的第1件专利申请是在美国,其对于海外市场的重视程度绝不亚于日本本土,它从发展之初便表现出强烈的全球扩张愿景。1962年,羽翼丰满的丰田汽车公司将目光投向了地球另一端的欧洲,在这一年,丰田汽车产量首次突破百万辆大关,在欧洲汽车市场占据重要地位。因此,其在欧洲专利局、德国和英国等地的专利申请也颇具份额。

3. 专利技术构成

由于汽车产业发展历史长远,丰田汽车公司的专利申请数量浩如烟海,为了更准确地获得它的技术分类信息,本研究选取2006~2015年的专利申请数据作为研究样本进行分析。

丰田汽车公司的技术分布分类前10如图5.2所示。专利分类 H01M 和 F02D 的出现频次达21 781次、21 461次,远远高于其他分类,它们表示化学能、光能或热能转变为电能的相关技术和装置,例如电池组的设计。这说明,在汽车整体的生产过程中,汽车电能的生产和燃烧发动机是核心技术。其他分类为混合电动技术、电动汽车技术、电池串并联技术、蓄电池技术、燃料电池技术、燃料电池控制技术等。从技术分类看出,近年来,丰田汽车公司的技术研发偏重以混合动力为主的新能源汽车,这和丰田汽车公司的生产线悉数采用混合动力化息息相关。这也表明,丰田汽车公司在重视提高硬件参数的同时,极为重视汽车配套设施的研究与开发。

---

❶ Frietsch R, Schmoch U.Transnational Patents and International Markets[J]. Scientometrics, 2010(1): 185-200.

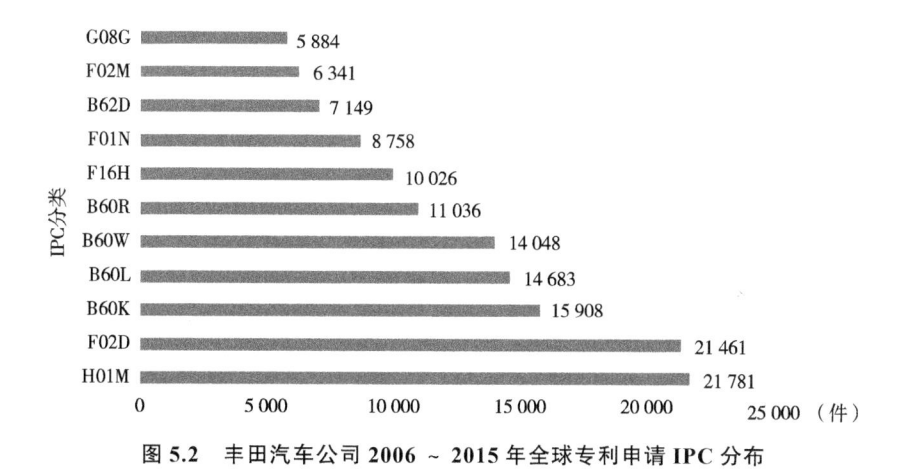

IPC分类	件数
G08G	5 884
F02M	6 341
B62D	7 149
F01N	8 758
F16H	10 026
B60R	11 036
B60W	14 048
B60L	14 683
B60K	15 908
F02D	21 461
H01M	21 781

图5.2 丰田汽车公司2006～2015年全球专利申请IPC分布

从丰田汽车公司的IPC分类专利申请变化趋势可以看出，部分专利分类虽然在申请量方面有所下降，但仍然保持着相对高的申请量，而有些专利申请的衰退非常明显。最明显的是F02M，为一般燃烧发动机可燃混合物的供给或其组成部分，2006年该专利数量超过1 000件，此时一般燃烧发动机技术仍然深受丰田汽车公司重视，而2016年的专利申请仅有100余件，表明该技术已经进入成熟期，缺乏持续创新动力。

（二）丰田汽车的在华专利布局

1. 专利申请趋势

丰田汽车公司自20世纪60年代初进入中国，此后20年一直以出口汽车产品的方式在中国经营。整个六七十年代，丰田汽车在华销量不超过几百辆，这主要是由当时中国社会特殊的政治环境所造成的。进入80年代，其开始重视中国市场，但仍旧坚持在华出口汽车的战略，并开设多家维修服务中心和办事处，通过出口贸易和维修售后服务获取利益。同时通过与国产汽车公司合作进行技术转让，以上两种方式是丰田汽车公司在中国主要的经营模式。直到90年代，由于当时中国良好的投资环境、廉价的劳动力成本和巨大的市场潜力深深吸引着丰田汽车公司，所以从那时起才开始重视在中国的专利布局。

1986年,丰田汽车公司开始在中国申请专利,每年只申请1件,1993年申请数量增加到4件,到1996年丰田申请了113件专利,主要集中在车辆动力装置、车辆传动装置、车辆用仪表等方面。此后五年,丰田汽车公司在中国的专利申请一直保持稳步增长的趋势,申请数量较为平稳。从2004年开始,丰田汽车公司的专利申请猛然上升到674件,比前一年翻了3倍。2005年,丰田汽车公司在中国的专利申请首次突破千件大关。这一期间,大众汽车、戴姆勒集团、宝马集团等世界强有力的汽车跨国企业抢夺中国市场日趋激烈,为了保证自身的领先优势,丰田汽车公司必须加大在中国的专利布局力度。同时,上汽集团、东风汽车和长城汽车等国产汽车企业也开始崛起。作为老牌汽车巨头的丰田,必须在这些新旧竞争者的围攻之中守住累积的优势。近10年来,丰田汽车公司在中国的专利申请仍然保持在1 500件左右,占据中国汽车产业专利申请的重要位置(见表5.1)。

表5.1 丰田汽车公司在中国的专利申请趋势

申请年份	专利申请(件)	发明申请(件)	外观设计(件)	实用新型(件)	发明授权(件)
1986	1	1	—	—	1
1988	1	1	—	—	1
1992	1	1	—	—	1
1993	4	4	—	—	4
1994	14	11	3	—	10
1995	53	17	36	—	15
1996	153	104	49	—	72
1997	113	67	46	—	14
1998	64	34	30	—	82
1999	95	55	40	—	75
2000	108	64	44	—	64
2001	101	82	19	—	126

续表

申请年份	专利申请（件）	发明申请（件）	外观设计（件）	实用新型（件）	发明授权（件）
2002	161	83	78	—	83
2003	257	195	58	4	148
2004	674	487	150	37	237
2005	1 011	770	232	9	555
2006	1 203	1 118	84	1	688
2007	1 517	1 264	253	—	850
2008	1 497	1 388	109	—	1 197
2009	1 304	1 225	79	—	1 559
2010	1 351	1 252	99	—	1 208
2011	1 814	1 647	165	2	923
2012	1 213	1 103	103	7	1 568
2013	1 196	956	183	57	1 560
2014	1 267	1 039	166	62	1 904
2015	1 371	1 172	157	42	1 791
总计	16 544	14 140	2 183	221	14 736

2．专利申请类型

截至2015年，丰田汽车公司在中国的专利申请达到16 544件，其中技术含量最高，经济价值最大的发明专利申请超过14 000件，占全部专利申请的85%，而专利质量相对较低的外观设计专利和实用新型专利仅有2 000余件。可见，丰田汽车公司在华专利申请不仅数量巨大，而且所申请专利的价值也非常可观。

3．专利技术构成

如图5.3所示，丰田汽车公司在华专利申请计量统计前十的IPC分类总计12 432件，超过全部专利申请的70%。其中，IPC分类号为H01M的专利申请在近10年始终保持着领先优势,而IPC分类号为F02D、B60K的专利申请也呈现出稳步增长的趋势。与前文中的丰田汽车公司全球专利申请技术构成分析进行比较,可以看出排名前三的IPC分类是相同的,表明其在中国和全球的专利布局相类似。

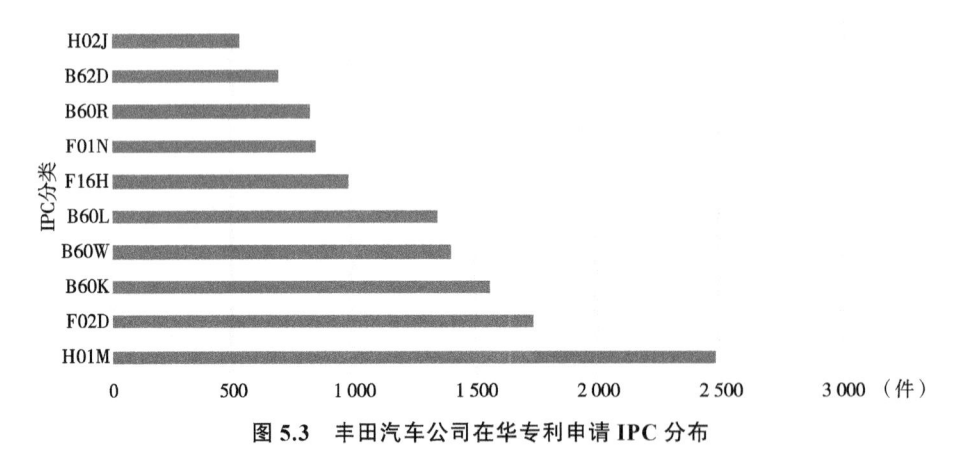

图 5.3　丰田汽车公司在华专利申请 IPC 分布

4. 合作申请人分析

丰田汽车公司在中国的专利申请合作主要集中在爱信艾达株式会社、株式会社电装、爱信精机株式会社、株式会社丰田自动织机、丰田纺织株式会社等公司。这些公司都是日本企业,不仅如此,爱信艾达株式会社和爱信精机株式会社隶属同一家母公司——爱信精机,而爱信精机本身和图5.4中排名第二的株式会社电装、排名第四的株式会社丰田自动织机、排名第五的丰田纺织株式会社,均为丰田集团下与丰田汽车公司并列的17家核心企业。因为丰田汽车公司参股爱信精机,所以丰田旗下车型几乎也都是采用爱信精机的自动变速器。株式会社电装是日本最大、世界顶级的汽车零部件供应商;株式会社丰田自动织机主营纺织机械和汽车制造,所生产的喷气式织机、汽车空调用压缩机和叉车占世界市场份额都名列前茅;丰田纺织株式会社是生产包括汽车座椅及内饰、滤清器、外饰件、汽车纤维产品等的汽车零部件企业,丰田汽车与它们合作申请专利充分利用了丰田集团的内部优势(见图5.4)。

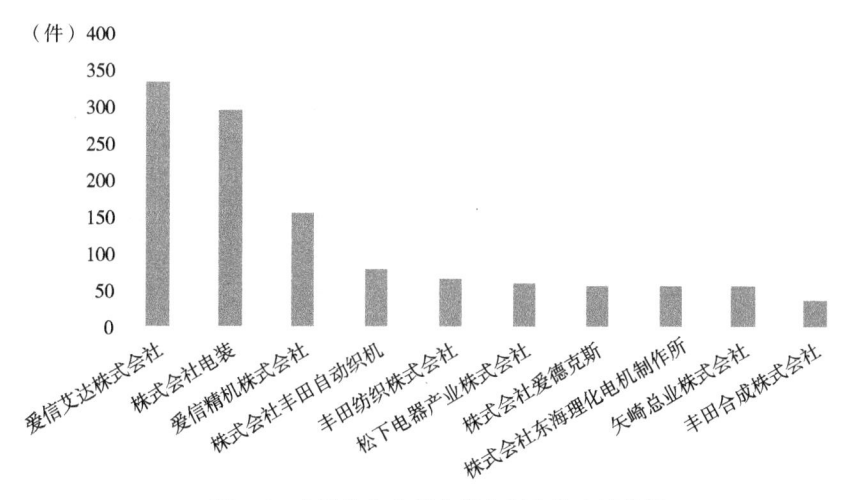

图 5.4 丰田汽车公司在华专利合作申请公司

三、丰田汽车的专利战略管理

丰田汽车公司所采取的综合各种手段的专利战略让其在汽车产业内如虎添翼，在其发展历程中起到无可比拟的重要作用。细究起来，它先后实施了卓有成效的基本专利战略、专利联盟战略和别具一格的专利开放战略。

（一）基本专利战略

基本专利战略是指企业将其涵盖先进技术的核心专利列为基本专利重点保护，并围绕该基本专利开发其他相关专利，或进行技术创新改进，或进行基本专利的市场化应用研究。基本专利与其外围专利组成严密的专利网，防止竞争对手进入，以达到在该技术领域内的垄断目的。❶

在电动车领域，丰田汽车公司于 2007 年申请的名为"电动车辆和用于车辆供电装置"的发明专利被引用多达 456 次，丰田汽车公司围绕该专利又申请了 240 件专利。在发动机领域，2000 年申请的名为"用于内燃机进气量控制装置的可变气门系统"的发明专利被引用 370 次，以该专利为中心的相

---

❶ 冯晓青.我国企业专利战略的制定与实施策略研究[J].武陵学刊，2014（2）：48-55.

关专利多达315件。在汽车尾气治理领域，1998年在美国申请的名为"一种内燃发动机的排气气体净化装置"的发明专利被引证348次，该核心专利的外围专利有32件。在混合动力汽车领域，2001年申请的名为"混合动力汽车"的发明专利被引证267次，以该专利扩展的相关专利有237件。这些多个新能源汽车关键技术领域的核心专利有助于建立公司的核心竞争力，有效防范竞争对手的专利攻击。

（二）专利联盟战略

丰田汽车公司清楚地认识到，拥有覆盖大量核心技术的基本专利固然很好，但汽车构造异常复杂，上下游产业链密集，一家汽车企业不可能完全掌握汽车制造流程中所需要的各种产品和技术，因此与同行之间的专利合作是不可避免的。为了在与他国竞争对手谈判的过程中占据有利地位，丰田汽车公司在日本汽车产业内采取了专利联盟战略。所谓专利联盟，是指不同企业基于共同利益，就某一技术领域的相关专利达成合作，组成专利联盟。联盟内的成员企业可以采用交叉许可的方式共享彼此的专利，而达到对联盟外部的其他竞争对手形成技术封锁的效果。[1]

1997年，丰田汽车公司联合日产汽车公司、三菱汽车公司和马自达汽车公司3家日本汽车企业达成合作协议，彻底清查各自汽车生产中涉及专利侵权的产品和方法，对4家企业之间的主要专利纠纷进行全面整顿。企业内部也进行大规模的专利交叉许可和专利授权等活动，形成一个紧密结合的利益共同体，进而在后来与欧美汽车厂商发生知识产权纠纷时把握主动。以丰田汽车公司为中心的专利联盟的建立不仅将知识产权保护的概念前所未有地引入汽车产业界，提高业界整体的专利保护意识和水平，而且利用民族精神为媒介将日本汽车产业黏合在一起，戮力同心造就了在世界范围内独树一帜的汽车工业民族品牌。在基础设施建立上，丰田汽车公司、日产和东京电力公司等发起成立电动汽车充电协会，利用统一标准促进充电设施建设。日本汽车产业内的专利联盟极大地保障本土汽车企业的发展，

---

[1] 周青，陈畴镛．专利联盟提升企业自主创新能力的作用方式与政策建议[J]．科研管理，2012（1）：41-46, 55．

尤其是在面对美国、德国等其他国家的汽车企业发起的专利诉讼时，日本汽车产业上下同心，共同应对来自国外的知识产权挑战。

（三）专利开放战略

专利开放是丰田汽车公司所采取的最独特的专利战略。目前对于专利开放战略的定义并不清晰，有学者认为该战略是技术实力较强的企业所实施的一种针对不特定群体的完全开放战略，即将专利无偿地授权给他人使用，或者放弃部分已经获得的专利权，将专利垄断权贡献到公共领域。❶令人惊讶的是，丰田汽车公司并不是业内第一个吃螃蟹的人，另一家汽车巨头特斯拉在2014年发布了名为《我们所有的专利属于你们》（*All Our Patent Are Belong To You*）的专利开放宣言，吸引其他汽车企业来采用特斯拉的电动汽车专利技术。❷以燃料电池汽车为增长动力的丰田汽车公司面对愈加激烈的新能源汽车竞争，自然不甘心坐视对方抢得先机，因此借助开放策略吸收更多中小汽车企业加入己方阵营。

2015年，丰田汽车公司宣布，将无偿共享其在全球拥有的约5 680件燃料电池相关专利。❸具体内容为：在市场导入初期（预计到2020年年底为止），无偿提供燃料电池组（约1 970项）、高压储氢罐（约290项）、燃料电池控制系统（约3 350项）等作为燃料电池汽车的研发与生产基础的燃料电池系统的相关专利的使用权，用于燃料电池汽车的生产和销售。此外，为促进加氢站尽快普及，将无限期无偿提供制造、供给氢气的加氢站相关的专利（约70项）的使用权。❹

具体分析丰田汽车公司实施开放专利战略的原因，主要有以下三个方面的考量：第一，开放专利有利于推动燃料电池汽车产业规模化发展。丰田汽车公司公开近6 000项专利，能够吸引对燃料电池汽车方面感兴趣的企业，包括汽车整车厂商和上下游产业链的合作伙伴，以专利开源为契机，

---

❶ 王柯.开放创新下的企业专利战略[J].法制与社会，2009（36）：284.
❷ 李朋波.特斯拉开放专利背后的战略逻辑[J].企业管理，2014（10）：24-26.
❸ 丰田汽车公司将无偿提供燃料电池相关的专利使用权[J].汽车与配件，2015（2）：23.
❹ 丰田将无偿提供约5 680项燃料电池相关专利使用权[EB/OL].http：//auto.qq.com/a/20150106/049525.htm，2017-04-07.

共同推进燃料电池汽车的普及推广工作，摊薄研发和制造成本。就当下全球新能源汽车多种技术路线而言，燃料电池汽车显然是"少数派"，在这块有技术动作、产品计划的车企数量远小于混合动力汽车和纯电动汽车。目前发布燃料电池汽车方面产品计划的企业仅有丰田、本田、日产和通用等少数汽车企业。而且燃料电池车普及难度比纯电动车大，例如加氢站的建设难度明显比建充电桩难度高、耗资大，这也是丰田无偿提供相关专利使用权的重要原因之一，仅靠丰田一家来推动燃料电池汽车，压力巨大，独木难支，因此需要吸引更多资本加入这一阵营，才能使燃料电池汽车产业的发展前景更加光明。❶

第二，开放专利有利于促进丰田汽车公司抢占技术标准化先机。在丰田汽车公司的专利开放计划中，加氢站相关氢气生产和供应专利是无限期免费的，这也就意味着其他汽车公司的燃料电池汽车如果想要使用丰田汽车公司的加氢站，势必就要生产制造与之配套的加氢设备。对于研发资本并不雄厚的一般汽车企业而言，是直接采用丰田汽车公司已经检验成熟的燃料电池技术，还是另辟蹊径再次投入研发费用开发新的技术？答案不言而喻。一旦采用相关燃料电池汽车专利的企业数量达到规模，即使丰田汽车公司并不能从加氢站的相关专利中直接获利，但它已经抢占燃料电池领域的技术标准话语权，在后期的产业扩张中将始终保持领先优势。丰田汽车公司的燃料电池技术标准越被广泛使用、消费者数量越多，它就能驾驭越多的资本进行市场谈判。

第三，在燃料电池领域的专利开放战略是丰田汽车公司在新能源汽车领域履行社会责任彰显企业风范的重要表现。一直以来，丰田汽车公司将环境友好定位为优先管理问题，致力于促进世界所有国家和地区的环境治理工作。丰田汽车公司期望到2050年，其汽车二氧化碳排放量与2010年相比减少90%，也就是实现所谓的"零环境影响"，这意味着不仅在汽车形成和制造过程中二氧化碳排放量趋于零，材料生产和废旧车辆回收处理过程

---

❶ 无偿公开FCV专利 丰田尽显大家之风[EB/OL].http：//www.cinn.cn/qc/331269.shtml，2017-04-07.

中也同样被严格监控。为了达到这一战略目标，丰田汽车公司需要开发和引进低碳技术，并致力于可再生能源和氢能的利用。此次无偿提供燃料电池相关的专利使用权，是为了推动燃料电池汽车的普及，为建设绿色能源社会作出更加积极的贡献。这一举动将使得那些有助于环境可持续发展的专利能通过开源的途径获得更广泛的应用，不少新能源汽车企业将获得免费的技术支持，进而大力开发燃料电池汽车，从而压缩传统燃油汽车的生存空间，从长远角度上造福整个人类的生态环境。

四、丰田汽车专利管理战略的启示

纵观丰田汽车公司80余年的风雨历程，可以发现专利战略是其企业整体发展战略的重要组成部分，贯穿全球扩张的全过程。丰田汽车公司所实施的这些专利战略对于国内汽车厂商的发展而言，具有重要的参考价值和意义。

（一）实施开放式创新的专利管理

近年来，新能源汽车产业的产品开发水平和技术更新速度都远超之前，汽车产业知识借助互联网无限制传播，技术生命周期不断缩短，即使是像丰田汽车公司这样的业内巨头也难以孤军作战，开放式创新的专利管理已经成为每个企业不得不面对的挑战。在开放式创新的范式下专利价值提升的关键在其运用及优化专利组合能力，而不是单纯依靠专利数量的多少。企业所拥有的专利、技术等知识的价值并不在其自身，重点是应该怎样把这些要素转化为竞争优势。丰田汽车公司的开放专利策略表明专利技术只有在更多的产品中得到应用，才能更好地体现其价值。目前，许多国内企业采用一成不变的僵化模式管理其拥有的各类专利技术，但技术不是以单一直线式向前发展的，而具有周期性、波动性、阶段性特征，尤其是新能源汽车产业的技术更是如此。在开放式创新背景下，强化专利的动态管理，平衡眼前利益和长期利益，对于应对国际环境变化和提升企业创新绩效意义重大。❶

---

❶ 曹勇，赵莉，李杨.基于开放式创新环境的企业专利管理模式研究[J].情报杂志，2011（3）：196-201.

（二）适时选择专利开放战略

专利开放战略有助于丰田汽车公司推动其所主导的燃料电池汽车的产业化发展，并能为企业带来整体形象的提升，塑造成具备责任感的环境友好型公司。正所谓不入虎穴焉得虎子，不夸张地说，这一战略在未来极有可能实现一石多鸟的效果。当然，其所拥有的数千件燃料电池专利储备是它采取专利开放策略的大前提。而对于我国绝大多数的汽车厂商来说，专利开放战略应该是在特殊时期才能选择的特殊策略。对于那些技术力量薄弱、缺乏国际技术竞争力的企业来说，盲目地采取开放专利战略不仅不能为自身带来收益，反而会丧失已有的技术优势，让其他竞争对手抢占先机，甚至最终作茧自缚得不偿失。我国汽车企业面对这一蓬勃发展的战略性新型产业，发展的重点在于加紧研发新型汽车技术，努力取得关键技术的突破，充分利用本土优势，在商业化和产业化方面继续开辟中国的汽车市场，根据企业自身发展选择灵活的专利战略，不可一味地效仿丰田汽车公司的开放专利战略。

（三）抢先构建技术战略平台

在"互联网+"时代，汽车产业的技术、知识都处于无边界状态，随时都有可能爆发出新的技术创新点。决定未来发展方向的不再是哪家企业的规模更大，谁的专利数量更多，而是谁能够最先构建出产业内认可的战略平台，能够让其他企业追随自身的研究方向。如果产业内的生产要素能够在某家企业主导的平台上有效运转，那么这家企业毫无疑问就将成为当之无愧的领导者。丰田汽车公司在燃料电池汽车等新能源汽车专利领域的"慷慨"正是为了抢得先机，凭借自身强大的科研实力先铺垫产业发展的基石，当然，具体结果如何，还要等待时间检验。我国新能源汽车产业与国际水平存在一定差距，唯有迎难而上，加快动力电池等关键技术革命性突破，充分利用国内的政策支持和人口优势，抢先构建出具有可操作性的战略平台，才能与国际领先企业一较高下。

（四）构建本土企业专利联盟

丰田汽车和日产、三菱及马自达的专利合作展现了日本汽车产业的协同一心,这种通力合作的民族精神在遭遇外国汽车产业发起的专利诉讼时起到不可忽视的作用。虽然我国新能源汽车企业众多,但仍然缺少认可度高的主流品牌,众多汽车企业扎根于不同地区,接受当地政府的政策保护,不具备向全国乃至全世界推广的实力。这对我国新能源汽车企业的发展非常不利,更无法快速地培育市场和提高公众对国有新能源汽车的认知。我国新能源汽车领域尚未出现像丰田汽车公司这样的业内公认众望所归的领军者,现有国内汽车企业的技术创新能力、专利拥有量等均不具有成立专利联盟的号召力和控制力。因此,建议政府加强对产业专利联盟的扶持,由中国汽车协会等产业组织机构牵头,共同促进我国新能源汽车专利联盟的构建。

第三节　比亚迪的知识产权战略[*]

近年来,随着人力成本的不断上扬,中国制造业企业面临内部挑战和外部环境变化的双重压力,已经到了转型与变革的十字路口,制造业企业只有高瞻远瞩,主动求变,通过技术创新,提升全球价值链层级,才能适应新形势下的挑战,在激烈的国际竞争中实现战略突围。比亚迪就是我国汽车产业中主动变革,通过大力推动技术创新和实施知识产权战略,"弯道超车"转型成功的典范。比亚迪股份有限公司始建于1995年,1997年进入锂离子电池行业,跻身诺基亚、摩托罗拉等重要客户供应商的行列。比亚迪由20多人的规模起步,短短10年内就迅速成长为IT及电子零部件的世界级制造企业,成为全球第二大移动能源供应商,被誉为"制造业基因携带者""国际OEM皇帝"和"世界OEM隐形冠军"。❶2003年比亚迪跻身为全球第二大充电电池生产商,同年比亚迪动用2.54亿港元收购西安秦川汽车77%的股份,正式进军汽车产业。目前,比亚迪在全球拥有员工10万余

---

* 本节作者为南京理工大学知识产权学院博士研究生邓雨亭。

❶ 全球领先的IT及电子零部件企业——比亚迪[EB/OL].http://jinhua.auto.ifeng.com/shangqing/2014/0508/3978.shtml,2017-04-07.

人，公司市值已超过300亿港元。❶其产业涉及汽车产业、IT产业与新能源产业。比亚迪的"弯道超车"式发展与其知识产权战略实施密不可分，本节通过对比亚迪知识产权战略阶段、特点、环境等内容的分析，并在此基础之上结合比亚迪知识产权战略实施面临的风险，为比亚迪知识产权战略实施提出建议（见图5.5）。

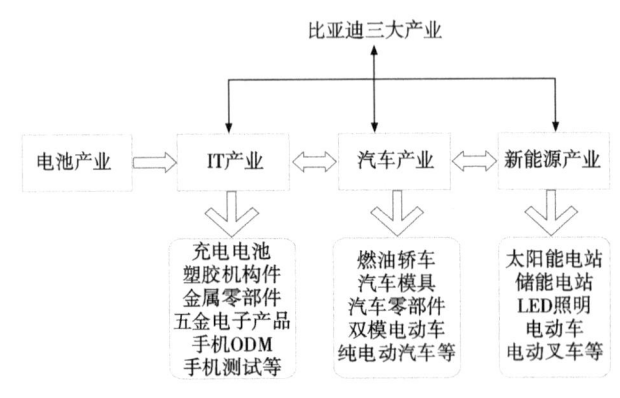

```
                        比亚迪三大产业
       ┌──────────┬──────────┼──────────┐
   电池产业 ⇒ IT产业 ⇔ 汽车产业 ⇔ 新能源产业
              ⇓         ⇓          ⇓
           充电电池    燃油轿车    太阳能电站
           塑胶机构件  汽车模具    储能电站
           金属零部件  汽车零部件  LED照明
           五金电子产品 双模电动车 电动车
           手机ODM    纯电动汽车等 电动叉车等
           手机测试等
```

图 5.5　比亚迪经营范围

一、比亚迪知识产权战略分析

知识产权战略是比亚迪在成立之后较早形成的企业战略。比亚迪针对企业发展的不同时期，通过对企业知识产权内部环境和外部环境的客观全面分析，结合企业特色与发展需求，制定了适应企业自身发展的知识产权战略。

（一）比亚迪知识产权战略阶段

1. 发展初期知识产权基础薄弱（1993~1995年）

比亚迪成立初期的主要业务是生产销售镍镉电池，20世纪90年代初期，电池市场的核心技术被三洋、东芝等日本大型企业垄断，这些日系电池产业巨头禁止出口充电电池设备进入中国，同时禁止在中国投资建厂，

---

❶ 比亚迪汽车的品牌故事[EB/OL].http：//www.xuexila.com/chuangye/yingxiao/pinpai/323349.html，2017-03-03.

导致在当时国内企业进入电池产业的技术门槛过高。1994年比亚迪创始人王传福在一份电池产业发展动态中得知，日本企业将不再生产镍镉电池，于是抓住机会进行镍铬电池OEM生产，并改良生产线形成当时电池产业独有的劳动密集型生产线，以低成本进入市场并取得较好的市场份额。❶此时的比亚迪正处于发展初期，由于主要业务是OEM生产，无须过多的技术储备，甚至对品牌价值知之甚少，其知识产权储备薄弱，并无专利、商标等知识产权布局。

2. 研发关键技术，着手进行锂电池布局（1995~2003年）

比亚迪的低成本策略为企业带来商机，1996年比亚迪成为中国台湾大霸的镍铬电池供应商，尔后，比亚迪通过原始的资金积累，着手研发二次充电电池。在此期间，比亚迪申请了186件专利，其专利布局主要集中在锂电池领域，并开始涉足IT产业，研发利用充电电池的相关设配。2003年比亚迪成为全球第二大充电池制造商，并以全类别形式在中国境内注册了"比亚迪"商标。

3. 立足IT产业，开始进行汽车制造业专利布局（2004~2008年）

2004~2008年比亚迪在二次充电电池领域研发持续发力，并涉足汽车制造业研发自主品牌汽车，5年内共在中国境内申请专利6 635件，其中55.47%的专利为发明专利，主要涉及领域为H01M（电化学领域）、H05K（电气元件领域）等。在汽车制造业领域，比亚迪共申请1 382件专利，比亚迪在汽车领域的专利布局多集中在传统汽车制造技术，包括驱动技术、车辆控制技术、整车制造工艺、车载电子设备等，少量专利涉及新能源汽车技术，如混合动力汽车技术、充电装置等。值得一提的是，比亚迪新能源产业的核心技术——磷酸铁锂电池技术（以下简称铁电池）于2007年进行专利申请。这段时期，比亚迪有意识地开始进行PCT专利申请，国际专利申请量为191个专利族，主要涉及产业为比亚迪的汽车产业和IT产业。

---

❶ 李西，胡冰洁.低成本创新战略——以比亚迪股份公司电池产业为例[J].科技管理研究，2012（6）：7-9，15.

4. 加强研发力度，三大产业并行发展（2009年至今）

2008年比亚迪获得巴菲特的投资从事新能源领域研究，同时开启其全球化战略。2011年比亚迪与英特尔（中国）合作开展新能源汽车与其智能零配件相关技术的研发。2014年比亚迪与德国戴姆勒公司合作，合资成立比亚迪戴姆勒公司，申请注册"DENZA"商标，致力于将比亚迪的电池、能源方面的技术与戴姆勒公司的电动车结构与安全领域的世界领先技术相结合，打造新一代新能源交通运输工具。从专利申请趋势可以看出，比亚迪自2009年以来，专利申请数量较以往有显著提高，在中国大陆申请专利总数达到9 982件，同时比亚迪在这一时期积极参与国际专利的布局，其国际专利申请量达到850个专利族。其国际专利主要布局在电源系统、车辆制造、电子元件与模板基地材料等技术领域。

比亚迪2009~2016年专利申请数量总量虽较以往有大幅增加，但其年申请量呈下降趋势。观察图5.6可以发现，2010~2014年比亚迪汽车制造业专利的申请趋势与总申请趋势相反，呈上升趋势。比亚迪在这一时期加强对新能源汽车技术的研发，对发明专利进行聚类分析，这一时间段的汽车制造业专利布局主要集中在电动汽车、车辆控制、混合动力系统、车用材料等领域，其专利布局明显体现出比亚迪对于新能源汽车的研发热情。

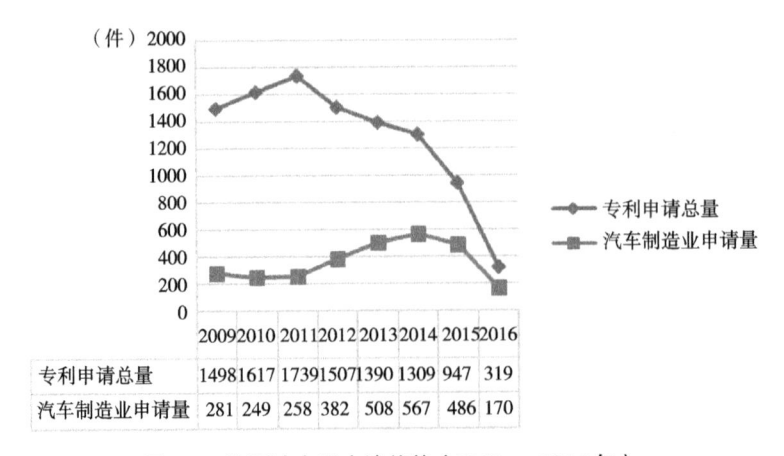

（件）	2009	2010	2011	2012	2013	2014	2015	2016
专利申请总量	1498	1617	1739	1507	1390	1309	947	319
汽车制造业申请量	281	249	258	382	508	567	486	170

图5.6 比亚迪专利申请趋势（2009~2016年）

（二）比亚迪知识产权战略环境

比亚迪从最初的镍镉电池代工厂商，发展到拥有超过万件专利的知识产权跨国企业，完成从劳动密集型企业向知识产权密集型企业的转型。企业的发展环境对知识产权战略的形成影响巨大。

1. 外部环境

（1）我国汽车制造业市场竞争力弱。

相比于1886年世界第一台内燃机车的发明，我国的汽车产业发展起步较晚，❶并无核心技术的积累。改革开放后，我国的汽车制造业技术一般也以中外合资的方式进行技术引进。2003年才进军汽车产业的比亚迪更是汽车制造业的后起之秀。有学者研究1999～2002年我国汽车制造业的竞争力，我国汽车制造业企业的创新竞争力、投资竞争力、企业管理竞争力均处于较弱的水平。❷比亚迪意识到若想获得良好的市场份额与收益，单纯靠OEM并无出路，发展创新，掌握核心技术，获得市场竞争力是其发展之道，并确立了"技术为王，创新为本"的发展理念。

（2）竞争对手。

比亚迪在IT产业、汽车产业与新能源产业有着不同的竞争对手，企业间的竞争是企业进行技术创新的外部动因。比亚迪1995年转变发展思路，将最初的镍镉电池OEM业务调整为目前的IT产业ODM与EMS业务，其客户包括：苹果公司、诺基亚、三星、华为等大型智能移动终端生产厂商。比亚迪汽车产业虽起步较晚，但凭借其产业垂直整合以及合理的目标客户定位，迅速抢占中低端消费人群的市场。新能源产业是目前比亚迪的王牌产业，包括太阳能电站、储能电站的建设，也包括其新能源汽车的研发与生产。比亚迪主推的新能源汽车（PHEV）与特斯拉（BEV）和丰田

---

❶ 我国汽车制造业的发展以1953年建设一汽为起点。
❷ 中国人民大学"中国产业竞争力研究"课题组.中国30省市汽车制造业产业竞争力评价分析报告[J].管理世界，2004（10）：68-78.

（HEV）❶新能源汽车的定位不同。特斯拉采用的是纯电动技术模式且目标客户为高收入群体。丰田在混合动力汽车领域掌握核心技术，其以专利的形式保护此类技术，并禁止授权给其竞争对手。比亚迪若想构筑跨国技术屏障，在技术上与丰田的HEV匹敌，势必要花费大量的时间成本与研发资本。在此情况下，比亚迪另辟蹊径，研发插电式混合动力汽车。与HEV的单一混合动力模式不同，PHEV可以选择行驶模式，短途通勤时，车主可以选择纯电动模式，而长途旅行车主可以选择混合动力模式，节省油耗。比亚迪通过对竞争对手的分析，选择合理的创新方向和手段，抢占新能源汽车市场的先机，成为目前全球范围内新能源汽车的领导企业（见表5.2）。

表5.2　比亚迪各产业主要竞争对手

	国内	国际
IT产业	富士康 天能电池 光宇集团	伟创力 三洋 东芝
汽车产业	吉利 中国一汽 奇瑞	丰田 本田 尼桑
新能源产业	尚德电力 中电电气 华锐风电 新疆金风	特斯拉（BEV） 丰田（HEV）等

（3）政策导向指引。

比亚迪实施知识产权战略、进军汽车产业顺应国家发展政策。早在"七五"和"八五"阶段，我国便开始倡导新能源汽车的研发，鉴于20世纪90年代是我国知识产权保护刚刚起步的阶段，多数国外企业不愿将电动车或新能源汽车领域的核心技术在中国申请专利，而国内企业也没有足够

---

❶ BEV（Battery Electric Vehicle）意为纯电动车，只由电池供电提供动力；HEV（Hybrid Electric Vehicle）意为混合动力汽车，是使用两种或以上能源的车辆，所使用的动力来源有内燃机、电动机、电池、氢气、燃料电池等的技术。PHEV（Plug-in Hybrid Electric Vehicle）意为插电式混合动力汽车，行驶模式可以选择纯电动运行模式或混合动力运行模式，适合通勤一族。

的研发实力对该领域技术进行研发，此时我国新能源汽车领域的专利申请少之又少。2005年开始，为了实现新能源汽车产业的规模生产，国务院分别于2009年颁布《汽车产业调整振兴规划》，2010年颁布《关于加快培育和发展战略性新兴产业的决定》，2012年发布《节能与新能源汽车产业发展规划（2012~2020）》等。❶

（4）战略性前瞻眼光。

比亚迪的三大产业看似并无密切联系，实则不然。其管理层正是看到三种产业的内在契合点，才使比亚迪的三大产业可以共同迅速发展。最初比亚迪仅涉足电池产业，传统二次充电电池和其目前所经营的IT产业存在客户资源相同这一契合点。比亚迪最初OEM的客户大多为诺基亚等移动终端制造厂商，而后比亚迪通过自主创新以ODM和EMS的形式继续为这些厂商生产上游产品。IT产业与汽车产业的契合点是模具，尽管两种产业在最终产品的大小和材质上存在巨大差异，在模具技术上却有很多共通之处。汽车产业与新能源产业的契合点是铁电池，❷最初铁电池的研发用于汽车技术创新，但铁电池凭借其优越的性能成为比亚迪新能源产业的核心技术之一（见图5.7）。

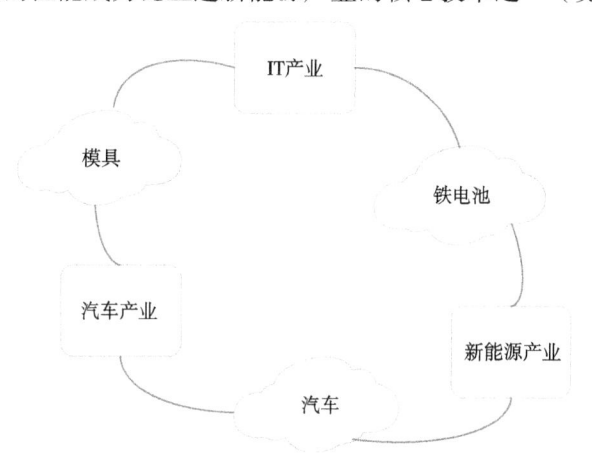

图 5.7 比亚迪三大产业契合点

---

❶ 高铭泽.中国新能源汽车产业研究[D].长春：吉林大学，2013.

❷ 主要指磷酸铁锂电池，比亚迪将其技术取名为ET－POWER，相比于锂电池，铁电池具有寿命长、充放电倍率大、耐高温、安全性高、元素无害和成本低的特点。

比亚迪管理层的前瞻性眼光还体现在对核心技术进行专利布局。早在2003年王传福就看到铁电池在新能源汽车领域的战略地位，便开始着手布局其铁电池相关专利，2007年比亚迪发布全球第一款由铁电池供电的新能源汽车F6DM，❶原则上该款车单次充电可行驶400公里，百公里能耗仅15千瓦时。铁电池技术在比亚迪进军汽车产业的第4年横空出世，为其占领新能源汽车领域领导地位打下坚实基础。

2. 内部环境

企业的内部环境是企业创新战略以及知识产权战略形成的另一重要因素，比亚迪自创始以来就秉持着"技术为王，创新为本"的企业理念。从最初的代工企业做起，并未掌握核心技术，大量利润被下游知识产权所有厂商垄断，比亚迪深知知识产权的重要性。为了巩固和发展企业自身的创新，比亚迪建立了一套适用于自身特点的企业知识产权战略。

（1）知识产权部门的全域渗透。

成立于1995年的比亚迪在1997年就设立了专门的知识产权办公室，2003年比亚迪进军汽车产业，成立知识产权及法律部。随后，并无国际诉讼经验的比亚迪被卷入与索尼公司、三洋公司的锂电池专利诉讼，基于前期的技术积累，比亚迪的国际诉讼并未败诉，甚至申请宣告索尼第2646657号无效。2007年比亚迪F3R与F6车型开始对外销售，次年，比亚迪将知识产权部门易名为知识产权与法务处，提高知识产权与法律部门的行政地位，下设专利部、涉外专利部以及法务部，全面处理公司所面临的知识产权及法律事务并全域对接比亚迪的三级研发体系，其主要职责除对企业研发过程中所需的专利信息进行检索、收集分析外，还包括建设企业专利与非专利数据库、进行知识产权培训以及提供知识产权咨询服务。2015年，比亚迪知识产权部门主动出击诉美国苹果公司侵犯其专利权，这也是比亚迪知识产权与法务处首次以专利诉讼的形式主动进攻美国IT行业寡头企业，足以证明比亚迪对其技术的信心。

---

❶ DM指DualMode，意为双模，其含义与前文所述PHEV相同。

（2）企业专用专利信息与非专利信息数据库。

比亚迪内部拥有一个自行建设的企业专用知识产权信息数据库，截至2015年，该数据库中收录8个国家自1972年以来的近800万件与比亚迪技术相关的专利与非专利技术。[1]企业专用的知识产权数据库可以使企业研发人员更精准地定位相关技术的研发路径，合理规避不必要的知识产权侵权行为。同时，专用数据库也可以使企业三级研发体系共享研发成果与研发创意，有效缩短研发周期。

（3）合理的知识产权激励机制。

从管理学角度来说，组织往往无法通过强制命令个体参与到知识创新中，而通过一定的鼓励即有效的激励措施可以使个体实现组织所期望的行为。[2]知识产权契约激励直接影响个体的知识创造行为，而个体的知识创造行为对组织的知识创造绩效有正向促进作用。[3]正如企业合理的激励契约机制，可以激发研发人员的研发热情，集中精力投入到创新当中，与此同时，研发人员也可以获得丰厚的酬金作为奖励，形成个人激励与企业创新的正循环系统。比亚迪在研发岗位设立设计专利奖、技术创新奖与总裁奖，平均每件发明专利的发明人可获得1万元的知识产权创新激励。

（三）比亚迪知识产权战略特点

比亚迪之所以能在竞争激烈的汽车产业、IT产业与新能源产业中收获较好的市场份额，与其"技术为王，创新为本"的品牌理念密切相关。有学者将比亚迪的知识产权战略模式称作"破坏式知识产权战略"，认为通过低端破坏和新兴市场等独特价值进入非主流市场，建立起新的客户价值结构，改变行业既有的竞争规则，破坏在位企业的竞争优势基础。而其破坏性知识产权战略的发展过程经历了电池、IT产业、汽车产业与新能源产业4

---

[1] 王洪生，张玉明.云创新：新能源汽车产业发展新模式——以比亚迪新能源汽车为例[J].科技管理研究，2015（23）：195-199，222.

[2] Davenport T H.Some principles of knowledge management[J].Training & Development，1996，51（11）：71-74.

[3] 赵健宇，李柏洲，袭希.知识产权契约激励与个体知识创造行为的关系研究[J].管理科学，2015（3）：63-76.

个发展阶段。❶

1. 多层次全覆盖的知识产权创新架构

比亚迪拥有覆盖全部企业生产链的三级知识产权创新体系。这也是比亚迪全员参与研发过程的重要体现，即使在生产车间作业的一线员工，也能够通过相应的研发事业部对研发创意进行及时反馈。

（1）第一级知识产权创新体系：比亚迪中央研究院。该研究院位于比亚迪深圳总部，主要对公司所需的中长期技术进行研发，其技术领域涉及电池产业、IT产业以及汽车产业。同时，中央研究院通过对现有专利信息、非专利信息进行检索、分析、研究、消化，通过技术整合和技术集成，使技术与产品有机结合产生高效益，为各事业部的技术发展提供强有力的支持。❷

（2）第二级知识产权创新体系：19个研发事业部。比亚迪将技术领域进行分类，于深圳、上海、西安等地设立19个研发事业部进行专项研究。其中第11～19研发事业部均为汽车产业研发事业部。例如：第11事业部成立于2003年8月16日，主要承担公司各车型的冲压、焊装、涂装、总装四大工艺和油箱产品的生产任务。第16事业部成立于2004年5月，产品覆盖汽车附件及行驶系统、转向系统、传动系统、悬架系统、制动系统、消音系统、座椅系统八大类，并承揽整个公司的焊装、涂装及总装三大生产线的基建工程。❸第19事业部成立于2009年7月14日，主要从事客车整车、客车专用底盘的研发、制造。各事业研究部分工明确，同时接受深圳中央研究院的规划与指导，有效提高整车及装配的研发效率。

（3）第三级知识产权创新体系：设立在一线生产车间的研发事业部。比亚迪在各生产车间设立一个专门的研发事业部门。车间一线员工拆解汽

---

❶ 卢锐，吴云，王军.基于破坏性创新的比亚迪创新战略研究[J].中国科技论坛，2012（2）：42-47，63.

❷ 蔡娟.比亚迪的三级研究开发体系，打造个性化自主创新之路[J].广东科技，2005（10）：65-67.

❸ 比亚迪集团事业部一览　汽车占据半壁江山[EB/OL].http：//news.tuxi.com.cn/newstsg/14/0121/20/15289912zjf346957685.html，2017-04-07.

车、组装汽车期间都可以向这个研发事业部提出研发创意。由该研发事业部检索、分析研发技术的可行性,通过筛选的研发创意报送中央研究院,同时提出研发创意的车间工作人员也可以得到一定的酬金奖励。

2. 通过逆向模仿快速获取知识产权

汽车制造业发展至今已有130年的历史,除积累大量的成熟传统汽车技术外,汽车制造业还有产品使用周期长、产品集成度高、技术进步速度慢等特点。汽车制造技术作为智力劳动成果,发明人或发明人所在的企业有权申请知识产权保护。知识产权具有时间性、地域性和无形性的特点。其中专利的最长保护期为20年,超过申请日20年的授权发明专利或是专利权人主动放弃、或被撤销的专利技术直接进入公有领域。❶目前汽车制造业使用的技术90%以上为公有领域技术,而涉及专利技术的仅占3%。❷比亚迪正是利用汽车制造业的这一特点,通过拆解来熟悉汽车制造业的相关技术,实现知识传导。

(1) 快速获取技术知识。

拆解汽车让比亚迪的生产线员工以最直观的方式了解汽车制造业中的显性知识与隐性知识。从技术创新经济学来说,根据柯布-道格拉斯生产函数

$$Y = A(t)L^{\alpha}K^{\beta}\mu \text{ (其中} \mu \text{为随机扰动项)}$$

企业的工业产值与投入劳动力数 L、投入的资本 K 与综合技术水平 $A(t)$ 有关。在投入劳动力人数和投入资本不变的情况下,增大企业工业生产值的途径就是增加 $A(t)$,包括提高经营管理水平、工人素质等。业务专业化就是提高工人素质的一种方式,由于比亚迪的生产车间是半自动化型生产车间,车间员工在经历拆解汽车、组装汽车的培训后,对汽车内部构造有更深入的了解,增加汽车技术知识储备,使员工对于生产作业更加熟练化、专业化,也使车间的制造、装配工作得以高效进行。在投入劳动力和资本

---

❶ 我国《专利法》第42条规定:发明专利权的期限为20年,实用新型专利权与外观设计专利权的期限为10年,均为申请日其计算。这里只列举专利类型为发明的例子。

❷ 江积海.后发企业知识传导与新产品开发的路径及其机制——比亚迪汽车公司的案例研究[J].科学学研究,2010(4):571-580.

不变的情况下，增大企业的工业总产值。

（2）规避专利技术，进行逆向模仿。

拆解汽车也可以让技术研发人员接触到各大型汽车制造商的相关核心技术，有利于企业规避有效专利，避免侵权行为发生。通过这种"拿来主义"进行逆向模仿，在研发过程中，遇到非专利技术可以大胆借鉴或使用，如果遇到专利技术，研发人员可以选择自主研发绕过专利壁垒，若遇到无法替代的专利技术可以向专利技术所有方申请授权或者交叉许可等形式获得使用权。❶大胆使用非专利技术，同时规避处于有效期的专利技术，是企业迅速追赶世界尖端技术的手段，也可以极大地加速企业的研发速度和整车制造效率。

（3）通过合理收购、并购，获得产业核心知识产权。

比亚迪从生产二次充电电池产业白手起家，到目前全球新能源汽车的领军企业，并非通过完全的逆向模仿走到这一步。二次充电电池产业与汽车制造业的技术千差万别，在进军新产业初期，比亚迪若坚持一意孤行、自主研发，势必会对研发资金造成极大的浪费。比亚迪选择站在巨人的肩膀上继续前行，2003年比亚迪收购西安秦川汽车公司以及北京吉驰模具制造有限公司，快速获取秦川汽车先进的整车装配制造以及吉驰模具制造的核心技术，获得汽车生产资质许可证，实现了对大量汽车制造业技术的原始积累，迈出其进军汽车制造业的第一步。随后，比亚迪推动汽车产业战略转型，将目标瞄准新能源汽车。2008年，比亚迪以近2亿元的价格收购宁波中纬积体电路（宁波）有限公司，提升企业在电动汽车领域的电动机研发及制造能力。2009年，收购湖南美的客车，获得客车制造许可证的同时，加速对新能源客车商业布局。2010年，比亚迪加速对全球汽车模具技术的整合，收购日本荻原公司汽车模具工厂，此后日本制造的精密汽车模具直接运送至中国的生产线投入使用，并且中国员工也得到赴日学习先进

---

❶ Bechtold S, Buccafusco C, Sprigman C J. Innovation Heuristics: Experiments on Sequential Creativity in Intellectual Property[J]. Social Science Electronic Publishing, 2016, 91（4）: 1251-1304.

模具制造技术的机会。比亚迪的合理收购、并购政策大大提高了企业的研发效率，缩短了研发周期，为企业的知识产权布局提供便利。

二、比亚迪知识产权战略实施面临的风险

任何企业在布局其知识产权时都伴随着一定的风险，这种风险有些是在实施知识产权战略时的偶发风险，如诉讼风险、人为风险等；有些是知识产权的固有风险，如研发风险、市场风险等。比亚迪作为世界电池产业和新能源产业的领导企业，在推进其知识产权战略过程中同样面临多种风险。

（一）企业运营风险

企业能够稳定地运营是企业推行其他业务或企业发展战略的根本。若企业无法继续经营，再好的知识产权战略也不能推行。从近年来比亚迪的经济数据上看，其资本负债率过高，尤其是2014年企业的资本负债率已经超过100%，从资本负债率的经济学意义来看，资本负债率过大说明企业的资金多通过贷款或其他形式的融资进行，而非股东提供资金，筹资风险较大。

同时，自2012年比亚迪的利润率始终在1%以下，直至2015年才回到较好的3.6%。在此期间，政府补助占毛利润的比率（以下简称政府补助占比）也从5%上涨到10%，2015年该占比回到5%以下。究其原因，比亚迪在顺利度过2010年的裁员风波、经销商退网等风波后，逐渐将企业运营拉入正轨，着力研发新能源车型，而研发计划耗资巨大，导致比亚迪的负债率激增，利润率降低，但政府的新能源产业补助也随之增加。由此可见，比亚迪更应该注意防范商业活动中企业的运营风险，保障企业稳定高效运营。

（二）知识产权法律风险

企业知识产权法律风险分为侵权风险与被侵权风险。侵权风险可以在研发阶段进行管控，通过专利检索与分析，规避专利技术，比亚迪拥有完善的知识产权管理体系，这部分风险较低。其主要面临的风险为被侵权风险，此类风险属于偶然风险，且企业检验是否被侵权的成本过高。若企

业的有效专利为方法专利，维权企业很难在短时间内找到证据证明其他企业是否侵权，我国规定涉及方法专利被侵权的企业享有举证责任倒置的权利，❶但通过诉讼进行维权的成本过高，也会影响企业的成本控制。知识产权法律风险是企业在实施知识产权战略时无法规避的风险，只能通过合理的知识产权管理方式减少此类风险对企业的影响。

（三）新技术选择性风险

比亚迪所在的汽车制造业属于知识产权密集型产业，知识产权密集度高使企业面临新技术的选择时间更短。新技术选择性风险是创新型企业的固有风险，若不能降低此类风险，可能会给企业带来灾难性的后果。昔日通信行业巨头诺基亚，对潜在新技术的选择出现错误，最终导致失去绝大部分的市场份额。新技术的选择性风险伴随着市场的不确定性，新技术的研发应建立在供求关系的基础上。研发伴随着巨大的资本投入，新技术的研发失败或者并不能获得较高的市场满意度，可能会造成企业大量的资本浪费。比亚迪在核心技术选择时缺少较系统的选择方法，这使得比亚迪在研发阶段的竞争中存在劣势。

（四）产业依赖风险

近年来比亚迪新能源汽车高速发展，企业收入较为依赖单一产业，这对企业的稳定运营不利。2016年第一季度，比亚迪新能源汽车的营收增长率远高于企业总营收的增长率，企业营收额增长对企业发展有利，但若企业对单一产业的收益产生依赖，易造成企业研发不均衡。若被依赖产业在短时间内陷入盈利危机，企业间将陷入资金周转不畅的困境，减缓企业发展速度，甚至有破产的可能。

三、建　议

比亚迪从成立初期就开始制定其知识产权战略，其拥有覆盖企业生产

---

❶ 我国《最高人民法院关于民事诉讼证据的若干规定》第4条第1款规定：因新产品制造方法发明专利引起的专利侵权诉讼，由制造同样产品的单位或者个人对其产品制造方法不同于专利方法承担举证责任。

链的三级知识产权创新体系，知识产权部门全域渗透。比亚迪拥有企业专有的专利信息与非专利技术数据库，从根本上规避大部分企业知识产权侵权风险。比亚迪通过自主创新，在IT产业完成从OEM企业向ODM与EMS企业的转型。其掌握了新能源汽车领域的核心技术——铁电池技术，成为全球新能源领域的领导企业。通过对比亚迪的企业发展与知识产权战略研究，可提出以下发展建议。

（一）组建产业知识产权联盟

比亚迪三大产业拥有不同的竞争对手，不同产业的知识产权宏观情况与知识产权的保护力度不尽相同，针对不同产业的发展情况提出相应的知识产权保护策略将花费较大的成本。与此同时，比亚迪在全球化运营的过程中，还面临国外部分产业联盟的知识产权阻击，其汽车产业与IT产业曾遭遇过多起知识产权诉讼。积极组建产业知识产权联盟，以合作的方式促进产业内部知识产权良性发展。组建专利池，在面对境外知识产权侵权或诉讼时，可以借助产业内多家企业的力量获取知识产权竞争优势。

（二）实现品牌转型

一直以来，比亚迪的品牌定位始终是高性价比。比亚迪汽车产业的目标客户为金字塔底端的中低消费者，这使得比亚迪在销量上取得长足进展，利润率上并未有较大的突破。以比亚迪戴姆勒公司为例，2010年比亚迪与德国戴姆勒公司合资成立比亚迪戴姆勒汽车公司，比亚迪可以通过其品牌营销与技术升级，打造满足高收入群体的高端汽车品牌。品牌转型有两点好处：（1）拓宽目标客户范围，满足高收入群体的需求；（2）实现利润率较快速增长。品牌价值作为无形资产的重要部分，具有深远的经济价值。若品牌经营得当，可为企业带来巨大的利润。实现品牌转型是比亚迪今后发展的必经之路。

（三）积极参与知识产权诉讼

大多数企业认为，参与知识产权诉讼额外增加了企业的成本支出，从而消极对待，使得很多企业在国际竞争中处于不利地位。比亚迪目前已开始其全球化布局，其面临的知识产权法律风险不得不依靠知识产权国际诉讼来解决。积极参与国际知识产权诉讼有三点好处：（1）使企业对自己的研发技术更有信心，不畏惧激烈的国际竞争；（2）可以对企业研发起到正面促进作用，企业若想在知识产权诉讼中获胜，必须提升其专利技术的质量；（3）通过知识产权诉讼提升比亚迪品牌国际影响力。比亚迪在国际化进程中应积极参与国际知识产权诉讼，积极推进国际知识产权战略布局。

（四）利用知识产权预测方法对核心技术进行规划

比亚迪的知识产权战略中缺少的就是使用技术预测方法对核心专利进行预测，企业的研发多由三级研发机构进行布局。核心技术预测方法可以使企业提前10年甚至20年规划汽车制造业的研发技术或产品迭代技术，有利于企业抢占未来市场。同时，科学的核心技术预测方法拥有自我评价功能，其可以在企业发展过程中在核心目标不变的情况下，根据市场需要修改部分已预测的专利技术。比亚迪通过核心专利预测技术可以加速其知识产权布局进程，抢先竞争对手进行技术研发。

（五）积极推进产业技术标准化

新能源汽车产业的技术标准化意味着产业内的企业可以在产品零部件通用的情况下，更高效快捷地生产相应产品，而拥有标准化知识产权的企业也会获得丰厚的物质报酬。目前国内外的新能源汽车产业的技术标准均未确定，比亚迪作为新能源产业的全球领导企业，应积极参与国内及全球新能源汽车产业知识产权标准建设。研发标准化技术从三个方面对比亚迪的知识产权战略产生影响。首先，积极研发标准化技术可以直接提升比亚迪知识产权质量。标准化专利往往是产业或行业的核心技术，其知识产权的创造性一般高于产业普通技术。其次，参与标准化制定可以提升企业知识产权战略的高度。基于知识产权标准在产业中的重要性，标准化技术的研发一般会得到企业管理层的重视，间接提升企业知识产权的战略高度。最后，高额的知识产权授权许可费提升企业的收益。一般来说，标准化组织允许产业内的标准化知识产权掌握在为数不多的几家企业手中，在满足市场完全竞争的同时，企业也可通过许可其标准化知识产权获得大量收益。

第四节　吉利汽车专利分析与启示[*]

2010年8月，吉利汽车正式完成对豪华汽车品牌沃尔沃轿车公司的全部股权收购，可谓震动全球汽车行业。连同沃尔沃品牌一起并入吉利汽车的还有数百件高价值专利和数百名经验丰富的欧美汽车工程师，这也是我国最大的海外整车资产收购。正是凭借收购而来的汽车核心技术专利和一大批高水平技术人员，吉利汽车连续推出博瑞、博越等一系列畅销的中级轿车、SUV，彻底摆脱自主品牌低价竞争的泥潭。至此，吉利汽车的品牌形象从廉价、抄袭一跃转变成为中国第一个跨国汽车巨头。本节将利用专利数据剖析吉利汽车的知识产权战略，探讨吉利汽车的发展历程，总结吉利汽车的成功经验，为其他自主汽车品牌提供启示与建议。

一、吉利汽车专利总体情况分析

（一）吉利汽车全球专利申请趋势

可以发现吉利汽车技术发展经历了三个阶段。

第一阶段是从创业到21世纪初，吉利汽车处于起步阶段，企业没有技术创新能力，主要基于逆向开发丰田、夏利等其他汽车品牌进行模仿创新和生产。吉利最早的研发团队通过拆解轿车进行研发，利用现有的零件拼成吉利的第一辆汽车"吉利1号"。之后，吉利通过拆解天津夏利设计两厢车吉利"豪情"。该车的零部件供应商均与夏利相同，发动机也采购自同样为夏利供货的丰田汽车。在此期间，吉利汽车主要以逆向、模仿为主，自主研发能力低，以低价作为核心竞争力，截至2001年，吉利仅申请4项发明专利、8项实用新型专利和6项外观设计专利。该阶段吉利汽车没有明确的知识产权战略，以模仿、逆向为主，研发人员主要是退休专家和一线工人，汽车产品主要面向低端市场，在中国汽车市场所占份额很低。

第二阶段是21世纪初到2010年，吉利汽车进入发展阶段。随着模仿创

---

[*] 本节作者为南京理工大学知识产权学院硕士研究生任晓波。

新的技术日渐成熟，吉利汽车初步掌握整车生产流程和技术，完成初创阶段的技术积累。为了使企业摆脱低价、低端的形象，吉利汽车走上自主研发的道路。为了解决研发人员短缺问题，吉利汽车相继成立北京吉利大学和吉利汽车研究院，并从海外引进大量人才。在这些行业精英的带领下，吉利开发自由舰、熊猫等拥有自主知识产权的车型，自主开发CVVT发动机、Z系列自动变速箱等核心零部件，并申请了1 500余件专利，科研水平大幅上升。

第三阶段为2010年后，虽然吉利汽车自主创新能力大幅提升，但经过数年发展，管理层意识到一味地依靠自己闷头开发技术永远赶不上早已遥遥领先的国际巨头的脚步，因此，吉利汽车开始大规模收购海外汽车企业，希望通过吸收国际先进技术和人才，跨越技术发展的一些必经阶段，从而缩小与国际先进水平的差距。在收购的企业中，以沃尔沃最为著名。沃尔沃的主动安全、被动安全和发动机方面的核心技术是吉利迫切需要的。通过引进这些核心技术专利，并将沃尔沃的研发人才纳入吉利汽车的研发体系，使吉利实现跨越式发展。通过检索IncoPat，2010年以来，吉利汽车年均专利申请量达到2 000件以上（2015年和2016年的数据不完整），特别是在安全领域申请了多件高价值专利，并推出博瑞、博越等热销车型，成功摆脱廉价、低质的形象。

（二）吉利汽车全球专利申请类型分析

截至2016年12月31日，吉利汽车在全球申请专利共14 673件，其中发明专利申请2 987件，占申请总量的20.36%，外观设计与实用新型专利申请分别占申请总量的11.33%和68.31%。

从专利类型来看，吉利汽车的专利以实用新型为主。由于实用新型无须进行实质审查，创造性要求较低，其专利价值不及发明专利，吉利汽车的专利质量尚待提高。

（三）吉利汽车全球专利法律状态分析

吉利汽车有913件发明专利申请还处于实质审查状态，尚未结案。授权、撤回、终止、驳回、放弃等已结案件中，授权7 837件，占总数的

54.36%，而撤回和驳回的数量均不大，说明吉利汽车专利申请的质量较高。值得注意的是，吉利汽车有5 232件专利的专利权终止，占其全部专利的约37%，说明其专利的法律状态稳定性较差。

吉利汽车企业的规模较大，不存在无力缴纳年费的问题，且吉利汽车大规模专利申请始于2009年，专利权尚不涉及期限届满问题，因此，其专利权终止的专利大多为不愿意维持的专利。

（四）吉利汽车申请人分析

从图5.8中可以看到，吉利汽车全球申请人主要以其子公司为主。其中吉利汽车研究院是吉利技术体系的核心力量，有较强的整车、发动机、变速器和汽车电子电器等汽车核心零部件研发能力，设有吉利汽车安全实验室、吉利动力总成实验室、吉利动力总成检测中心等机构。目前，吉利汽车研究院拥有院士3名、外国专家数百名、在册博士30余名、硕士500余名。吉利汽车研究院在申请近9 000件专利外，还发表800多篇学术论文，制定、更新了近300项企业标准，被评为"浙江省专利示范企业""第四批全国企事业知识产权试点单位"等。

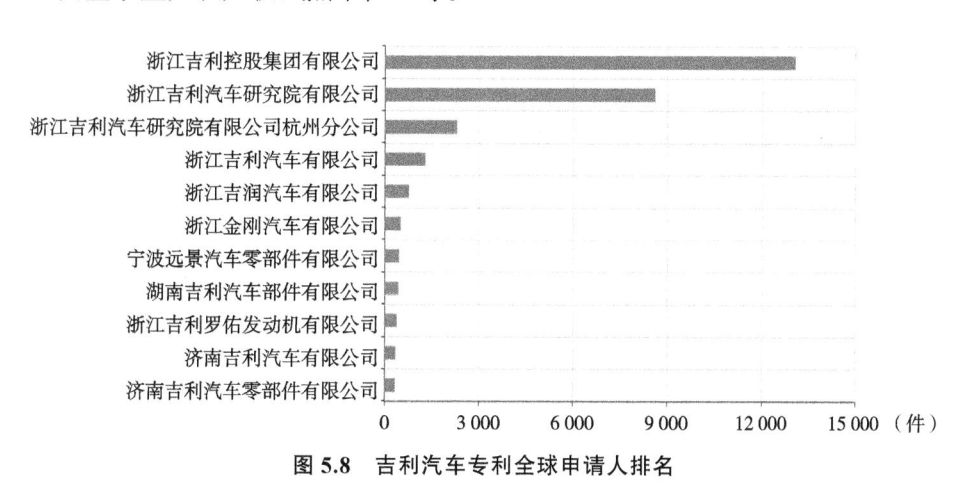

图5.8 吉利汽车专利全球申请人排名

从吉利汽车前十位的专利申请人来看，吉利汽车主要以自主研究为主，与其他厂商或科研机构的合作较少。

二、吉利汽车专利技术分析

（一）吉利汽车专利IPC构成

由表5.3可知，吉利汽车的专利主要分别在B60大类。细分到小类，吉利汽车在B60R和B62D均申请了超过1 000件专利。从前十名的IPC分布可以看出吉利汽车的技术优势大多在机械领域，以汽车装配、检测等非核心技术为主，在发动机、变速箱等传统汽车核心技术领域专利布局较少。

表5.3　吉利汽车专利IPC小类排名

排名	分类号小类	专利数（件）	占比（%）
1	B60R 不包含在其他类目中的车辆、车辆配件或车辆部件	1 816	23.1
2	B62D 机动车；挂车悬架装置	1 179	15
3	G01M 机器或结构部件的静或动平衡的测试；其他类目中不包括的结构部件或设备的测试	903	11.5
4	B60K 车辆动力装置或传动装置的布置或安装；两个以上不同的原动机的布置或安装；辅助驱动装置；车辆用仪表或仪表板；与车辆动力装置的冷却、进气、排气或燃料供给结合的布置	755	9.6
5	B25B 不包含在其他类目中的用于紧固、连接、拆卸或夹持的工具或台式设备	619	7.9
6	F16H 传动装置	582	7.4
7	B60N 不包含在其他类目中的车辆乘客用设备	571	7.3
8	B60Q 一般车辆照明或信号装置的布置，及其安装或支承或其电路	515	6.6
9	G01B 长度、厚度或类似线性尺寸的计量；角度的计量；面积的计量；不规则的表面或轮廓的计量	463	5.9
10	B23K 钎焊或脱焊；焊接；用钎焊或焊接方法包覆或镀敷；局部加热切割，如火焰切割；用激光束加工	458	5.8

为了更好地了解吉利汽车技术研发的热点和产业巨头的区别，此处引入丰田汽车全球专利IPC构成进行比较（见表5.4）。

表5.4 丰田汽车专利IPC小类排名

排名	分类号小类	专利数（件）	占比（%）
1	F02D 燃烧发动机的控制	67 829	17.8
2	H01M 用于直接转变化学能为电能的方法或装置，例如电池组	46 179	12.1
3	B60K 车辆动力装置或传动装置的布置或安装；两个以上不同的原动机的布置或安装；辅助驱动装置；车辆用仪表或仪表板；与车辆动力装置的冷却、进气、排气或燃料供给结合的布置	41 250	10.8
4	B60R 不包含在其他类目中的车辆、车辆配件或车辆部件	32 809	8.6
5	B60W 不同类型或不同功能的车辆子系统的联合控制；专门适用于混合动力车辆的控制系统；不与某一特定子系统的控制相关联的道路车辆驾驶控制系统	32 639	8.6
6	F16H 传动装置	32 438	8.5
7	B60L 电动车辆动力装置	29 543	7.7
8	F02M 一般燃烧发动机可燃混合物的供给或其组成部分	27 601	7.2
9	F01N 一般机器或发动机的气流消音器或排气装置；内燃机的气流消音器或排气装置	27 227	7.1
10	B62D 机动车；挂车悬架装置	23 198	6

从表5.3和表5.4可以看出，吉利汽车与跨国汽车巨头申请的专利技术构成差异较大。两者排名前十的专利中仅有B60R、B60K、F16H、B62D相同，但出现的次序差别较大。丰田汽车排名靠前的IPC分类中出现了H01M、B60W和B60L3个与电动汽车相关的专利，且数量均在2.9万件以上，表明丰田汽车在电动汽车上已布局大量专利，为势必到来的电动汽车时代做了充分的准备。反观吉利汽车，电动汽车并未成为研发重点，其重心仍在传统内燃机汽车上。与吉利汽车专利申请以汽车装配、检测等非核心技术为主不同，丰田汽车在传统内燃机汽车上布局大量发动机核心技术

专利，其申请量最大的IPC小类为F02D。从技术构成上看，无论是在传统内燃机领域还是在新兴电动汽车领域，吉利汽车与跨国巨头相比还有很明显的差距，需要奋发追赶。

（二）主分类B60R的专利态势分析

从表5.3可以看出，吉利汽车申请的专利中，主分类涉及B60R的申请有1 816件，占其专利的23.1%。B60R所涉及的技术领域是除发动机、变速箱、悬挂等核心零部件外的汽车零部件，主要有B60R7（车内存放或固定用具，主要用于小于手提箱的个人物品，例如旅行用品或地图）、B60R9（车外用于载运物品的，例如行李、运动器械或类似物的附加配件）、B60R16（专门适用于车辆并且其他类目不包含的电路或流体管路；专门适用于车辆并且其他类目中不包含的电路或流体管路的元件的布置）、B60R22（车内安全带或护身带）等。该分类号主要涉及汽车的非核心零部件，技术含量与发动机、变速箱等核心零部件相比较低。

B60R中，在发生事故或出现其他交通危险时保护或防止乘客或行人受伤的车上装置或配件小组（B60R21）的专利申请数量达到B60R申请量的20%以上，而该小组所对应的技术领域是汽车主动和被动安全技术。众所周知，吉利汽车在2010年收购了沃尔沃，而沃尔沃以安全闻名于世，发明了三点式安全带、后向式儿童座椅等跨时代的安全技术。在收购沃尔沃后，吉利汽车将拥有其知识产权，并有权在吉利品牌上使用其知识产权，其中包括沃尔沃安全方面的专利。此外，沃尔沃大量的主动和被动安全设计专家也被引入吉利汽车，使吉利汽车的研发实力大幅提升。

B60R16是吉利重点关注的另一个技术领域，专利申请数量达到B60R申请量的17%以上。该分类号下的专利主要涉及车载电脑系统，通过收集车辆上的传感器数据以控制车辆运转。

（三）主分类B62D的专利态势分析

吉利汽车申请的专利中，主分类涉及B62D的申请有1 179件，占吉利汽车专利的15%。B62D涉及的技术领域主要有：上部结构、其他类目不包含的部件或零件（B62D25）、下部结构，即其上可以安装车身的车架

（B62D21）、转向控制装置，即用于使车辆改变方向的装置（B62D1）和其他类目不包含的机动车或挂车的设计，制造，如装配、方便的拆卸或者结构改型（B62D65）。该类专利主要是汽车的悬挂机械结构，直接影响汽车的行驶品质和舒适性。

（四）主分类G01M的专利态势分析

吉利汽车申请的专利中，主分类涉及G01M的申请有903件，占吉利汽车专利的11.5%。G01M布局的专利主要有车辆的测试（G01M17）、结构部件的振动测试、结构部件的冲击测试（G01M7）和机械部件的测试（G01M13）。

自主品牌一向被诟病质量差，这与厂家不重视质量检测有直接关系。而吉利汽车研究院围绕汽车测试设置于吉利汽车安全实验室、吉利动力总成实验室、吉利动力总成检测中心、发动机试验台等机构，申请900余件汽车测试专利，通过大量实验和测试保证汽车设计和生产的规范，从而提高汽车的质量和稳定性。

吉利汽车自主研发的帝豪EC7汽车获得欧洲新车安全评鉴协会四星安全认证，是中国首款获得高星评定的车型；帝豪EC8汽车获得C-NCAP安全碰撞测试49.6分的高分（总分62分），已经超过合资汽车品牌同级别的车型。可以说这一系列的成果离不开G01M技术领域专利的开发和应用。

三、吉利汽车高被引专利分析

申请专利需要提供在技术研发和专利申请过程中对所参考的以往专利文献的记录。那些被引用较多的专利往往被视为关键技术或基础技术，因为它能够通过被引用过程衍生出较为深远和广泛的技术溢出，能够为其他技术的产生奠定坚实的基础。❶从经济学的角度来讲，高被引专利往往意味着较高的经济价值，会给企业带来可观的经济效益，有助于提高市场竞争力。对高被引专利进行分析，可以辨识出企业的基础和关键技术，同时通过对专利申

---

❶ 杨中楷，梁永霞，刘则渊.美国专利商标局10个高被引专利的计量分析[J].科学学与科学技术管理，2008（11）：35-39.

请人和发明人的确认，可以对特定技术领域的竞争态势加以描绘。本节选取吉利汽车被引次数最多的10件发明专利进行分析（见表5.5）。

表5.5 吉利汽车被引次数前十的专利

排名	标题	申请日期	主分类号
1	一种基于NFC手机的车主认证装置、控制系统及控制方法	2012-05-29	B60R25/00
2	一种行车安全辅助控制方法及其系统	2012-08-23	B60W30/09
3	一种防止安全带假系的装置	2012-06-18	B60R22/48
4	AMT变速器输入轴转速传感器失效的控制方法及装置	2012-09-06	F16H61/00
5	驾驶坐姿自动调整装置及方法	2012-03-06	B60N2/04
6	汽车远近光灯切换系统	2010-06-17	B60Q1/14
7	汽车防盗系统	2011-09-05	B60R25/10
8	一种混联混合动力驱动系统	2011-05-26	B60K6/44
9	车载儿童遗漏提醒装置及其检测方法	2011-04-06	B60R21/015
10	轨道吸盘式抓料装置	2012-08-22	B65G47/91

从表5.5中可以看出，吉利汽车的高被引专利主要集中在机电领域，可以分为两大类。

（1）电子辅助设备，包括CN102673517A（一种基于NFC手机的车主认证装置、控制系统及控制方法）、CN102582473A（驾驶坐姿自动调整装置及方法）、CN102431522A（汽车防盗系统）和CN102259629A（车载儿童遗漏提醒装置及其检测方法）。

（2）车辆安全辅助设备，包括CN102806911A（一种行车安全辅助控制方法及其系统）、CN102874210A（一种防止安全带假系的装置）、CN102853067A（AMT变速器输入轴转速传感器失效的控制方法及装置）和CN101844536A（汽车远近光灯切换系统）。

另外2件专利CN102275496A（一种混联混合动力驱动系统）和CN102642718A（轨道吸盘式抓料装置）分别涉及混合动力汽车和汽车装配领域。

从技术分布来看，吉利汽车十分重视用户体验和主、被动安全领域的创新。从高被引申请年份来看，可以看到2010年收购以安全著称的沃尔沃汽车对于吉利汽车提升研发实力具有立竿见影的效果，通过吸纳沃尔沃的专利技术和研发人员，2010年后研发的车辆安全辅助设备领域的专利迅速成为集团内部被引次数最多、专利价值最高的专利。此外，吉利公司的专利CN102275496A（一种混联混合动力驱动系统）被引次数较多，说明吉利公司在混合动力汽车领域有一定的研究，但由以上分析可知，吉利汽车在混合动力汽车技术领域的专利总数较少，相关技术的IPC小类未进入前十，而丰田专利数量前十多的IPC小类中有4个技术领域与混合动力汽车有关。此外也应该注意到，吉利公司价值最高的10件专利主要涉及电子辅助设备、汽车装配等非核心技术领域，没有关于发动机或变速箱等汽车核心技术领域的专利。

四、启示与建议

目前，大众、丰田等跨国汽车巨头对中国汽车市场虎视眈眈，加之我国汽车市场逐渐走向饱和，我国自主汽车品牌未来的发展堪忧。吉利汽车凭借其技术研发战略，成功摆脱低价竞争的恶性循环，产品品质快速上升，从众多自主汽车品牌中崭露头角。通过对吉利汽车专利的分析，本节为我国自主汽车品牌总结以下启示与建议。

（一）积极面对国际化进程

目前，我国自主汽车品牌发展进入瓶颈期，市场红利消失殆尽，各细分市场被合资企业步步侵蚀，缺乏核心技术的劣势被进一步放大。由于汽车产业属于资本、技术密集型产业，在很多核心技术领域没有积累的情况下，自主创新的难度较大。以吉利汽车为例，其涡轮增压发动机技术主要来自沃尔沃汽车，而其自动变速箱技术主要来自DSI公司。2016年，和沃尔沃汽车共同开发的中级轿车博瑞的年销量达到5.2万辆，排名中国B级车销量第九，成为首款进入B级车销量年度前十的自主品牌车型。因此，利用海外资源，引进、吸收、消化国外先进技术、专利和人才对于我国自主汽车品牌追赶国际先进水平，提升产品竞争力具有极大的帮助。

（二）增强自主技术研发能力

我国大部分自主汽车品牌至今仍主要通过逆向国际品牌车型为主要设计手段。虽然在产业发展初期，模仿是快速提高技术水平和产品竞争力的捷径，但如今汽车市场进入成熟、饱和阶段，自主研发是使企业从低端走向中高端的必经之路。吉利汽车成立北京吉利大学和吉利汽车研究院，并在北美、俄罗斯等地成立研发中心，重视自主核心技术的研发，目前其自主研发的1.5T涡轮增压发动机技术参数已达到国际先进水平，搭载该发动机的博瑞和博越车型已成功销往海外市场。而对于吸收、消化国外先进技术而言，也需要自身有一定的技术积累，否则也只能学到皮毛。

（三）重点突破发动机、变速箱等核心技术

从吉利汽车和丰田汽车的主要IPC小类排名来看，我国自主汽车品牌在发动机、变速箱等核心技术领域与跨国汽车巨头之间的差距较大。目前，吉利汽车通过沃尔沃汽车丰富的技术储备弥补自身在这些核心技术领域专利储备不足的劣势，但不是所有自主汽车品牌都有能力或者有机会收购具有汽车核心技术研发能力的整车或零部件厂商。因此，我国的自主汽车品牌应大力推动发动机、变速箱等汽车核心技术的研究，只有掌握这些技术的自主知识产权，才能在未来残酷的竞争中获取一席之地。

第六章 新能源产业知识产权管理实证研究

当今世界正处在大发展、大变革、大调整时期，新技术、新产业迅猛发展，新能源产业作为战略性高新技术产业的重要组成部分，基于其物质资源消耗少、成长潜力大、综合效益好等优势，已被世界各国或地区当作推进产业机构调整和升级的重要举措，正在成为引导未来经济社会发展的重要力量。[1]目前我国也正处在产业结构调整的关键阶段，迫切需要通过产业结构的优化，促成产业的成功转型升级，提升经济发展的质量，新能源产业已成为我国重点发展的新兴产业之一。近年来，我国的新能源产业虽取得快速发展，但是核心技术能力缺乏，创新水平低下仍是制约产业整体跃升的重要瓶颈，只有不断提升知识产权创新能力，大力加强知识产权管理水平，才能整体提高我国新能源产业的国际竞争力。

第一节 概 述[*]

新能源产业作为新兴产业，在替代高耗能、重污染的传统产业方面具有重要的战略性价值，因此，发展新能源产业已成为世界各国的共识。特别是进入21世纪以来，世界各国基于优化能源结构、保证能源供给安全的考量，纷纷将新能源产业纳入国家发展战略，加大了新能源产业发展推进力度，正是在此背景下，全球新能源产业飞速发展，产业规模不断扩张，

---

[1] 史丹.新能源产业发展与政策研究[M].北京：中国社会科学出版社，2015：255.

[*] 本节作者为南京理工大学知识产权学院郑伦幸博士，助理研究员。

产业投资增速不断扩大。然而，总体来说，全球新能源产业发展还处在政策、资金等要素驱动阶段，与产业发展的内生要求存在一定滞后和冲突，未来新能源产业要实现从要素驱动向创新驱动的跨越，还需大力加强创新能力，通过知识产权改善产业发展的内涵和档次。

一、新能源产业概况

新能源产业是指新能源技术与产品的科研、生产、推广、应用以及经营活动，区别于传统能源产业，新能源产业是将太阳能、风能、生物质能等非传统能源进行产业化的一种高新技术产业。根据新能源类型的不同，通常把新能源产业划分为以下几种类型：（1）太阳能产业。目前太阳能大规模商业化利用的主要途径包括光热和光电两种类型。光热主要涉及太阳能热水器，而光电又涵盖光热发电和光伏发电两种方式，光伏发电以多晶硅电池发电最为普遍和广泛。（2）风能产业。由于风能利用的关键设备是风轮机，因此，风能产业是以风机的制造和运营为中心而展开，风能产业链主要涵盖风机零部件制造、风机制造以及风电场运营。（3）生物质能产业。目前对于生物质能的商业化应用主要涵盖高效直接燃烧技术与设备的研制、生物质的化学转化和开发利用、城市生活垃圾的开发利用以及能源植物的开发等方面。

从全球新能源产业发展格局来看，目前欧盟、美国等发达国家占据国际分工的主导地位。发达国家不仅掌控着新能源产业的关键核心技术，还是新能源终端产品市场的主要占有方，如2010年欧洲和北美可再生能源消费量约占全球消费总量的70%。发达国家在新能源产业发展上所取得的成绩与其长期以来重视新能源产业的发展密切相关，特别是国际性的金融危机爆发后，在传统产业发展一直处于低迷不振的现实之下，发达国家将发展新能源产业视为保证能源安全、应对气候变化的举措，将其作为"再工业化"的立足点和发力点，试图通过新能源产业的国际布局，引领未来国际竞争的发展走向。因此，发达国家纷纷将新能源产业的发展纳入国家战略之中，通过政府提供大量新能源技术研发、商业化的补贴，使新能源产业能够取得国际市场的领先地位。然而，作为新兴发展的产业，新能源产业相对于其他发展较为成熟的产业,如汽车、电子、通信产业而言,产业中主导或垄断企业还尚未形成和定型,虽然在发达国家的新能源产业中存在一些实力雄厚的企业,但是基于产业的市场结构、技术路径仍不稳定,存在较大变数,从而决定了新能源产业中缺少有能力垂直整合全球研发体系的行业巨头企业。❶

近年来,我国新能源产业得到飞速发展,总结原因主要基于以下两点:一方面,随着制造成本在新能源产业国际产业分工中地位的上升,基于政策红利、人力资源、土地资源等要素资源的优势,以中国为代表的新兴国家在全球新能源产业中的地位整体上升;另一方面,长期以来我国经济发展采用的是高投入、高能耗、高污染和低效率的粗放式增长方式,经济发展与资源环境的冲突和矛盾日益凸显,制约了我国经济的持续发展。发展资源节约型、环境友好型的低碳经济是我国经济崛起的必然途径,而以新能源产业为代表的战略性新兴产业是低碳经济的重要组成部分。❷正是在此背景之下,我国新能源产业的发展得到内外因素双重驱动,企业数量快速增长,全球市场份额不断扩大,据统计,我国接近70%的新能源企业建立于2010年之后,2014年的企业规模数达到14 219家,是2008年的近5倍。2015年,在光伏领域,中国的多晶硅的全球产量占比提高到48.5%,硅片占比78%,电池片占比68.3%,组件占比71.7%,新增装机约15GW,超越德国成为全球光伏累计装机量最大国家。❸在为中国新能源产业在国际分工体系中地位明显上升而备感欣喜的同时,也应清醒看到,目前中国新能源产业与全球产业链的接口还是劳动相对密集、资源消耗较高的制造环节,中国新能源企业主要扮演的还是新能源产品的世界制造工厂的地位和角色,其竞争优势主要还在于价格和规模优势,与掌握核心技术,具备强大技术创新能力的国际新能源领先企业相比仍有很大差距,如据统计,目

---

❶ 史丹. 新能源产业发展与政策研究[M]. 北京:中国社会科学出版社,2015:213-217.
❷ 张庆麟. 新能源产业[M]. 上海:上海科学技术文献出版社,2014:8.
❸ 2015~2016年中国光伏产业市场回顾与展望[EB/OL]. http://ccidconsulting.baijia.baidu.com/article/394488,2017-04-12.

前我国光伏发电原材料的90%以上仍需要进口,超过90%利用太阳能的产品出口国外,企业拿到的只是5%~6%的加工费用。❶

二、新能源产业知识产权管理现状

新能源产业作为战略性新兴产业,技术创新是其产业发展的要义和趣旨,只有通过创新才能加快产业更新换代速度,打造企业的核心竞争力,从而整体提升产业的发展质量和水平,因此,知识产权管理在新能源产业中具有重要的战略地位和意义。

(一)新能源产业知识产权创造与布局

新能源产业作为新兴产业,技术的研发以及推广具有高度的复杂性和不确定性,从而决定了新能源产业领域的创新具有协同化特点,发达国家特别注重企业、大学、公共科研机构等创新主体的合作,通过合作分担新能源技术创新的风险和成本。如美国的"先进制造伙伴项目"中的新能源项目就是旨在推动企业之间以及企业与公共科研机构之间的合作研发。❷此外,由于创新活动的协同化,新能源产业领域的研发投入具有来源主体的多元化特征。近年来,世界各国政府、企业以及其他机构为全球新能源产业投入大量的技术研发资金,据统计,截至2014年,全球新能源产业的研发投入达到290.7亿美元,较2006年增长近2/3,德国仅2008年就拨出3.25亿欧元用于新能源方面的技术研究,其中约1.25亿欧元用于资助新能源科研项目,其余则用于资助科研机构。❸在持续增长的研发投入保障之下,全球新能源专利数量得到飞速增长,截至2011年5月,涉及光伏发电、风力发电、生物质能发电等新能源技术的全球专利申请分别达到84 827件、20 276件和8 078件。❹值得注意的是,在发达国家新能源市场需求日趋饱和、竞争日

---

❶ 张庆麟.新能源产业[M].上海:上海科学技术文献出版社,2014:28.
❷ 史丹.新能源产业发展与政策研究[M].北京:中国社会科学出版社,2015:271.
❸ 安徽省政府发展研究中心.德国新能源产业发展举措及对我省的启示[EB/OL]. http://www.dss.gov.cn/News_wenzhang.asp?ArticleID=326170,2017-04-17.
❹ 中国新能源产业海外专利布局力度有待加强[EB/OL]. http://www.askci.com/news/2011-11/02/113913623.shtml,2017-04-17.

益激烈的背景之下，美国、日本等跨国企业还不断加强在本土之外新能源市场的专利布局力度，如截至2011年5月，在光伏发电、风力发电和生物质能发电领域，美国已有28.7%、49.5%和52.8%的专利技术在美国市场之外进行布局，日本则分别是13.7%、16.1%和14%。

近年来，虽然我国新能源产业的知识产权数量快速增长，高居全球前列，但是相较于美国、日本等新能源产业的领先国家，知识产权创造和布局能力仍存在较大差距，具体表现为以下两个方面：（1）在知识产权质量方面，目前中国新能源产业知识产权大多集中在产业链中低端的组件、装配领域，涉及技术含量较高的原材料、制造加工核心专利技术则由美国、德国、日本等发达国家把控，因此，知识产权质量水平整体偏低，这一问题直接导致我国新能源企业在新能源的制造装备、原材料方面存在严重的供给不足现象；（2）在知识产权布局方面，我国新能源企业由于缺少战略引领和市场策略，导致我国新能源企业的知识产权国际化水平非常低，大多数知识产权只有国内申请，缺少海外布局，知识产权的布设大多与目标市场无关，❶如通过对我国新能源产业中41家在新三板挂牌上市企业2016年的专利申请情况分析结果显示，在有专利申请的37家公司中国内专利申请共有1 348件，海外专利仅有14件，海外专利申请仅占总量的1%左右，其中PCT申请7件，美国申请3件，欧洲申请2件，中国台湾地区和丹麦各1件。❷

（二）新能源产业知识产权商业化利用

从全球新能源产业的整体发展状况来看，目前新能源产业发展还处于成长期，跨国公司控有的新能源技术特别是核心技术具有非常重要的战略价值和意义，在新能源跨国公司看来，新能源技术无论是市场的控制力，还是市场的价值都不低于原创药品专利，因此，为了谋求利益的最大化，跨国公司对于新能源技术往往不愿意向发展中国家企业进行许可或转让，

---

❶ 宋蓓蓓，孟海燕. 从光伏产业起落看战略性新兴产业中的知识产权[J]. 中国发明与专利，2013（8）：17.

❷ 刘柳，李昉，凌赵华. 我们来看看这份关于新能源行业的分析报告[EB/OL]. http：//mt.sohu.com/20151223/n432361749.shtml，2017-04-17.

因此，在新能源产业中，跨国企业向发展中国家企业进行专利技术转让或许可的活动相较于其他成熟产业来说明显过少，如自2002年以来，在华新能源跨国公司实施转让或许可的专利数量不及其专利总数量的10%，并且在其转让或许可技术中还不乏很多落后和淘汰的专利技术。❶

在新能源跨国公司之间，通过结成知识产权联盟进行专利交叉许可、专利标准化是目前新能源领域知识产权商业化利用的惯常方式，这一方式之所以在新能源产业中被普遍利用，主要原因在于：（1）由于世界各国大力发展新能源产业，纷纷整合和投入优势资源进入新能源产业，并试图通过专利布局抢占市场先机，因此，在新能源产业中存在大量专利，其中不乏很多的垃圾专利，导致"专利丛林"现象在新能源产业中体现得非常明显。面对"专利丛林"带来的新能源技术转让高成本、高风险的挑战，新能源企业往往通过专利交叉许可、专利池的方式来内化专利许可或转让的成本，化解交易地位不对称、信息不完全的问题，也间接起到推进专利技术产业化的作用。（2）新能源作为新兴产业，由于技术更新升级速度快，技术发展方向有很多不确定性，很多涉及新能源技术的标准仍为空白，因此，各大新能源跨国企业纷纷加强专利的布局和推广，在此基础之上结成各种知识产权联盟，希望形成合力共同推动联盟内的专利技术转化为标准，最终通过标准抢占市场高地，争取主导或控制市场的走向。❷

从我国新能源技术的商业利用状况来看，目前主要还是局限于转让、质押、许可等传统知识产权运用方式，如我国新能源产业中41家在新三板挂牌上市企业2016年专利利用情况的分析结果显示，专利转让的达到179件，占运营专利总数量的73%，利用许可方式的专利数量有26件，占运用专利总数量的11%，而涉及专利质押的专利数量有39件，占运用专利总数的16%。❸值得注意的是，近年来，随着我国新能源产业的发展壮大，新能

---

❶ 夏先良. 新能源技术转让需要强健的知识产权保护[J]. 中国能源，2012（10）：30-31.
❷ 黄曼雪等. 新能源标准与知识产权联盟运营初探[J]. 标准科学，2013（5）：61.
❸ 刘柳，李昉，凌赵华. 我们来看看这份关于新能源行业的分析报告[EB/OL]. http://mt.sohu.com/20151223/n432361749.shtml，2017-04-17.

源企业"走出去"的步伐不断加快,参与新能源市场国际竞争的深度和广度不断延展,很多企业已经意识到标准的重要意义,因此,我国部分新能源企业和研究机构亦有通过结成知识产权联盟的新兴形式,进行新能源知识产权的商业化利用趋向,如2011年,来自北京、深圳、广州、郑州的34家企业在深圳组建"新能源标准与知识产权联盟",联盟的活动主要包括自主知识产权创造、信息共享、标准研制等。

(三)新能源产业知识产权纠纷与保护

近年来,新能源领域的知识产权诉讼呈现出高发态势,原因主要在于一方面,新能源技术本身具有投入风险高、研发难度大、多个权利主体等特点,而世界各国又将新能源视为战略性新兴产业,因此对于新能源领域注入大量资源,积极进行技术研发、专利获权与布局,从而导致新能源领域的"专利丛林"现象较为严重,这成为新能源产业领域知识产权诉讼高发的内在因素;另一方面,虽然以美国、欧盟为代表的发达国家在新能源技术方面相较于发展中国家而言具有领先优势,但是由于以中国为代表的新兴市场在新能源产业中的迅速发展,技术差距越来越小,特别是中国等新兴市场往往还具有绝对的成本、价格优势,因此,在国际市场中异军突起,占据举足轻重的地位,同时导致美国、欧盟的新能源企业近年来面临残酷竞争,甚至出现倒闭现象,据GTM Research的调查数据显示,2010年,由于中国廉价太阳能产品的竞争,美国有大约1/5的光伏企业遭遇破产或停产。❶为化解竞争压力,美国、欧盟等国企业纷纷拿起知识产权的大棒,以向新兴市场企业提起诉讼的方式,达到排挤市场竞争者的目的,因此,新能源领域的知识产权诉讼高发也就有了外在诱因。

正是在当前形势之下,中国的新能源企业在参与国际竞争过程中屡屡遭遇知识产权纠纷。如作为我国风电行业知名企业的华锐风电分别于2005年和2011年遭遇美国超导公司的软件著作权侵权诉讼和商业秘密侵权诉讼。2016年深圳珈伟光伏照明股份有限公司被美国照明科学集团公司以专

---

❶ 梁钟荣. 光伏业新危机:阿特斯反击知识产权诉讼[EB/OL]. http://business.sohu.com/20111013/n322001856.shtml,2017-04-17.

利侵权为由向美国加利福尼亚州法院起诉。除了知识产权诉讼之外，美国企业还通常利用向美国国际贸易委员会申请337调查的方式，对中国企业进行威胁和打击。如2011年位于我国苏州的阿特斯太阳能公司就被美国光伏零部件安装企业西屋太阳能公司向美国国际贸易委员会提起关于简化太阳能电池组件的安装及降低安装成本的两类专利的侵权申诉。同年10月，美国的7家太阳能电池板企业又分别向美国商务部和美国国际贸易委员会提起知识产权申诉，要求对中国企业出口到美国市场的太阳能板施加限制，并征收超过100%的反倾销关税。

中国新能源企业在国际市场所处的被动挨打地位是与其发展过程中长期依赖政策、人力、成本等要素驱动的粗放式发展路径不无关系的，具体而言：从宏观层面来看，在我国新能源产业发展之初，缺少整体的科学发展战略和规划，且由于行业标准的缺失，致使投资者一窝蜂式地进入新能源产业，成为产能过剩的重要推手；从微观层面而言，我国新能源企业在获得各方资金的注入之后，并不是投入到研发过程中进行技术创新，而是盲目地进行生产线的扩张、厂房的扩大，企业缺少知识产权的储备，导致其在面对国外企业提起的知识产权诉讼中，没有讨价还价的筹码，处在被动挨打的地位。因此，我国新能源企业要想彻底改变在知识产权诉讼和纠纷中的不利地位，必须加大技术创新力度，进行大量的知识产权储备和前瞻性的知识产权布局，打造企业的核心竞争力，只有这样才能有效地为企业参与国际竞争保驾护航。

三、新能源产业知识产权管理发展趋向及战略举措

由于新能源产业被世界各国寄予了保障能源安全、引领产业升级、带动经济增长的希望，因此，在资源大量涌入、政策大力扶持的背景之下，全球新能源技术的更新速度将不断加快，知识产权对于新能源企业和产业发展的决定性作用将会日益彰显，知识产权将成为影响未来新能源产业全球竞争格局的关键因素。特别是在欧债危机加剧，贸易摩擦频发的背景之下，面对发达国家及企业发动的贸易保护措施，我国企业更应该加强知识产权创造、布局、运用和保护，提升知识产权实力，打造自身核心竞争

力，从而最终增强抵御贸易风险的能力。具体来说，新能源产业知识产权管理发展趋势表现在四个方面：（1）知识产权合作创新将越来越常见。新能源技术的研发具有高度的不确定性，这推动了新能源产业中的各类创新主体走向紧密合作，通过合作创新机制的构建可以共同进行技术攻关，分担技术研发中的成本和风险。（2）缔结知识产权联盟进行知识产权运用越来越普遍。各国大量创新资源的注入以及新能源企业积极的知识产权全球布局导致新能源产业存在严重的"专利丛林"现象，通过知识产权联盟内企业之间的专利交叉许可、专利结池等方式可以从一定程度上解决"专利丛林"问题。（3）专利标准化的竞争将日趋激烈。控制标准就意味着控制市场。由于目前新能源产业尚处在窗口期，技术发展的方向具有不确定性，很多涉及新能源技术的标准尚为空白，将专利纳入标准将是新能源企业运营专利的主要方式。（4）知识产权纠纷与诉讼将越来越频繁。随着贸易保护主义向新能源产业的渗透，以知识产权作为武器对竞争对手进行排挤和打击的做法在新能源的国际竞争中将会越来越常见。基于以上发展趋势的考量，我国新能源产业的知识产权战略措施包括以下方面。

首先，加强高质量知识产权储备，积极开展新兴市场的知识产权布局。目前国外企业通过对核心技术的大量知识产权申请、获取与布局，已经在发达国家以及我国新能源市场占据竞争优势地位，如在太阳能电池以及组件领域，国内发明专利数量仅占总数的60%不到，其余均为国外企业的发明专利布局。面对市场竞争的不利条件，我国新能源产业一方面应通过加大研发资金的投入，提升技术创新能力，加强高质量知识产权的储备，凝练和打造产业核心竞争力；另一方面在发达市场遭遇"双反"诉讼的重重壁垒背景下，我国新能源产业可以绕道而行，着手在非洲、墨西哥、南美洲、大洋洲等发达国家知识产权布局较少的新兴市场开展知识产权布局，特别是在光伏领域，抢占知识产权制高点，为我国新能源产业的发展赢得生存空间。[1]

---

[1] 夏芸，陶媛媛，彭德坤. 光伏电池组件专利概况和诉讼分析[EB/OL]. http：//guangfu.bjx.com.cn/news/20131025/467687-5.shtml，2017-04-17.

其次，促成知识产权创新合作，加强创新主体之间的协同创新。基于新能源技术创新本身固有的高成本、长周期、高风险的特点以及我国目前新能源产业发展的现实考虑，仅凭借单个企业的实力很难整合新能源技术创新所需的全部资源，并承担技术创新失败带来的成本和风险，因此，应推动涉及新能源产业链的总装、材料、零部件、软件信息等各类创新主体进行协同与合作，推动形成新能源利益相关的创新系统，通过创新过程中的信息互通、能力互补、资源互享、风险互担，共同推进技术创新水平，提升我国新能源产业参与全球产业链和价值链的深度和高度。

再次，推动知识产权联盟的建立，鼓励知识产权的高端运营活动。构建知识产权联盟进行知识产权运营是目前国外新能源产业内存在的普遍现象，通过联盟可以实现多个企业之间的技术融合和转化，从而加快技术产业化速度，提升整体技术创新能力。近年来，虽然我国企事业单位之间通过合作建立不同类型、不同层次的新能源产业领域知识产权联盟，但是联盟的合作层次整体水平仍较低，大多还是仅集中在新能源技术的交流和攻关方面，缺少知识产权运营方面的交流和合作，特别是涉及新能源技术标准制定领域较为欠缺。由于新能源技术标准竞争决定未来新能源产业全球竞争格局和走向，因此，应充分发挥知识产权联盟的集合效应，通过联盟各方的专利交叉许可、组建专利池等运营方式，进行资源的整合、能力的互补，共同促进新能源技术标准的形成，并推动标准的国际化进程，使得我国的新能源产业能够在全球新能源技术标准竞争中占据一席之地。

最后，推进知识产权风险预警机制建立，提升新能源产业抗风险能力。当前，在新能源技术领域的贸易保护主义大有抬头之势，贸易摩擦将日趋频繁，为应对知识产权诉讼和禁令的威胁，我国新能源产业应该通过建立知识产权风险预警机制，提升知识产权抗风险能力。具体而言，我国新能源企业应建立竞争对手知识产权数据库，密切跟踪国际竞争对手和目标市场国的知识产权动向，对高风险竞争对手进行知识产权尽职调查，对于可能发生的知识产权申诉或者诉讼进行提前预警，并制定相应的防范预案。❶面对知识产权诉讼时，应积极应诉，通过利用发达国家的"337调查"或者专利制度等权利救济平台，合理利用司法或者行政规则，进行反诉，最终保护自身合法利益。

总之，新能源产业作为战略性新兴产业，承载了保障能源安全、引领转型升级的功能期许，因而为世界各国所重视。新能源技术创新所具有的高成本化、长周期性、高风险性属性，决定了知识产权在产业竞争中的重要意义和价值。我国新能源产业要想在全球新能源市场占据一席之地，必须从依赖要素驱动的粗放式发展转变到创新驱动的集约式发展之路上，即只有通过创新能力的提升，知识产权整体实力的增强，核心竞争力的打造，才能赢得未来全球新能源产业的竞争。

第二节　雅迪电动车在华专利布局的分析与启示*

雅迪公司以其电动车而闻名国内，根据中国行业企业信息中心的资料，从2009年至今，雅迪电动车每年的销售量都突破百万辆，连续7年全国销量领先，在2012年度的电动车综合评比中，销售量、销售额、市场占有率三个方面均位居全国第一。雅迪公司已然成为国内电动车行业内的龙头企业，引领了国内电动车行业的发展潮流。雅迪公司的巨大成功不仅仅因为其出色的营销策略，更是因为其较为完善的专利布局。通过专利布局，不仅让雅迪公司获悉竞争对手的技术情况，以便及时调整自己的投资重心，抢占技术领域的制高点；还帮助其充分把握行业中技术的发展动向及趋势，避免重复研究，缩短研发周期，节省研发经费。本节主要通过对雅迪公司专利申请的总体情况、年度分布情况、法律状态、技术领域等方面展开分析，旨在总结雅迪公司在我国专利申请的趋势、分布特点布局的相关经验，为我国电动车企业的发展提供借鉴和启示。

---

❶　冉瑞雪.光伏产业海外知识产权风险及防范[J].进出口经理人，2012（3）：59.
*　本节作者为南京理工大学知识产权学院硕士研究生卢敏明。

一、雅迪专利布局总体情况分析

（一）雅迪在华专利布局的总体情况

图6.1数据来源于incopat、国家知识产权局专利数据库，使用其专利检索与服务系统进行数据分析，检索日期为2016年11月2日，根据发明专利申请自申请日起18个月才能被公布，实用新型专利申请在授权后才能获得公布，而PCT专利申请可能自申请日起30个月甚至更长时间之后才进入到国家阶段，因此在实际数据采集过程中会出现2016年后专利申请少于实际申请量的情形。

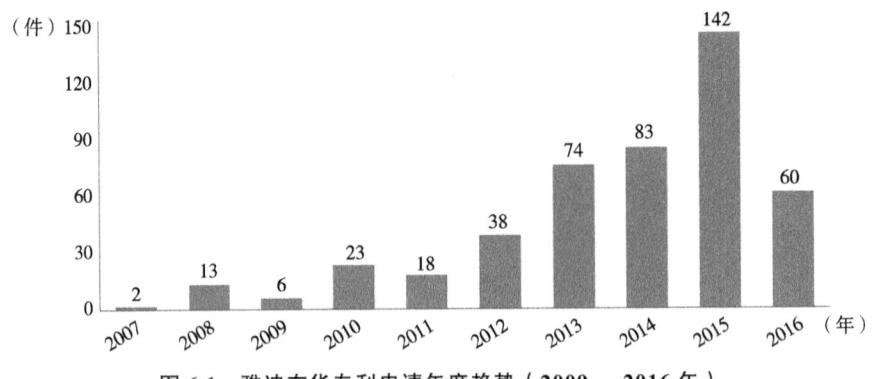

图6.1 雅迪在华专利申请年度趋势（2009~2016年）

截至2016年11月10日，雅迪在华专利申请量为459件，而仍然有效的专利数量为352件，其中已经授权的发明专利为9件，正在申请的发明专利为9件、实用新型专利为101件、外观设计专利为233件，分别占有效专利申请量的比重为2.55%、2.55%、28.70%、66.20%。雅迪公司早在2007年向国家知识产权局提交了第1件专利申请，但其真正大规模进行专利布局始于2015年。2009~2016年，平均每年申请量为65.57件，这一数据在同类企业中处于领先地位。

从图6.1可以看出，雅迪公司的在华专利申请数量大致呈现逐渐上升的趋势，尽管在某些节点会出现小幅下降的态势，但对于一个电动车企业来说，发展的态势本来就容易受到消费者偏好以及政策的影响，所以短暂的波动对于雅迪公司而言也属正常。整体的上升趋势主要是因为其契合国家推动绿色产业发展的大方针，并且能够很好地抓住国内激励专利申请的潮流，所以其在华专利数量能够呈现逐年上升的态势。

（二）雅迪在华专利布局的类型

专利布局的类型分布更容易反映一个企业的侧重点，从图6.2可以看出雅迪在华申请的有效专利主要集中在外观设计专利和实用新型专利上，两者总共占有效专利的95%，而发明专利仅占5%，其中主要原因在于：（1）雅迪的产品主要是电动车，而在电动车领域，外形的设计更容易获得消费者的偏爱，所以外观设计专利的保护比发明专利和实用新型专利更容易保护其生产的产品；（2）外观设计专利不需要实质审查，对于雅迪公司而言操作难度不大，而且可以更快速获得专利权的保护；（3）在电动车领域，精美的外观往往是消费者偏好指数中占比较高的因素，所以雅迪抓住消费者的消费心理，通过外观设计专利的申请使得其在电动车领域的竞争中占据上风。

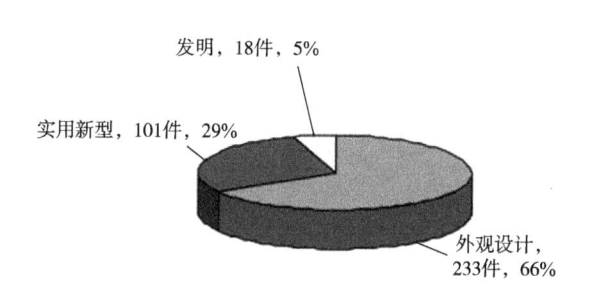

图6.2 雅迪在华有效专利类型

这种比例的分布同时带来一定的潜在风险：首先，外观设计专利和实用新型专利权的保护期限与发明专利相比少了10年，而且这两种专利的稳定性明显较低，很容易被竞争对手提起无效宣告，这就可能使得雅迪在以后的知识产权诉讼中面临败诉的风险。其次，发明专利的欠缺，一定程度上也说明其核心专利的欠缺，使得其在与竞争对手的比拼中处于劣势，往往竞争对手只要拿出一项核心专利，就很容易通过专利侵权诉讼来打击雅迪公司的市场占有份额，此时的雅迪就不得不增加成本去购买对手的专利以达成和解。最后，这种比例的分布会增加雅迪公司的诉讼难度，既然外观设计和实用新型专利更容易被无效掉，使得其在控诉对手侵权的时候，更容易给对手钻空子，这样一来平白无故就增加了雅迪公司的诉讼成本。

总而言之，雅迪尽管在专利申请数量上、年均专利申请数量上处于优势地位，但总体上其专利申请的侧重点在外观设计专利方面，这一侧重点总体上使得其专利布局稳定性偏低，这也会使得其在以后的专利布局上面临一定的诉讼风险。

（三）雅迪在华专利布局的年度变化趋势

雅迪公司在华专利布局的年度变化趋势更容易客观反映出企业专利技术的发展规律。从图6.1中可以看出，雅迪公司在华专利申请数量从2010年开始呈逐年上升趋势，特别是在2015年，专利申请量达到创纪录的142件。原因在于：其一，雅迪公司在2010年销售电动车的数量突破70万辆，在整个电动车行业中占有高达7.2%的市场份额，这就使得集团的发展战略发生调整，从原来的薄利多销战略，变为如何更好实施自身的知识产权战略，这一战略的调整使得雅迪公司增加了自身专利申请的数量。其二，2010年，在两轮电动车市场上，雅迪公司的有效市场网络达744个，同比增加30%，网络覆盖率达32%，销售范围的扩展使得雅迪电动车成为很多竞争对手模仿的对象，这样一来雅迪公司被侵权的风险大大增加，为了更好地保护好自己的产品，一定程度上也刺激了专利申请数量的增加。❶其三，随着知识产权相关法律的不断完善，知识产权的保护力度不断增强，一定程度上也使得雅迪公司将更多精力投放到知识产权方面。

需要说明的是，雅迪公司在2009年和2011年的专利申请数量上呈现下降趋势，原因在于：（1）2009年是雅迪公司成立的初期，其更加侧重销售数量，对于知识产权的保护并不十分重视，加之当时国内的知识产权保护

---

❶ 葛文博.雅迪集团发展战略研究[J].现代营销，2012（10）：12-13.

环境有待改善，所以其减少了相关知识产权的投入力度。（2）2011年，由于雅迪处于一个急速增长的扩张期，使得前一年的资产负债率达到83.5%的高度，这一数值远远超出一般企业的警戒水平，这使得其在2011年的各方面投入都降低，相应的知识产权投入也会减少。

总体来说，雅迪公司在华专利布局的年度变化趋势总体上是上升的，联系到其本身的发展，一定程度上也说明了其经营的侧重点逐渐转向知识产权竞争方面，尤其在2015年之后，行业内的竞争不再仅局限在电动车的销售量上，而是扩展到专利数量、保护力度、专利运营等方面，这也是电动车行业发展的新潮流。

（四）雅迪公司在华专利法律状态

经查阅，截至目前，雅迪公司被授权的专利有352件，例如挡风后罩（YD706）（CN201630203657.8）、电动车铝合金侧支架（CN201630203639.X）、减震（702钻石）（CN201630552142.9）等；权利终止的有76件，例如一种用于电动车的充电插座（CN201320033413.0）、一种电动车的充电插座（CN201320033740.6）、电动高压冲洗车（CN201230576911.0）等；实质审查阶段的有15件，例如一种电动车用大灯控制电路（CN201410805826.5）、一种电动车用锂电池充电方法（CN201510144070.9）、一种面板支撑工装（CN201510145423.7）等；撤回的有4件；公开、放弃、驳回的各有1件。其中被授权的外观设计专利为233件、实用新型专利仅为101件、发明专利为18件，占比分别为66.19%、28.70%、5.11%；权利终止的专利中外观设计专利有53件、实用新型专利有18件、发明专利5件，占比分别为69.74%、23.68%、6.58%；在实质审查中的专利是15件发明专利。

对于被授权的专利有66.19%为外观设计专利主要是因为外观设计专利易于获得所致，而对于权利终止的69.74%为外观设计专利也是因为外观设计专利权只是形式审查，其更容易被对手提出无效宣告请求。雅迪公司专利授权比重高充分说明其专利申请的质量很高。可以预见，雅迪公司将会更加注重在电动车领域的专利申请。

（五）雅迪公司在华专利布局发明人分析

从图6.3可以看出，雅迪公司的核心发明集中在董经贵一人身上，他的发明量分别是103件，占全部发明比例的22.44%，这也说明其是雅迪公司中的核心发明人，但是过于集中在某个发明人身上也会有一定的风险。过于集中就会使得其掌握的企业核心信息会很多，存在跳槽后泄露商业秘密的风险，甚至形成发明依赖。如何留住主要发明人将会是雅迪公司以后发展的重要问题。

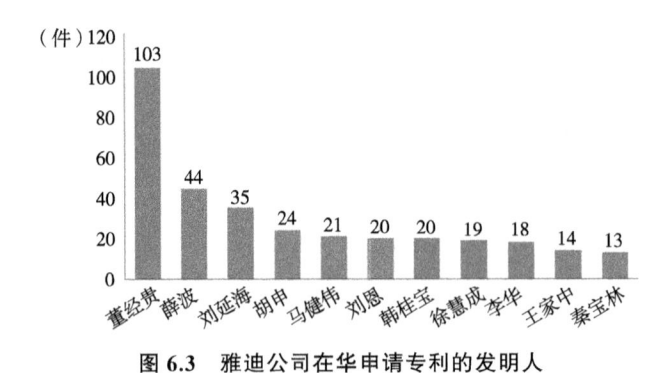

图6.3 雅迪公司在华申请专利的发明人

（六）雅迪公司在华专利布局申请人分析

从图6.4可以看出雅迪在华专利申请人集中在五大有限公司，排名前五的有限公司分别申请176件、144件、85件、38件、14件，占总申请量38.34%、31.37%、18.52%、8.28%、3.05%。雅迪在华专利申请最主要的申请人是天津雅迪实业有限公司和雅迪科技集团有限公司。原因在于：（1）近些年，天津出台《关于2016～2020年新能源汽车推广应用财政支持政策的通知》，大大鼓励了雅迪电动车的发展，其能获得更多的财政支持，其中包括在知识产权申请方面的补贴，这有助于激励天津雅迪实业有限公司的申请专利。（2）雅迪科技集团有限公司申请数量较多主要是因为其强大的研发能力，如前所述的发明人董经贵就在雅迪科技集团任职，这也使得其申请数量很大。

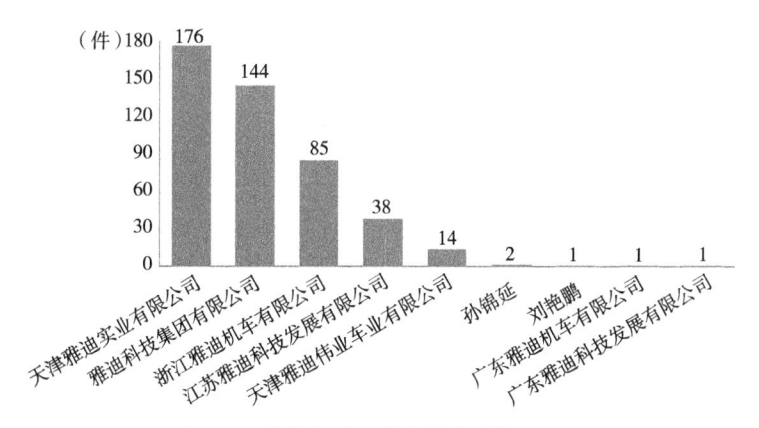

图 6.4 雅迪公司在华申请专利的申请人

（七）雅迪公司在华专利省市申请趋势

雅迪在华申请专利主要集中在天津、江苏、浙江、广东四省。雅迪在江苏申请专利的数量逐年递增，并且2015年有一个直线的上升趋势，从2014年的12件急速增加到91件，原因是2015年江苏省政府出台《关于进一步支持新能源汽车推广应用的若干意见》，雅迪在江苏省申请专利能够得到许多政策支持，加之江苏省正在实施知识产权强省战略，这也推动了雅迪2015年在江苏省申请专利。在天津，2014年有一个很明显的下降拐点，主要是因为天津减少专利数量的资助政策，这使得其在天津申请专利的数量从2014年后开始逐年递减。

（八）雅迪公司在华专利布局技术领域分析

为了更好地分析雅迪公司在华专利的IPC分类号，引进其最主要的竞争对手爱玛公司进行数据对比。雅迪公司和爱玛科技集团分别选取了排名前十的IPC分类号的数据。

雅迪公司在B62J，即自行车鞍座或座位、自行车特有的而不包含在其他类目中的附件方面拥有26件专利，比重达到18.57%；在H02K，即电机方面拥有24件专利，比重为17.14%；在H01M，即用于直接转变化学能为电能的方法或装置方面拥有17件专利，占比12.14%；在B62K，即自行车、自行车架、自行车转向装置、专门适用于自行车乘骑者操作的终端控制装置、自行车轴悬挂装置、自行车跨斗、前车或类似附加车辆等方面拥有16件专利，占比为11.43%；在B60L，即电动车辆动力装置方面拥有专利13件，占比为9.29%；在B62H，即自行车架、自行车停放或存放用支架或固定装置、防止或指示擅自使用或盗窃自行车的装置、与自行车构成一体的锁、学骑自行车的设备等方面拥有专利11件，占比为7.86%；在B62M，即乘骑者驱动的轮式车辆或滑橇、动力驱动的滑橇或自行车、专门适用于这些交通工具的传动装置等方面拥有专利10件，占比为7.14%；在B60K，即车辆动力装置或传动装置的布置或安装、两个以上不同的原动机的布置或安装、辅助驱动装置、车辆用仪表或仪表板、与车辆动力装置的冷却、进气、排气或燃料供给结合的布置等方面拥有专利8件，占比为5.71%；在G05B，即一般的控制或调节系统、这种系统的功能单元、用于这种系统或单元的监视或测试装置等方面拥有专利8件，占比为5.71%；在B60R，即不包含在其他类目中的车辆、车辆配件或车辆部件等方面拥有专利7件，占比为5%。从中可以看出雅迪公司主要在电动车的电池系统、操作系统以及电动车轮廓方面投入精力，这一方面是由于电动车行业特殊的要求（续航能力强、易于操作、外形美观）所致，另一方面也是因为国家发改委、财政部共同发布《关于加强生物燃料乙醇项目建设管理，促进产业健康发展的通知》的政策牵引所致。

与竞争对手雅迪公司相比，爱玛公司只在B62K领域与雅迪公司专利数相等，其他关键领域专利数都不如雅迪公司，只是在投入比重方面，爱玛公司B62J、B62K、B62H、B62M等领域超过雅迪公司。这也反映出爱玛公司将更多精力放在了电动车的外形设计以及零部件的加工制造上。

1. 雅迪公司在华专利之B62J分析

从图6.5可以看出，雅迪公司整体上比竞争对手申请了更多的专利，尤其在2013年，雅迪公司拥有10件专利，远高于爱玛公司的2件，原因主要有以下几点：（1）2013年，雅迪公司获得EN15194、CE、E-MARK、3C等国际品质认证，雅迪与意大利乔凡诺尼、德国巴斯夫等全球顶尖设计公司和色彩管理机构合作，在这一大背景下，雅迪公司自然要对本身的知识产权进一步梳理，首当其冲的就是B62J，毕竟消费者往往在试车时第一感觉就是座椅的舒适性，这样就使得雅迪公司会加强在该领域的科研投入。（2）雅迪公司连续5年在中国轻工业电动自行车行业位居十强企业榜首，其加大了知识产权方面的投入。然而在2014年雅迪公司申请量比爱玛公司少，主要原因是两点：（1）2014年，雅迪广告诉求"雅迪电动车，全球真正的领导者"。雅迪的实际销量只有200多万辆，不及爱玛的400万辆，使得雅迪的广告宣传受到消费者的质疑，企业内部的创新激励不足。（2）雅迪的媒体投放以二线卫视及区域地面频道为主，品牌影响力受到影响，知识产权的投入也随之降低。

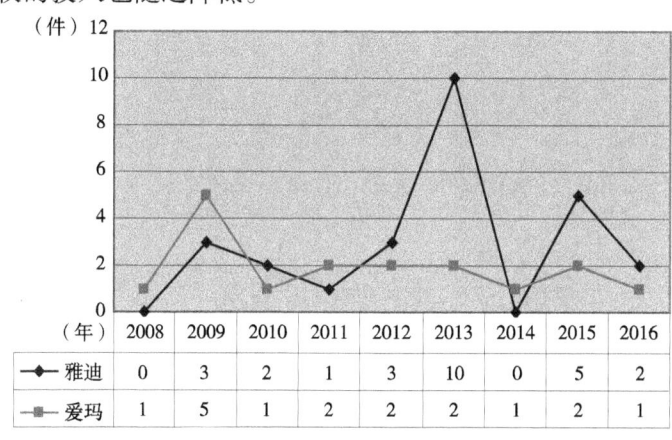

（年）	2008	2009	2010	2011	2012	2013	2014	2015	2016
雅迪	0	3	2	1	3	10	0	5	2
爱玛	1	5	1	2	2	2	1	2	1

图 6.5　雅迪和爱玛在华专利之 B62J

综上，雅迪公司在B62J领域拥有高达26件专利，而竞争对手只有17件，在这一领域的比拼中，雅迪公司处于优势地位。

2. 雅迪公司在华专利之H02K分析

在这一核心专利方面，雅迪公司拥有24件专利。2010年，雅迪公司确立了以"一个中心、两大核心能力、五个核心价值"的集团发展纲要，此后一年雅迪将重心放在品牌、规模、产品、渠道、终端、服务及推广方面。[1]为了更好地实行公司的发展纲要，雅迪公司更加关注消费者的消费偏好，在其进行市场调查后发现，消费者在外观等方面更加看重，这也使得其知识产权的重心放在外形方面，相应减少了电机方面的专利申请。2015年，因为电动车行业整体发展不好，股灾来袭，雅迪公司的股市价值也未能幸免，这使得雅迪公司在知识产权方面的投入明显降低，为了减少企业不必要的开支，雅迪公司更多地将自己的战略放在市场营销方面，所以这也间接导致该年电机专利申请量为0（见图6.6）。

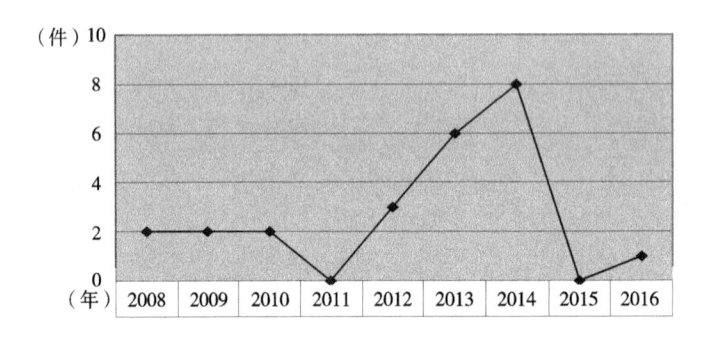

图6.6 雅迪公司在华专利之 H02K

3. 雅迪公司在华专利之H01M分析

从图6.7可以看出，雅迪公司的投入远远高于其竞争对手爱玛公司。在2010年和2014年出现两处拐点，原因主要是雅迪公司在2010年确立了"一个中心、两大核心能力、五个核心价值"的集团发展纲要，在2014年确立了"更高端的电动车"的市场定位。这两个阶段都要求雅迪更好地研发产品，增加在电动车的核心技术电池方面的投入，换言之，要想在以后的市场中占据主动，就必须在电池方面投入更多的研发成本，大幅增加电动车的续航能力，在销售过程中也成为雅迪公司的主要卖点。

---

[1] 王戈.2010雅迪非常攻势[J].营商电动车，2010（7）：12-14.

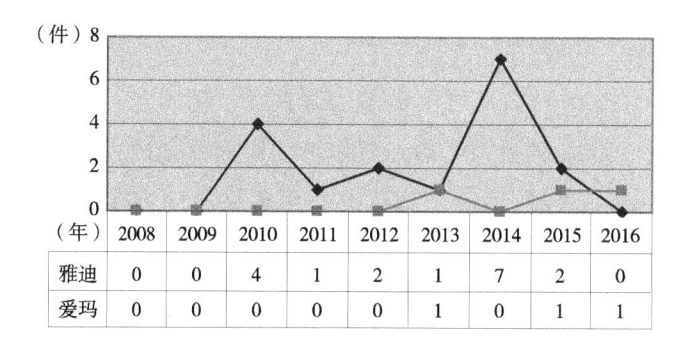

(年)	2008	2009	2010	2011	2012	2013	2014	2015	2016
雅迪	0	0	4	1	2	1	7	2	0
爱玛	0	0	0	0	0	1	0	1	1

图 6.7 雅迪和爱玛在华专利之 H01M

4. 雅迪公司在华专利之B62K分析

从图6.8可以发现，竞争对手爱玛公司与雅迪公司的投入力度相当，在申请数量上总体相当，在发展趋势上也都处于上升状态，只是雅迪公司申请量的极差比较大，而爱玛公司可以说是稳步上升。原因是：（1）雅迪公司的知识产权侧重点时常因为其自身的发展战略而改变，比如在2014年确立的"更高端的电动车"的市场定位，使得其在该领域申请量有所增加。而在2013年，雅迪侧重车座等舒适性方面，带来B62K申请量的降低。相反，爱玛公司一如既往地实施"全面领跑"的企业战略，专利申请量始终较为稳固。（2）雅迪公司已经上市，受到股市的影响较大，股市的波动对其资金的投入有直接影响；相反爱玛公司一直未上市，其主要关注点是自身的发展，企业的发展策略也是"稳"字当先。

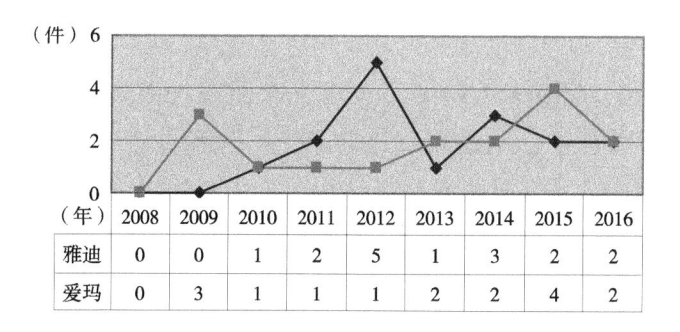

(年)	2008	2009	2010	2011	2012	2013	2014	2015	2016
雅迪	0	0	1	2	5	1	3	2	2
爱玛	0	3	1	1	1	2	2	4	2

图 6.8 雅迪和爱玛在华专利之 B62K

二、雅迪在华专利布局与商业策略

雅迪电动车素来以设计新颖、续航能力强来吸引消费者，其电动车往往给人们留下时髦、经久耐用的印象，例如在续航里程方面：雅迪征越是250公里、雅迪尊朗是200公里等，这些电动车的续航能力都达到行业内的顶尖水准。而雅迪电动车之所以能够畅销国内外，并不仅因为其设计新颖、续航能力强，而是其较为有效合理的专利布局。早在2013年，雅迪公司就率先提出电动车的8大标准，即从电机、电池、轮胎、控制器、刹车制动器、烤漆、防盗系统、轮毂8个电动车主要环节，不断创新升级，为消费者制造高品质的电动车。雅迪公司在华专利布局与其未来商业策略之间存在紧密联系。

（一）电池系统

经过对459件雅迪公司在华申请的专利逐件分析，共有53件专利与电池及电机系统密切相关，其中发明专利授权的有4件，用于电动车的电池系统（CN201010240869.5）、一种电动车续行里程的获取装置及方法（CN201310025042.6）、电动车辆自动变档装置（CN200910169598.6）、一种电动车自动控制系统（CN200910169597.1）；实用新型专利为35件，例如一种电动车车架（CN201520483765.5）、一种电磁刹车执行系统（CN201520423642.2）、电动车物联网管理系统（CN201520431918.1）、一种新型电动车锂电池存储装置（CN201520271781.8）等；外观设计专利为4件，例如电动车电池盒（CN201430356833.2）、电池盒（01）（CN201430068526.4）、半包覆式电动车用电池盒（CN201130195055.X）、电池盒（CN201130060447.5）等；发明申请的有10件，例如一种电动车各保险丝状态检测电路（CN201610263349.3）、一种电磁刹车执行系统（CN201510342191.4）等。这些专利都与电动车的电池及电机系统有关，而电池系统的好坏对于电动车的续航能力有直接的影响。在这一关键部件的知识产权竞争中，竞争对手也在积极地申请专利，例如爱玛公司拥有25项专利，其中发明专利2件、实用新型9件、外观设计14件。可以预见的是，随着科学技术的发展，地域上的空间距离将会越来越短，人们对于电动车的需求也会逐渐转向续航能力，而续航能力的强弱则逐渐成为电动车行业的核心竞争要素。

在此核心竞争要素中，雅迪公司拥有53件专利，发明专利10件，占比为18.87%，而紧随其后的爱玛公司拥有的专利数量上有25件，其发明专利只2件，占比为8%。可见，雅迪公司拥有一定优势，这也有利于其在以后的发展中能够更多地通过知识产权来打击竞争对手，并且能够很好地帮助其在人们心中树立"经久耐用"的形象。在电池系统相关领域中，雅迪所采取的商业策略主要是收购，共有4件专利是经收购获得。例如用于电动车的电池系统（CN201010240869.5），该发明专利就是于2014年3月28日由江苏雅迪科技发展有限公司转让给雅迪公司；再比如电动车辆自动变档装置（CN200910169598.6），该发明专利就是于2014年3月28日由江苏雅迪科技发展有限公司转让给雅迪公司。为了能够在该电池系统领域获得足够的竞争优势，雅迪公司必将在电池电机的系统上投入更多的人力、物力、财力，以求能突破自身的发展瓶颈，以便于其能够在未来的市场竞争中牢牢占据第一的宝座。

（二）防盗系统

一辆电动车的防盗系统往往也是消费者考虑的重要因素，而在459件雅迪公司的在华专利中，有8件专利与防盗系统相关，其中发明专利为1件：一种电动车自动控制系统（CN200910169597.1）；外观设计专利为5件：防盗器手柄（CN201630163729.0）、防盗器（CN201630018292.1）、防盗器手柄（CN201630018294.0）等，还有2件无效的外观设计，分别为防盗器（熊猫）（CN201130502836.9）、电动车防盗器面板（CN201030292799.9）。实用新型专利为2件，但都为失效专利，分别是一种新型电动车用控制器（CN201020276539.7）、一种电动车自动控制系统（CN200920176082.X）。这些专利都与电动车的防盗系统相关，使消费者可以放心地出门骑行，这也是电动车领域较为基础的专利。分析这些数据可以看出，雅迪公司虽然拥有8件防盗方面的专利，但是4件专利有效，4件专利无效。这主要是因为其竞争对手并没有太多地在防盗领域申请专利，如爱玛公司也仅仅在实用新型中拥有2项相关专利，所以雅迪公司在防盗系统的相关领域中拥有的4项有效专利已经可以使自己在市场竞争中处于优势地位。

为了保持在这一领域的优势地位，雅迪公司主要采取的是收购策略，从其他厂商收购防盗系统方面的专利，例如一种电动车自动控制系统（CN200910169597.1），该专利于2014年3月28日由江苏雅迪科技发展有限公司转让给雅迪公司。雅迪公司之所以重视防盗系统专利的投入，就是因为其抓住了消费者的消费需求，充分了解消费偏好，为其以后的发展奠定良好基础。

（三）外形构造

消费者重视电动车的外形，在这方面，雅迪公司申请了共计69件专利。分析图6.9的数据可以发现，天津雅迪公司与浙江雅迪公司申请外形设计专利共计65件，占雅迪公司电动车外形设计专利的94.2%，这些外观设计专利涉及的范围小到车篮，大到车架，几乎涵盖电动车身上能够拥有的各类外形。除此之外，还有4件实用新型专利，其中仍然有效的专利只有2件，分别为一种电动车电池盒防盗固定结构（CN201020679355.5）、一种新型电动车电池盒（CN201020655562.7），有效率只有50%。相比而言，其竞争对手爱玛公司则在相关外形方面申请了117件专利，其中外观设计专利92件，有效专利数量为87件，占比为94.56%；实用新型专利25件，有效专利数量为25件，占比为100%。从中分析可以发现，雅迪公司的电动车在外形方面与竞争对手相比并没有太大优势。这也反映出雅迪公司虽然在其他方面的专利数量都高于主要竞争对手爱玛公司，但是对于电动车的外形，并没有占得优势，相反，爱玛公司凭借外形方面的优势吸引了更多的消费者购买。

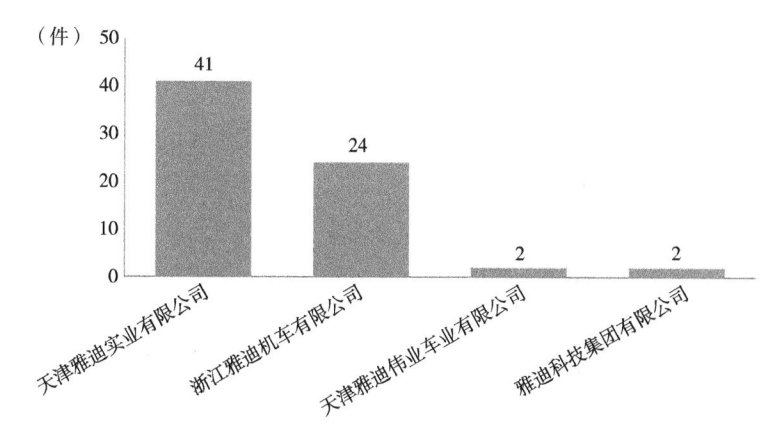

图 6.9 雅迪公司在华外形方面专利的申请人

（柱状图数据：天津雅迪实业有限公司 41；浙江雅迪机车有限公司 24；天津雅迪伟业车业有限公司 2；雅迪科技集团有限公司 2）

三、启示与建议

通过对雅迪公司在华专利布局策略的分析，以及将其专利布局与其主要竞争对手爱玛公司的专利布局进行对比，本节为我国本土电动车企业总结了3点关于专利布局、管理的启示与建议。

（一）配合公司发展战略的推进和实施及时进行专利布局

雅迪公司在华专利布局不仅受到国家、地方政策的影响，更是受到其自身发展战略的牵引。在其核心的专利领域，包括外形方面、防盗系统、电池系统方面都占据申请量的优势地位，这些都得益于其自身的发展战略。如雅迪公司在2010年确立了"一个中心、两大核心能力、五个核心价值"的集团发展纲要，2014年确立了"更高端的电动车"的发展战略，在这两个时间节点，雅迪公司都及时将自己的研发精力投入电池系统方面，这就使得其在未来的市场竞争中占据主动，也进一步巩固了其市场龙头地位。因此，在公司发展过程中，要结合当前的时代背景，在公司发展战略中提高知识产权地位，及时进行专利布局，抢占先机，以便在未来的竞争中赢得优势。

（二）以目标消费人群的消费偏好进行专利布局

通过对雅迪公司在华专利布局的分析可以发现，其为了在市场竞争中占据优势地位，在电动车的核心领域申请的专利数量都远超竞争对手，像B62J、H02K、H01M、B62K等。此外，通过市场调查，雅迪公司能够针对消费者的消费偏好，很好地做出预测。比如在雅迪公司成立初期，消费者的收入水平并不高，其消费偏好主要放在了经久耐用方面，雅迪很好地抓住消费者的偏好，在电池、电机领域更多的申请专利，一方面以此来宣传自己的产品，另一方面可以限制竞争对手的发展。随着经济的发展，消费者收入水平普遍提高，消费者偏好也偏向外形方面，此时，雅迪公司又很好地在外形方面申请很多专利，以新颖的设计博取消费者的喜爱。所以，在企业发展的不同时期，要做好市场调查工作，只有充分了解消费者的消费偏好，在市场导向下做好知识产权工作，不仅为自己赢取口碑，而且能够打击竞争对手。

（三）通过多元化的专利运营手段进行专利布局

当今社会并不是英雄主义盛行的时代，更多的时候需要与其他企业进行合作，甚至与竞争对手合作。既然彼此都有对方想要的专利，就可以尝试通过许可或者转让的手段让自己的专利布局更加完善。在这一方面，雅迪公司的手段主要是自主研发，专利运营手段较为单一，其通过许可获得专利只有3件，通过转让获得的专利只有24件，在其专利数量上占比并不高。相反，爱玛公司更注重运营策略，其研发能力不比雅迪公司强，但是其通过购买，获得54件专利，这大大增加了其竞争力。所以，企业在专利运营时不仅仅要依靠自身的研发能力，更要通过多元化的手段，例如专利许可、专利转让的手段，让自己的专利布局更加完善，以便能够在激烈的市场竞争中占据优势地位。

第三节　华锐风电知识产权风险分析[*]

华锐风电科技（集团）股份有限公司（以下简称华锐风电），是国内首家独立进行研发、设计、制造和销售大型化风电机组和运营专业化风电

---

[*] 本节作者为南京理工大学知识产权学院硕士研究生李晓晓。

机组运维增值服务的制造公司,在中国风电产业中处于领先地位。自2006年成立以来,华锐风电历经十余年栉风沐雨的艰难发展,秉持技术领先战略,不断加强在新能源综合解决方案方面的技术能力建设,研发能力和技术水平的提升速度在行业内令人侧目。值得注意的是,在华锐风电的技术创新能力不断提升的同时,知识产权风险也随之显现,特别是近年来,华锐风电遭遇一系列涉及知识产权的纠纷和诉讼,引发社会各界的关注。华锐风电知识产权风险的显现一方面固然归因于新能源企业"走出去"过程中触碰发达国家及企业所设置贸易壁垒而遭反击的共性因素,另一方面也与华锐风电自身知识产权管理的疏漏和欠缺不无关系。本节通过对华锐风电知识产权资产布局以及知识产权诉讼的分析,梳理出华锐风电的知识产权风险点,并在此基础上,从知识产权管理视角透视华锐风电产生知识产权风险的原因,最终为华锐风电的知识产权风险管理提出完善建议。

一、华锐风电知识产权资产总体情况

(一)华锐风电的专利布局情况

本节研究所引用的专利数据均来自国家知识产权局和合享新创incopat网站的专利检索与分析服务。经过对华锐风电集团母公司及其下属子公司的关系脉络进行全面梳理,最终将检索式确定为(AP=(("华锐风电科技(集团)股份有限公司"OR"SINOVEL WIND GROUP CO LTD"OR"华锐风电科技有限公司"OR"华锐风电科技(江苏)有限公司"OR"华锐风电科技集团(上海)有限公司"OR"SINOVEL WIND GROUP(JIANGSU)CO LTD")))AND(AD=[20060101 to 20161231])。经过数据清洗与去噪处理,共得到712件相关专利。

从2008年申请专利以来,截至2016年12月31日,华锐风电共申请712件专利,其专利申请数量在业内较为可观。2008年,华锐风电申请23件涉及风力发电机组变桨轴承、预埋基础环、变频器和冷却舱等诸多方面的专利,从此开始专利布局。2008~2012年,公司的专利申请维持着高速增长的态势,几乎每一年都在实现跨越式增长。2010年的专利申请逼近百件大关,一年之后便迅速增加到250余件,2012年则接近300件。华锐风电抓住风电制造业发展的黄金时期，通过引进德国风机整机技术实现弯道超车，其全盛时期的蓬勃发展从这段时间内的专利申请数量趋势即可窥见一斑。但从2011年开始，华锐风电的专利申请已经无法继续保持前几年的增长势头。2013～2016年的专利申请不足10件，呈现出完全停止的断崖式下跌。这主要是因为国家对风电产业的价格调控带来的压力，同时华锐风电在内部审计方面的财务造假也对公司形象造成一定打击。❶

华锐风电全球专利布局的重点毫无疑问是中国。作为一家本土风电机组制造企业，公司在国内申请了577件专利，占据全部专利申请的80%以上。此外，注重国际市场开拓也是其核心竞争力之一。公司积极推行国际化战略，凭借多年来累积的技术经验和人才优势，在美国、欧洲、澳大利亚等风电技术发达地区或风电资源富饶的新兴市场建立国际分支机构，其在欧洲、澳大利亚、加拿大、美国和印度等国家拥有20件左右的专利申请，在巴西、新西兰和南非等体量较小的国家也有数件专利储备。可见，华锐风电的全球专利布局与其业务经营的全球化战略是相匹配的。

华锐风电577件中国专利中有85%仍然处于授权状态，这主要是因为公司从2008年才开始专利申请工作，绝大部分专利仍然保持着可观的技术价值。处于权利终止、实质审查、撤回、驳回和放弃等法律状态的专利数量较少，权利终止所占比例最大，共有38件（37件实用新型和1件外观设计）。由于华锐风电所拥有的专利远远达不到期限届满的情况，所以是权利人主动放弃缴纳年费，这些专利因此无偿进入社会公共领域。处于实质审查阶段的18件专利全部为发明申请，具有较高的技术含量，而申请时间均在2012年之前，可见其近几年来专利申请工作几近废止，与前文提到的情况相符。在华锐风电已经结案的专利申请之中，其终止和放弃的专利不到10%，说明华锐风电对于知识产权布局和风电机组市场风险进行了详细评估，早期的专利布局工作并不像一般国内企业一味追求数量而放弃质量要求。

---

❶ 李林明. 财务造假的原因及影响——基于华锐风电的案例分析[J]. 现代经济信息, 2014（23）：179, 181.

华锐风电专利类型主要为实用新型和发明，外观设计仅有2件专利。在申请数量上实用新型稍胜一筹，达到308件。创新含金量最高的发明专利授权则有267件，说明公司专利申请质量较高，可以认为，华锐风电的专利产出类型和效率呈现良好态势，企业不仅强调数量增长，也注重质量筛选。目前华锐风电并没有出现专利侵权纠纷，主要是由于公司前期的专利布局工作实施情况良好，专利数量和质量均达到了业内领先水平。

（二）华锐风电注册商标情况

从2006年开始，华锐风电共有商标注册138件，如表6.1所示。其中，表中前四位商标华锐风电SINOVEL、SINOVEL、华锐风电和华锐分别在化学原料、灯具空调、珠宝钟表、办公品、橡胶制品、皮革皮具、建筑修理、运输储藏、金属材料、机械设备、手工器材和科学仪器等近30个商品类别进行注册，此处不再一一列举。尽管华锐风电主营业务仅限于风电整机制造方面，但公司依然将主要的商标进行系列化的注册。同一商品系列化商标注册主要是指企业通过注册多种形式的商标，以防止他人假冒、混淆和搭便车的侵权行为。因此，华锐风电的防御性商标注册方法值得肯定。

表6.1 华锐风电商标注册情况

商标	商标名	申请时间（年）
SINOVEL 华锐风电	华锐风电SINOVEL	2010
SINOVEL	SINOVEL	2010
华锐风电	华锐风电	2010
华锐	华锐	2010
Huarui Fengdian	HUARUI FENGDIAN	2007
Huarui Wind	HUARUI WIND	2006
Sinovel windtec	SINOVEL WINDTEC	2006
锐电	锐电	商标注册申请等待受理中
锐源	锐源	商标注册申请等待受理中

通过对比不难发现，华锐风电Sinovel、Sinovel、华锐风电和华锐这些商标都是在2010年才开始申请，相比之下Huarui Fengdian、Huarui Wind、Sinovel Windtec等在2006年即公司起步阶段注册的商标种类则相对较少。究其原因，华锐风电发展后期在商标注册的选择上更加趋向于国际化，相比于huarui这种直截了当略显朴素的汉语拼音式商标，显然SINOVEL更具备跨国大公司的格调，因此逐渐舍弃了与huarui相关的各个商标。另外，华锐风电早期的注册商标选择存在较大的法律风险，"华锐"二字的组合并非生僻少见，如果直接采用"huarui"为公司的主要商标，很可能损害包括姓名权在内的他人在先权利。而使用自主创新的新词"Sinovel"为商标，则可以避免这一风险。

应该明确的是，对于公司的出口产品，产品出口在哪个国家，商标就要注册到哪个国家。否则，国际抢注就难以避免，品牌就难以保护。商标国际注册主要根据商标国际注册马德里协定、巴黎公约确定的国民待遇原则以及国际惯例进行。商标国际注册是鼓励和引导企业实施"走出去"战略，进一步推进商标国际化建设的重要组成部分。从表6.2可知，华锐风电一直以来致力于提高企业对外开放水平，积极进行国际商标注册。

表6.2 华锐风电国际注册商标

商　标	商标名	状　态	国际注册时间（年）	类　别
华锐风电	华锐风电	国际注册中	2010	7—机械设备
SINOVEL	SINOVEL	国际注册中	2010	7—机械设备

华锐风电在注册商标的设计方面较好地避开了可能出现的主要法律风险。一方面，商标设计独具特色，具有艺术美感，既满足商标设计所需要的显著性特征要求，从普通消费者的角度来看，能够在看到Sinovel系列商标及相关产品的同时立刻联想到其提供者华锐风电，显著性效果明显，只

要华锐风电持续加强整机质量和售后服务等方面的工作,那么由商标带来的辨识度仍然能够帮助华锐风电在产业内脱颖而出。另一方面,华锐风电目前的注册商标也不存在违反法律禁止性规定的风险或损害他人在先权利的法律风险。❶在特殊时期,华锐风电所拥有的商标资产完全可以进行高效运营,为企业带来不可忽视的经济价值(见表6.3)。

表6.3 华锐风电域名注册

序号	网址	网站名称	网站备案/许可证号	登记批准日期
1	www.sinovel.com	华锐风电科技(集团)股份有限公司	京ICP备14016324号-1	2015/7/14
2	www.sinovel.com	华锐风电科技(集团)股份有限公司	京ICP备10053922号-1	2012/10/25

(三)华锐风电软件著作权情况

华锐风电拥有的5项计算机软件著作权如表6.4所示。随着信息技术突飞猛进发展,软件在提高风电机组技术水平方面的作用愈发重要,日益引起企业的高度重视,并已成为企业知识产权保护中的重中之重。华锐风电在知识产权保护工作中,不仅注重硬件技术的保护,而且越来越重视对软件技术的保护。上述5件计算机软件著作权涉及风电机组在线监测、数据采集和危险预警等技术。然而,华锐风电的软件著作权数量与其在风电产业的地位是不成正比的,区区5件软件著作权登记与其庞大的专利申请数量和注册商标数量相比可谓寥寥无几。与金风科技相比,两家企业的计算机软件著作权申请数量都比较少,华锐风电稍胜一筹。从申请时间来看,金风科技从企业发展初期便开始进行计算机软件著作权的登记工作,2007年便拥有第1件软件著作权(见表6.5)。而华锐风电在此方面起步稍晚,分别在2012年和2015年申请3件和2件计算机软件著作权。在经历两次中国证监会的立案调查之后,尽管华锐风电的发展面临不小的障碍,但在著作权工作

---

❶ 戴超,陈艳.企业的商标设计及其法律风险防范[J].设计,2016(15):88-89.

方面反而愈加朝乾夕惕。究其原因，一则软件著作权是企业税收减免的重要依据，二则可以作为高新技术出资入股，这对于目前面临困难，需要积极调整局面的华锐风电而言无疑是重要的企业无形资产。

表6.4　华锐风电计算机软件著作权登记情况

序号	软件名称	登记号	版本号	分类号	登记批准日期	软件简称
1	海上风电机组监测及预警系统	2015SR147023	V2.0	10100-0000	2015/7/30	—
2	风机在线监测系统数据采集和存储软件	2015SR036151	V1.0	30200-0000	2015/2/27	—
3	华锐风电短信通知系统	2012SR108893	V1.1	30206-0000	2012/11/14	SMS系统
4	华锐风电ABB程序加密下载系统	2012SR090265	V1.2	30200-0000	2012/9/22	ABB程序下载器
5	华锐风电数据服务系统	2012SR088857	V1.12.4.12	30200-4400	2012/9/18	HrDataSvr

表6.5　金风科技计算机软件著作权登记情况

序号	软件名称	登记号	版本号	分类号	登记批准日期	软件简称
1	3.0MW风力发电机组控制系统软件	2011SR026272	V1.0	30208-4400	2011/5/6	3.0MW风机控制软件
2	1.5MW永磁直驱风力发电机组控制系统软件	2011SR006016	V1.0	66000-4400	2011/2/12	1.5MW风机控制软件
3	金风750kW风力发电机组中央监控系统V1.0（以下简称金风中央监控）	2007SR13074	—	66000-3300	2007/8/29	—

尽管软件著作权资产在华锐风电整体的知识产权资产中只占据很小的一部分，但事实上，华锐风电在近年来所面临的知识产权纠纷大部分来自软件著作权方面，当然不是上表中所列举出的其自身拥有的5件软件著作权，而是在与合作方进行联合研发过程中所使用的半开源软件著作权。开源软件是指遵守开源协议，向公众开放软件的源代码，并且能够被公众自

由修改和使用的软件。❶开源软件的著作权风险分析也是近年来的研究热点之一，华锐风电与合作厂商在共同研发及产品交货之后的组装维修过程中不可避免地使用到仅限于双方共同使用的开源软件，这其中所涉及的知识产权风险将在下文详述。

二、华锐风电知识产权风险分析

（一）专利布局风险

华锐风电目前虽然没有遭遇到任何专利侵权方面的纠纷，但这并不意味其在专利方面不存在漏洞，从华锐风电的专利布局来看，总体来说，存在以下三个方面的风险。

第一，海外专利布局风险。华锐风电2015年在境外的营业收入达到1.2亿元，❷占财年全部营业收入的10%，海外置业主要集中在西班牙马德里、波兰华沙、英国伦敦、澳大利亚悉尼、加拿大多伦多、土耳其伊斯坦布尔等地。公司一直注重国际市场战略开拓，根据中国风能协会统计，公司风电机组截至2015年年末的累计出口容量排名国内第二。但华锐风电的全球布局并未与其业务配置相一致，在除中国以外的国家或地区共申请135件专利，占全部专利申请的18%。海外风电企业强敌林立，通用电气、维斯塔斯等公司的专利申请总数都远超华锐风电，它们的专利布局强大而严密，一旦发生专利侵权纠纷，华锐风电在海外将面临险恶困境。

第二，专利布局存量风险。华锐风电近几年的工作重心侧重于在质保期内提升工作质量，集中消化库存物资和加大诉讼案件清理力度，通过这些努力恢复公司正常经营，赢回消费者信心，相应地，在技术研发、专利布局和起草行业标准等方面的投入和建设呈现收缩态势，专利申请数量的下降便是最明显的表征。虽然风电产业在经历同质化竞争和价格政策调控之后，整体的专利申请改变了以往的粗放式增长而日渐趋向于理性，但华

---

❶ 胡平，覃冬梅，苗伟等. 开源软件的专利风险及应对策略[J]. 中国发明与专利，2013（2）：19-21.

❷ 数据来源：华锐风电2015年年度报告。

锐风电目前每年不足10件的专利申请对于公司未来的知识产权资产累积非常不利。专利申请工作几乎停滞意味着公司目前的技术创新活动的萎靡，没有技术创新和产品更新，公司的发展将失去核心竞争力。往年的大量专利申请使得现在的专利授权数量仍相对可观，但未来几年内的专利授权数量不容乐观，华锐风电在扭转经营亏损之后，必须将专利申请工作重新提上日程。

第三，核心及前瞻性专利布局风险。华锐风电的专利申请主要集中在风力发电机和控制系统两大部分，当然，这两个领域也是风电产业的核心技术重点。但在塔架、冷却装置和液压系统等方面，华锐风电则明显落后于金风科技，上述技术领域中，华锐风电缺乏对应的自主知识产权，更多的是依赖于引进或购买国外设计图纸等方式。这些领域虽然不是风电产业的核心技术，只是零部件制造和并网接入系统等配套技术，但反映华锐风电无法实现完全自主的技术创新。尤其是最新兴方向之一的变桨机构的技术发展，华锐风电仅有4件专利，而金风科技已经累积了56件，二者之间的技术差距已经拉开。此外，风电机组大型化、无齿轮箱技术的发展、变速运行技术是目前世界风电设备发展技术创新的方向，而华锐风电在这些领域的前瞻性布局则不尽如人意。目前公司仅在大型风电机组的开发设计方面拥有7项专利申请，在该领域的业务也取得较好的成绩，10MW超大型增速式海上风电机组的设计已经初现蓝图，一旦投入运行，将极大地帮助公司扭亏为盈。华锐风电在无齿轮技术和变速技术方面至今未有专利，相反，华锐风电在齿轮箱技术方面专利累积较多，达到87件，而金风科技则只有9件，说明华锐风电的专利储备倾向更加"传统"，而金风科技则似乎已经抛弃该项技术（见表6.6、表6.7）。

表6.6 华锐风电与金风科技专利技术细分比较

技术细分	关键技术	华锐风电（件）	金风科技（件）
风力发电机	—	274	278

续表

技术细分	关键技术	华锐风电（件）	金风科技（件）
控制系统	传感器	81	68
	控制器	79	54
	功率输出	3	1
	无功补偿	2	1
	并网控制	2	1
	监控	24	4
	变桨距系统	5	1
调向装置	叶片	50	96
	尾舵	0	0
	风轮	21	4
	风场	6	1
	调向	0	0
	偏航	39	23
	风向跟踪	0	0
塔架	—	17	45
轮毂	—	80	53
冷却装置	—	31	40
风车	—	0	0
监测系统	—	48	37
	检测装置	15	14
	控制装置	33	23
齿轮箱	—	87	9
液压系统	液压站	2	0
	变桨机构	4	56

表6.7 华锐风电在风电设备最新发展趋势方面的专利布局

风电技术发展趋势	专利数量（件）
无齿轮箱	0
变速运行	0
风电机组大型化	7

（二）商标混淆及淡化风险

商标的显著性特征是一个企业商标品牌效应发散的基础。从华锐风电现有注册商标来看，存在潜在的商标淡化和混淆风险：第一，华锐风电尚未采用联合商标策略，只是将最主要的几个代表性商标进行防御性注册。联合商标策略中的类似商标通常是指在商标图案的构成、读音或者含义等方面与主商标相类似，比如SIN0VEL与SINOVEL只有一个字母的差别，前者中间圆形符号为阿拉伯数字0，后者则为英文字母O，但一般消费者很难辨别出二者的不同。如果有人蓄意将前者注册，那么便可能对华锐风电的商誉造成影响。第二，华锐风电所拥有商标的显著性是否充足是值得斟酌的，特别是对于"huarui"这种汉语拼音式的商标而言，相似和相同的商标数量非常多，普通消费者未必能够将商标与华锐风电联想到一起，反而可能联系到其他商品。例如，北京东方华睿新能源设备有限公司在2008年申请了名为"huarui"的第40类商标，该公司与华锐风电同为新能源企业，而且名称读音相同，难免让人产生混淆。同样的还有，北京华锐联创科技有限公司在2007年申请的第9类注册商标，成都华锐自动化工业设备有限公司在2013年申请的第7类注册商标等。当然，由于期限届满，"huarui"等商标已经不再为公司所使用，但"sinovel"系列商标目前也面临同样的局面，2016年上海正夷实业有限公司就申请了几乎完全一样的注册商标。

（三）商业秘密侵权风险

2011年末，美国超导、WINDTEC公司（来自奥地利的风电电控系统集成供应商，与华锐风电技术合作频繁，后被美国超导收购为其子公司）以及美国超导以侵害技术秘密为由向北京市高级人民法院提起诉讼，起诉华锐风电及3名员工侵害技术秘密。这两家公司在国内独占使用风力发电机组电控软件及相关技术秘密,成为华锐风电的主要供应商之一。2008~2010年,华锐风电与美国超导订立多份关于ECC及其相关电控软件的采购合同,数额高达7亿元。三原告称,2011年2月起华锐风电以高薪等手段聘请WINDTEC公司在职人员,非法获得与ECC相关的系统电控软件源程序,并损坏技术保护措施自行修改软件内容,在北京等地发电厂批量安装使用。苏某等3名华锐风电技术人员参与技术窃密。华锐风电则认为三原告并未提交证据证明被控侵权产品是由华锐风电公司制造,且本案性质应属于合同纠纷,根据双方约定应由仲裁机构仲裁。

尽管这是一起事关双方之间商业秘密窃取的案件,审理的焦点却集中在本案是否受仲裁条款约束而排斥法院主管,以及管辖权转移裁定做出后,华锐风电能否向该裁定确定的管辖法院提出管辖权异议,至于公司在合作过程中是否窃取了技术秘密反而成为次要问题。在多次审理过程中,法院均驳回华锐风电公司提出的管辖权异议。出于种种理由,美国超导申请变更诉讼请求,放弃了29亿元的天价索赔。但发生在国外的另一起极为相似的商业秘密纠纷案就没有这么幸运了。2011年7月1日,WINDTEC公司系统集成员工德安·卡拉巴塞维克(Dejan Karabrasevic)在奥地利克拉根福市被捕,美国超导指控该人通过非法手段接收华锐风电的巨额现金等贿赂,并为华锐风电窃取了部分电控系统的C12 1.4.3代码,以此帮助华锐风电在1.5MW风电机组上添加低压穿越功能。同年9月23日,奥地利地方法院判定德安商业间谍罪成立。❶

虽然以上几件商业秘密侵权案例并非完全责在华锐风电,但公司的商业秘密侵权风险仍然非常明显。首先,在商业秘密侵权风险评估机制方面,WINDTEC案中,华锐风电通过贿赂手段直接使用WINDTEC公司的商业秘密,公司缺乏商业秘密侵权风险评估机制。其次,在商业秘密泄露防控机制方面,作为员工与雇主之间签署的保密协议,包括保密协议和竞业禁止协议,是企业防止商业秘密泄露的手段。最后,商业秘密的价值性和

---

❶ 奥地利共和国克拉根福地区法院第"15Hv113/11w"号判决书。

秘密性要求商业秘密的所有者或持有者通过签订保密协议或竞业禁止协议的方式来确定当事人的权利、义务、商业秘密的范围、保护期限、保密方式等。在华锐风电与美国超导发生的商业秘密诉讼过程中,从华锐风电未能提出竞业禁止和保密协议的相关内容的事实来看,华锐风电亦缺少对于员工商业秘密的制度性规定,其对于员工商业秘密的管理亦是存在漏洞。❶

三、华锐风电知识产权风险产生的原因分析

（一）核心技术自主创新能力较弱

美国超导在与华锐风电开展合作之初便订立合约,要求对方所生产的风机必须使用其所提供的电控系统核心组件。这种霸王条款保证了美国超导每年获取超过50%的订单来源,也让它从一个籍籍无名的小公司摇身一变成为世界知名的清洁能源设备供应商。从国外引进技术,或者说与先进企业进行合作对于我国风电产业而言并非新鲜事,华锐风电本身便是依靠德国机组起家,但这种合作方式无疑也埋下隐患。我国多数风电企业均不具备完全的知识产权,企业早期发展阶段的研究能力不足注定了它们必须依靠外力进行产品开发。不可否认,风电企业先从国外购买图纸,引进人才和技术,然后吸收消化,最终实现自主创新,这种方法确实极大地推动了我国新能源产业的蓬勃发展,但由于无法做到完全独立的技术创新,国内风电企业与国外竞争者之间存在千丝万缕的密切关联,一旦双方的合作发生变故,国外企业利用知识产权进行商业狙击几乎可以说是易如反掌。

（二）知识产权风险管理意识不强

在与美国超导知识产权纠纷最激烈的时期,华锐风电的多位高级管理人员曾经多次在公开场合表示双方之间并不存在真正的知识产权侵权,呼吁美国超导重回谈判桌,以更合理的方法沟通解决争端。而美国超导面对华锐风电的善意举动并没有做出实质性的回应。可以看出,华锐风电对

---

❶ 刘吉明. 保密协议对商业秘密的保护——以涉外合同或协议中的保密协议为例[J]. 商品与质量,2012（S5）:136-140.

知识产权法律风险的认知存在偏差,管理层对于知识产权法律风险管理的意识相当不足。华锐风电将知识产权风险简单地划归为是否合法、是否侵权的风险,该错误认识强调知识产权法律风险的防控活动是对知识产权领域内各种业务活动的合法性审查,它片面地理解了知识产权法律风险的范畴,将与其对应的防范管理工作简单化。企业知识产权法律风险爆发的具体原因不仅仅是因为各种业务活动是否具有合法性,凡是知识产权领域的活动包括技术产品的研发、生产和销售都会直接或间接引起风险。此外,企业知识产权法律风险爆发的具体后果不只是承担民事责任、行政责任和刑事责任,还包括法律责任之外的财物损失、声誉损失和市场竞争力损失。

(三)独立知识产权管理部门缺位

华锐风电并未设立专门的知识产权管理部门,其专利、软件著作权、商业秘密等知识产权资产长期由法务部门的部分人员和外部的知识产权代理机构负责管理。以专利布局为例,尽管华锐风电目前拥有的专利总数相当可观,但自从公司爆出财务危机以来,专利申请数量骤降至每年不足10件,甚至在2014年出现罕见的0件专利申请的情况。当法务部门的专员致力于解决蜂拥而至的股票造假案件,谁还会关心似乎并不怎么重要的专利申请呢?而如果华锐风电设置独立的知识产权管理部门,绝不会出现如此不稳定的波动状态,专利申请趋势的不稳定性增加了企业无形资产评估的风险。一个优秀的国际企业应当拥有专门的知识产权管理部门,以丰田汽车公司为例,其在20世纪60年代便设立了负责专利管理工作的专利组,经过数次扩建最终形成如今的知识产权司,全面统筹规划企业内部的专利申请工作、改进发明创造评议方式和分析其他企业的专利情报等。此外,丰田汽车公司还成立由高级管理层、技术开发人员和知识产权管理人员组成的知识产权委员会,从战略高度进行知识产权工作规划,将研发活动和知识产权紧密结合起来。丰田汽车公司等国际先进企业的专利管理架构体系对于华锐风电具有借鉴意义。

四、华锐风电知识产权风险管理完善建议

前文对华锐风电知识产权布局进行分析,结合公司与美国超导之间的数起知识产权诉讼,梳理了华锐风电目前所面临的知识产权风险,基于此,本节提出以下三点完善建议。

(一)不断提升技术创新能力

华锐风电在国内外所面临的知识产权风险,最根本的解决方法在于自主创新,通过技术创新创造出属于自己无须依赖他人的知识产权,打破竞争对手所建立的知识产权壁垒。只有如此,才能在面对专利侵权、商业秘密窃取等纠纷时,最大限度地避免法律纠纷的发生,通过谈判谋求更为温和的处理方式。华锐风电可以通过多种措施激励企业内部的技术创新,例如为技术研发人员提供更多的学习培训机会,之后在公司内部进行独立自主的研究工作,需要注意的是应当避免直接与其他企业进行合作创新。而当技术人员创造出知识产权时,如技术成果提起专利申请,公司可以给予员工一次性的货币化奖励,如果该技术成果在后续改进过程中成功产业化,则应当给予数额更大的货币奖励,甚至可以尝试股权激励等措施。❶对于掌握核心技术的员工,可以通过提拔晋升、授予荣誉称号、改善住房及其他生活条件等措施在激励创新的同时,避免出现不必要的技术流失。

(二)构建知识产权风险预警机制

建立完备的知识产权预警机制,有助于收集分析风电技术领域和相关领域的专利信息、商标信息和著作权信息,把可能发生的知识产权纠纷、潜在的知识产权风险及时告知相关企业。因此,完善的知识产权风险预警机制能够长期有效地保障风电产业和企业的发展,避免专利围剿和其他知

---

❶ 廖中举,程华.企业技术创新激励措施的影响因素及绩效研究[J].科研管理,2014(7):60-66.

识产权侵权诉讼。❶具体来说,华锐风电应当设立专门的知识产权管理部门,任用知识产权专业管理人员,负责知识产权申请、运用和保护等工作,而不是将这些工作全部委托给知识产权代理服务机构;关注竞争对手在专利申请等方面的实时动态,特别是与自身技术领域高度重合的部分;聘请相关技术专家利用各种数据模型对可能出现的知识产权风险及时监控。凡事预则立,不预则废,先期的充足准备能够使得企业对于知识产权风险知己知彼,面临纠纷时则可以有备无患。

（三）积极应对知识产权恶意诉讼

因合同纠纷失去大量订单来源之后,美国超导对华锐风电提起数件报复性的知识产权诉讼,虽然这些纠纷目前的审理结果均对华锐风电有利,但恶意诉讼对于公司的声誉造成不可逆的消极影响,特别是当时的华锐风电正陷于财务内部审查事件,陷入诉讼无异于雪上加霜,这也是华锐风电为何强烈希望通过调解而非诉讼解决问题的原因。但双方并未就合同争议达成一致,华锐风电不得不抽出精力应对这一系列的知识产权诉讼。面对恶意的知识产权诉讼,企业应当以更加积极的态度迎难而上,一味地避让与退步不会让对方撤销诉讼,反而可能助长其嚣张气焰。面临知识产权侵权诉讼,可以提起不侵权之诉,避免竞争对手多次提起诉讼,结束权利不确定的状态。当恶意诉讼被法院驳回之后,或者竞争对手主动提起撤诉请求的,华锐风电完全可以考虑基于滥用诉权提起反诉。

---

❶ 戚淳. 论建立专利预警机制的必要性和预警模型的构建[J]. 科学学与科学技术管理, 2008（1）: 16-20.

第七章 医药产业知识产权管理实证研究

作为《"十三五"国家战略性新兴产业发展规划》提出的战略性新兴产业之一，医药产业在国民经济中发挥着越来越重要的作用。在现代市场经济和科学技术发展的背景下，知识产权制度对医药产业的发展与繁荣影响重大。对医药产业知识产权的创造、保护与运用是推动技术进步，加快知识产权成果商业化、产业化效率，提升我国综合实力的战略选择。在保障医药产业技术研发优势，提升知识产权竞争优势，抢占专利布局关键技术领域和市场份额的同时，也有利于提高我国在医药产业相关实施规则和技术标准制定的参与度，保障医药产业经济性与公益性在国际合作与竞争中的功能发挥，增强国际谈判的资本与话语权，促进我国医药产业可持续发展。

第一节 概 述[*]

基于高风险与高投入的特性，知识产权在发达国家医药产业发展中具有相当重要地位，知识产权运用与保护是医药制品获得市场价值的关键。医药企业既是知识成果的创造者，也是知识产权运用与保护的实施者。相较而言，我国医药企业近期虽然专利申请量有所上升，但是对其保护与运用却关注较少。在实践中，我国医药企业更为在意的是能否取得GMP（Good Manufacturing Practices）认证，能否获得上市许可，开拓市场的

---

[*] 本节作者为南京理工大学知识产权学院张颖露博士。

主要手段为降成本、促营销，尚未将知识产权作为提升企业价值的主要方式。在知识产权纠纷方面，医药专利相关的诉讼数量较少，即使是国内市场占有率较高的几家企业也是如此，这使得医药产业从业人员普遍知识产权意识较低，知识产权处于边缘化地位，这一现象与发达国家医药产业现状差异甚大。

一、医药产业概况

医药产业发端于20世纪70年代，对人才、技术与资金具有较高要求，并迅速成为世界经济发展的新增长点。[1]目前，我国是世界第二大药物市场、世界第一大原料药出口国、第一大药物制剂生产国。我国医药产业主要包括四个类别：化学制剂、生物制品、现代中药、医疗器械。其中，化学制剂的产业化和商业化能力较强，在我国医药市场中拥有主导地位，但我国化学制剂大部分属于仿制药。相比之下，依靠知识产权实现盈利的生物制品处于初步发展阶段，市场比重较小。在四个部门中，我国企业仍然以中小企业为主，[2]产品多集中在小型和低端产品。而在我国实施经营活动的外资企业则规模较大，例如，GE、飞利浦和西门子占据我国超过半数的医疗器械市场份额。[3]2010年是我国医药产业发展的重要时间节点，鉴于医药产业的重大战略意义，国务院在此时期首次将其作为我国战略性新兴产业进行重点扶持与引导，从我国医药产业的发展历程来看，大体主要可以划分为以下三个阶段。

首先，2005年之前的医药产业初步发展期。我国对医药产业相关技术的研制工作起步较早，在20世纪80年代，就已开展促红细胞生成素（EPO）、白介素2（IL-2）、生长激素（GH）等的研制。但在之后的20多

---

[1] 苏月，刘楠.生物医药产业发展态势与对策[J].中国生物工程杂志，2009，29（11）：123-128.

[2] 根据《中华人民共和国中小企业促进法》，"中小企业"的定义在各个产业略有不同，但是对医药产业，通常的标准是：员工在1 000人以下，或是主营业务收入在4亿元人民币以下。

[3] 陆宇.中国式医疗器械销售模式面临转变[N].21世纪经济报道，2015，5（5）：2.

年，我国医药产业从整体来看一直发展较为缓慢，主体以事业单位为主，产业规模较小，市场活跃度较低。具体表现为：第一，以中小企业为主，技术实力不强。以生物医药企业为例，1995年，大中型生物医药企业数量占当年全部生物医药企业不足5%。2005年，大中型生物医药企业数量仍然仅占当年全部生物医药企业不足10%。与此同时，企业规模直接制约了企业对技术研发资金的投入，1995~2004年我国生物医药企业的研发经费投入平均仅占利润的7%。技术研发资金的缺位也导致知识产权竞争力较弱，2005年生物医药企业专利申请总数不足百件。[1]第二，医药产业重要性低。此阶段国家重点发展传统制造业，医药产业的公益属性较高，对其市场经济性的发展重视程度较低。第三，缺少革命性关键技术。同时期医药产业的革命性关键技术，如美国辉瑞的立普妥、瑞士罗氏的安维汀，在产品推出后迅速占领市场，年销售收入均在10亿美元以上。而我国医药产业不论是在新产品的研发投入还是在销售收入上都没有明显激增现象，说明我国此时期并未产生具有革命性关键技术的产品。第四，地域发展存在明显差异。鉴于我国东部地区较好的经济形势、基础设施和区位条件，医药产业在该地域发展速度远高于中部和西部地区，对我国医药产业发展的具有主导与关键作用。

其次，2005~2009年的医药产业快速发展期。这一时期我国医药产业开始进入发展"快车道"，各项指标的增速均大幅上扬。具体表现为：第一，企业技术实力增强。以生物医药企业为例，该时期研发经费年均增幅达68.08%，专利申请量年均增幅达45.14%。[2]第二，政策引导与扶持。2007年《生物产业发展"十一五"规划》第一次将生物产业作为重要战略产业进行整体规划部署，首次提出我国生物产业发展目标。2009年《促进生物产业加快发展若干政策的通知》提出，必须抓住生物科技革命

---

[1] 胡显文，马清钧.生物制药产业发展现状与趋势分析[J].生物技术产业，2007（1）：16-31.

[2] 易香华，李琼，朱修鲎.北京生物医药产业创新发展评价研究[J].中国医药工业杂志，2015，46（7）：778-782.

和产业革命的机遇,将生物产业培育成为中国高技术领域的支柱产业。❶与此同时,政府对医药产业在资金方面的扶持力度也有所增加。第三,一系列产业配套条件逐渐发展。例如,在投融资方面,金融机构筹措资金年均增速达35.8%。在技术联盟与行业协会方面,中国生物技术创新服务联盟(ABO)所涵盖的产业规模在该时期达到北京生物医药产业的25%。第四,产业集群初步显现。该时期,国家发展改革委员会批准建立的国家级生物产业基地20余个,科技部也相继批准建立了十多个火炬计划特色生物产业基地,全国著名医药产业园区相继出现。❷医药产业以长三角、环渤海、珠三角以及东部沿海地区为核心的产业集群初步形成,地域发展不平衡进一步加剧。❸

最后,2010年之后的医药产业跨越式发展期。在2008年全球金融危机,2010年GMP修订的背景下,2010年我国医药产业发展趋缓,研发经费、专利申请数量、销售收入等均出现明显回落。但是,在2011年伴随着医药技术专利悬崖期的到来,医药产业市场活跃度增强,进入跨越式发展期。具体表现为:第一,市场机遇来临。专利权保护期限一般为20年,我国从20世纪80年代末开始医药技术相继申请专利,在2010年之后会迎来大批专利到期,即所谓"专利悬崖期"。在世界范围内,预计到2020年,约有价值2 590亿美元的药品面临专利失效。❹对我国医药产业来说,既是挑战也是机遇。第二,政策红利持续释放。在国家层面,"十三五"国家战略新兴产业发展规划继续将医药产业认定为战略性新兴产业、支柱产业。在地方层面,各省市政府也分别制定推进生物技术发展的相关政策,如《关于促进上海生物医药产业发展的若干政策规定》《广州市生物产业发展引导资金管理暂行办法》等。第三,医药企业实力逐步增强。以生物

---

❶ 刘斌,邢雪荣,于洁,等.创新机制探索生物技术战略新兴产业规模化发展之路——中国科学院生物技术创新与生物产业促进计划[J].科技促进发展,2010(11).
❷ 如上海张江高技术园区、北京中关村生命科学园和亦庄药谷、北京大兴生物工程与医药产业基地等。
❸ 中国生物医药产业地图白皮书(2011)[R].中国电子信息产业发展研究院,2011:2.
❹ 曾铮.中国医药产业发展概况及其趋势研究[J].经济研究参考,2014(32):4.

医药企业为例，2013年，我国生物医药企业的大中型企业数量已达到将近20%，利润超过60%，专利申请数将近45%。此阶段医药企业在技术研发、专利运营、产品销售等方面实力持续加强。

二、医药产业知识产权管理现状

（一）知识产权创造和布局

从医药产业知识产权研发投入上看，近年来我国医药产业研发投入增长十分迅速，政府扶持、风险投资、企业投入是主要的资金来源。其中，政府扶持资金在研发投入中占据较多份额，风险投资的资金筹措能力较弱。这主要是由于医药知识产权研发周期较长、风险较大、利益回报不稳定，而我国投资方通常期望投资后能够快速获得稳定回报，因此，我国医药企业无法在新项目上及时吸引投资，这也促使了我国多数医药企业都热衷于生产研发成本低，利益回报快的仿制药。2012年，我国医药企业平均研发投入占销售收入不足3%，而发达国家医药企业一般为17%左右。[1]

从医药产业知识产权创造主体上看，我国医药技术的主要研发主体是高校与科研院所，而发达国家医药技术的研发主体主要是企业。高校与科研院所对医药技术的研究多从学术角度出发，与市场需求联系并不紧密，与此同时，我国90%的制药企业主要生产仿制药，对知识产权创造关注较少。虽然根据前文所述，我国医药企业研发投入持续增长，但是医药企业知识产权创造能力仍然十分有限，我国医药市场需要更多能与市场需求对接的研究成果。另外，我国有长期为国外医药企业代工的历史，除了药品与医药器械生产的代工，还包括医药研发项目的代工，国内大量的医药外包企业也是知识产权创造环节中的一个重要组成部分。医药外包项目主要根据合同约定知识产权归属，实践中可能完全归外国企业所有，也可能由外国企业与我国外包企业共同享有。

综上所述，在医药行业，我国研发主体主要为高效和科研院所等具有

---

[1] Boldrin & Levine.Against Intellectual Monopoly[EB/OL].http：//www.micheleboldrin.com/research/aim.html，2017-05-04.

公共属性的机构而非企业等营利机构。利益回报周期过长使得医药企业难以获得知识产权创造所需的投融资，现有研发资金主要靠政府扶持和企业自身。根据前文所述，我国多数医药企业都是仿制药企业，容易导致相同领域内产能过剩、重复竞争等问题，我国医药产业在知识产权创造方面与西方发达国家还有一定差距。在国际市场上经常将我国医药产业与低价原料药、仿制药相联系，然而，在加入WTO之后，我国与国际市场接轨，医药产业知识产权运营方式与其高回报率为我国企业所知悉，知识产权意识逐渐提高，我国生物技术和中药领域的医药企业开始由仿制药生产向新药研发转型，由于此类企业技术研发与国外企业主流技术优势有一定差别，因此具有较强发展潜力。[1]

（二）中、西药品的知识产权管理差异

市场竞争性的强弱直接影响着知识产权管理的方式与内容。一般而言，中药的市场竞争性比西药，即化学药品和生物制品要弱，促成了中、西药品在知识产权管理上的差异。第一，在知识产权创造方面，顺势疗法的背景和个性化治疗的观念使得中药领域即使针对同一病症也存在许多不同处方，由此市场中的中成药种类较多，而西药种类相对较少。第二，在知识产权保护方面，许多现存中药品牌是从传统老字号演变而来，我国消费者对传统老字号品牌的忠诚度使得中药企业更注重对商标的运营与保护，以提高商标知名度的手段提高产品的市场占有率。相比之下，我国的西药企业则更注重于对专利的保护，以专利布局的形式保护知识成果，阻碍竞争对手发展，并顺势抢占市场。第三，在知识产权管理方式方面，如前文所述，西药企业通常采用申请专利的方式保护与运用其知识成果，而中药企业受传统的家族式传承性观念的影响，通常采用商业秘密的形式对中药配方进行管理，对专利公开的形式具有一定抵触。

---

[1] CHERI GRACE.The effect of changing intellectual property on pharmaceutical industry prospects in India and China：considerations for access to medicines[R].HSRC，2004.

(三)知识产权的商业化运用

在中华人民共和国成立之初的计划经济体制下,药品由国有批发商直接分发。20世纪80年代开始,医药企业可以自己从事销售活动,由此,医药企业、医院、医药产品销售商、医生和患者与市场经济相联系,形成完整的产业链条。目前,我国医药产品的直接销售终端主要为医院和药店,其中,通过医院销售的医药产品占全国医药产品销售额的80%~95%,相比之下,发达国家在医院销售的医药产品通常只占全国医药产品销售额的将近20%。

在实践中,基于我国医药产品市场属于买方垄断性质,医药企业在发展决策中容易受到买方(如医院)行为的影响,而收入来源和政策规定是医院购买医药产品的两个影响因素。为了进一步完善医药产业的市场发展机制,我国政府逐步取消一些药物的价格管制和加成制度,但是受到医院收入来源的限制,许多医院依旧偏好于具有高回扣的高价医药产品。这使得医药企业在产品销售中,专利、商标等知识产权指标被弱化,而产品定价、回扣比率、销售单位与医院的关系亲疏则成为医药企业的主要关注点。知识产权制度在发达国家的有序发展实际上是以其完善的市场机制为前提的,而我国医药产业对知识产权的轻视体现了医药产业市场机制和相关主体盈利方式有待改善。

目前,我国正在实行公立医院医药价格改革,在取消药品加成的同时,有升有降调整医疗服务价格,推动破除"以药补医"机制。重点提高诊疗、手术、护理、中医等体现医务人员技术劳务价值的服务项目价格,降低大型医用设备检查治疗和检验类服务项目价格。医院收入结构将趋于合理,有助于建立新的补偿机制,逐步削弱医疗机构对药品收入的依赖。[1] 有利于医药企业利润获取方式的调整,从而将企业发展重心由产品销售转变至知识产权研发与运用。

---

[1] 公立医院医药价格改革全面实施[EB/OL].http://www.gov.cn/xinwen/2016-08/17/content_5099987.htm,2017-04-07.

（四）知识产权诉讼和竞争

目前，医药产业领域的知识产权诉讼与竞争主要体现为以下特点。

首先，原创药与仿制药的利益之争。大多数原创药都具有专利权，而仿制药不受专利保护，因此，"有效专利是原创药企业的锐矛，无效专利是仿制药企业的坚盾"。❶原创药与仿制药企业的利益之争通常采取两种方式：一方面，原创药企业会通过专利布局维护自身知识产权权益和市场占有率，对同领域仿制药企业提起专利侵权诉讼，主要涉及化合物专利、制备方法专利、用途专利、制剂专利等具体内容。例如，世界著名仿制药生产商以色列梯瓦制药工业有限公司，经常成为专利诉讼的被告。另一方面，仿制药企业也努力在各大原创药企业利用专利布局无法涉及的空缺处，或向美国FDA提出简化新药申请等方式争夺市场。

其次，医药专利诉讼大案集中于关键核心技术。例如，具有降血脂功效的立普妥，在美国平均年销售额为80亿美元。❷具有预防中风功效的波立维，在美国平均年销售额为58亿美元。❸

再次，医药专利诉讼具有较高的复杂性。一方面，医药专利侵权案被告数量较多。例如，先灵公司对过敏性鼻炎具有较好治疗功效的地氯雷他定的仿制药企业提起专利侵权诉讼，涉诉被告有14家企业。❹赛诺菲·安万特对具有抗肿瘤功效的乐沙定的仿制药企业提起专利侵权诉讼，涉诉被告有10家企业。❺另一方面，医药专利侵权案涉及专利数量较多。例如，赛诺菲·安万特对具有抗过敏性鼻炎功效的非索非那定伪麻黄碱锭的仿制药企

---

❶ 周和平.美国医药专利诉讼的主要趋势与行业特点[J].中国医药工业杂志，2008（9）：710-711.
❷ 辉瑞制药诉南新制药专利侵权案。
❸ 赛诺菲·安万特诉奥贝泰克、梯瓦、科博尔特专利侵权案。
❹ 涉诉被告包括：Mylan、Perrigo、GeoPharma、Watson、Zydus、山道士、Sun、阮氏、Lupin、Orchid、Glenmark、南新、Orchid Chem、Sun Pharm。
❺ 涉诉被告包括：山道士、Dabur Pharma Ltd.、梯瓦、Mayne Pharma、Actavis、Pharmachemie BV、Par Pharma、Ebewe Pharma、Abraxis、Sun。

业提起专利诉讼，涉案专利有10件。❶默克公司对骨质疏松具有治疗功效的福善美的仿制药企业提起专利侵权诉讼，涉案专利有9件。❷

最后，医药专利侵权诉讼成本较高。专利侵权诉讼本身就具有一定复杂性，如前文所述，涉及医药专利的案件难度更高，一件专利侵权案，常涉及多家被告和多件专利，致使医药专利诉讼律师费较高。与此同时，医药专利诉讼和解、调解比例较低，一审、二审，甚至再审，耗时较长，导致专利侵权诉讼费用居高不下。例如，被称为"中国医药知识产权保护第一案"的三维公司与兰陵公司的诉讼，历经8年仍尘埃未定。在当前的药品许可制度框架下，类似的纠纷则相当普遍。

三、医药产业知识产权管理发展趋势和战略措施

IMS Health研究数据显示，2015年世界医药市场销售金额为1.07万亿美元，比2014年同比增长7%。其中，医药产业知识产权管理发展趋势主要有以下几个方面。

第一，受"专利悬崖"影响，仿制药迎来发展机遇。由于专利权保护期的限制，未来5年世界范围内将迎来医药专利集中到期，即"专利悬崖"期，对于到期失效的医药专利，仿制药企业可无偿使用。而在市场经济发展趋缓，医药费用持续高位的背景下，价格较低的仿制药成为消费者购买医药产品的普遍偏好。❸由此，仿制药企业一方面所面临的专利侵权诉讼数量降低，另一方面销售量持续增长。由IMS Health研究数据可知，全球范围内仿制药销售额在2005~2015年由20%增长至39%，总金额高达4 300亿美元，且70%来自发展中国家。

第二，医药研发投入持续走高。在研发费用上，2015年制药公司研发投入排名第一的诺华为84.65亿美元，第二的罗氏为84.52亿美元，排名第三

---

❶ 涉诉专利包括：US5581011、US5738872、US5750703、US5855912、US5932247、US6037353、US6039974、US6187791、US6399632、US6113942。

❷ 涉诉专利包括：US5358941、US5681590、US5849726、US6008207、US6090410、US6194004、US5994329、US6015801、US6225294。

❸ 李洪超.我国非专利药市场机遇分析[J].中国执业药师，2010，7（2）：39-42.

的辉瑞为76.78亿美元。在研发投入占比上，前十名的企业研发投入占销售额比重均为15%以上。由IMS Health研究数据可知，全球医药研发投入年均增幅将达到2%，2020年全球医药研发投入将达到1 600亿美元。

第三，抗肿瘤相关技术是医药专利申请重点领域。目前，医药专利申请数量较多的领域为抗肿瘤、心血管系统、抗感染、消化与代谢系统、神经系统。在研医药项目中，抗肿瘤相关技术研发投入持续上升，尤其是免疫类抗肿瘤技术增长迅速，将成为未来医药专利申请重点领域。

第四，通过并购增强知识产权实力。近两年，以辉瑞与艾尔建合并为代表的大型医药企业合并交易现象增多，无论是原创药企业还是仿制药企业都希望通过强强联合的方式增强技术研发实力，共享知识产权成果，从而获得更多市场份额，巩固其优势甚至是垄断地位。

基于以上知识产权管理现状与发展趋势的考量，我国医药产业的知识产权战略措施主要包括以下方面。

第一，激励企业加大研发投入。根据前文所述，研发投入强度对医药产业技术创新效率的提高有促进作用，然而我国医药企业目前面临的困境在于研发投入较少，"搞宣传、拉关系"费用较多，企业对短期效益的追求忽视了企业长远发展利益。另外，我国中小型医药企业较多，资金流并不充裕，客观上无法提高研发投入。对此，一方面，需要在市场经济体制逐步完善的过程中转变医药企业盈利模式，提高知识产权附加值。另一方面，拓展资金筹措渠道，积极利用政策扶持，善于发挥行业协会和知识产权中介机构的作用。

第二，重视中药研发，实施中药现代化战略。我国拥有丰富的天然中药材资源和几千年的临床中医药理论基础，进行中药研发是开发具有中国特色的创新新药的重要途径，我们应当在继承传统中医药理论的基础上，运用现代化理念，加强中药知识产权管理。目前，外国医药企业在技术研发中越来越关注我国中药材和中药产品。例如，日本汉方药公司盗用我国中药配方并申请专利，诺华、施维雅在我国设立研发中心进行中药植物方面研究等。然而，长期以来，我国中药智力成果持有者缺乏知识产权意识，未能有效保护智力成果的商业秘密或者及时进行权利申请，使得他人一方面无偿占有这些智力成果，另一方面还通过申请商标、专利等方式巩固既有利益，并排斥原创主体的合法使用。

第三，产学研协作与信息共享。我国医药企业研发实力有限，大部分医药专利研发主体为高校与科研院所。一方面，促进产学研主体协作研发，逐步建立企业、高校、科研院所、医疗机构紧密结合的医药产品研发网络。另一方面，如何有效运用高校与科研院所专利技术，提高转让交易比例，不仅是高校与科研院所亟待解决的问题，也是政府产业、教育、知识产权主管部门，以及医药企业所共同面临和关心的问题。高校专利转化率的重要原因之一是供需双方信息不对称，通过一些操作性较强的手段加速供需对接的进程显得特别重要。

第四，政府对医药产业知识产权的扶持与引导。医药产业的公益属性要求政府采取适当措施规范和促进其发展，在知识产权视阈下，主要包含两方面内容。一是对企业的引导与扶持。通过市场政策逐渐转变医药产品最大消费体医院的获利模式，对高价药、高回扣等问题进行综合治理，促使企业将关注重心由广告宣传向技术研发与知识产权运营转变。制定税收激励政策促进医药企业创新。例如，采用退税政策，当企业研发费用占销售额比重增加，则附于企业相应比例的退税优惠。二是加大医药科技基础设施建设力度。促进布局合理、高效运行的技术开发平台与研究基地建设，完善医药产业知识产权创造、保护与运用的硬件条件。

第二节　扬子江药业集团与辉瑞公司在华专利布局对比分析[*]

一、引　言

近年来，国家大力推动医药创新，"十三五"规划将医药产业创新升级列入国家战略，医药行业迎来新的发展阶段。扬子江药业集团作为我国制药行业的领军企业，凭借着积极的专利战略，逐步由仿制药制药企业向

---

[*] 本节作者为南京理工大学知识产权学院硕士研究生韩文斌。

创新药制药企业转型。而辉瑞作为全球最大的创新药制药企业，其专利战略值得我国本土医药企业加以借鉴。这里主要从扬子江药业集团专利申请的总体情况、年度分布情况、法律状态、技术领域等方面展开分析，并与辉瑞公司进行全面对比，旨在总结扬子江药业集团专利战略实施中的相关经验，为我国医药行业创新升级的发展提供借鉴和启示。

药品行业属于知识密集型产业，医药发明具有投资大、风险高、周期长的特点。因此，医药知识产权的特殊性表现在医药知识产权具有明显的行业属性，该领域的创新成果对知识产权保护，特别是专利保护的依赖性较强，专利权已日渐成为企业保护自身合法权益与经济效益、战胜竞争对手的强有力武器。❶然而，我国医药企业在中国加入WTO前，长期处于计划经济体制中，自主研发能力较差，严重依赖政府保护，知识产权意识淡薄，这使得我国本土医药企业在国内外进行专利布局起步较晚。一些国外企业在我国很早就进行专利布局，通过精密的专利布局，提高医药市场的准入门槛，使得我国许多本土企业经历一段艰难的发展时期，甚至有些企业尚未成长起来便告夭折。

创建于1971年的扬子江药业集团，历经40多年艰苦奋斗，逐步发展成为一家跨地区、产学研相结合、科工贸一体化的大型医药企业集团。扬子江药业集团始终秉承"求索进取，护佑众生"的使命，践行"高质、惠民、创新、至善"的核心价值观，坚持自主创新、质量强企"双轮驱动"，企业发展步入快车道，自1996年起，企业综合经济效益连续十多年位居江苏省医药行业首位，并跻身全国医药行业前5强、中国企业500强、全国纳税500强。据国家工信部公布的数据，扬子江药业集团有限公司主营业务收入名列2014年度、2015年度中国医药工业企业百强榜第1名。❷扬子江为了保证其在中国药品行业内的领先地位以及国内市场的竞争力，积极的实施

---

❶ 冯楚建，唐恒，付丽颖.医药企业知识产权管理与绩效分析——基于国家高新技术开发区的调查[J].科技进步与对策，2012，29（3）：104-109.

❷ 数据来源：国家工信部工信数据《2014年医药行业工业企业快报排名》《2015年医药行业工业企业快报排名》。

专利战略。经过多年的发展，扬子江旗下成立20多家子公司分布在泰州、北京、上海、南京、广州、成都、苏州、常州等地，并在北京、上海、南京、广州、四川等地设立研发中心，在全国各地都有申请专利。扬子江药业集团作为我国最好的医药企业之一，其知识产权发展情况代表着我国医药企业的药物研发技术发展水平和经营管理水平。

辉瑞公司创建于1849年，迄今已有160多年的历史，总部位于美国纽约，是目前全球最大的以研发为基础的生物制药公司。辉瑞公司的产品覆盖了包括化学药物、生物制剂、疫苗、健康药物等诸多广泛而极具潜力的治疗及健康领域，同时其卓越的研发和生产能力处于全球领先地位。[1]辉瑞公司早在1985年就在中国实施专利战略，同时由于其强大的研发实力和产品巨大的市场效益，辉瑞成为我国本土医药企业在发展初期最强大的外国竞争对手，我国本土企业在发展的初期通常会大量仿制辉瑞等著名制药企业的到期专利药品以获得资金和技术的积累。

专利对医药企业的发展至关重要，它是衡量医药企业药品研发能力的重要标准，所以对医药企业的专利数量和质量进行分析能够有效地看出该医药企业的发展水平。此处将对扬子江药业集团（以下简称扬子江）和辉瑞公司在华专利布局情况进行对比分析，总结扬子江和辉瑞在专利管理战略中的特点，指出我国本土医药企业和世界先进医药企业在专利管理战略上的差距，进而为我国本土医药企业提出改进的对策与建议。

二、专利布局分析

（一）专利检索策略

为进一步了解扬子江和辉瑞在我国的专利布局情况，此处利用Incopat专利检索工具，以"扬子江药业集团"和"Pfizer"为申请人，检索得到截至2017年3月11日前所有公开的专利申请数据，借助incopat专利分析工具，围绕扬子江和辉瑞在国内专利申请的总体情况、年度分布情况、技术领域

---

[1] 最大并购案？制药巨头辉瑞和艾尔建正考虑合并[EB/OL].http：//www.cpi.gov.cn/publish/default/yqdt/content/20151029134101413313.htm，2017-04-07.

分布情况等方面展开分析。

经数据处理后返回结果：截至2017年3月11日，扬子江在国内专利申请数量为529件，其中发明专利申请总量达到351件，占总比的66.35%，实用新型及外观设计专利分别为54件及124件，分别占比10.21%和23.44%。此外，扬子江药业集团还有12件PCT专利申请。辉瑞在华专利申请数量为1532件，其中发明专利申请1524件，占总比的99.48%，外观设计专利8件，占总比的0.52%。此外，辉瑞进行了范围极广的全球专利布局，在世界主要国家都有专利申请。

（二）专利申请趋势分析

从专利申请数量年度变化趋势来看，扬子江的专利申请趋势整体呈现一定的周期性变化，这与医药专利的研发具有周期性相符。从时间节点上来看，在2000年前，扬子江药业集团没有申请过专利，当时国家并未重视知识产权方面的立法及保护，我国尚未加入WTO，外资企业在我国发展受到极大限制，国内企业发展缺乏有力的竞争对手，使得国内企业未形成知识产权保护意识。2000年后，中国加入WTO，大量外国医药开始进入中国投资设厂，并且十分重视在中国进行专利布局，国内医药市场竞争陡然加剧，扬子江受到竞争压力的刺激，也开始进行专利申请工作。从专利申请的角度看，扬子江最初是在2000年以"江苏扬子江药业集团公司"为申请人向中国家知识产权局递交关于"马来酸依那普利片"药品包装盒的外观设计专利的专利申请。至2008年，《国家知识产权战略纲要》发布，国家倡导企业进行专利申请，扬子江响应国家号召，此后两年专利申请数量猛增，原因在于扬子江申请了大量外观设计专利。2010年后，扬子江几乎不再申请外观设计专利，转而开始逐步增加实用新型专利的申请。整体来看，扬子江的发明专利申请趋势则始终呈现出波浪式上升的趋势，扬子江的专利战略虽然在部分时期受到国家政策的影响，但2010年后其专利申请策略趋向稳定，从侧面说明扬子江的研发水平逐步提高，专利质量也在稳步提升（见图7.1）。

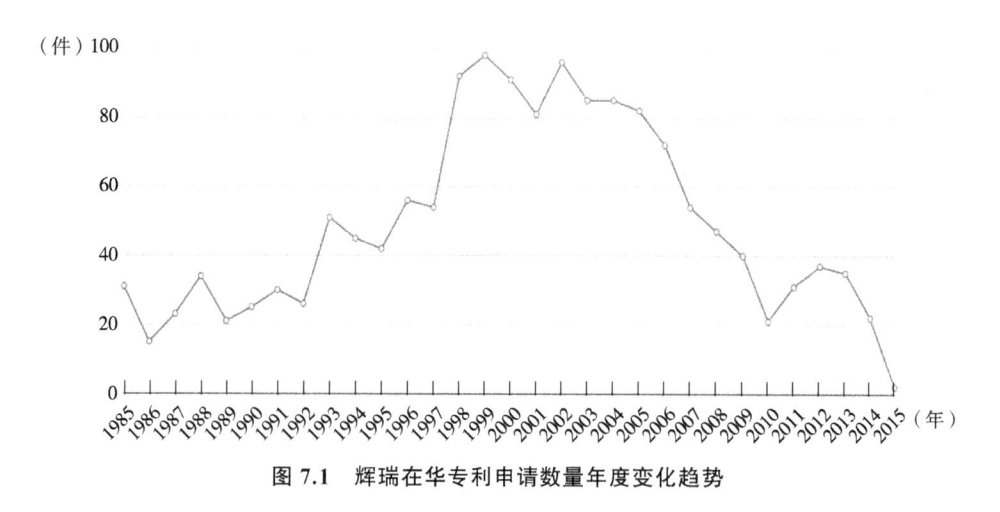

图 7.1 辉瑞在华专利申请数量年度变化趋势

如图7.1所示,辉瑞公司自1985年就开始在中国进行专利布局,其在1985年4月1日在中国申请了第一件名为"6-(取代的)亚甲基青霉烷酸类;6-(取代的)羟甲基青霉素烷酸类及其衍生物的制法"的发明专利,此后15年里其专利申请数量呈现稳步上升的趋势。辉瑞在中国的专利布局几乎全部是发明专利,数量达到1 518件,又如图7.2所示可知辉瑞在华的外观设计申请占比仅占0.52%,可见辉瑞公司在中国专利布局的质量极高。2000年中国加入WTO后的5年里,辉瑞公司持续在中国申请大量专利,逐步完善其在中国构建的专利壁垒,但在2006年后,全球药品安全问题频发,世界制药巨头企业在药品临床实验屡屡失败,仿制药和品牌药之间的竞争也愈发激烈,使得辉瑞公司陷入发展困境,销售收入逐年下滑,从而导致辉瑞在我国的专利申请量逐年下降。直至2009年,辉瑞完成对惠氏公司的收购,由于惠氏公司被收购前也是制药行业的巨头企业之一,在全球也拥有大量专利,可能出于对企业知识产权资产的重新整合,同时补充完善其全球专利布局的目的,此后3年辉瑞公司在中国的专利申请出现回升。

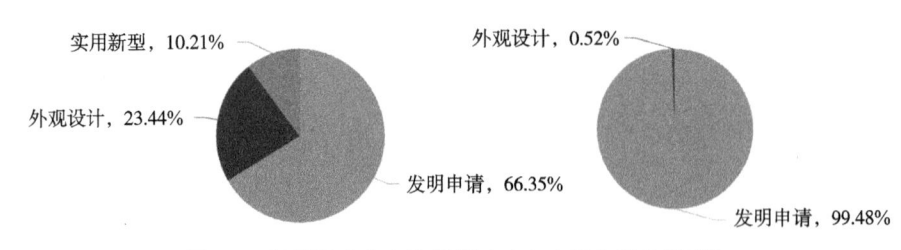

图7.2 扬子江（左）和辉瑞（右）中国专利类型对比

扬子江左图：实用新型，10.21%；外观设计，23.44%；发明申请，66.35%
辉瑞右图：外观设计，0.52%；发明申请，99.48%

对比扬子江和辉瑞公司，可以发现扬子江在现阶段的专利布局策略与辉瑞公司初期在中国的专利策略十分相似，均呈现出波浪式上升趋势，可以预见当扬子江的科研水平进一步提高，发明专利数量逐步积累，未来也会逐步开始进行全球专利布局。然而现阶段扬子江与辉瑞公司在专利申请的质量上差距较大。从图7.2可以看出，扬子江发明专利申请量占总申请量的66.35%，在国内同领域企业中处于领先水平，但与发明专利申请量占比99.48%的辉瑞相比，仍有较大差距。而扬子江专利申请的权利要求平均数与辉瑞公司相差巨大，说明对专利保护范围的划定上扬子江远不如辉瑞公司。从年度变化情况来看，自2002年扬子江申请发明专利以来，扬子江平均权利要求数年度变化较为平稳，波动不大，结合扬子江专利申请数量年度变化可以看出尽管扬子江的专利战略会受到国家政策的影响，但其对发明专利申请质量的把控并没有放松，所以笔者推测，现阶段扬子江的专利战略目标为在保证发明专利申请质量不下降的情况下，积累发明专利的数量，为企业未来的发展打好坚实的技术基础。

相较而言，辉瑞在我国专利申请的权利要求平均数在2000年前呈现稳步上升趋势，从图7.1可以发现辉瑞公司此阶段不仅重视发明专利数量的积累，也注重发明专利申请质量的提高，企业发展全面进入上升期。2000年后，辉瑞的权利要求平均数出现下滑，原因可能是因为中国加入WTO，随着众多外企进入中国以及中国本土企业知识产权意识逐步增强，辉瑞为了加快在中国的专利布局速度，将大量专利集中在短时间内申请专利，从而导致申请质量有所下降。但随着时间的推移，直至2013年辉瑞在华专利布局的逐步完善，并接近尾声，其专利质量又再次恢复原先水平，甚至有所提升。

（三）专利法律状态分析

从图7.3可以看出，扬子江有20.98%的专利还处于在审状态，这是因为扬子江进行国内专利布局起步较晚，并且在现在正处于专利数量积累的时期，近期申请的专利尚在实质审查阶段，没有结案。授权、撤回、权利终止、驳回、放弃等已结案件中，授权所占比例最大，但撤回占比也达到16.07%，并且全部是发明专利。从撤回专利的申请日期来看，专利撤回的高峰期在2005年和2008年（见图7.4），这两年恰好是由于国家政策的引导，使得国内企业大量申请专利，这说明扬子江出于响应国家号召而申请的专利，其本身质量不够高，导致企业选择撤回这些专利申请，以节约资金成本。而从2011年以后专利撤回的情形呈现逐年递减趋势，这说明扬子江经过数年的发展，积累一定的专利申请经验，其专利申请工作已经走向成熟，其专利战略逐步改善。

而辉瑞公司在华专利授权占比仅有12.65%，撤回的占比达43.12%，从图7.5可以发现，辉瑞撤回的专利集中在1998~2005年，这时间恰好处于中国加入WTO前后，辉瑞公司在中国"疯狂"申请大量专利，一方面是由于辉瑞追求专利数量而忽略对专利质量的把控，另一方面笔者推测辉瑞是通过将大量周边专利技术在中国公开以遏制其他外国制药企业在中国进行专利布局，同时使得中国企业依靠大量仿制辉瑞公司的药品而得到发展，随后辉瑞通过其所掌握的核心专利来通过谈判合作的方式影响中国本土医药企业的发展，以达到其对中国医药市场占据支配地位。2006年后，在华专利撤回数量开始逐年递减，而在华获得授权的专利逐年提高，如图7.6所示，笔者推测在此期间辉瑞加强对其核心专利技术的专利布局，从侧面印证了笔者的猜想。此外，由于辉瑞在中国进行专利布局的时间较早，许多专利到期或者失去维持价值而被辉瑞主动放弃，所以辉瑞权利终止的专利占比达到29.16%，辉瑞的诸多专利到期对中国本土医药企业来说既是机遇也是挑战，特别是对扬子江这种国内发展状况最好的企业，把握好外国竞争对手某些核心专利到期的空窗期，合理规避外企对该核心专利的延续保护措施，及时结合企业发展目标进行自身核心专利的布局是扬子江专利战略实施中需要解决的重要问题。

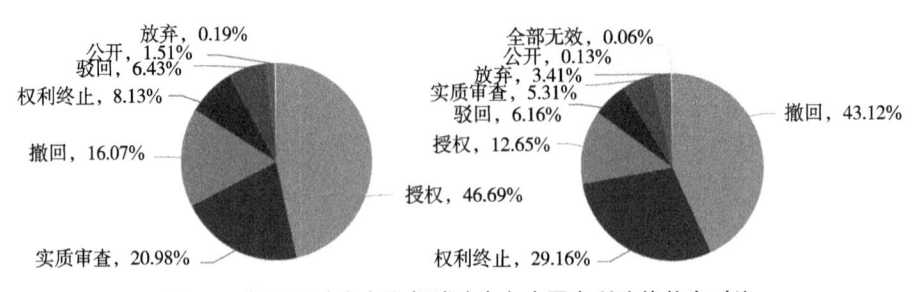

图 7.3　扬子江（左）和辉瑞（右）中国专利法律状态对比

图 7.4　扬子江撤回专利数量年度变化

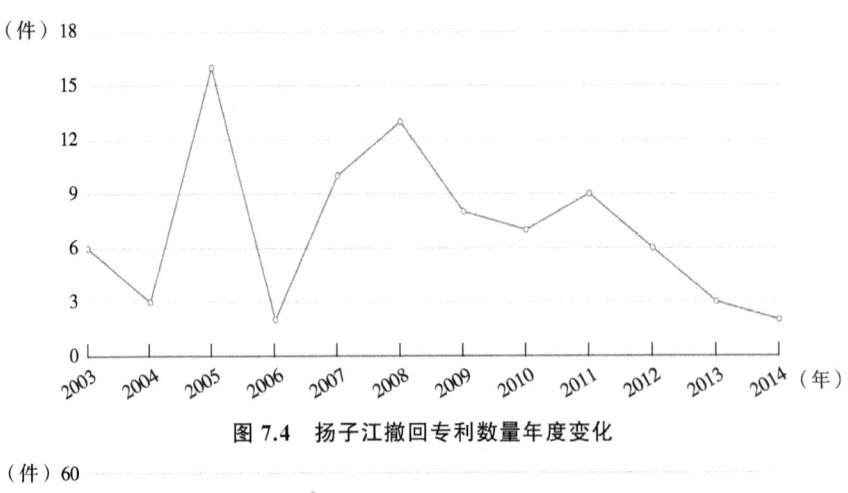

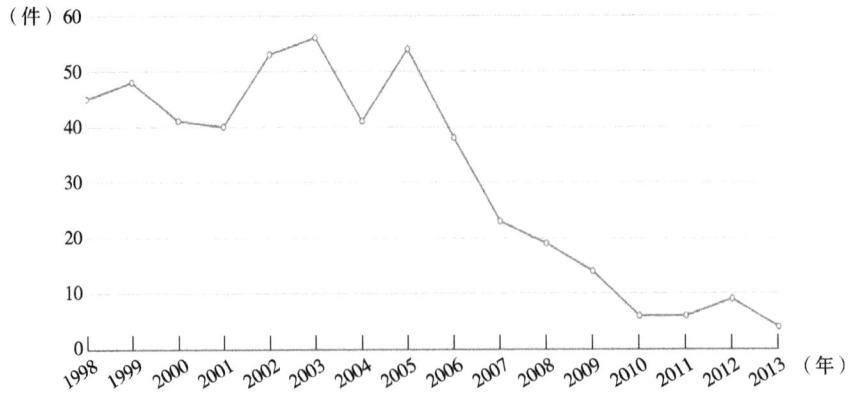

图 7.5　辉瑞在华撤回专利数量年度变化

图 7.6　辉瑞在华授权专利数量年度变化

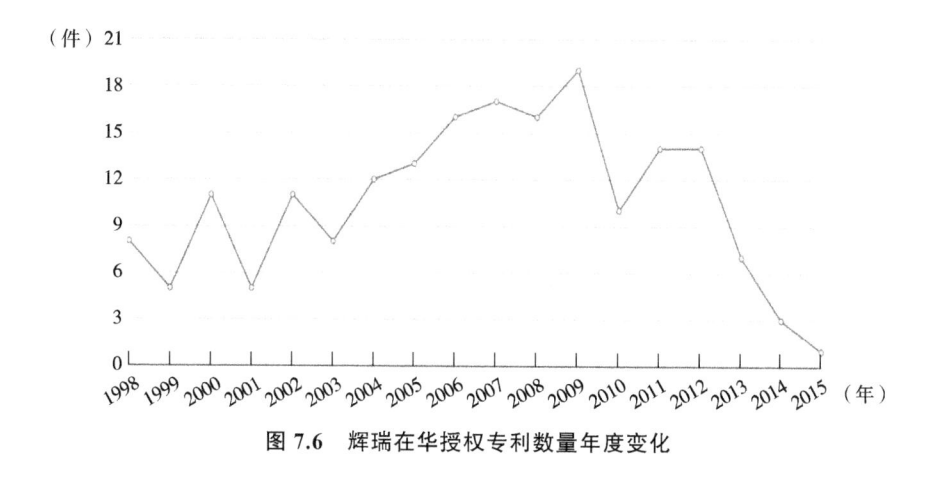

（四）发明专利技术构成分析

扬子江国内专利布局侧重点在A61K9（以特殊物理形状为特征的医药配制品）、A61K36（含有来自藻类、苔藓、真菌或植物或其派生物，例如传统草药的未确定结构的药物制剂）、A61K31（含有机有效成分的医药配制品）三大类，可推测扬子江专利的技术重点在于药物制剂不同片型的制备，中药产品以及化学原药及其配置品的研发。

相比而言，辉瑞在华专利技术构成以A61K31（含有机有效成分的医药配制品）、C07D（杂环化合物）系列为主，即辉瑞在华专利布局以化学原药及其配置品为主，辅以部分生物制药和不同片型的制备方法专利。就医药专利的市场价值而言，化学原药专利在专利保护期内往往占据最大的市场份额。当该化学原药专利到期，各类仿制药出现，市场竞争加剧，医药企业通常会通过申请该化学原药产品的不同制剂、片型的制备的专利以获得一定的竞争优势。但此类专利通常易于规避，并且申请人众多，使得医药企业难以依靠此类专利获得更大的市场份额。

例如，通过对扬子江的发明专利进行聚类分析可知，扬子江在阿托伐他汀钙中间体以及苯磺酸氨氯地平两种药物进行较为集中的专利布局。

阿托伐他汀钙（立普妥）是辉瑞开发的降血脂药物，其自1996年发明以来成为全球第一处方药。但由于药价高昂，在中国国内销售额并不理想，随着立普妥专利在各国保护期限到期，其制药成本大幅下降，原本因为价格高昂而在中国无法普及的立普妥在未来几年必将在国内出现大量仿制药品,其市场价值不可估量。通过检索我国阿托伐他汀钙相关现行有效专利,可以检索到共47件,全部为阿托伐他汀钙其他晶型制备方法或制剂、片剂、组合物发明,但申请人众多,辉瑞并未在我国对该药品进行周边专利二次布局以期延长保护时间,使得在该药品的仿制药市场竞争十分激烈。截至2017年3月10日前,我国一共有8种阿托伐他汀钙中间体的专利申请,5种已授权,3种在审,扬子江拥有该相关专利的最新授权专利成果。该中间体是制备阿托伐他汀钙的必须物质,因此可以推测扬子江希望通过此类专利的布局,获取该类仿制药市场的竞争优势。

又比如苯磺酸氨氯地平,它是一种具有抗高血压作用,用于缓解心绞痛的药物,属于第三代钙拮抗剂。其最初权利人也是辉瑞,产品商品名为"Norvasc"(中文商品名:络活喜),于1992年7月31日获FDA批准上市。该药于1993年投放中国市场,1993年12月1日在中国获得药品行政保护,2001年6月1日期限届满。2004年该药位居全球畅销药排名的第4位,世界性销售额达44.63亿美元,增长3%。2007年销售30.01亿美元,同比大幅下降38%。❶作为药品其本身的原药专利在中国已不享有专利权,通过检索国内苯磺酸氨氯地平现行有效的相关专利可以发现,此类专利类型主要以苯磺酸氨氯地平新的制备方法或以苯磺酸氨氯地平为原料的组合药剂,相关专利权人数量众多,可推测此类药品市场竞争较为激烈,扬子江在此领域的专利布局较难形成竞争优势,在企业未来的研发计划中应当予以规避。

另外,扬子江发明专利主要分布在A61K和C07D两个小类,分别对这两个小类进行聚类分析可知,在A61K小类中,扬子江对苯磺酸氨氯地平以及盐酸达克罗宁进行较为集中的专利布局,而这两种药也都属于仿制药。此外,扬子江对中药产品和化学原药的专利布局较为松散,未能形成有效的专利壁垒,这不利于企业核心竞争力的形成。相比而言,辉瑞在这两个小类中的专利呈现出专利集中布局的现象,围绕在"本甲酰胺""嘧啶"

---

❶ 数据来源:广州标点医药信息有限公司2009年《抗高血压药物市场研究报告》。

周围形成严密的专利群组。

对比扬子江和辉瑞在中国专利技术构成，扬子江在化学原药及其配置品的专利研发与辉瑞差距较大。这是我国医药企业在制药领域专利布局中的共同缺陷，即高价值的原药专利严重匮乏，专利布局的基础薄弱。国内医药企业早期的专利布局策略多采用在外企的即将到期的原药专利周边进行分散式布局，意图在该原药专利药品到期后占据仿制药市场，这对外企难以形成有效竞争，原因是扬子江等国内本土企业在发展的起步阶段，由于受资金、技术条件的限制，企业难以进入市场，市场主要被外国制药企业占据，其围绕原药专利进行专利布局提高了市场的准入条件，新生的制药企业很难对这些原药专利进行技术规避，所以在扬子江等国内制药企业在发展初期的为了"生存"，只能以仿制外企到期的专利药品为主来积累资金以及技术，以图进一步发展。但随着扬子江步入企业转型阶段，逐步开始加大其化学原药的研发投入，已经拥有自己的原研药品，但在对这些原药进行专利布局时，却也未能形成较为集中的专利群组，这也反映出扬子江在周边专利的研发及专利布局策略上的不足（见表7.1、表7.2、图7.7）。

表7.1　2015年中国城市居民主要疾病死亡率及死因构成

疾病名称	死亡率（1/10万）	构　成（%）	位　次
恶性肿瘤	164.35	26.44	1
心脏病	136.61	21.98	2
脑血管病	128.23	20.63	3
呼吸系统疾病	73.36	11.80	4
损伤和中毒外部原因	37.63	6.05	5
内分泌，营养和代谢疾病	19.25	3.10	6
消化系统疾病	14.27	2.30	7
神经系统疾病	6.90	1.11	8
传染病（含呼吸道结核）	6.78	1.09	9
泌尿生殖系统疾病	6.52	1.05	10

续表

疾病名称	死亡率（1/10万）	构　成（%）	位　次
精神障碍	2.79	0.45	11
肌肉骨骼和结缔组织疾病	1.79	0.29	12
先天畸形，变形和染色体异常	1.73	0.28	13
围生期疾病	1.70	0.27	14
血液，造血器官及免疫疾病	1.22	0.20	15
妊娠，分娩产褥期并发症	0.07	0.01	16
寄生虫病	0.04	0.01	17
诊断不明	2.26	0.36	—
其他疾病	6.15	0.99	—

表7.2　扬子江药业集团在中国发明专利申请主要涉及的用途领域

用　途	申请量（件）
心脑血管药	64
抗微生物药	43
消化系统药	28
内分泌系统药	27
神经系统药	25
抗肿瘤药	23
解热镇痛药	22
免疫系统药	14
呼吸系统药	14
检测方法	13
泌尿系统药	10
皮肤病药	6
疾病诊断	5
麻醉药	1
其他	69

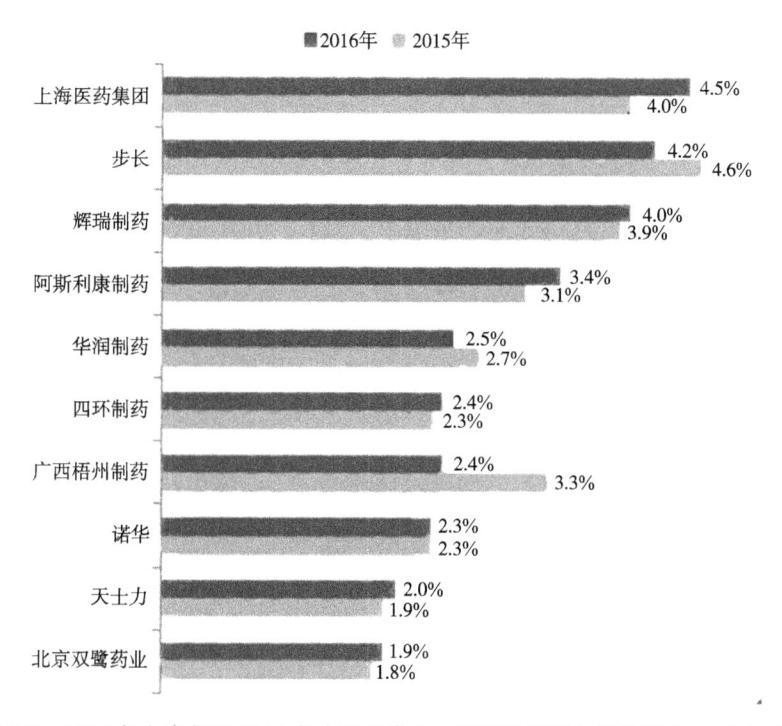

图 7.7　2016 年上半年及 2015 年中国各类心血管系统用药市场份额前 10 位的企业

从药品专利的用途领域对扬子江进行分析，可知2015年中国城市居民主要疾病死亡率及死因构成上可以发现恶性肿瘤和心脑血管疾病占据死亡率构成中近70%的比例，从市场的角度看，❶这两类疾病的药品市场在我国也是最大的（见表7.1）。从表7.2可以看出扬子江关于心脑血管药品的发明专利较其他种类药的专利申请要多。但从图7.7可以看出扬子江在心脑血管药品市场的份额没有进入前10位，❷说明尽管扬子江拥有心脑血管药品相关专利较多，但并未能够形成市场竞争优势，而图7.7中所列出的10家医药公司均为上市公司，而扬子江作为非上市公司，其在融资发展的速度比上市公司慢，使得其在拥有较多专利产品的情况下却未能拥有相应的市场

---

❶ 数据来源：2013年《中国卫生和计划生育统计年鉴》。
❷ 数据来源：宝来通数据研究院。

份额。尽管如此,其药品在患者中仍享有较为良好的口碑。例如,在2012年,国内爆发"毒胶囊"事件,多家医药企业被卷入,此事件中扬子江丝毫未受波及,因为其早在2010年就购入检测物料重金属含量的相关设备,对胶囊的铬含量进行控制,并且在药品质量控制上建立了一套高于国家法定标准的企业内控标准。

此外,扬子江在抗微生物、消化系统药、内分泌系统药、神经系统药、抗肿瘤药和解热镇痛药的上同样进行了专利申请,体现了扬子江以成为综合性制药企业作为战略目标的。所以扬子江现阶段的专利战略的目标在于"提高质量,拓展领域"。

(五)外观设计与实用新型分析

由于辉瑞在华专利绝大多数为发明专利,外观设计与实用新型不足1%,因此本部分仅对扬子江的情况进行分析。

据数据处理后的结果显示,除对药品进行发明专利的申请外,扬子江还申请了124件外观设计专利和54件实用新型专利。其中外观设计专利均为药品包装盒设计专利,有效专利占79%,无效专利占21%。而实用新型专利主要涉及B65B(包装物件或物料的机械,装置或设备,或方法)和B67C(不包含其他类目中的瓶子、罐、罐头、木桶、桶或类似容器的灌注液体或半液体或排空;漏斗;启封药品研制生产过程中的安全装置)两个小类,其多为药品包装装置和生产设备专利,其中有效专利占70%,无效专利占30%。从失效的外观设计寿命来看,扬子江失效的外观设计专利共有26件,有13件专利寿命达120个月,即外观设计专利的最长保护期限10年,其中包括百乐眠胶囊、依帕司他片、胃苏颗粒、马来酸依那普利片等扬子江核心产品的包装盒外观设计,其他13件外观设计专利的寿命均为37个月。专利寿命反映了企业对某项专利的重视程度,而从扬子江维持其核心产品的外观设计专利至外观设计专利的最长保护期限可以看出扬子江对自身核心药品的外观设计保护工作十分重视。而扬子江失效的实用新型专利共16件,只有一件防跳塞装置(CN200520050252.1)的寿命达到10年,是长沙楚天科技有限公司和扬子江共同申请的实用新型专利,其他失效实用新型专利的寿命均不到3年，全部为扬子江未缴年费而失效，且申请人全部为扬子江药业集团南京海陵药业有限公司，这说明该分公司的实用新型专利的研发水平和管理水平可能存在不足。

三、建　议

通过对扬子江中国专利布局策略与外国竞争对手辉瑞在华专利布局进行对比，提出以下建议。

（1）保持严格的产品质量把控标准，提高专利申请文件撰写质量。扬子江始终以质量为先作为企业发展的基础，通过制定比国家制药标准更加严格的企业内控标准，体现了扬子江实现"质量强国梦"的决心。但在做好药品专利本身质量的同时，不应忽略专利申请文件撰写的质量。对于企业的专利管理而言，控制好专利申请文件的质量是企业专利发展战略成功的首要环节，高质量的专利申请文件能够真正保护好企业的知识产权，而质量差的专利申请文件不仅不能使自身的技术方案得到保护，还有可能使企业的专利战略发展陷入困境，进而导致企业在其他发展环节处于被动。比如，权利要求数直接决定了专利的保护范围，而扬子江应当逐步提高发明专利的权利要求数量，这就需要扬子江委托服务质量好、医药专业技术水平突出的专利代理机构或专门组建企业自身的专利管理部门进行专利申请文件的撰写，并让发明人与专利申请文件的撰写人充分进行沟通，对专利所要求保护的权利范围进行更加细致全面的界定。

（2）提高自主研发水平，及时对新药专利进行周边专利布局。扬子江正处于技术转型期，正由初期以制造仿制药品为主的仿制药生产企业向拥有自主知识产权的创新型制药企业转变，并已初步获得一定成果，但在对新药专利的周边专利布局上仍较为薄弱，而单薄的专利布局极易受到竞争对手的攻击，也不利于其在侵权行为发生时维护自己的权利。

（3）尝试逐步展开全球专利布局。扬子江正逐步与国际接轨，于2008年就启动了欧盟GMP认证，并于2010年首次通过欧盟GMP现场检查，目前已有3个固体制剂车间取得进军欧盟市场的通行证——欧盟GMP认证证书，2012年扬子江生产的奥美拉唑肠溶胶囊正式在德国市场销售，其22个产品达到美国或英国药典标准,为企业产品走出国门,跻身国际市场奠定基础。扬子江现仅有PCT专利申请12件,在其他国家尚未申请专利。这对一家致力于进军国际市场的医药企业来说远远不够。所以扬子江在提升自身科研能力,在国内进行专利布局的同时,应当对企业的国际化发展进行规划,而全球专利布局是企业获得国际市场竞争力的重要手段。

第三节 北京同仁堂与日本津村公司知识产权管理对比分析[*]

一、引 言

我国中药产业在走向国际化的道路中,知识产权战略对企业的发展具有重大意义,北京同仁堂作为我国最大的中药企业其知识产权战略的制定受到国家政策和市场变化因素的影响,与世界知名中药企业的知识产权战略相比存在较大差距。本节通过对比分析北京同仁堂和津村公司在专利与商标战略上的差异,提出北京同仁堂知识产权战略中的不足,并为其指出改进方向。

中药产业是我国具有优势的传统特色产业,是中华民族宝贵的文化遗产,主要包括中药材、中药饮片和中成药三大支柱产业。而在全球范围内,中药产业的发展呈现良好的发展趋势,我国中药工业总值的年均增长率约为12%,[❶]中药产业在促进全球医药行业发展的作用也愈加突出。然而从总体情况来看,我国中药产业的发展水平并不理想。中国中医科学院中药研究所提供的数据显示,占全世界人口25.22%的中国,医药产业仅占全球的7%,天然药物仅占世界天然药物市场的3%~5%,中药出口额不足国际中草药市场的10%,与我国天然药物大国的地位极不相称。[❷]目前全球中

---

[*] 本节作者为南京理工大学知识产权学院硕士研究生韩文斌。
[❶] 数据来源:《中医药事业发展"十二五"规划》。
[❷] 以"一带一路"为契机 推动中医药走向世界[EB/OL].http://www.scio.gov.cn/ztk/wh/slxy/31213/Document/1468539/1468539.htm,2017-04-07。

药市场份额1年约350亿美元，我国仅占5%，而从我国大量进口粗加工的中药原料的日本、韩国、美国等外国企业则占有超过90%的市场份额。❶

近年来，日本、韩国、美国等外企在中药领域提交专利申请的热度不断升温，而我国中药产业虽然具有资源优势，但许多国内药企知识产权保护意识薄弱，很多中药配方被日本、韩国、美国等国的企业获取，并在国外提交专利申请。❷其中，日本中药制剂的生产原料75%以上是从我国进口，而日本是除我国以外，最大的中药（日本称为汉方药）生产国与消费国，其利用我国的原材料和大量方药进行二次开发，产品不但销往全世界，占领我国的中医药市场，甚至返销我国境内，打压我国中药民族企业的发展。此外，由于中药秘方持有人为了防止秘方被他人无偿利用，通常采取家传的方式代代相传，那些具有特殊疗效的药方难以被广泛利用，造成资源浪费，并且这种保存方式已经使得一些秘方永久失传，更是中医药文化的巨大损失。❸因此，建立健全的中药知识产权保护机制刻不容缓，不论从国家层面，还是国内中药企业，甚至中药秘方持有的个人，树立知识产权保护意识，学习先进的知识产权管理理念对我国中药产业的发展具有重要作用。本节通过分析北京同仁堂在专利布局、商标品牌发展状况等知识产权战略的现状，与日本知名中药企业津村制药公司（以下简称津村公司）进行多方位的比较分析，指出北京同仁堂知识产权战略中的优势及缺陷，以期为北京同仁堂知识产权管理体系完善提供建议。

二、同仁堂与津村公司企业发展背景

北京同仁堂是我国中药行业著名的老字号，始创于1669年，至今已有300多年的历史，"同仁堂"既是经济实体又是我国中药文化的载体，"同仁堂中医药文化"已列入首批国家级非物质文化遗产名录，在品牌的维护

---

❶ 数据来源：中国中医科学院中药研究所。
❷ 李振飞，翟东升，冯秀珍，等.中药企业国际化知识产权协同分析——以津村株式会社和北京同仁堂为例[J].情报杂志，2015（7）：105-109.
❸ 古津贤.中医药知识产权保护[M].天津：天津人民出版社，2007：18.

和提升、文化的创新与传承等方面取得丰硕成果。同仁堂以现代中药为核心，发展生命健康产业，努力打造成为国际知名的现代中医药集团。自1997年以来，同仁堂保持持续健康发展，在海外近20个国家和地区开办药店，产品销往海外40多个国家和地区。其销售收入、实现利润、出口创汇及海外终端数量均居全国同行业第一。❶

日本津村株式会社始创于1893年，1980年公司上市，是日本乃至世界最大的汉方药制药企业，医疗用汉方药占日本国内市场份额的84.5%，有129种汉方药被列入日本医疗保险覆盖范围。该企业生产的汉方药除供应本国应用外，在世界各地也有很高的信誉，其产品出口到美国、英国、韩国、新加坡等国家以及我国的香港、台湾地区。该公司出口的部分汉方药已通过美国认证，可以以药品的形式在药店进行销售。津村在国际上奠定了极其稳固的市场地位，是我国中成药国际化最大的竞争对手，其在我国还申请注册了大量的专利和商标。❷

在各种知识产权形式中，专利和商标是两种主要的知识产权形式，也是企业常采用的知识产权保护手段，专利保护企业的发明创新，提升企业的竞争力，商标用来区分市场主体，给企业带来高额价值。对企业专利和商标协同情况的分析，很大程度上能看出企业知识产权的协同发展情况。❸因此选择对两企业的专利、商标的国际申请现状进行定量对比分析，可发现问题，提出对策建议。

三、同仁堂与津村公司知识产权发展趋势分析

为了解北京同仁堂和津村公司的专利布局、商标布局情况，此处基于国家知识产权局中国专利文件检索系统（CPRS）2017年3月9日前公开的专利数据库以及WIPO旗下的全球品牌数据库，以北京同仁堂和津村公司为检

---

❶ 北京同仁堂官网[EB/OL].http：//www.tongrentang.com，2016-12-11.
❷ 李遐松.日本津村株式会社发展情况与分析[J].中药研究与信息，2000（7）：42-43.
❸ 振飞，翟东升，冯秀珍，等.中药企业国际化知识产权协同分析——以津村株式会社和北京同仁堂为例[J].情报杂志，2015（7）：105-109.

索对象,利用incopat专利分析工具、Excel表格工具,从专利商标申请发展趋势和专利商标的质量两方面,对两家企业所采取专利布局策略和商标布局进行深入的对比分析。

(一)专利发展趋势分析

北京同仁堂的大部分传统秘方仍以商业秘密的方式予以保护,但在剂型、药物有效部位、新发现药物化合物方面尝试采取专利方式保护。

首先,对北京同仁堂专利申请年度变化趋势进行分析。北京同仁堂中国专利申请自1997年开始,首件专利申请是一种药包装盒外观设计专利,但在1997~2004年,申请专利数量很低,有的年份甚至没有申请专利,直至2005年迎来专利申请的第一个高峰,此时正是处于"南北同仁堂"对簿公堂之后。在诉讼中,北京同仁堂始终无法提出索赔5 000万元的依据而陷入举证不能的尴尬境地,正是这场诉讼引起北京同仁堂对保护知识产权的重视。随后自2005~2011年,仅有2006年专利申请量极低,其他年度专利申请量较为稳定,2006年下降的原因在于当年是国家全面整顿医药卫生行业的一年,医疗改革政策出台较为集中,同时也是行业监管最为严格的一年,此时北京同仁堂也正好在实施营销改革,在行业改革和自身改革的双重影响下,政策环境和市场环境的变化使得北京同仁堂遇到经营上的困难,研发投入相对减少。2008年国家知识产权战略开始实施,企业纷纷响应国家号召,所以北京同仁堂又进入了一次专利申请高峰。然而,在2011~2014年,北京同仁堂经营上出现问题,营业收入增长率持续下跌,并且在此期间多起产品出现质量问题,其品牌形象受到严重打击,营业额进一步受到影响,导致北京同仁堂不得不调整其企业发展策略,从而影响其在研发上的投入。根据北京同仁堂年报数据统计显示,❶2012年和2013年北京同仁堂研发支出仅占营业收入的0.56%,这使得北京同仁堂在专利研发和申请上陷入低迷,直至2015年重新加大研发投入,研发支出达到营业总收入的1.73%,其专利申请量方有所回升。

---

❶ 数据来源:北京同仁堂2010~2015年年报。

在专利全球布局上,通过检索可以发现北京同仁堂仅有3项PCT国际专利,在香港申请11件专利,可以说北京同仁堂在海外的专利布局依旧处于空白阶段,仅有的3件PCT专利无法有效的对日韩等国家的竞争对手造成实质影响,这也体现出由于我国中药企业的知识产权保护意识形成较晚,众多传统的中药配方已经被日韩企业抢先申请专利,给北京同仁堂开拓海外市场造成巨大障碍。❶

相比而言,津村公司早已开始进行全球专利布局。早在1990年,津村公司就开始申请PCT专利,开启全球专利布局的战略,此后近20年,在欧洲、美国、澳大利亚、加拿大等海外国家进行专利布局,抢先占据这些国家的中药产品市场。此外,津村公司1986~1998年在其国内专利申请趋势处于爆发式增长阶段,在此期间所申请的专利占据其所有专利的70%以上,这是由于在1986年日本国内中成药市场产值猛增至1 000亿日元,近乎10倍的增长率让津村公司意识到中药市场未来的发展前景,所以在此期间津村公司采取爆发式专利申请的模式,累积大量专利,迅速占领其国内市场,直至1998年后津村公司的专利申请策略逐步趋于稳定。此外,从近20年来津村公司全球专利申请趋势来看,可以发现津村公司在专利申请上形成稳定的申请周期,4~5年即会迎来一次专利申请的高峰期,对于这种成簇申请的策略,笔者推测津村公司具有严密的科技研发计划,在完成一项研发计划的所有研究后,在世界范围内进行高质量的专利布局,快速在海外国家形成专利技术壁垒,从而获得竞争优势,相对而言,北京同仁堂专利申请周期较为混乱,专利申请较为被动,受到国内政策导向的影响很大,企业本身没有清晰的专利布局策略。

其次,在专利申请文件撰写上,从北京同仁堂与津村公司中国发明专利权利要求平均数年度变化趋势中,可以发现津村公司的权利要求平均数变化趋势几乎和其专利申请趋势保持一致,这就说明津村公司在专利集中申请的年度不仅申请数量多,并且专利质量很高,而北京同仁堂的权利要求平均数变化趋势主要分为四个阶段:(1)2002年之前几乎没有规律可

---

❶ 数据来源:incopat专利数据库。

言，这一阶段国内企业保护知识产权的意识尚未形成；（2）2002年后，中国已经加入世界贸易组织，大量外企进入中国投资办厂，使得国内中药产品的市场竞争变得十分激烈，国外企业逐步开始在中国进行专利布局，北京同仁堂为保证在国内的竞争优势，也不得不进行专利布局，所以这个阶段其专利质量呈现逐步上升的趋势；（3）2008年《国家知识产权战略纲要》发布，北京同仁堂在2008~2010年累积申请了大量专利，但是其权利要求的平均数却呈现下降趋势，这说明北京同仁堂在这一阶段的专利布局策略偏向数量累积，放松了对质量的把控；（4）2012年，《国家知识产权战略实施推进计划》发布，国家颁布政策开始强调知识产权的质量，在此阶段以后，北京同仁堂的权利要求平均数逐步提升并趋于稳定，这说明北京同仁堂经历了专利数量积累时期后，也逐步开始提升其专利质量。

（二）商标发展趋势分析

《巴黎公约》中所述的工业产权是指商标和专利，企业的知识产权战略中商标和专利的配合密不可分。所以通过对比商标和专利的申请趋势，可以更加全面地认识企业的知识产权发展战略。

通过对全球品牌数据库中北京同仁堂和津村公司的所有商标进行统计，可以发现两者在商标申请地域选择上极为近似，海外市场主要集中在北美、东南亚以及大洋洲等地区，但在加拿大、美国、新加坡、马来西亚等几个最大的海外中药市场中，津村公司的商标申请量远超北京同仁堂，甚至津村公司将中药市场已逐步扩展至欧洲。❶通过对比两者国际商标申请年度变化趋势，可以清晰地发现2000年是一个明显的分界点，2000年之前，北京同仁堂几乎没有进行国际商标的布局，而津村公司则在海外大量申请商标，这与其在国内的专利申请趋势相近似；2000年后，两者的商标申请趋势都呈现出周期性变化，在品牌的海外推广上，北京同仁堂正处于发展阶段，而津村公司在2000年后的商标申请趋势曲线与其全球专利申请

---

❶ 数据来源：WIPO全球品牌数据库。

趋势曲线几乎完全相同，可推测得知津村公司的全球知识产权布局以近乎成熟，公司仅就其研发的新型产品进行专利和商标的补充申请。

综上所述，通过对北京同仁堂和津村公司专利及商标策略进行申请趋势分析，可以发现，北京同仁堂的知识产权战略比较容易受到国内政策和市场变化影响，此外在专利研发、专利申请、全球专利布局、专利与商标协同布局等方面与津村公司存在差距较大。

四、同仁堂与津村公司知识产权质量分析

（一）专利质量分析

北京同仁堂中国专利申请类型中，发明专利150件，占总专利的43.86%；实用新型专利40件，占总专利的11.7%；外观设计专利152件，占总专利的44.44%。相比而言，津村公司在中国申请的发明专利占比高达65.08%，由此可知双方在专利布局策略上存在明显差异。❶

北京同仁堂采取发明专利与外观设计并重的布局策略，外观设计几乎都是产品的包装设计，并维持这些外观设计专利2～3年后即不再续缴年费，放弃这些外观专利后又重新申请新的外观设计专利。究其原因，一方面是由于国内政策的导向，企业响应国家号召申请大量专利并获得政策扶持，而外观设计专利更容易得到授权；另一方面北京同仁堂本身十分重视国内品牌营销战略，北京同仁堂的几款主营产品，诸如六味地黄丸、阿胶产品等属于较为滋补、具有一定保健效果的药品，其消费人群多为需要赡养老人的子女，这些产品多为"送礼"所需而购买，为了迎合这些消费者的心理需求，每年对产品的外观进行不同的精美设计将有利于企业品牌形象的推广。

相比而言，津村公司则保持着发明专利与外观设计专利2：1的比例，这与津村公司更注重产品质量本身的发展战略有关，津村公司的专利布局起步较早，经历了前期大量囤积专利的时期后，现在津村公司的专利申请

---

❶ 数据来源：于incopat专利数据库。

策略应趋于成熟，其更注重发明专利的研发更加有利于企业专利布局策略的施行和企业长远目标的实现。

从两家企业在中国发明专利的法律状态来看，津村公司发明专利的授权率比北京同仁堂更高，并且津村公司在中国申请的发明专利没有被驳回的情形，北京同仁堂却有近9%的发明申请被驳回，这再次直观地体现出北京同仁堂专利战略实施上与世界先进中药企业存在一定差距。

通过对北京同仁堂和津村公司进行技术类型分析，对两家公司在各自国内的发明专利依据IPC主分类号进行划分，取其大组数量前10位的分类进行分析，可以发现北京同仁堂专利分布于A61K36（含有来自藻类、苔藓、真菌或植物或其派生物，例如传统草药的未确定结构的药物制剂）、A23L1（食品或食料；它们的制备或处理）、A61K35（含有其有不明结构的原材料或其反应产物的医用配制品）三大类中最多，可以发现这三类都属于对原材料进行初步制备或处理从而制作成产品的专利，即北京同仁堂的研发内容围绕在中药材和中药片剂上，对中成药的研发成果相对较弱，尽管北京同仁堂的几款主打产品例如六味地黄丸、安宫牛黄丸等属于中成药，但这些产品都是依据古代流传下的配方稍加改进后所得的产物，从本质上北京同仁堂对中成药的研发实力依然较为薄弱。

由于津村公司以1998年为时间节点，其专利申请趋势呈现完全不同的趋势，所以笔者对两个时间段的专利技术构成分别进行分析。1998年之前，津村公司在A61K31（含有机有效成分的医药配制品）、A61K7（化妆品或类似的梳妆用配制品，化妆品或类似梳妆用配制品的特定用途）、A61K35（含有其有不明结构的原材料或其反应产物的医用配制品）布局大量专利，这些专利的共同特点在于津村公司需要对中药原材料进行化学分析，提取其中的有效成分，从而制成含有中药有效成分的化学药品或化妆品，即津村公司的专利技术领域在于中成药和中药衍生产品的研发。此外，津村公司在1998年前后的专利申请技术构成出现重要变化，其专利技术更加偏向于A61K7类，即更加侧重对中药衍生产品的研发。与此同时，在继续保持对中成药的研发基础上，向其他专利领域也进行突破，例如在C07D213（杂环化合物，含六元环、不与其他环稠合、有1个氮原子作为仅有的杂环原子、环原子间或环原子与非环原子间有3个或更多个双键）所在的化学领域以及C12Q1（包含酶或微生物的测定或检验方法）所在的生物领域。

众所周知，中成药作为成药可以直接服用，而中药饮片是中药材粗加工而成的半成品，消费者需要另行熬煮方能服用的产品。相比而言，中成药的市场最大，利润价值最高，通过对北京同仁堂专利技术构成的分析可知，北京同仁堂对于中成药的研发实力与津村公司差距很大，这也是造成全球中药市场被日韩等外国企业占去90%的重要原因。同时，全球中药市场现在虽保持着稳定增长，但可预见其在未来必将趋于饱和，而中药衍生产品的市场却尚处于萌芽阶段，津村公司的专利战略调整使得其再次走在全球中药企业的前列，而北京同仁堂对于中药衍生产品的研发进展较为缓慢，可以预见其与津村公司的差距可能还会进一步拉大。

（二）商标质量分析

笔者对北京同仁堂和津村公司的国际商标的申请类型进行统计分析。北京同仁堂国际商标的申请集中于对如图7.8（1）~7.8（4）所示的4种样式的商标，这些样式的商标占据北京同仁堂国际商标总数的90%，唯一针对产品申请的国际商标仅有一种，如图7.8（5）所示的"原方牛黄清心园元"商标，可以发现北京同仁堂的商标申请样式单一，其商标仅有带有"同仁堂""北京同仁堂"及其拼音或其拼音缩写的字样，形式过于单一，很容易产生商标侵权的情形，同时，北京同仁堂还缺少英文商标，以拼音代替英文商标的做法不利于品牌在海外市场的宣传与推广。又由于北京同仁堂在海外尚未展开全面的专利布局，所以其商标战略是现阶段北京同仁堂走向国际化最重要的"武器"。

相比而言，津村公司的商标类型极为丰富，在WIPO全球品牌数据库中以申请人为"Tsumura&CO"即津村公司进行检索，可检索出津村公司共申请国际商标198件，有文字商标和图形商标，文字商标以英文为主，同时也有以日文、汉字为基本元素的商标。津村公司依据不同国家的文化、人口构成的情况，制定不同的商标申请策略。以美国为例，美国是一个移民国家，其人口构成极为复杂，津村公司在美国申请的商标包含其英文商标，例如图7.8（6），也有中文、日文或者几种语言共同的组合而成的商标，如图7.8（7）和图7.8（8）所示，同时也包含多种图形商标，如图7.8（9）和图7.8（10）所示，而在新加坡，英语和汉语在这里普及度较高，津村公司在此申请的商标也以英文和汉字为主，这种因地制宜的商标申请策略不仅有利于当地消费者对品牌的接受，也有利于品牌的全面推广。此外，津村公司对其旗下不同的产品也申请了不同的商标，诸如"中将汤""ICEING"等，每一种产品都对其进行专利和商标的协同保护，不仅能够促进产品知名度的提升，还能对其形成严密的权利保护网，对产品的保护将更加细致全面。

图 7.8（1）

图 7.8（2）

图 7.8（3）

图 7.8（4）

图 7.8（5）

图 7.8（6）

图 7.8（7）

图 7.8（8）

图 7.8（9）

图 7.8（10）

综上所述，北京同仁堂在专利和商标的质量管理上与津村公司也有一定差距，特别是对中药产业中价值最大的中成药产品的相关专利的研发能力相对薄弱；此外，北京同仁堂的专利战略的目标不够长远，对中药的二次开发严重不足；单一的商标申请模式也不利于北京同仁堂在海外市场的接受和传播。

五、建 议

通过比较分析，可以明显地看出北京同仁堂知识产权战略与津村公司存在很大差距，特别是在知识产权国际化战略上，北京同仁堂仍处于初步发展阶段，知识产权布局策略和管理模式远不如津村公司全面高效。首先，在专利国际化方面，北京同仁堂非常欠缺，基本没有国际专利，而北京同仁堂在商标国际化战略中虽取得一定成效，但在数量和质量上还落后于津村，商标类型单一，不同国家申请同一种商标，这不利于品牌的国际融入。其次，北京同仁堂在国内的知识产权战略容易受到国家政策以及市场环境的影响而发生变化，企业本身缺乏对知识产权管理的长期规划和管理机制，使得专利申请质量也受到影响。最后，北京同仁堂在核心技术产品的研发水平、周边专利的布局情况以及中药衍生产品的开发能力上有待提高。为此，笔者针对这些问题，为我国中药产业知识产权管理提出以下几点建议。

（1）提高知识产权国际保护意识。中药产业的国际市场巨大，企业在国际化进程中应当养成"产品未至，专利先行"的知识产权意识。并且，我国中药企业更偏爱采取中药品种保护和商业秘密的形式进行保护，对专利保护存在偏见，认为申请专利将会公开企业核心的技术资料，专利保护期过后企业将会失去竞争优势，然而事实并非如此，企业在申请专利需要讲究策略，对企业赖以发展的核心技术可以做出适当保留，而并非以全有或全无的形式单独采用专利或商业秘密中某一种形式对核心技术进行保护。此外，北京同仁堂在走向更国际化的道路中，单一的品牌策略不利于企业在国外市场的接受和传播，北京同仁堂应当丰富自身的商标申请类型，针对不同地域的不同文化背景设计出让当地人易于接受的商标。同时也要注重对专利和商标的协同布局。

（2）制定长期稳定的知识产权战略，全面考虑政策及市场因素对企业发展的影响，学习国外先进企业的中药知识产权管理方式，结合企业自身发展实际制定合理的专利和商标的申请策略，同时要注重组织或委托专业的专利代理团队，严格把控专利申请文件的撰写质量，提高企业的专利质量。

（3）适当增加科研投入，提高对中成药产品的研发能力，同时在富有余力之时，也要对中药衍生产品的开发进行一定尝试。医药产品的研发需要一定的周期，其间会耗费大量的人力、物力、财力，研发资金的不足会导致医药产品的研发陷入停滞，甚至前功尽弃。中成药的研发应当不仅局限于在配方的基础上将药剂配置出来，而应当对中成药中的有效成分进行研究，解析其药物作用原理，以便于对中成药进行改进，提高治疗效果。

第四节　专利悬崖背景下拜耳集团知识产权管理研究[*]

一、引　言

药品专利的特殊性使得制药企业普遍面临或即将面临严峻的专利悬崖，因而知识产权的保护对企业的可持续发展起着至关重要的作用。本节以拜耳集团为研究对象，多角度阐述拜耳集团的知识产权现状，包括其创新系统、知识产权管理模式、产品专利布局、专利策略；预测其专利悬崖到来的时间，并提出可行的应对建议，以期拜耳集团能够平稳度过专利悬崖期，并为其他同样面临专利悬崖危机的制药企业提出可借鉴的范本。

专利悬崖是指专利到期后，受专利保护的相关产品销量及利润的大幅下降的现象。在制药行业具体表现为，专利保护期届满仿制药以更低的价格迅速进入并占领市场。据有关报告显示，在仿制药推出两年后，药品的价格

---

[*] 本节作者为南京理工大学知识产权学院博士研究生李睿。

会平均下降40%，营业额也会减少80%。❶目前制药企业普遍面临专利悬崖问题，全球最大制药公司辉瑞旗下的头号畅销药品立普妥，自上市后每年销售额约百亿美元。在2011年专利到期后，辉瑞2011年第四季度的财务报告显示其利润下降50%，与之对应2012年第二季度立普妥的销售额仅为12亿美元。❷

　　专利悬崖原本是每个行业都会面临的问题，但却因为药品专利的特殊性而在制药行业显得尤为严峻。首先，新药的上市要经历基础化合物的合成、删选、临床前研究、临床研究这几个阶段，还要通过各国食品与药品监督总局严格的审批程序，这个过程大概需要10~15年，而前期的金钱投入大约为13亿美元。❸因此表现出周期长，投入高，风险大的特点，相比起其他产业更加依赖专利保护期内的高额垄断利益来收回成本。其次，区别于通信产业等，一个产品的背后往往有成百上千的专利，制药领域的明星产品背后只有一个或几个核心专利，核心专利的到期会导致整个产品失去专利的保护，仿制药能够快速进入并占领市场。因此专利到期在制药行业显得尤为致命，尤其制药企业的明星产品的专利到期，会使得企业在几年内的销售及利润遭受巨大的打击。德国拜耳是国际知名的大型跨国集团，总部位于勒沃库森，因"阿司匹林"而闻名于世。拜耳集团在维持自身优势的基础上，力求多元化发展，集团业务以生命科学（包含医药保健、作物科学、动物科学），材料科学为主，均取得不菲成就。拜耳于2015~2016年对集团内部结构进行大刀阔斧的改革，主攻材料科学的子公司正式改名为科思创，完成法律及经济意义上的正式剥离并成功上市；将原属于医药保健单元的处方药（Pharmaectuical）、健康消费品（Consumer Health）彻

---

　　❶ AlexanderDennon&ErikVoUebregt.Can regenerative medicine save BigParma's business model fromthe patent cliff[J].The Future Medicine，2010，5（5）.

　　❷ AlexanderJ.Kaher. Generic Drugs Post Novo Nordisk[J].Ohio State Entrepreneurial Business LawJournal，2012.

　　❸ JosephA,DiMasi,Henry G,Grabowski.The Cost Of Biopharmaceutical R&D:Is Biotech Different?[J]. Managerialand Decision Econ，2007（28）：469-476.

底分拆为两个业务单元，与作物科学（Crop Science）并列为拜耳集团三大核心业务单元，并将动物保健（Animal Health）单列，至此拜耳集团将专注于生命科学领域的发展。

本节以制药巨头拜耳集团为研究对象，分析其知识产权现状，并预测其专利悬崖的到来时间，提出可行的应对建议，以期拜耳集团能够平稳度过专利悬崖期，并为其他同样面临专利悬崖危机的制药企业提出可借鉴的策略范本。

二、拜耳集团的知识产权管理现状

拜耳集团一直践行其"science for a better life"的理念，保持着其自身强大的竞争力，多年以来拜耳产品的总销售量持续增长，净利润不断提高，在股票市场表现抢眼，这一切都得益于拜耳始终将创新摆在首位，正如董事会主席在2016年年报公开信中强调的那样，创新是拜耳的核心竞争力。拜耳集团将创新定义为消费者和社会创造附加价值的新解决办法，以研发创新产品为主，辅以创新过程、创新服务、创新商业模型；并在监事会下设创新委员会，专注于创新战略及创新管理，拜耳认为创新的三个核心元素在于：R&D、先进技术以及开放式创新。在R&D投入上，据拜耳年报披露，2016年已高达约47亿欧元，较2015年增长9.2%；多年来R&D支出维持在其销售总额的10%左右且每年稳定增长，在全球范围内拥有15 000多个研发人员。更值得关注的是，2016年其最具创造力的处方药部门R&D支出约28亿欧元，占其部门销售总额的17%。在先进技术上，拜耳一方面致力于不同疾病的研究，为消费者带来攻克疾病的新药；另一方面不断更新现有的治疗方案、药品，使其更经济、有效且副作用低。拜耳各个业务单元每年都会将其研发管道中的若干先进技术、重大发现转化成产品，进入临床前试验、临床试验，申请上市，最终成为现实中造福社会的新药、医疗设备、作物种子等。在开放式创新上，拜耳表现更为多元化：首先，拜耳十分重视外部合作关系，与上下游的企业、竞争对手、研究所、高校构建密切的合作网络，覆盖集团价值链的所有环节；例如拜耳与德国癌症研发中心建立战略合作，致力于治疗癌症的新方法，尤其是免疫治疗法；与Orion公司合作开发ODM-

201，用于治疗前列腺癌；与 Regeneron 制药合作开发药品 Eylea，治疗多种眼科疾病；与牛津大学合作研究治疗妇科疾病的新方法等；拜耳的科研人员积极参加学界、业界的研讨会，长期保持与各方的对话，传递拜耳的创新理念与创新成果。合作伙伴关系在拜耳的创新系统中发挥重要作用，帮助拜耳分担研究活动所带来的风险。其次，拜耳提供资金支持有关新药研发的项目，2016年为全球超过50个项目提供超过1 200万欧元的资助；同时拜耳支持中小型企业的研发活动，为其提供靠近拜耳研发中心的实验室与实验设备，方便其与拜耳的专家进行交流。此外，拜耳利用互联网技术建立 Grants4Apps、Grants4Targets、Grant4Indications 数个平台，收集与共享大众的创意与技术问题解决方法；这种创新商业模式为拜耳的开放式创新系统带了新的活力。

三、知识产权管理模式

2012年4月，拜耳集团在德国成立拜耳知识产权有限责任公司，从集团内部的法务部中正式分离，成为独立的法律实体。此公司负责拜耳集团内所有的知识产权相关业务，由之前拜耳集团内部所有负责专利，商标及著作权的人员集中构成。这样的革新在当今企业知识产权管理的实践中，是走在前端的。对于大多数企业来说，内部并未建立知识产权管理机构；存在知识产权管理机构的企业，也往往将它划归在法务部。值得肯定的是，拜耳此举为集团构建了"独立与统一"的知识产权产权管理模式，给集团带来极大益处。首先，将知识产权部门从法务部"独立"出来，体现了拜耳集团在战略上对知识产权的高度重视，避免在其法务部中被边缘化，使其不受干扰，真正发挥知识产权的作用。其次，在知识产权公司成立之前，拜耳的医药保健、作物科学、材料科学三个业务单元均有各自的知识产权工作人员，这样的设置使得人员机构尤为冗杂。且每个业务单元各自为政，只专注于自己领域内的知识产权业务，缺乏一致的管理标准，当各业务单元发生知识产权冲突时，没有统筹解决的方案。而知识产权公司的建立，解决以上问题，平衡各方利益，促进内部协调发展，达到"统一"。最后，知识产权公司在选址上显得尤为有智慧，三个地点分别设立在孟海姆、柏林费舍纳德以及法兰克福的艾施博恩,均靠近拜耳的几大研发中心,有效促进知识产权人员与研发人员的合作交流,实现了知识产权服务于技术创新的基本目的。

四、核心产品专利布局

在完备的创新系统与先进的知识产权管理模式的双重支撑下,拜耳在专利拥有量及申请量上持续发力,至2016年年底拥有有效专利50 800多件。其处方药部门拥有拜耳集团一半以上的专利及大部分的重磅专利,这个创新能力卓越的部门,2016年的R&D投入约28亿欧元,占集团总R&D投入的近60%。需要说明的是,由于本文立足于制药行业,因此研究对象"拜耳"以及其知识产权现状以下起仅指核心单元处方药部门,不包括作物科学、材料科学等部门。处方药部门拥着许多业绩良好的品牌药,所谓品牌药就是有商品名的药品,大多数国家的药品注册管理办法中规定只有新的化学结构、新的活性成分的药品才能有商品名,这里的"新的"值得是符合专利法的新颖性和创造性的规定。因此一般来讲,品牌药的背后都存在若干专利。拜耳的品牌畅销药主要有Xarelto、Eylea、Kogenate/Kovaltry、Mirena、Nexavar、Avalox、Xofigo、Stivarga,涵盖心脏病学、肿瘤学、眼科学、妇科学、传染病学等众多领域。

对于药品专利来说,其最核心的活性成分——化合物专利是仿制药企业绝对无法绕开的专利。通常仿制药进入市场的时间即是化合物专利到期之后,因此对产品提前进行全方位的专利布局与保护对制药企业来说意义重大。现实中大多数企业在申请化合物专利的同时或者之后不久,就会布局相应的外围专利,企图形成严密的专利网,对核心专利进行保护。外围专利即是围绕在核心专利周围的小专利;就药品领域来讲,包括配方专利、制备方法专利、中间体专利、多晶型专利等。这可以避免其他竞争者通过申请外围专利包围核心专利,为核心专利的实施设置障碍;在核心专利到期之后,外围专利若未到期,等于合理的设置了仿制药难以绕开的技术障碍，在一定程度上可以拖延甚至阻碍仿制药进入市场的进度，为品牌药争取到宝贵的时间。以拜耳的几大明星产品为例，都存在外围专利布局（见表7.3）。

表7.3　明星产品专利布局

产品	专利类型
Xraelto	化合物、配方
Eylea	化合物、配方
Kogenate	化合物、配方
Kovaltry	化合物、配方、制备方法
Nexavar	化合物、盐形式、多晶型、配方
Avalox	化合物、化合物—水合物、片剂
Stivarga	化合物、配方、制备方法
Adempas	化合物、制备方法、中间体

数据来源：拜耳年报。

五、专利的运用与保护

（一）专利改进与产品升级

除了外围专利的布局，对即将专利到期或者已经到期的产品进行产品升级，也是维护其市场份额，应对专利悬崖较为优选的策略。正如Mirena，同样是拜耳极为重要的产品，2016年销售额达10.4亿欧元，排名第四。原本Mirena包括inserter专利在内的所有专利在2015年均已到期；在inserter专利到期之前，拜耳申请了inserter专利的改进专利，并在到期前以一两年获得通过，保护期至2029年。改进后的inserter专利带来更大的技术进步，这使得Mirena在2016年的销售量比2015年增长8.8%。同样的还有Kogenate与Kovaltry，Kogenate在失去其基本的化合物专利之后，面对强劲的对手正逐渐失去它的竞争力；Kovaltry作为Kogenate的第二代产品，在化合物、配方上与Kogenate上并无明显区别，只是在制备工艺上采用了特殊的受专利保护的工艺，完成产品效用的升级，保证了拜耳在血友病市场的控制地位。

(二) 专利延期制度

如前所述，新药从研发到上市周期为10～15年，通常为避免技术被竞争对手破解并抢先申请专利，新药核心专利的申请时间一般在研发的初始阶段。而在现行的各国法律中，专利保护周期大多数为20年，由此可知大多数情况下，药品上市后其专利保护年限约为8年，通常无法收回药企前期的巨大投入。因此在欧美、美国、日本等国家均设有专利延期制度或者相关政策，如美国规定在专利到期之后经申请可以延长1～5年，但不得超过新药上市之后的第14年。这样的合理延长专利保护期，使得原研药企业能在保护期内收回研发成本并取得高额垄断利润，以激励他们继续投入研发，造福于消费者。可以说，专利延期制度的存在对于整体社会福利提高有益。拜耳也充分利用这样的制度，为自己产品赢得更多的时间和更大的市场。Xarelto的化合物专利，在德国、英国到期时间原为2020年，拜耳成功将其延期至2023年，将美国的从2021年延长至2024年。Eylea的化合物专利，在法国、意大利、西班牙、瑞士的到期时间为2020年，最终延长至2025年。Nexavar的化合物专利，在德国、日本的到期时间均为2020年，延长至2021年。Stivarga的化合物专利，拜耳将大部分国家从2024年到期时间延长为2028年，美国延长至2029年。Xofigo的用途专利，将大部分国家从2019年延长至2024年。Adempas的化合物专利，将法国、西班牙、意大利的到期时间从2023年延期至2028年，日本延至2027年。拜耳的每个延期申请针对的都是核心专利，使得产品的保护实质性延长，在这若干年内为拜耳在带来的利润是巨大的，且可以很好地后延专利悬崖到来的时间。

(三) 专利与商标的双重保护

此外，几乎所有的品牌药都是专利加商标的双重保护模式。商标的保护其实对于应对专利悬崖并无直接的、立竿见影的效果。然而商标最重要的价值即是凝结在其背后的商誉，这使得产品的专利期过了之后，该产品仍能够依赖之前积累的口碑在竞争激烈的市场上赢得一席之地。在这方面，最为出色的是拜耳的支柱阿司匹林，阿司匹林的专利过期已有很多年，但其商标却越来越有价值，阿司匹林在全球止痛药市场上仍占有很大的份额,每年为拜耳带来持续稳定的利益。但值得注意的是,阿司匹林在美国等国家已不再是注册商标。正是由于它的畅销,使其逐渐成了"止疼药"的代名词,商标被淡化,逐渐成为通用名。这无疑是所有畅销药生厂商都需要警惕的问题。

(四)专利引进策略

正如前所述,新药的研发需要很长的周期和很高的金钱投入,且在开发各个环节有极大的失败风险和被竞争对手提前研发成功并申请专利,还会面临极为复杂严苛的新药审批程序。因此,通过并购的方式引进目标企业的专利、商标以及积累的商誉是一个快速简便风险小的做法。并购补充企业在专利上的短板,促进知识产权与技术资源的整合,快速的拓宽相关市场,以带来新的明星产品。近年来医药领域的并购显得尤为频繁,大企业几乎均采用过并购的手段,为企业带来高价值的知识产权财产与客观的收益。其中特别值得一提的是辉瑞集团,2000年2月辉瑞以850亿美元并购华纳—兰伯特,因并购获得立普妥(Lipitor),1997年在美国上市,2004年成为全球首个销售过百亿美元的药物,立普妥为辉瑞带来每年约120亿美元的高额利润。❶而在2011年立普妥专利保护到期之前,辉瑞以约680亿美元收购惠普以加强其产品线,这笔交易使得辉瑞公司拥有多样化的产品组合,通过收购惠氏,辉瑞公司继承其疫苗业务、动物保健业务和市场资源。❷拜耳的并购行为同样带有一定的知识产权动因。2015年,拜耳集团因并购带来的专利增值约39万欧元,商标增值5 300万欧元;2014年专利增值17.62亿欧元,商标增值56.7亿欧元;2013年专利增值4亿欧元,商标增值2.8亿欧元。

六、专利悬崖对拜耳集团知识产权管理的挑战

专利悬崖普遍存在于制药企业中。据艾美仕医药市场资讯调研公司(IMS)的调查显示,到2016年因药品专利期届满和仿制药进入市场,大

---

❶ 张辉,等.跨国制药公司并购活动中的知识产权动因[J].食品与药品,2011(3):77-82.
❷ Anna Jagger.Beware patent cliff![J].ICIS Chemical Business,2010.

型制药企业的销售额预计将减少1 400亿美元。❶而据Evaluate Pharma公布的数据，2016年到期的十大专利药品，2015年全球销售总额超过328亿美元，其中不乏各大制药企业的明星产品（见表7.4）。排名第一位的是艾伯维公司的Humira，2015年其全球销售总额达140亿美元，占艾伯维销售额的62%；排名第二、第三、第五的分别为葛兰素史克的Sereetide、阿斯利康的Crestor、第一三共的Benicar，2015年的销售额各占企业总销售额的17%、21%、25%。在这些制药巨头里，2016年遭遇专利悬崖最为严重的即是艾伯维、阿斯利康、葛兰素史克，分别占其2015年销售额65%、23%、21%的专利药品在2016年到期。

表7.4 2016年专利到期药物TOP10

产　品	公　司	2015年销售额（百万美元）	占2015年公司销售额的比例
Humira	艾伯维	14 090	62%
Seretide/Advair	葛兰素史克	5 577	17%
Crestor	阿斯利康	4 918	21%
Zetia	默沙东	2 522	7%
Benicar	第一三共	1 847	25%
Epzicom/Kivexa	葛兰素史克	1 191	4%
Zostavax	默沙东	836	2%
Kaletra	艾伯维	729	3%
Iressa	阿斯利康	564	2%
Invanz	默沙东	535	2%

数据来源：Evaluate Pharma。

拜耳也曾面临过产品的专利到期后，销售额下降的困境。例如

---

❶ Paula Tironi.Pharmaceutical Pricing：A Review of Proposals to ImproveAccess and Affordability of Prescription Drugs[J].Annalsof Health Law，2010.

Magnevist的化合物、方法专利先后到期，2007年配方专利在全球大多数国家到期，从2007年Magnevist的销售额即出现了不可逆转的下跌（见表7.5）；较为近期的还有Avalox，2014年其最为核心的化合物专利到期，从2014~2016年，连续3年销售量下跌（见表7.6）。

表7.5　Magnevist销售额（2007~2011年）　（单位：百万欧元）

2007年	2008年	2009年	2010年	2011年
301	241	219	215	187

数据来源：拜耳年报。

表7.6　Avalox销售额（2013~2016年）　（单位：百万欧元）

2013年	2014年	2015年	2016年
426	381	379	353

数据来源：拜耳年报。

但严格来说，拜耳在过去几十年中并未遭遇严峻的专利悬崖问题。专利期原本即是固定期限，专利到期不可避免；但是专利到期并不必然意味着专利悬崖，只有大批核心专利在一段时间内相继到期，或者占企业总销售额比重较大的重磅药物的核心专利到期，才会使得专利悬崖成为威胁企业发展的问题。拜耳的产品结构较为合理，并未似辉瑞那般有重磅药依赖症；虽陆续有明星产品的专利到期，却未触动过根基。然而，以未来的发展来看，拜耳的形势却不容乐观。据相关数据显示，从2020~2029年，拜耳将有一大批专利到期，且不乏许多明星产品的化合物专利。首先2020~2022年在全球大部分国家，Eyle化合物专利到期；Xarelto化合物专利在中国与加拿大两大市场失去保护；Nexavar的化合物专利与盐形式专利相继在全球市场到期。2023~2024年，Adempas的化合物专利在全球一半的市场失去保护；Xarelto的化合物在其他国家的专利、配方专利相继到期，Xarelto彻底失去专利保护；Xofigo用途专利在全球大部分国家到期；Stivarga的化合物专利在英国、中国、巴西、加拿大到期。2025~2026年，

Nexavar的多晶型专利、配方专利相继到期，Nexavar彻底失去专利保护；Stivarga的配方专利到期。2027年Elyea的配方专利到期，Elyea彻底失去专利保护。2028年，Stivarga化合物专利在其他国家到期；Adempas的化合物专利在全球其他市场失去保护。2029年Mirena的inserter专利到期，Mirena彻底失去专利保护。上述产品中Elyea、Xarelto、Nexavar、Mirena以2016年的销售数据来说，分别在处方药部门排名第二、第一、第五、第四；上述所有产品在2016年销售额共达70多亿欧元，占2016年处方药部门销售总额的近43%。再加上2018年即失去专利保护，销售额排名第二的Kogenate/Kovaltry，至2029年占处方药部门销售额52%以上的药品将失去专利保护，遭遇严峻的专利悬崖。

七、拜耳集团对专利悬崖的应对之举

拜耳的专利悬崖将从2020年起初现端倪，周期约10年，过程虽长，但进展缓慢，大批专利并非同时到期，这给了拜耳喘息的机会。值得肯定的是，拜耳具有先进的创新理念，完备的创新系统，其目前在知识产权创造、管理、运用、保护上同样表现得可圈可点；且产品结构合理，对不同的产品有不同的保护策略，已经具备一定的危机应对能力；但不可否认，面对专利悬崖危机，拜耳仍有可以进步的空间，因此笔者提出如下建议。

（一）加大对生物药的研发

传统的化学药物由小的化学分子构成，通常以药片或胶囊的形式呈现，制药业将其称为小分子药物。生物技术药物是指采用DNA重组技术、单克隆抗体技术或其他生物新技术研制的蛋白质、抗体或核酸等药物。❶ 与化学药物不同，生物技术药物是以活细胞诱导出的复杂的大分子结构，其体积可能是化学药物的100~1 000倍，且多针对疾病的致病机制设计出来，可用于治疗许多传统疗法束手无策或是疗效不佳的疾病，如癌症、免疫系

---

❶ 文淑美.全球生物制药产业发展态势[J].中国生物工程杂志，2006，26（1）：92-96.

统疾病、血液疾病等。❶相比起化学药，生物药有着技术门槛高、研发费用高的特点，再加上生物药的大分子结构极为复杂，同一生产商不同批次的药都会存在一定的差别，因此生物药具有天然的"抗仿制"特性，有研究表明部分生物药不仅可以实现专利悬崖的软着陆，甚至继续上升。例如拜耳的畅销药Bateferon，其核心专利早已在2008年过期，然而2008年销售额不仅未受影响，还持续上涨，直至2014年才因为仿制药的竞争而有所下降。因此，对于拜耳来说，在维持现有优势的基础上，加大对生物药的研发是其可以也应该具备的前瞻性策略。

（二）实施授权性仿制药战略

仿制药是使用法定名称（通用名）标注的药品，该类药品一般是品牌药的化合物专利到期后其他企业使用该化合物进行简单的仿制或者改变基本剂型得到的产品，按照大多数国家的药品注册法规，该类药品不能拥有商品名，只能使用通用名，所以也称通用名药。❷而仿制药根据其来源的不同又被分为独立仿制药和授权性仿制药。

关于授权性仿制药并无明确的定义，一般均参考2004年美国食品药品监督管理局（FDA）在回复迈蓝制药公司的tuartA.Williams和海陆国际律师事务所（Heller Ehrman）的JamesN.Czaban的信中对授权仿制药的描述，❸简单来说，首先授权性仿制药来源于品牌药厂商，然后由品牌药厂商或者其子公司或者授权独立的仿制药厂商销售。因此授权性仿制药与独立仿制药最主要的区别在于，授权仿制药基于品牌药厂商的授权可以在专利到期之前上市，而独立仿制药在不存在专利无效或者提前失效等情况下

---

❶ 张辉，等.跨国制药公司并购活动中的知识产权动因[J].食品与药品，2011（3）：77-82.

❷ 刘立春，等.专利悬崖期的授权仿制药发展及其对制药行业的影响[J].情报杂志，2012（6）：8-12.

❸ 新药申请批件（New Drug Application，NDA）持有人或被NDA持有人授权的制药公司（包括第三方分销商）销售的依照被批准的NDA生产的药品。销售这种产品的行为在某种意义上等同于获得简化仿制药申请（Abbreviated New Drug Appllication，ANDA）批准的仿制药厂商的销售行为。

必须在专利到期后上市。此外由于授权仿制药的注册审批过程极为简单,品牌药生产商仅需提供原品牌药的申请材料就能获得批准;而独立性仿制药的注册审批虽可以越过化合物筛选和临床实验这两个步骤,但仍需提供原品牌药上市时所需的其他材料,这些仍需仿制药企业自行研发获得,❶并经过生物等效性实验后方可上市。因此,两者对比,授权性仿制药可以节省金钱成本及时间成本,把握先行者优势。按照规律来看,第一个上市的仿制药总能获得最大的利益,且很多国家对于第一个上市的仿制药均有政策倾斜,例如给予一定的市场独占期或者价格优势。在此基础上,授权仿制药可以第一个与销售方签订长期高价的供应合同,价格将高于未来独立仿制药厂商提供的价格,将定价权掌握在自己的手中。且相比起独立仿制药,除了节省一定的研发成本,授权仿制药使用以前的生产线、生产设备,利用已经的生产经验,将成本压的更低,收益更为丰厚。有研究表明,在仿制药开始竞争5年内授权仿制药能够占整个仿制药市场销售的大约25%。❷长期来看,在授权仿制药已抢占市场的情况下,会打击独立仿制药厂商的信心,在一定程度上减少潜在竞争企业,导致更高的仿制药市场均衡价格。假设仿制药与品牌药是交叉弹性的和经济显著的,即仿制药的均衡价格与品牌药价格的差距并不显著,这有可能使得有些患者基于性价比的考虑仍然会使用品牌药,结果是授权仿制药反而可能增加品牌药的收益。❸

不仅如此,授权仿制药的授权与否、授权时间、被授权对象都为成为品牌药厂商与独立仿制药厂商进行谈判的筹码。近几年已经很多授权仿制药战略实施成功的案例,甚至品牌药厂商与独立仿制药厂商达成合作,共同上市授权仿制药。因此未来在授权仿制药这块,笔者认为还有很多运用的空间,是拜耳甚至是众多制药企业在专利悬崖到来前一段时间以及到来

---

❶❸ 刘立春,等.专利悬崖期的授权仿制药发展及其对制药行业的影响[J].情报杂志,2012(6):8-12.

❷ Cutting Edge Information.Combating Generics:Pharmaceutical Brand Defense for 2007(PH76)[EB/OL]. http://www.cuttingedgeinfo.com,2011-12-23.

之后一个较为可行的策略。

八、结　论

综上，拜耳集团是一个创新系统完备、知识产权管理模式突出、对专利的布局到位的企业。虽然专利悬崖的到来不可避免，但拜耳无论在专利战略还是并购策略上都已经积累足够经验；且拜耳的产品结构合理，对每个产品制定了符合其特点的保护策略；这足以应对即将到来的专利悬崖及残酷仿制药的竞争。而在现有优势的基础上，前瞻性地发展生物药；分析仿制药竞争状况，智慧地使用授权仿制药策略，将有利于拜耳平稳渡过专利悬崖危机，为其他企业提供借鉴。

第八章 高端装备制造产业知识产权管理实证研究

高端装备制造产业在推进我国产业结构升级、保障经济可持续发展、提高我国综合竞争实力等方面都具有关键作用，鉴于高端装备制造产业的人才、资金、技术密集性，使得高端装备制造产业的知识产权管理尤为重要。目前，我国高端装备制造产业知识产权在发展进程中一定程度上受到国外同类型企业的压制，根据知识产权的权利垄断性特征，良好的知识产权意识、科学的发展观念和合理有效的知识产权管理模式，对我国高端装备制造业突破现有层面的知识产权发展困境具有重要帮助。因此，对我国高端装备制造产业知识产权管理的研究有利于应对当前形式多样、充满机遇与挑战的复杂市场经济环境。本章通过揭示高端装备制造产业知识产权创造、布局、商业运营、诉讼与竞争的现状，分析高端装备制造产业知识产权发展趋势，并提出合理的应对建议，为我国高端装备制造产业知识产权管理水平提高提供实现路径。

第一节　概　　述[*]

高端装备制造产业具有技术含量高、知识产权价值高、资金投入高、影响范围广等特征。技术含量高是指高端装备制造产业涉及的关键共性技

---

[*] 本节作者为南京理工大学知识产权学院张颖露博士。

术具有跨学科、跨领域的特点,是最具前沿性的高端、精良技术的集大成之作。知识产权价值高是指高端装备制造产业相关的知识产权研发成本、运营利益回报在经济市场中处于高端地位。资金投入高是指,一方面,鉴于高端装备制造产业的工艺较为复杂,技术研发难度较大,导致技术研发费用较高;另一方面,高端装备制造产业在商业化、产业化过程中所需的仪器、设备、材料等硬件设施的购买与维护费用较高。影响范围广是指高端装备制造产业在国家经济发展中位于控制节点,其多学科、多领域相关的高端技术在创造、保护、运用过程中能够影响其他产业、企业的行为,知识产权价值可以辐射其他相关产业、企业,由此对整个国家创造体系和综合竞争力提升都具有较强带动作用。高端装备制造产业是体现国家综合竞争力的基础性战略产业,在引进吸收与自主创新的双轨并行模式下,当前我国高端装备制造产业的生产能力持续提升,但仍存在着知识产权能力和生产能力不对称的问题,限制了我国高端装备制造产业向国际市场拓展。

一、高端装备制造产业概况

目前,大多数国家与地区、国际组织等都没有"高端装备制造产业"的概念,国际上对于高端装备制造产业的具体范围也尚无统一的划分标准。我国提出"高端装备制造产业"这一产业类别,主要是为了与一般"加工制造业"有所区别。具体而言,高端装备制造产业是为实施和扩大"再生产"提供各种技术装备的相关行业的统称,即"制造生产机器的机器制造业"。高端装备制造产业是制造业的核心,其技术发展水平和知识产权价值体现了国家现代化程度,我国装备制造业包括金属制品业、普通机械制造业、专用设备制造业、交通运输设备制造业、电气机械制造业、电子及通信设备制造业、仪器仪表制造业7个行业200余个门类。[1]其中的高端装备制造产业涵盖传统制造业和现代新兴产业的高端部分,主要涉及钢铁、有色、石化、轻工、纺织、武装、新材料、信息等行业。中华人民共

---

[1] 中华人民共和国工业和信息化部.力推高端装备制造业发展[R].2012.

和国成立后，经过几十年的发展，我国已成为世界主要工业产品的制造大国，但是高端装备制造产业的发展，在世界范围内还处于中低端，与发达国家技术水平仍有一定差距。但我国高端装备制造产业在高铁、航天等方面还是具有领先地位的。加快我国高端装备制造产业知识产权水平由中低端向高端提升，是实现由"中国制造"升级为"中国创造"的关键。

高端装备制造产业的总体发展趋势，从世界范围来看，金融危机与去全球化思想的传播使得国际市场对高端装备制造品的总体需求下滑，发达国家较为重视本土新兴产业和高端装备制造领域的发展，并着手规划"再工业化"、低碳经济、新能源、智慧生活等发展路径，以期创造新的竞争优势。从国内范围来看，在产业转型升级的背景下，培育战略性新兴产业和建设国家级重大工程项目成为高端装备制造产业的工作重心，在拉动内需的同时，由此而来的绿色化、智能化、服务化是我国高端装备制造产业的未来发展方向。未来5~10年，我国高端装备制造产业链将随着行业结构升级进入新时期。❶

综上所述，高端装备制造业是国务院发布的《关于加快培育和发展战略性新兴产业的决定》中提出的7个战略性新兴产业的重要组成部分，与其他6个战略性新兴产业领域既有关联，又是重要支撑。未来几年我国高端装备制造产业将在"一带一路"倡议推动下迎来转型、升级发展的重要机遇期。政府将组织实施重大产业创新发展工程，突破一批共性关键技术，开发一批高端装备产品并产业化，实现产业创新能力的整体提升。目前，国务院明确的高端装备制造业重点方向是航空、卫星应用、轨道交通、海洋工程、智能装备制造。

二、高端装备制造产业知识产权管理现状

（一）知识产权创造和布局

近年来，我国对高端装备制造业知识产权创造的投入，尤其是科研项

---

❶ 中华人民共和国工业和信息化部.高端装备制造业"十二五"发展规划[R].2012.

目投入和新产品开发投入增长幅度较大，其中，人才、设备、材料、运营等都呈现稳步增长态势。由此可见，我国高端装备制造产业不仅知识产权意识得到提升，而且已经开始将其付诸行动，从知识产权管理的源头，即技术创新为切入点切实提升知识产权管理水平与力度。与此同时，国家的一系列激励政策，如国家品牌建设、职务发明制度调整、知识产权保护专项整治活动等，也对高端装备制造产业知识产权创造起到一定促进与推动作用。

目前，我国高端装备制造产业知识产权的发展显示出初步集聚特征，已形成以环渤海、长三角地区为核心，东北和珠三角为两翼，以四川和陕西为代表的西部地区为支撑，中部地区快速发展的产业空间格局。由于该产业的知识产权创造与管理对制造业人才、资金、基础设施等都有较高要求，知识产权布局地域与我国传统制造业工业基地的分布有较大关联。

在航空装备方面，我国知识产权实力较强，研发和生产都已处于世界领先水平。我国航空装备知识产权权利主体主要是以中航工业集团为代表的具备研发和生产航空装备能力大型国有企业，主要分布于北京、东北、江苏、陕西、江西、四川等传统制造业基础较好的地区。"十三五"期间，我国航空装备技术的重点领域为自主研发的国产大飞机项目（如C919）和通用航空制造与运营服务的相关技术，因此，知识产权布局地域重点位于上海和珠海地区。

在卫星应用装备方面，鉴于卫星与火箭相关技术的特殊性，目前知识产权权利主体主要为国家航天技术相关的科研院所，例如，中国航天科技集团旗下的中国空间技术研究院、中国运载火箭技术研究院等。卫星装备产业链的上游，即研制与发射运营相关知识产权主体主要位于北京；产业链中下游，即导航芯片及应用装备相关知识产权主体主要位于北京、上海、江苏、广东、四川、陕西等地。

在海洋工程装备方面，技术研发主体主要分布在京沪地区，产品制造主体主要位于东南沿海地区。具体来说，在海洋工程项目方面，主要是基于"产"与"官"的协作，即由中石油和中海油两家企业联合当地政府共同实施的，地区主要分布于珠三角、长三角以及环渤海地区。在海洋配套装备制造方面，以中国船舶工业集团和中国船舶重工集团为代表的知识产权主体，主要位于北京、上海、南通、青岛等地区。在船舶制造方面，知识产权主体主要位于天津、上海、大连等东部港口城市。

在轨道交通装备方面，中国南车和中国北车曾经是国内轨道交通装备知识产权拥有量最高的企业，在两大企业合并为中国中车之后，知识产权研发与管理也进行相应整合。目前，中国中车在国内轨道交通装备的车辆生产率和市场占有率均超过90%，国内轨道交通装备相关专利的绝大多数申请人均为中国中车及其下属子公司。从地区分布上来看，山东、湖南、吉林、辽宁、江苏、山东、湖南、四川、河北、山西等地区凭借其自身传统制造业承接的技术、基础设施等优势，是中国中车知识产权布局的重点区域。

在智能制造装备方面，知识产权主体主要集中于传统制造业发达的东北和长三角地区。具体来说，在数控机床相关技术领域，知识产权主体主要位于北京、上海、江苏、浙江、山东、辽宁等地区。在工业机器人相关技术领域，知识产权主体主要分布在北京、上海、广东、江苏等地区。在关键基础于专用零部件相关技术领域，知识产权主体主要分布在河南、湖北、广东等地区。

（二）知识产权管理体系

伴随着高端装备制造企业的发展，以专利、商标和技术秘密为核心的知识产权的积累、保护与运营逐步从无到有、从弱到强。在技术发展的不同阶段，高端装备制造企业的知识产权管理特征也不尽相同，知识产权管理与企业知识产权发展阶段具有一定相关性，不同层次的技术发展状况应当采取不同的知识产权管理策略。

技术发展的第一个阶段，此时企业主要为知识产权创造做准备，建立技术信息图书馆，收集、翻译相关信息和资料，派遣员工到其他技术先进企业培训、学习，为今后企业的技术创新创造有利条件。由于时代发展的局限性，本阶段高端装备制造企业普遍还没有形成知识产权的概念，知识产权的重要成果几乎为空白。

技术发展的第二个阶段，此时企业通过知识产权许可，获得生产销售先进技术产品的机会，由此开始对知识产权有一定认识，派遣员工进行知识产权方面的培训与学习。重视同领域国际标准的学习、转化和运用，在企业组织中设立标准化工作委员会。在知识产权创造方面，推行技术改进奖励，激励企业员工开展创造发明与提出合理化建议的积极性，并对某些实用性较强的技术开始申请专利。知识产权管理工作初见成效。

技术发展的第三个阶段，专业标准化工作委员会的职权进一步扩展，具体负责企业技术标准和科技成果归属管理工作。在组织体系方面，专业标准工作委员会下设"技术标准化委员会"和"管理工作标准化委员会"。并专门成立知识产权领导小组和办公室，统管企业专利、商标和版权；创造、保护与运营，出台《知识产权保护管理办法》等一系列制度，在工作中积极申请专利和注册商标。本阶段企业通过技术引进、消化与吸收，参考国际标准，建立一系列技术、管理、方法和工作中的标准化体系。专利与商标数量明显增加，部分专利技术实现有偿转让。企业知识产权管理工作取得有效提升。

技术发展的第四个阶段，企业开始针对自身现状与发展目标制定和实施知识产权战略，并设置一系列知识产权相关奖励制度，例如，专利、商标申请与获权奖励、在企业外获得政府或有影响力的社会组织颁发的知识产权相关奖项的特殊奖励、专利转让与许可奖励等。这些奖励制度的实施有效提升员工的知识产权意识，提高其对于知识产权创造与运用的积极性。与此同时，也开始注重对商业秘密的保护。在此阶段，企业的知识产权管理工作基本完善。

技术发展的第五个阶段，企业在充分了解市场中主要专利信息的基础上，着手绘制高端装备制造产业的专利地图，建立知识产权预警机制。将知识产权与项目申报、经费划拨、成果鉴定与奖励、绩效考核体系等指标相联系。实施高效的知识产权管理机制，强化专利、技术秘密、版权、商标的组合管理。与此同时，调整知识产权管理机构的体系与职权范围使之适应不断发展变化的企业知识产权现状，例如，在每个技术管理中心下设知识产权部，并增加专职工作人员数量，同时指派专人负责该部门的领导工作。这种调整是对未来公司知识产权管理工作可能面临问题的积极应对，从而使得知识产权管理融入企业技术创新的所有环节。

（三）知识产权的商业化运用

根据高端装备制造业的地区、企业、技术领域等差异，相应的知识产权商业化运用的特征也不尽相同。以北京地区为例，高端装备制造产业涉及的领域主要有：现代设计、先进制造工艺、自动化、系统管理等，其中，传统优势领域为自动化领域，新兴优势领域为现代设计、先进工艺制造，而系统管理为近几年刚刚在交易市场出现的新领域，尚处于发展的初级阶段。

北京市高端装备制造产业知识产权构成涉及：技术秘密、专利权、商标权、著作权、计算机软件、动植物新品种、集成电路布图设计、生物医药新品种等。❶其中，知识产权商业化运用比较活跃的领域是技术秘密、专利和计算机软件。技术秘密在高端装备制造产业知识产权商业化运用中占比较大，可能与北京地区高端装备制造企业类型有关，根据前文所述，航空装备和卫星应用装备的技术研发企业集中于北京地区，某些核心关键技术和涉及国家秘密的科研成果通常会采取技术秘密的形式进行交易。相对而言，采用专利许可与转让形式进行交易的技术更注重技术使用范围、保护期限、交易形式等方面内容。

另外，在高端装备制造产业中以智能服务机器人为代表的新兴领域发展较为迅速，市场前景较为广阔，但是其具体技术方向并不明朗，由此在知识产权商业化运用方面表现出以下情况。第一，在技术许可与转让方面。由于技术发展方向尚不明确，无法确定哪些技术实用性与市场接纳度较高，因此该领域企业申请专利积极性普遍较低。由此带来市场上专利交易量较少，但是技术交易合同数量很多的现象。第二，技术交易额由技术成熟度决定。在技术交易市场中购买者看重的是该技术的应用可能性，而非该技术是否已经取得专利，对于购买者来说技术成熟度越高越能为企业

---

❶ 张铁山，肖皓文，刘骥宁.大数据对高端装备制造业各环节商业模式的影响研究[J].商场现代化，2016（18）：2-4.

带来高额利润,因此,技术研发者对该技术的销售价格也越高。第三,在企业技术布局方面。目前,该领域企业的技术研发与购买策略为"遍地撒网"式,即在发展方向不是特别明确的现状下,对多个细分技术领域与类型实施多点布局,防止热门领域爆发式增长时错过发展机遇。第四,鉴于我国知识产权保护力度有待提高,各企业更愿意采取商业秘密的形式对技术进行保护与交易。

(四)知识产权诉讼和竞争

国外高端装备制造企业善于利用自身优势与知识产权法律制度,通过设置"知识产权陷阱"阻碍我国企业在相关商品或服务市场的拓展空间。一方面,我国高端制造企业在某些领域自主创新能力有限,企业借鉴他人技术生产相关商品与服务时容易引起知识产权侵权纠纷;另一方面,国外对我国知识产权环境的误解或贸易排斥行为易使我国企业在正常进入国际市场时受到偏见与阻碍,从而发生知识产权纠纷。❶具体来说,我国高端装备制造企业向全球市场推展过程中可能涉及的"知识产权陷阱"主要有以下内容。

第一,无效专利陷阱。在我国高端装备制造企业自主创新能力较弱时,通常采用引进国外先进技术的方法弥补技术缺陷,此时容易陷入外国企业的无效专利陷阱,即外国企业向我国企业转让技术或以技术入股同我国企业共同创办合资企业,但此时外国企业转让的所谓"专利技术"实际并未在我国获得专利权或专利已临近有效期,在我国企业未充分调查该专利技术背景就签订合约或给付价款的情形下,所遭受的损失通常难以挽回。无效专利陷阱得以实施的原因主要有以下几点,首先,我国企业知识产权风险意识不高,在签订合约或给付价款之前未进行详细的专利检索与分析;其次,我国企业急切需要该项技术,对技术引进合同的签订急于求成,未弄清必要的注意事项就草率签订合同;最后,外国企业对此部分信息蓄意保密,未做到完全的诚实信用。

---

❶ 宇文.对国外"知识产权陷阱"的规避[J].大经贸,2008(6):26.

第二，搭售陷阱。此陷阱同样出现于技术引进的过程中，外国企业向我国企业进行专利许可时，与该专利相关的辅助设备、零配件产品等也要求我国企业一并购买。搭售陷阱得以实施的原因主要有以下几点，第一，我国企业对于搭售行为的违法性质没有充分认识；第二，为了避免我国企业获得完整的技术信息，外国企业将相关核心技术掌握在自己手中，以直接出售产品的形式规避我国企业的技术信息获取渠道。[1]

第三，价格陷阱。在专利技术许可、转让过程中，我国企业购买部分所需技术，在使用过程中发现要使该技术得到有效运用还必须拥有外国企业的另一项技术，此时外国企业以高于市场价的价格许可或转让该技术。价格陷阱得以实施的原因主要有以下几点，首先，我国企业对引进技术没有充分了解，未对欲实施的产品进行充分调研；其次，在技术交易谈判阶段没有明确辅助技术、培训、使用说明等相关问题的职责划分；最后，外国企业在技术交易中未向我国企业明示使用技术的相关注意事项，并在后续交易中获取高额利润。

三、高端装备制造产业知识产权管理发展趋势和战略措施

在国家层面，从专利数量上来看，在世界范围内，高端装备制造产业专利申请数量排名靠前的国家主要为日本、美国、德国、中国、韩国。其中，日本、美国、德国、韩国专利申请总量较多，但近期专利申请均呈现下降趋势。我国在2006年之前高端装备制造产业的专利申请量并不突出，但近期技术创新活动较为活跃，专利申请速度明显加快，在专利持有量上已居于世界前列。从专利质量与运用上来看，高端装备制造产业的主导权仍旧掌握在美国、德国、日本等发达国家，此外，也应该注意到我国技术追赶与超越的步伐明显加快，在航空、卫星、高铁等领域已拥有一批国际先进的关键技术，并开始在国外进行专利布局。

在企业层面，高端装备制造技术专利拥有量较多的企业也集中于美

---

[1] 宁立志.专利搭售许可的反垄断法分析[J].上海交通大学学报（哲学社会科学版），2010，18（4）：5-13.

国、德国与日本，例如，埃索石油（美国）、戴姆勒（德国）、丰田（日本）、本田（日本）。我国在该领域专利申请量整体得到提升，但权利主体以高校与科研院所为主，企业权利人主要为中小企业，缺乏像中国中车式的在行业内具有广泛影响力的大型企业，且企业集中度不高，多分布于全国各个地区，单个企业专利拥有量与同行业国际一流企业仍有较大差距，企业层面的技术创新与专利管理能力有待提高。

基于以上知识产权管理现状与发展趋势的考量，我国装备制造产业的知识产权战略措施主要包括以下方面。

首先，政府引导高端装备制造企业自主创新能力提升。一方面，针对高端装备制造企业知识产权管理中的具体问题，制定和实施高端装备制造产业的知识产权培育计划。例如，根据高端装备制造产业技术发展趋势，制定企业重点研发方向行动计划；指导企业为产业技术标准化建设制定具体实施方案；为企业知识产权人才培训提供机会与优惠条件。另一方面，建立高端装备制造企业间技术交流与知识产权服务平台。在一定程度上化解企业技术创新风险，并为产学研协作创造有利外部条件，集中优势力量攻克产业内具有关键共性、前沿性的高端装备技术。

其次，激励企业增加研发投入。我国高端装备制造企业技术创新投入占销售收入的比重与国外先进高端装备制造企业相比还有一定差距。在市场形势收紧的背景下，许多国外企业依旧优先保证甚至继续增加研发资金的投入，在企业战略调整中同比减少内部管理、广告宣传和销售支出。而我国高端装备制造企业在本身研发投入不高的现状下依旧未将企业战略投入重点转移至研发领域，需要放弃一定短期利益，从长远发展角度确保研发资金投入到核心技术研发上，以实现目前高投入带来的将来高收益。

再次，充分发挥市场作用，关注具有技术优势的民营与中小企业。虽然高端装备制造产业具有人才、资金、设备高投入的要求，一般而言，基础实力较强的大型集团化企业在技术创新与知识产权管理中更具优势，但是，我国一些民营与中小企业也在某些核心技术领域掌握一定优势，甚至具有世界先进水平。因此，在高端装备制造产业知识产权建设中，需要关注市场中这部分具有未来技术发展潜力的民营与中小企业，对其进行个性化扶持,创造不同于大型国有企业的独特的民营与中小企业知识产权管理模式。在提高这些民营与中小企业核心竞争力的同时,又能兼顾我国高端装备制造产业对某些关键技术和工艺的需求。

又次,鼓励基础性研究。我国许多高端装备制造企业已具有一定数量的自主知识产权,但在具体产品的生产过程中的仍然有一些关键零部件需要从国外企业进口。例如,我国首个自主设计研发的国产大飞机C919,并非所有零部件都是国产的。因此,在高端装备制造产业中还需加强对基础零部件、特种原材料、制造工艺等基础性高精尖技术的研究,为我国高端装备制造产业的长远发展提供技术支持。

最后,自主研发与引进技术相结合,严防"知识产权陷阱"。在我国高端装备制造产业自主创新能力有限的基础上,我国企业要想尽快提升国际市场竞争力需要在发挥自身优势提高技术能力的同时,通过引进某些短期内无法攻克的关键技术来增强知识产权实力。在技术交易过程中,需要严防"知识产权陷阱",具体来说,包括以下几个方面,第一,在技术交易之前,需要对该技术应用于发展前景进行深入评估,找准企业发展中真正急缺技术作为交易目标;第二,通过专利检索与分析,了解该技术的有效期、有权地域、保护范围等专利法律状态,避免无效专利的引进;第三,充分了解相关法律法规与行业规范,明确双方权利义务;第四,发挥行业协会与知识产权中介的作用,抵制不合理限制竞争条款。

第二节 中国中车的知识产权管理[*]

一、引 言

中国中车股份有限公司(中国中车,CRRC),是由中国北车股份有限公司、中国南车股份有限公司按照对等原则合并组建的中央企业,已在上交所和港交所上市。中国中车制造的高速动车组系列产品,已经成为中国向世界展示其发展成就的重要名片。产品现已出口全球六大洲近百个国家

---

[*] 本节作者为南京理工大学知识产权学院硕士研究生朱南茜。

和地区，并逐步从产品出口向技术输出、资本输出和全球化经营转变。❶中国中车的飞速发展与其一贯重视知识产权管理不无关系，对其知识产权管理经验的总结问题的分析，对我国高端装备制造企业，具有重要的现实意义和价值。截至2016年8月，中国中车已在全球高铁市场占据69%的份额❷，在业内是名副其实的全球巨头。

二、中国中车进行知识产权管理的必要性

（一）保护技术成果的需要

中国中车属于高端装备制造类企业，在发展过程中除了自主创新能力，还应注重对其技术成果的管理与保护。企业持续的研发活动产生的大量技术成果属于重要无形资产，是企业的宝贵财富和占领市场的筹码。这些知识产品从研发到实施、利用都离不开系统而有效的管理活动，以实现技术能力向市场竞争力的转化。一项研发成果是否申请专利、何时申请专利应当经过专业的专利信息收集与分析，并结合自身情况来做出合理选择。

（二）树立良好品牌形象的需要

在知识经济日益发展的今天，知识产权越来越成为衡量企业实力的重要指标。随着中国中车自主创新能力不断增强，企业各类产品都赢得国内外一致好评，甚至打造出有口皆碑的商标与品牌。比如，中国高铁正是凭借"低成本，高质量"的特点成功打入海外市场。在第四届中国品牌年会上，中国中车获评"2015中国品牌建设领军企业"，❸其品牌形象的塑造与品牌价值的提升即是得益于有效的知识产权管理。

---

❶ 中国中车官网—公司简介[EB/OL].http：//www.crrcgc.cc/g4894/m9781.aspx，2017-03-20.

❷ 德媒：中国高铁占全球高铁市场近7成份额[EB/OL].http：//mt.sohu.com/20160808/n463162487.shtml，2017-03-20.

❸ 中车获评"2015中国品牌建设领军企业"[EB/OL]. http：//www.peoplerail.com/rail/show-475-246215-1.html，2016-08-23.

（三）海外竞争的需要

近年来，中国中车不遗余力地推进"走出去"战略，其海外业务得到大力发展。到2016年，中国中车的产品已覆盖全球近83%的拥有铁路的国家。❶与此同时，与国际竞争对手的知识产权纠纷也在所难免。日本川崎重工就曾对我国的高铁技术提出不正当质疑。为排除这些干扰，中国中车一方面，需要妥善思考如何应对竞争对手发起的知识产权纠纷攻击；另一方面，当进入新的海外市场时，基于知识产权的地域性特征，还应注意避免侵犯他国知识产权。这些考量都属于知识产权管理范畴。

三、中国中车知识产权管理体系建设

中国中车的知识产权管理内容，在专利方面包括专利信息分析、专利申请、专利许可与转让、专利保护以及专利侵权纠纷的处理等，除此之外，还涉及商标管理、商业秘密管理与著作权管理等各方面。其具体组织结构设置可追溯到南北车的企业分立时期。

2008年，中国北车成立集团研究院，自此对企业产出的知识产权采取相对集中的管理模式。所属企业知识产权管理工作的总体规划与指导由集团研究院负责，具体运作则分配至各子公司进行管理。从专利信息的挖掘与分析到专利申请、实施等所有业务由所属企业的各职能部门自行处理。而集团公司的其他部门，比如法务部门、海外事业部还需在必要的时候协同处理知识产权纠纷等事务。在人员设置方面，集团研究院设有一名专职人员对知识产权事务总体负责，部分所属企业则安排知识产权主管或由科技管理人员兼职相关工作。在制度方面，北车也陆续发布《中国北车知识产权管理办法》《中国北车商标管理办法》等规定，企业的知识产权管理机构与人员职责、知识产权归属等问题被逐渐确定下来。2013年，中国北车齐齐哈尔装备公司成为首批国家级知识产权示范企业，也是唯一入选的轨道交通装备整车制造企业。❷

---

❶ 张燕.中国中车：用高铁连接世界[N].中国经济周刊，2016-05-30.
❷ 中国北车知识产权优势企业位居行业首位[EB/OL].http://www.crrcgc.cc/tabid/5122/sourceId/10222/infoid/254351/Default.aspx，2017-03-19.

中国南车的知识产权管理工作多采取挂靠科研管理部门的方式，相关制度安排散见于各部门的规章制度中，进行分散管理。虽然没有专门的管理机构，但中国南车十分擅长借助外部机构来加强知识产权管理。比如其所属的株洲所公司就与株洲市知识产权局开展有益合作。除了举行"知识产权宣传周"等活动，还创造性地共建"株洲—中国轨道交通专利信息中心"这类专利信息共享平台。而戚墅堰公司也委托中介机构建设了个性化的专利数据库，方便科研人员进行专利信息的收集与分析，帮助企业选择合适的专利战略。❶

通过合并成为业界"巨无霸"的中国中车，正在推进知识产权事务的统一管理。在知识产权制度建设方面，中国中车第一时间出台《知识产权管理办法》和《利用专利信息提高科技创新能力行动计划》等规章制度，并制定《关于加强重大研发项目知识产权风险防范的意见》等指导文件。这一系列举措将有利于集聚知识产权优势，推动企业知识产权管理模式的整合与优化。

四、中国中车的专利管理

为探究中国中车专利管理的现状与水平，此处首先利用专利检索与分析的方法，主要使用的检索工具是incopat合享新创专利数据库，对申请人为中国中车及其子集团所申请的专利进行检索，着重分析集团公司专利的申请趋势、法律状态、技术构成以及运营情况等。同时检索中国中车在亚洲的主要竞争对手日本川崎重工的相关专利，通过对比分析进一步挖掘中国中车专利管理的特点与不足。

（一）中国中车专利布局分析

1. 专利申请逐年大幅增长

截至2016年中国中车共提交专利申请约26 000件，其中授权发明专利近4 000件。掌握大量专利，证明企业具有强大的研发能力。自2004年

---

❶ 罗丹.中国北车知识产权管理体系研究[D].北京：北京交通大学经济管理学院，2013.

以来，中国中车的专利申请量总体保持逐年增长的趋势，增长幅度十分可观，由早年的数百件一路攀升到几千件，并于2014年达到历史最高值（见图8.1）。

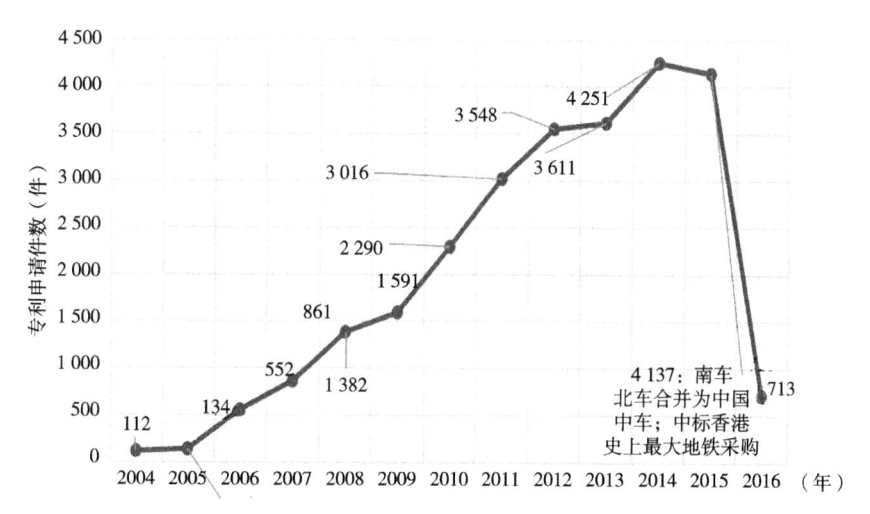

图8.1 中国中车2004～2016年专利申请趋势与年度大事件对照

具体来看，2004～2005年，中国北车与中国南车先后向加拿大庞巴迪、日本川崎重工、法国阿尔斯通和德国西门子等轨道交通业巨头企业引进相关技术，并开始联合设计生产高速动车组，我国的高铁事业自此起步。为响应国家的战略规划，两家公司在随后数年投入大量的人力、物力进行研发。同时，带来专利申请量的持续增长，专利成果也陆续投入运营。2008年，京津城际高速铁路开通运营，这是我国第一条具有完全自主知识产权的高速铁路。京津铁路使用的车型CRH2C是我国首款高铁车型，正是由中国南车四方机车车辆股份有限公司打造。这一年两家集团公司的专利申请量总计1 382件。之后数年，我国的高铁事业一路高歌猛进，截止到2010年，我国高铁运营里程数、在建里程数均居世界第一。借着国家大力发展高铁产业的东风，承担机车建造业务的中国中车（原南车、北车）展现了强大的研发能力，专利产出量持续增长。2011年，世界上一次建成里程最长的京沪高速铁路建成通车，2012年，世界上第一条穿越高寒地区的高速铁路哈大高铁开通运营。这两条颇具历史意义的铁路采用的车型分别由南车青岛四方厂和北车长客股份公司建造。中国中车凭借众多技术成果为我国高铁产业作出的贡献有目共睹。

随着2013年"一带一路"倡议提出,我国比以往更积极地推行高铁"走出去"计划,中国中车的海外业务也得到史无前例的拓展。当然,只有在专利数量与专利质量兼备的条件下,中国中车的高铁产品才会得到发达国家市场的青睐。2013年,"北车心"NECT牵引电传动系统和网络控制系统实现装车运营。在NECT(北车心)机车电传动系统的研制过程中,共计申请专利112项,其中国外专利4项,国内发明专利96项,登记软件著作权15项。❶中国北车的这一技术成果成功跻身国际先进水平。随着中国中车研发水平的提高,海外订单接踵而至,业务繁荣与技术进步相互促进,2014年,中国中车的专利申请量出现历史最高值,达到4 251件。同年,中国南车的动车组整车产品首次进入欧洲市场,而中国北车的地铁车辆也首次登陆美国市场,2014年可谓中国中车海外经营的丰收年。2015年,原南车、北车正式合并为中国中车,专利数量较前一年略有下降,但降幅不明显,可能是略受集团公司重组调整的影响。2016年专利申请量骤减可能与专利公开延迟期有关。合并后的中国中车成为全球规模最大的轨道交通装备供应商,并中标香港史上最大地铁采购项目,中国中车未来必会施展更强劲的研发实力。

2. 海外布局

由于海外业务的不断拓展,中国中车已在全球多个国家和地区进行专利布局,其中在世界知识产权组织提交的PCT专利申请有315件,在澳大利亚申请专利103件,美国申请数为80件,欧专局为44件,加拿大32件,巴西12件,印度、日本皆为9件,阿根廷、中国台湾地区皆为5件。中国中车的专利布局绝大部分是在我国,前文提及的国家和地区也均有不同程度的布局,但是明显忽略了非洲地区的布局。鉴于中国中车在非洲有大量海外业务,比如长客股份公司、大连机车车辆公司均已与非洲国家签下不少订

---

❶ 中国北车机车牵引和网络控制系统两大核心技术跻身国际先进水平[EB/OL].http://www.crrcgc.cc/tabid/5122/sourceId/10222/infoid/254078/Default.aspx,2016-03-08.

单，故对当地的专利布局不应掉以轻心。当然，中国中车在非洲地区缺少布局与当地的知识产权制度不够健全也有关。由于非洲地区曾被英、法等国殖民，其知识产权保护基本沿用了宗主国的相关法律制度。非洲地区现有两大区域性知识产权组织，分别为法语区的非洲知识产权组织（OAPI）和英语区的非洲地区工业产权组织（ARIPO），形成"一洲两制"的保护格局。❶ 随着非洲国家政治、经济一体化的进程加快，其正在推进建立统一的区域性知识产权保护体制。中国中车有必要关注非洲知识产权体制的建设与变动，从而调整经营计划，提前做好专利布局。

3. 法律状态分析

如图8.2、图8.3所示，中国中车目前拥有授权有效专利16 125件，占比62.07%；失效专利6 090件，占比23.44%；其余为审中状态。中国中车所持有的专利有一半以上获得授权，这个比例还是比较可观的。在其失效专利中，占比最高的状态是权利终止，有3 115件，占到总数的12%。这一结果往往是由于企业未缴专利年费，也可能是企业主动选择不缴纳年费，即可视为自动放弃专利权。对于拥有大量专利的企业而言，专利年费的缴纳是一笔巨大的开销，企业选择放弃一部分不再具有维持价值的专利，是合理的专利管理策略。其余状态中，撤回的专利有1 151件，占比4.43%；放弃的有1 040件，占比4%；驳回784件，占比3.02%；余下部分则处于实质审查阶段状态。

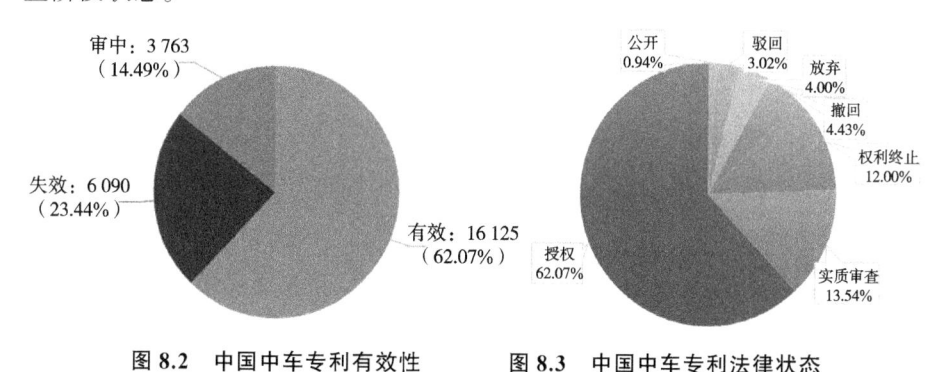

图8.2 中国中车专利有效性

图8.3 中国中车专利法律状态

---

❶ 何艳. 发展中的非洲区域知识产权保护体制[J]. 西亚非洲, 2009（1）：22-23.

4. 技术构成与技术分布

中国中车专利技术构成情况，在所有技术小类中，占比最多的是B61D类：铁路车辆的种类或车体部件，专利件数为2 978件，占比24.67%；其次为B61F类：铁路车辆的悬架、在不同宽度的轨道上使用的铁路车辆、预防脱轨、护轮罩、障碍物清除器或类似装置，2 181件，占比18.07%；B61C类：机车、机动有轨车，1 306件，占比10.82%。其他技术领域，如H02K：电机；B23K：钎焊或脱焊；G01M：机器或结构部件的静或动平衡测试等，各自占有一定比重。

通过检索合并前的中国北车和中国南车的专利申请情况可知，首先，两家公司的专利技术构成类似，且与如今的中国中车技术构成情况相一致。B61D类：铁路车辆的种类或车体部件与B61F类：铁路车辆的悬架、在不同宽度的轨道上使用的铁路车辆、预防脱轨、护轮罩、障碍物清除器或类似装置是两家企业最为侧重的技术领域。其他占比较大的领域B61C、H02K、B23K等均与中国中车的分布情况相似。然而，对比原中国北车与原中国南车专利申请的地域分布情况，差异较为明显。中国北车的专利申请主要分布在东北地区和华北地区，代表省份有辽宁省2 119件，山西省1 802件，吉林省1 479件，甘肃、陕西等西北省份也有少量分布。中国南车的专利申请主要分布在华中地区和华东地区，代表省份有湖南省6 353件，江苏省3 463件，山东省2 149件。这样的分布差异是由原南车北车各子集团公司的地理位置分布导致的，除此之外，还受南北车各自的技术定位影响，比如能在高寒地带运营的列车正是原中国北车的优势产品。

5. 专利运营情况

如表8.1所示，中国中车累计转让专利1 620件，其中转让数最多的年份是2008年的504件，其次是2014年469件，2015年也有222件。通过检索中国中车专利转让受让人排名发现，中国中车专利转让交易的对方主要是中国铁路总公司和中国中车集团内部的各大公司，可见中国中车的专利运营活动与我国的高铁建设密切相关。2008年是我国高铁事业发展具有里程碑意义的一年，我国第一条具有完全自主知识产权的高速铁路成功运营，这一年也是中国中车专利转让活动最为积极的一年。2014年中国中车的专利申请量达到历史最高值，且企业的海外业务发展势头良好，该年的专利转让活动也较为积极。在专利转让的技术领域方面，转让在各主要技术领域的分布比较均衡，其中转让最多的是B61D：铁路车辆的种类或车体部件，占比13.93%；G01M：机器或结构部件的静或动平衡的测试，占比13.11%；而B61F：铁路车辆的悬架，B61G专门适用于铁路车辆连接器，H02K：电机；B61C：机车、机动有轨车等领域的转让活动也相对频繁。

表8.1 中国中车2006~2016年专利转让情况

转让年	2006	2007	2008	2009	2010	2011	2012	2013	2014	2015	2016
专利数量（件）	9	25	504	54	32	60	28	36	469	222	181

如表8.2所示，2008~2016年，中国中车发生的专利许可事件总计216件，其中2009年的许可活动发生得最为频繁，共计44件，其次是2011年的34件。中国中车的许可量远远少于其转让数，这是由于中国中车申请的专利多为吸收改进别国先进技术而来的外围专利，且在专利类型上超过一半为实用新型专利，发明申请约占39%，掌握的核心专利较少，故将自己专利许可的运营活动也不够积极。许可的技术构成方面，占比较大的有B61D、G01M、B61F、B61G、H02K等。

表8.2 中国中车2008~2016年专利许可情况

许可年	2008	2009	2010	2011	2012	2013	2014	2015	2016
专利数量（件）	6	44	22	34	26	26	27	25	6

综上所述，中国中车的专利拥有量在行业内处于领先地位，且增长势头迅猛，具有较强的专利保护和专利管理意识。随着海外业务的拓展，专利海外布局也提上日程，国外申报数实现了70%的年增速。目前的专利法律状态反映出其专利授权情况良好，专利质量有保障。与高端装备制造业的同行相比，其运营活动相对积极。原南车北车各自的技术地域分布与技

术定位有所差异，整合所有技术优势而来的中国中车成为名副其实的高铁行业巨头。研发实力与专利管理能力将进一步提升。

（二）中国中车与日本川崎重工专利布局对比分析

川崎重工业株式会社（TYO：7012），乃日本的重工业公司，川崎重工起家于明治维新时代，并以重工业为主要业务，与JFE钢铁（原川崎制铁）及川崎汽船有历史渊源。主要制造航空宇宙、铁路车辆、建设重机、电自行车、船舶、机械设备等。❶

由incopat检索到的数据显示，川崎重工累计申请专利37 792件，其中大部分为在日本本土申请，达到33 444件，在中国申请件数为1 085件。由图8.4可知，川崎重工在20世纪末的时候已有大量专利申请，随后数年的专利申请趋势表现为数次波动。川崎重工的专利保护与专利布局远早于中国中车等中国高端装备制造企业，知识产权保护意识较强。不过中国中车的专利申请量涨势惊人，特别是近年来的申请保持在4 000件以上，较川崎重工而言专利申请更为积极。除此之外，川崎重工的专利海外申请量明显多于中国中车，川崎重工在海外申请专利共计4 348件，其中在世界知识产权组织提交的PCT申请达1 072件，欧专局514件，在各大洲均有申请；而中国中车在海外申请专利共计626件，其中提交PCT申请315件，欧专局申请44件。

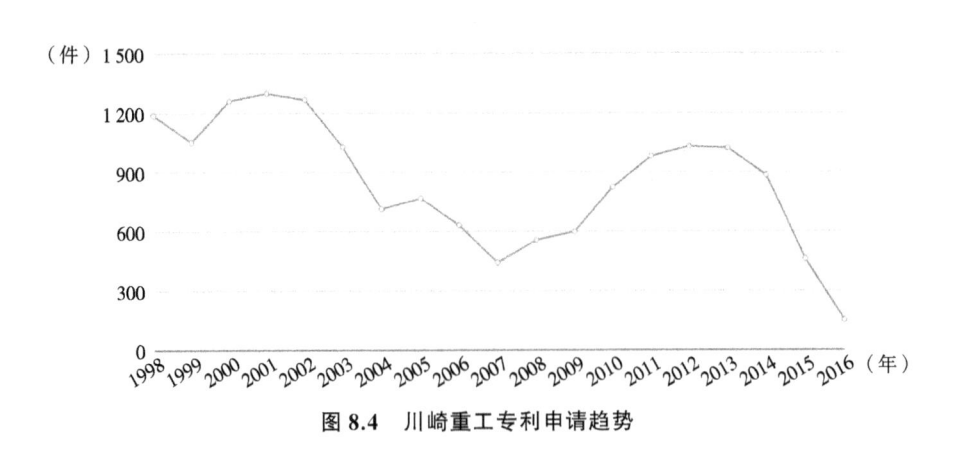

图8.4　川崎重工专利申请趋势

---

❶ 百度百科[EB/OL].http://baike.baidu.com/，2017-03-20.

川崎重工所申请的专利中发明申请占比高达81.93%，其产出的专利多为创新性强的高质量专利；而中国中车的发明申请仅占39.05%，实用新型专利却占到56.26%。中国中车最初从发达国家引进先进技术，通过吸收改进获得了自身的技术进步以及专利申请量的激增，然而研发过程中较少出现突破式的技术进步，申请的专利也多为外围专利，缺少核心专利。由此可见，中国中车还需提高研发能力，缩小跟发达国家的差距（见图8.5、图8.6）。

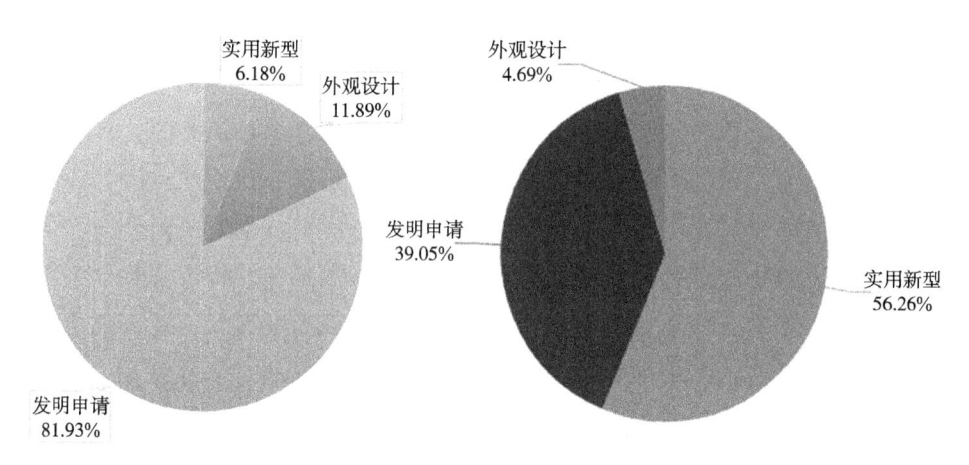

图8.5　川崎重工在华申请专利类型

图8.6　中国中车在华申请专利类型

川崎重工所拥有的专利中，处于有效状态的占比53.92%，这个数据低于中国中车，说明中国中车的专利授权率还是比较可观的，当然这与中国中车申请的专利类型大多为实用新型，不用通过实质性审查也有关。而在非授权状态中，所占份额最大的是实质审查状态，占比26.54%，权利终止状态占比7.47%，撤回占比5.71%，川崎重工专利的失效比例不算太高，与中国中车相差无几（见图8.7、图8.8）。

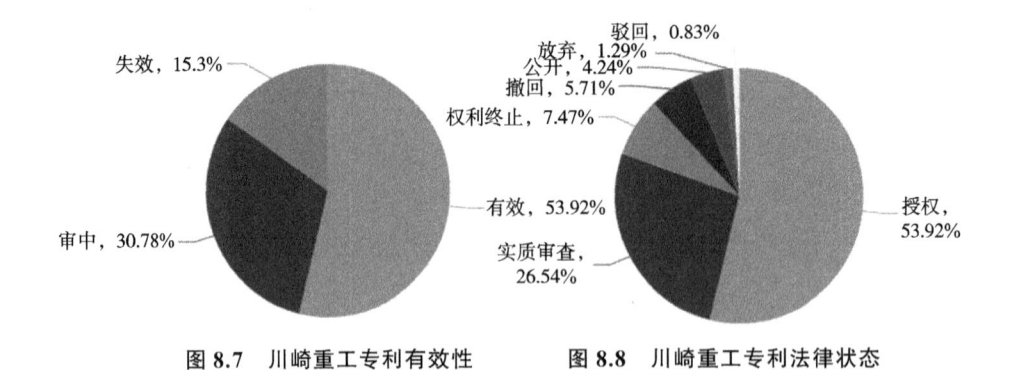

图 8.7　川崎重工专利有效性　　图 8.8　川崎重工专利法律状态

（三）技术标准

在日益复杂的国际贸易与竞争中，光靠专利持有量是不够的，技术标准越来越发挥着重要作用。早期的"标准"概念是排斥知识产权的，标准化工作看似与知识产权的"私权"本质矛盾，可科学技术发展到今天，许多专利保护的技术方案被不可避免地容纳进技术标准中。相当一部分实力雄厚的企业将自己的专利技术融入技术标准以获得垄断利润，并借此抢占竞争中的制高点，完成合并后的中国中车已成为名副其实的行业老大，而经过多年的积累，我国高铁的标准化建设也取得长足进步，中国中车的专利管理有必要也有能力给予技术标准的制定更多的关注。

2016年8月15日，哈大高速铁路段上的G8041次列车由大连北站开出，这是我国自行设计研制、拥有全面自主知识产权的350km/h中国标准动车组首次载客运营。❶中国中车为此项中国标准提供的主辅一体化的牵引变流器、网络控制系统运行良好。我国高铁产业的许多核心技术都由中国中车自主研发，而与中国铁路总公司等兄弟企业进行技术合作，结成技术联盟，利用各自拥有的专利技术共推技术标准不失为规模经营的良策，也是符合中国高铁"走出去"战略的选择。

虽然当前国际上的高铁建设以欧洲标准为主流，可中国标准已经被越

---

❶ 中国标准动车组首次载客运行时速350公里[EB/OL].http：//finance.qq.com/a/20160815/024478.htm，2016-08-23.

来越多的地区，尤其是非洲所采用。作为IEC/TC9国际标准归口单位的中国南车株洲所已获得5项重要国际标准的主导起草权。2011年其主导起草的国际标准IEC62621《轨道交通地面装置电力牵引架空接触网用复合绝缘子的特殊要求》通过IEC各个成员国审议正式发布。❶时至今日，中国中车已主持或参与制修订国际标准70余项，主持或参与制修订国家标准200余项、行业标准近1 000项。❷仅2015年，中国中车就主持制定5项IEC等国际标准、而参与制定的国际标准达42项。在推动中国标准与国际标准接轨，以及争取国际标准制定的话语权方面，中国中车已取得可喜成绩。中国中车应当继续将形成技术标准乃至参与国际标准的制定作为专利管理的重点。

（四）专利纠纷

以中国中车为代表的我国高铁企业，技术研发多依靠从发达国家引进吸收再创造的方式，这就涉及大量德日企业的专利实施许可。由于我国的高铁产业不断发展，中国中车等中国企业成为海外高铁巨头强劲的竞争对手，随之而来的各种专利纠纷在所难免。发达国家的知识产权意识较强，早已在国际市场建立严密的专利布局，且在各种专利纠纷中经验丰富，中国企业需要警惕各种外国企业的专利遏制战略。当竞争对手发起进攻时，企业应当积极采取行动，确认对方专利的状态，评估自身侵权可能性，并结合侵权抗辩事由，根据评估结果决定纠纷解决方式。

我国京沪高铁开通后，南车集团预备就CRH380A动车组的相关技术在美俄等国提出专利申请。然而就在此时，日本川崎重工对媒体声称CRH380A是"新干线的仿制品"，公然质疑我国高铁的自主知识产权，并企图阻止南车集团的海外专利布局。事实上，经过多个阶段的创新发展，CHR380A的技术水平远超当年从川崎重工引进的新干线E2-1000，且完全

---

❶ 唐学东.中国高铁"走出去"之专利战略展望[J].北京交通大学学报（社会科学版），2016，15（1）：151.

❷ 中国中车：专利创造奇迹　梦想"驶进"现实[EB/OL].http：//www.nbipo.gov.cn/InfoContent.aspx?Code=0da574c5-65f7-4f49-84b7-603dea7eec61，2016-08-20.

覆盖其技术。南车集团通过自主研发拥有知识产权的事实毋庸置疑。"抄袭说"显然是站不住脚的，可川崎重工又提出，其作为技术提供方在技术转让合同中约定"技术仅限中国国内使用"，中国将技术输出他国属违约行为，构成专利侵权。很明显，这是有意混淆合同中的地域限制条款与专利权的地域性特征的指控。技术合同中的地域限制条款本来就很常见，可它并不等同于专利权中的地域性，川崎重工的新干线E2-1000并未在美俄等国申请专利，所以无法基于专利权的地域性在他国受到保护，因而南车集团的海外申请不存在侵权嫌疑。2010年，美国一家知名律师事务所对CRH380A的专利状况进行为期半年的评估，并进行全面的专利信息检索，最后中国南车CRH380A的自主知识产权得到认证。❶

由此可见，专利纠纷管理的意义十分重大。来自竞争对手的指控可能会影响企业的专利布局，也有可能败坏企业的声誉，甚至引发一场旷日持久的商场拉锯战。即使中国企业最终抵抗住来自强大的海外竞争对手的攻击，也可能是以耗费大量精力与财力为代价的。虽然中国中车尚未在海外遭遇专利侵权诉讼，却不可掉以轻心，而要时刻拿出勇气与智慧应对各种潜在的专利纠纷，并设置海外专利预警机制，做到防患于未然。

五、中国中车的商标管理与品牌建设

商标是用来区别不同产品或服务的显著标记。企业需要利用商标来标识自己产品（或服务）的特征并用于区分自己与其他经营者。在如今激烈的商业竞争中，商标已成为企业重要的无形资产。而品牌作为企业产品质量与口碑的象征，也是企业十分有价值的资产。品牌与商标有巨大的关联性，两者的关系密不可分。

通过检索中国商标网的相关信息可知，中国中车已注册商标381件，其对"中车""CRRC""南车""北车"等文字与图形在几乎所有商标类别进行注册，且商标被无效的比例较低，可见中国中车具有较强的商标保护

---

❶ 谁说中国高铁不能向海外申请专利[EB/OL].http://www.cipnews.com.cn/showArticle.asp?Articleid=20205，2016-08-19.

意识。

其实,早在中国南车时期,企业已形成较强的品牌战略与商标管理意识,通过编制《中国南车品牌战略》在企业内部建立完善的品牌价值体系和统一的商标管理体系。中国中车注册的第一支商标即是原中国南车于2002年申请注册的"南车"商标,注册类别为第9类科学仪器类。该商标经历数次转让与许可,并被按期续展,如今依然处于有效状态,体现了中国中车良好的商标维护能力。在大量的海外贸易中,无论中国南车的集团公司还是各所属公司都统一使用"CSR"这一标志,为中国南车打响了海内外的知名度。2011年,世界品牌实验室(WBL)发布的《2011年中国最具价值品牌》显示,中国南车作为唯一入选的轨道交通装备制造业品牌,在机械业品牌中排名第二。

合并后的中国中车也相当重视集团企业的品牌建设与商标管理。在南北车的优势互补方面,不仅体现在技术上,也体现在对品牌标识的统一上。2015年6月,中国中车在合并后的第一时间公布了经过全新创作与设计的三种官方Logo,并将集团标识统一为CRRC/中国中车。与此同时,中国中车积极提交相关商标的注册申请。由于中国中车的合并采取吸收合并方式,集团企业在进行商标管理时及时进行商标转让工作,原中国北车将其"中国北车""CNR"等商标转让给中国中车,同时完成了商标注册人名义/地址的变更。

中国中车的品牌建设遵循统一性和层次性相结合的原则,主打"中国中车"这一主品牌,并要求各子公司与集团公司保持统一,以树立企业的整体形象。与此同时采用多级品牌管理模式,结合业务各自的特点,对特殊品牌进行灵活处理。在品牌形象方面,中国中车将国内形象定为"创新引领者",国外形象则为"创新推动者",体现了精准的品牌定位。中国中车凭借可靠的产品质量、市场份额的高占有率以及良好的品牌形象,已成为世界范围内有口皆碑的中国名牌。此前,世界著名品牌评价机构Brand Finance发布的2016"世界品牌500强排行榜"上,中国中车位列第179位,

是其品牌效益的有力证明。❶

六、中国中车强化知识产权管理的对策建议

（一）组织架构急需健全，规章制度有待完善

据集团官网显示，中国中车旗下的戚墅堰所公司已设置科技管理部（标准和知识产权部）。然而集团公司及大部分所属公司尚无独立且层级较高的知识产权管理部门，而相关事务多由其他部门代管，各所属公司的知识产权管理水平也参差不齐。相比之下，国外轨道交通巨头企业大多配备完善的知识产权管理部门。德国西门子公司设立知识产权管理总部，并下设十多个分管部门。法国阿尔斯通公司也专设知识产权部，而每个所属公司都安排专门的知识产权律师。❷中国中车企业规模大，海外贸易多，知识产权事务相当繁杂。如果没有专门的部门管理，其他部门未必有足够的能力与精力做好相关工作。因此，中国中车很有必要效仿国外的做法，设置专门的知识产权管理部门，并配备一定数量的专职管理人员，为其知识产权战略的实施打下坚实基础。

除此之外，中国中车虽然已出台一系列知识产权管理办法，但相关规章制度还不够完善，并未对专利管理、商标管理、商业秘密管理及著作权管理等做出系统的规定。法国阿尔斯通公司则结合自身经营特点，精心设置各种知识产权规章制度，比如知识产权管理机构设置制度、公司知识产权管理人员的培训与奖励制度、专利文献的利用制度等。❸正是通过一系列完善的制度安排，国外的几大轨道交通巨头企业才能将各自的知识产权成果打理得有条不紊，为长期雄踞国际市场提供保障。中国中车不妨借鉴别国同行的先进经验，例如引进激励机制。事实上，中车株洲所公司已对内构建了4PV（Personality Value，Position Value，Performance Value，

---

❶ 中车齐齐哈尔公司官网《新闻中心》[EB/OL].http：//www.crrcgc.cc/qqhe/g7445/s14537/t276933.aspx，2016-08-21.

❷❸ 付强.我国高铁企业发展的知识产权管理对策研究[J].科学与管理，2012（2）：54.

Precious Value）薪资体系，期望通过集"个人能力、岗位职责、年度绩效、市场稀缺"考核于一体的薪酬激励机制来充分发展人力资源。[1]集团公司及其他所属公司也不妨将这一先进理念引入知识产权管理。除了奖励专利申请量高的技术人员，也可将专利授权率以及专利许可获得的收益等作为衡量标准。奖励制度的运用能够激发科研人员的自主创新能力，并培养企业内部的知识产权意识，让中国中车的知识产权管理更上一层楼。

（二）整合南北车技术优势，进一步提高专利质量

中国中车逐渐形成以专利管理为重点的知识产权管理体系，专利申请量涨势惊人，专利拥有量业内领先。然而，中国中车申请的专利大多为实用新型专利"含金量"较高的发明专利较少。我国高铁技术的进步离不开对发达国家先进技术的引进吸收，但是经过十多年的发展，中国中车已具备足够的研发实力去创造更多技术含量较高的发明专利。南北车合并后，中国中车应当尽快整合两家企业的技术优势，投入更多的成本在核心专利的研发上，这是对其技术实力的证明，有利于其海外战略的实施。核心专利的大量产出能够让中国中车在面对海外竞争对手时更有底气，更好地实现"走出去"。当然，除了技术上的整合便利了子集团之间的转让许可等专利运营活动，在知识产权管理制度办法方面，集团内部应当秉承求同存异的态度，相互借鉴吸收，整合管理资源，以建设一套更为完善的知识产权管理体系。

（三）把握政策利好，加强海外布局

中国中车近十多年的发展轨迹与中国高铁的崛起历程是同步的，国家大力推行中国高铁"走出去"计划以及"一带一路"倡议刺激了中国中车的研发活动，为集团公司带来技术进步的同时也对中国中车的知识产权保护与管理提出更高要求。除此之外，我国国内的轨道交通车辆市场已趋饱和，中国中车的国内业务出现产能过剩的现象，将目光更多地投向海外市场是综合考量行业发展状况的选择。中国中车目前在海外市场已占有相

---

[1] 中国中车官网——人力资源[EB/OL]. http://www.csrzic.com/g2615.aspx，2017-03-19.

当可观的市场份额，其业务覆盖率甚至超过多位发达国家的竞争对手。虽然中国中车的知识产权海外布局水平在国内高端装备制造业中属于领先地位，但相较于全球市场上的前辈企业，布局力度还不足，特别是与自身的海外拓展计划不匹配。与日本川崎重工、法国阿尔斯通等企业的差距首先体现在专利海外布局的数量上，中国中车应当更多地提交PCT申请，或是在目标国直接申请。另外是布局地域的选择，只要有业务进入或者有业务拓展计划的地区都要做好提前布局，比如已签订大量订单却忽视其专利布局的非洲地区。在商标管理方面，中国中车有必要尽快完成对原南车、北车商标的整合与统一，包括对商标注册人名义/地址等基本信息的变更登记及企业标志的统一等，以免在对外贸易中给合作伙伴造成困扰，这也是企业实现品牌推广、强化品牌形象的需要。相信中国中车把握住这次的政策利好，完善自身的知识产权管理、加强知识产权海外布局，便能取得又一阶段的跨越式发展。

第三节　中国兵器工业集团知识产权管理[*]

一、引　言

中国兵器工业集团公司（简称中国兵工集团，CNIGC），又名中国北方工业集团公司。作为中国最大的武器装备制造集团，中国兵工集团面向陆、海、空、天以及各军兵种研发生产精确打击、两栖突击、远程压制、防空反导、信息夜视、高效毁伤等高新技术武器装备，在中国的国防现代化建设中发挥着基础性、战略性作用。本节通过对中国兵工集团的知识产权管理体系进行研究，并利用对比分析的方法研究其专利布局，得出其已利用一系列特色管理办法为企业创造良好知识产权氛围的结论；揭示了企业虽然已累积一定数量的专利，但是专利质量有待提高，还存在漠视知识产权海外布局，知识产权运营能力低下等问题；并提出加强知识产权海外

---

[*] 本节作者为南京理工大学知识产权学院硕士研究生朱南茜。

布局,同时注重专利质量的提升以及提高知识产权运营能力的建议。

中国兵工集团始终坚持军民结合的方针,积极致力于军工高新技术民用化产业化发展,充分利用军品技术和资源优势,成功培育开发了重型车辆与装备、特种化工与石油化工、光电材料与器件等一批具有军工高技术背景的主导和优势民品,为国民经济现代化建设作出巨大贡献。不仅如此,中国兵工集团公司积极实施国际化战略,大力发展国际工程承包和石油矿产战略资源开发两大海外事业,已形成军贸、技术引进、国际工程、战略资源、民品出口五位一体,互动发展的国际化经营格局。❶

二、中国兵工集团知识产权管理体系建设

(一)集团公司知识产权管理机构与制度

作为我国国防知识产权战略的重要试点单位,中国兵工集团坚持推进知识产权管理体系建设工作,经过多年的努力,集团公司以及各子公司已初步建立起相应的管理机构与制度。中国兵工集团目前的知识产权管理为二级管理体制,各子集团公司每逢工程推进期间将分别在集团公司总部成立"知识产权推进工程领导小组",组长由主管领导担任,副组长由科技管理部门领导担任,成员主要包括总部机关与知识产权相关部门的领导。"知识产权领导小组"在集团公司相关知识产权事项上把握大的方向,比如为集团公司制定知识产权战略,进行重大决策等。❷集团公司设置专业而灵活的知识产权管理团队,在工程推进期间与子集团各自的知识产权机构与人员相配合,为知识产权事务的运行提供保障。除此之外,集团内部还成立"中国兵器工业集团公司专利中心",主要负责企业的专利申请工作。早在2002年,"中心"就被国防专利局指定为国防专利代理机构。目前从"全军武器装备采购信息网"尚能检索出82件由兵器工业集团公司专利中

---

❶ 中国兵器工业集团公司详细资料[EB/OL].http://finance.ifeng.com/company/data/detail/2136.shtml,2016-11-19.

❷ 张春霞,宋志强,李红军,王湛.军工企业国防知识产权管理问题研究[J].装备学院学报,2015(26):59-62.

心代理的国防专利（2017年3月6日检索）。2015年10月，中国兵工集团与南京理工大学联合举办知识产权管理培训班，就国防知识产权发展的形势与要求、企业知识产权风险防范及应对等议题进行交流授课，旨在进一步提高企业内部的知识产权意识和管理水平。

（二）特色子集团管理模式

1. 建立管理部门，制定管理条例

中国兵工集团拥有众多子集团子公司，其知识产权体系建设不仅依靠集团总公司的努力，集团各子公司也在积极探索与自身实际情况相匹配的知识产权管理模式。内蒙古第一机械集团有限公司（以下简称内蒙古一机集团）是中国兵工集团所属的大型子集团，该公司也是内蒙古自治区最大的装备制造业企业。早在2009年，内蒙古一机集团就成为全国知识产权试点单位之一，并开始进行知识产权体系建设。目前，该公司已成立知识产权管理委员会，委员会主任由总经理担任，主管领导任副主任。知识产权管理委员会还下设知识产权管理办公室，专门负责具体的知识产权管理与运营事务。内蒙古一机集团设立层级较高的知识产权管理机构，并实行多级分工管理，实现企业知识产权工作由统筹到具体实施的全程管理。在规章制度方面，公司制定了以知识产权管理办法、专利管理办法为核心的7项规章制度。而公司的所属各单位也积极制定各自的规章制度，以配合总公司知识产权体系建设的整体规划。企业根据自身情况和相关法规制定相应的知识产权管理制度，为企业的自主创新提供保障。❶

2. 实行专利管理办法，鼓励技术创新

内蒙古一机集团很早就设立专利基金，对发明人进行奖励，以此鼓励发明创造。根据《内蒙古第一机械制造（集团）有限公司专利基金管理办法》规定，企业对发明专利、实用新型和外观设计专利的申请分别设置不同标准的奖金额度，而专利授权后，发明人会凭借各自专利的获益情况得

---

❶ 内蒙古一机集团扎实推进知识产权工作[EB/OL].http：//www.norincogroup.com.cn/cn/newsdetail.aspx?id=29799，2016-11-21.

到更进一步的奖励。公司还开创性地设置了一面"专利墙",以表彰有重要贡献的职务发明人。相关激励制度的设置体现了企业对知识产权成果的珍惜与爱护,同时能够提高技术人员的研发积极性,从而促进自主创新。早在2007年,内蒙古一机集团就被国家知识产权局批准设立专利工作交流站,邀请到专利审查员、专利代理人及专利律师等专业人员到集团与相关员工进行专利工作交流。企业还依照自身需要,构建个性化专利数据库,大大缩小技术人员使用相关专利文献、专利信息的成本,提高专利检索与分析的效率。对于兵器工业集团这样的军工企业,此举还能保障信息安全,具有重要意义。

3. 开展特色宣传活动,培养知识产权意识

除了必不可少的知识产权机构设置与制度安排,知识产权宣传活动同样是公司进行管理体系建设的一项重要手段。公司利用自有的媒体资源,如广播、电视、《一机工人报》等大力宣传知识产权相关知识。2014年,公司还创造性地开展知识产权有奖竞赛、表彰知识产权先进集体、个人以及评选优秀发明创造等活动,有效调动员工关注和管理知识产权的积极性,为知识产权管理体系建设营造良好氛围。❶2015年,内蒙古一机集团被国家知识产权局评选为全国知识产权示范企业,是中国兵工集团诸多子集团中唯一上榜的一家,一机集团的知识产权管理体系建设已走在行业前列。而中国兵工集团的另一重要子集团东北工业集团于2016年顺利通过《企业知识产权管理规范》(GB/T29490—2013)认证。东北工业集团以促进企业技术创新为目标,建立了拥有企业特色、配合企业所需的知识产权管理体系,这些举措有利于为本企业乃至集团公司保持行业竞争优势。

三、中国兵工集团知识产权管理具体情况分析

(一)专利管理情况分析

由于军工企业的知识产权具有保密性,中国兵工集团公开专利的数量

---

❶ 内蒙古一机集团扎实推进知识产权工作[EB/OL].http://www.norincogroup.com.cn/cn/newsdetail.aspx?id=29799,2016-11-21.

较少，且大多覆盖民用产品。事实上，军工企业产出的相关技术除了申请普通专利进行保护，还有相当一部分涉及国家安全的技术需要通过国防专利或者技术秘密等不对外公开的方式进行保护。所以利用一般检索手段查找出的结果未必能体现中国兵工集团的全部创造能力，故本节所涉及的专利分析以兵器工业集团的民口专利为主。然而，在必要的时间点对符合条件的产品申请专利是防止知识产权流失的重要手段。这时就需要中国兵工集团这类军工企业做出准确的判断，其产品是通过申请专利来保护，还是作为技术秘密保护，选择恰当的保护措施才能使知识产权成果的价值发挥到最大。我国于20世纪初先后选取几批军工企业开展"军工企事业单位知识产权试点工作"，多年的实践推进了国防科技工业知识产权事业的发展。中国兵工集团虽然专利总量不大，但与早年相比已有较大增长，体现了知识产权保护意识的增强。

本节利用专利检索与分析的方法研究中国兵工集团专利管理的现状与水平，主要使用的检索工具是incopat合享新创专利数据库，对申请人为中国兵工集团及其子集团所申请的专利进行检索，着重分析集团公司专利的申请趋势、法律状态、技术构成以及运营情况等；同时检索中国兵工集团的两个主要竞争对手——航天科工与波音公司的相关专利，通过对比分析进一步挖掘中国兵工集团专利管理的特点与不足。

1. 专利现状分析

（1）专利申请趋势分析。

中国兵工集团已累计申请专利700余件，其中近80%为发明专利，授权的发明专利接近200件。2007年以来，中国兵工集团的专利申请量显著增长，知识产权意识大幅提升。

2010年之前，集团公司的专利数量保持在较低水平。2010年开始，专利申请量暴增，直到2013年达到顶峰。这是由于在"十二五"期间，兵工集团积极响应国家政策，大力开展自主创新活动。集团公司于2011年初步形成特色的科技创新体系，知识产权意识逐渐增强，并于2013年将下属的130多家企事业单位重组为40余个军民子集团和直管单位，整合了各子集团的创新能力，同时收购世界汽车车锁业领军企业德国凯毅德公司，进一步整合国际研发资源。这些举措使得集团公司技术创新水平大幅提升，并获得行业领先的市场地位，企业的技术部门贡献出大量专利产品，专利申请量大幅增长。2013年，中国兵工集团推出10多项军民融合战略新兴产品，其自主研制的高端耐热钢无缝钢管的应用取得全面突破，使我国在电力上使用此技术不再依赖进口，专利申请量达到历史最高峰。2014年，专利申请量出现明显下滑，这与当年我国民品市场整体疲软有关，兵工集团受环境影响，放慢了研发脚步。集团公司于2014年成功竞标北斗地基增强系统研制建设项目，随后迎来专利申请量的一轮大幅增长，并于2015年达到第二个高峰。同年，中国兵工集团新增国家级创新平台4家，并签约巴基斯坦拉合尔轨道交通橙线项目，创新水平进一步提高，同时开拓了新的海外市场。之后专利申请量又出现下滑。2016年，研制多年的北斗地基增强系统正式上线运行，是为中国兵工集团本年度最重大的科技成果。与此同时，集团公司获得4项北斗国家标准和7项北斗专项标准的主办权。❶该年度专利公开量下滑是由于我国专利公开延迟制度造成统计数据缺失（见图8.9）。

图 8.9　中国兵工集团 2007～2016 年专利公开趋势与年度大事件对照

---

❶　集团公司2017年度工作会议媒体报道专题[EB/OL].http：//www.norincogroup.com.cn/cn/newsdetail.aspx?id=43139，2017-03-02.

另外值得注意的是，中国兵工集团几乎没有在国外申请专利，其专利布局仅仅施展于国内市场。而通过在incopat数据库检索兵器工业集团的专利被引证次数发现，其授权发明专利几乎没有被引证，仅个别专利被引证过一次。同样检索其简单同族数的情况也不容乐观。专利被引证次数可以用来说明一项专利的重要程度，被引证次数越多说明该专利所涵盖的技术越基础，该专利更为重要。然而中国兵工集团的授权发明专利被引证数以及简单同族数如此之少，说明其专利多为外围专利，企业严重缺少核心专利。

（2）专利法律状态分析。

在中国兵工集团所申请的专利中，处于有效状态的有281件，占专利总数的37.66%；处于失效状态的有272件，占比36.46%；其余为审中状态。专利授权情况不容乐观，失效比例较高。其中，撤回的专利有150件，占比20.11%；权利终止的专利有86件，占比11.53%；驳回的专利有34件，占比4.56%；放弃的专利有2件，占比0.27%。在失效专利中，专利撤回占比较高，说明兵器工业集团的专利质量有待提高，所申请专利公开后被认为不符合授予专利条件的风险较高。而权利终止占比达到11.53%，原因是企业主动终止专利权或不缴纳年费令其失效，是集团权衡利益的结果，体现企业专利布局策略的选择。

（3）专利技术构成分析。

中国兵工集团专利的技术构成中，IPC分类号为G01N（借助于测定材料的化学或物理性质来测试或分析材料）的专利达到73件，占比22.13%，是企业最为侧重的技术领域；F02F（燃烧发动机的汽缸、活塞和曲轴箱、密封装置等）占比为10.3%，G06F（电数字数据处理）以及H03K（脉冲技术）两类均占比9.09%，以上几大技术领域占比超过总技术构成的一半。其余构成包括F02M、G01M、H02H、F02B、G01R、B29C、G01C的分布较为平均。而以上重点技术领域在我国各省份的分布情况大致是：G01N类专利基本分布于山东省，少量在山西省，说明位于山东省的子集团公司的研发重点是在这一领域。在F02F、F02M等领域则是山西省的子集团表现较为突出，而江苏省在H03K、G06F等领域亦有不俗表现。

中国兵工集团专利技术国民经济构成中，占比最大的类别为C40（仪器仪表制造业），专利数量达到204件，占总数的28.33%；其次为C34（通用设备制造业），以172件专利占到总数的23.89%；而C38（电气机械和器材制造业）的比例为15.97%。其余行业如C39（计算机、通信和其他电子设备制造业）、C26（化学原料和化学制品制造业）、C33（金属制品业）等集团公司也有涉猎。可见，中国兵工集团的研发集中在仪器仪表制造业、通用设备制造业、电气机械和器材制造业等行业。

（4）专利运营情况分析。

中国兵工集团实施的专利转让事件共有15件，数量较少。其中，2008年转让活动相对积极，有8件。之后的2009年、2011年、2015年均只有1件。2016年有所增长，有4件。其余年份1件专利转让都没有进行。其中，中国兵工集团专利转让技术构成集中在F02B（活塞式内燃机）、B32B（层状产品）、B29C（塑料的成形或连接）等领域，以上领域的专利更易于转化为企业的经济收益，尤其是F02B类转让量最大，占总数的27.75%。

中国兵工集团的专利许可情况同样不容乐观，许可总数为6件，其中，2009年和2010年各1件，2012年和2014年各2件；技术领域上较为平均的分布在B29C、B65D、F02D、F02M、G01P、H03K这6大类。其中B29C类专利在专利转让总数中也占到11.11%，说明企业研发的该类专利价值较高，能为企业带来较多收益。被许可的专利往往能够成为后续改进专利的基础。中国兵工集团的专利许可量较少，也能说明其研发的核心专利数量有限，专利质量不高。

2. 专利布局对比分析

（1）航天科工集团。中国航天科工集团公司（航天科工）是中央直接管理的国有特大型高科技企业，由总部、6个研究院、1个科研生产基地、13个公司制、股份制企业构成。拥有多个国家重点实验室、技术创新中心、成果孵化中心以及专业门类配套齐全的科研生产体系。❶航天科工是我

---

❶ 航天科工官网：集团简介[EB/OL]. http：//www.casic.com.cn/n101/n119/index.html，2017-03-05.

国重要的高端装备制造企业和军工企业。

航天科工已具备较高的知识产权管理水平，集团内部特设知识产权研究中心，专门负责集团公司及所属单位知识产权管理及研究工作，研究中心目前拥有70余人的专兼职工作队伍。依据incopat数据库检索到的数据显示，航天科工已申请专利2 000余件，其中发明专利占比55%，授权发明专利有400余件。航天科工近10年专利申请公开趋势与兵器工业集团类似，由早期的专利数量寥寥，且增长缓慢，到2009~2010年开始出现猛增，达到顶峰之后出现短暂下滑，随后爬升至第二个高点又再次下滑至今。军工企业专利申请的走势大体一致，其中原因可能是这类企业的发展受政策环境因素影响较大（见图8.10）。

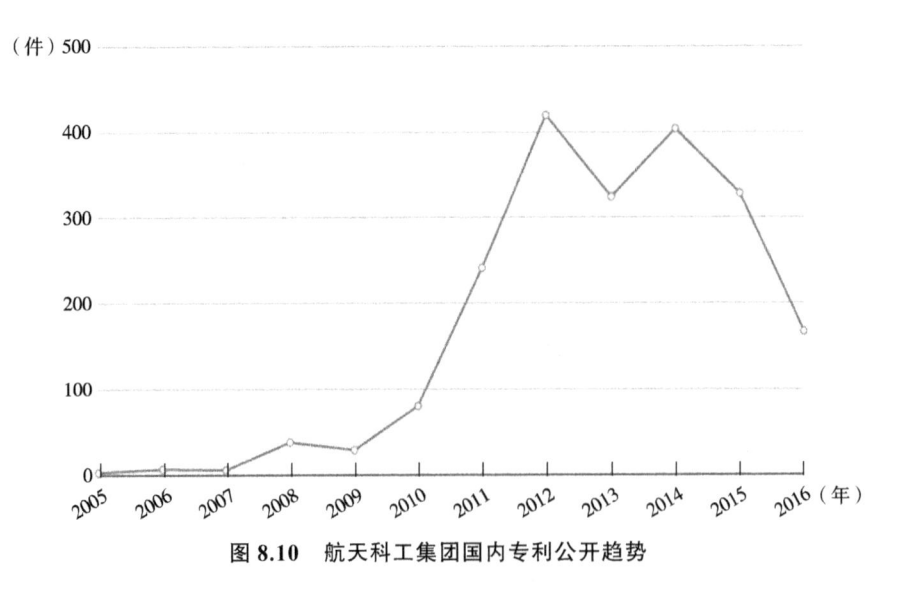

图8.10 航天科工集团国内专利公开趋势

①专利法律状态对比：航天科工专利授权情况更优。

在航天科工的所有国内专利中，有效专利有1 166件，占总体的56.19%，失效专利494件，占比23.81%。其专利失效率低于中国兵工集团的36.46%。进一步对比两者具体的法律状态发现，航天科工失效专利中，撤回专利有241件，占比11.61%；因为不缴纳专利年费而权利终止的专利有163件，占比7.86%；被驳回专利71件，占比3.42%。这一分布与兵器工业集团失效专利的情形类似,但是航天科工集团的专利授权率明显高于中国兵工集团。可见航天科工的科研能力更为强劲,产出的专利质量较高。

②专利运营情况对比:航天科工运营更积极。

航天科工集团自2009年起就开始实施专利转让方面的知识产权运营,这一时间点恰恰与企业专利申请量开始大幅增长的节点相吻合。之后每年都保持一定数量的专利转让,尤其在2012年和2015年转让件数最多,分别为16件和17件(见表8.3)。2012年是其专利公开件数最多的一年,而2015年是其专利公开量刚刚经历一个高峰的后一年。航天科工集团的专利转让活动发生在多个技术领域。其中H02K(电机)类数量最多,共有12件,占到总数的29.24%;其次是H04L类和A62C类也占有较大份额,其他领域则分布较为平均(见图8.11)。综上,航天科工集团的专利转让活动较中国兵工集团而言积极得多,不仅数量更为可观,而且每年都在实施。而两家公司转让活动涉及的技术领域则各有侧重。

表8.3 航天科工集团专利转让情况

转让年	2009	2010	2011	2012	2013	2014	2015	2016
专利数量(件)	8	7	2	16	5	5	17	3

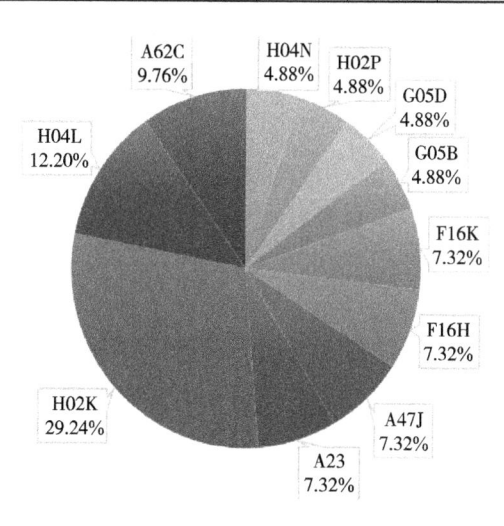

图8.11 航天科工集团国内专利转让技术构成

航天科工集团实施的专利许可活动不如其转让活动积极，总数仅12件，略高于中国兵工集团，且仅发生在2009年、2011年和2015年三个年份（见表8.4）。缺少具有许可价值的核心专利可能是我国军工企业的通病。而航天科工集团专利许可所涉及的技术领域较兵器工业集团而言更多，且较多发生在H01R类（导电连接）、B32B类（层状产品）以及B65D类（用于物件和物料贮存或运输的容器）（见图8.12）。

表8.4 航天科工集团专利许可情况

许可年	2009	2011	2015
专利数量（件）	1	7	4

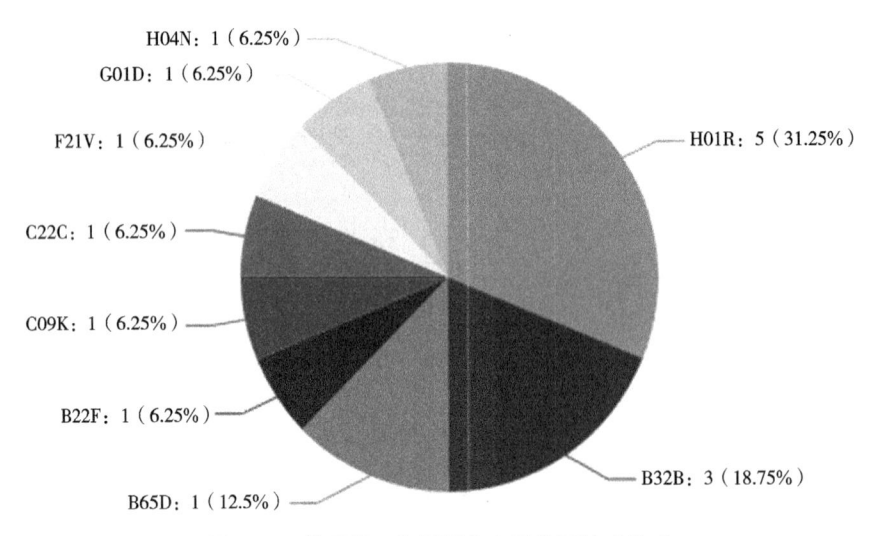

图8.12 航天科工集团国内专利许可技术构成

综上所述，我国军工企业专利申请趋势大体一致，且较容易受政策环境影响。通过比较中国兵工集团与航天科工集团的专利布局情况发现，航天科工集团凭借强大的研发能力创造了两倍于中国兵工集团的专利数量，且其专利授权率更高，中国兵工集团则专利失效率较高。在专利运营方面，航天科工的表现也更为出色，专利转让活动较中国兵工集团而言更为积极。而专利许可活动,两家企业的情况都不够理想。除此之外,可从incopat数据库检索到航天科工集团在世界知识产权组织申请PCT专利5件,在日本申请专利3件,以及相关同族专利。而中国兵工集团几乎没有在海外申请专利,可见航天科工的专利海外布局意识更强。综上可知,航天科工集团的专利管理水平高于中国兵工集团。

(2)波音公司。波音公司(The Boeing Company)是全球最大的航空航天业公司,也是世界领先的民用和军用飞机制造商。波音公司还提供众多军用和民用支持服务,其客户分布在全球150个国家和地区。就销售额而言,波音公司是美国最大的出口商之一。❶

波音公司高度重视企业知识产权的保护与管理,设立专门的知识产权管理部门以保证其核心竞争力。其中知识产权战略与保护部门负责构建和落实知识产权战略计划;专利组合管理部门负责具体的专利申请事务;知识产权政策和合规部门负责监控与应对知识产权侵权事件;业务开发和许可部门则负责专利资源的许可与引进。以上部门各司其职,使波音公司的知识产权得到全方位的保护与应用。

①波音公司注重专利海外布局。

波音公司已在全球申请专利4万多件,专利布局覆盖美国、欧洲、日本、韩国、加拿大、巴西等许多国家及地区,世界知识产权组织申请的PCT专利将近3 000件,在我国申请专利2 000余件,且专利类型基本都是技术含量较高的发明专利,体现了国外军工企业巨头强大的研发能力以及极大的知识产权保护力度。而作为我国军工巨头的兵器工业集团,其知识产权海外布局的意识明显不足。兵工集团虽然越来越多地开展海外业务,却没有及时为其专利取得海外保护。

②波音公司专利技术集中在主营业务领域。

波音公司在华申请专利的技术领域集中在B64C(飞机)、B29C(塑料的成型或连接)、B64D(用于与飞机配合或装到飞机上的设备)、G06F(电数字数据处理)等,航空航天、电子通信领域居多。其中,B64C类达到

---

❶ 波音中国官网:波音简介[EB/OL]. http://www.boeing.cn/china/#/brief, 2017-03-06.

324件，占比22.58%；B29C类223件，占比15.54%；B64D类为206件，占比14.36%；G06F类也占到11.01%的份额（见图8.23）。以上技术分布情况与波音公司的主营业务基本吻合，说明其专利布局有针对性，与公司业务紧密联系，为其业务的开展提供重要支撑。

③波音公司专利授权量可观。

波音公司目前在我国申请的专利中，有62.55%处于审中状态，说明波音公司近几年十分重视中国市场，积极在我国进行专利布局。基于我国专利制度"早期公开延迟审查"的原则，新近申请专利在授予前需要一定时间的审查。波音公司在华获得的专利31.11%处于有效状态，仅6.34%处于失效，而因为撤回、驳回等原因失效的专利占比极少，这一情况明显好于兵器工业集团，波音公司的专利质量较高（见图8.13、图8.14）。

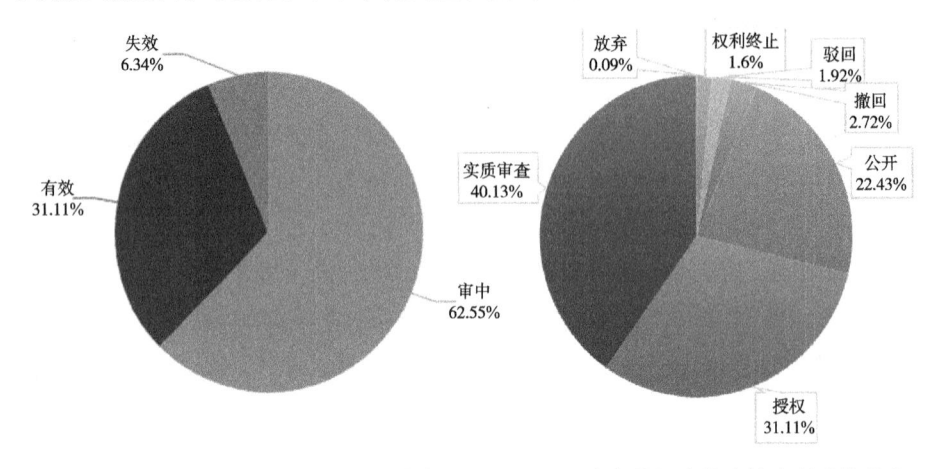

图8.13 波音公司在华申请专利有效性　　图8.14 波音公司在华申请专利法律状态

综上所述，以波音公司为代表的外国军工巨头知识产权管理工作起步较早，已形成相当完善的知识产权管理体系，并取得良好的效果。除了研发实力强大，专利申请量远高于国内军工企业，波音公司还非常注重知识产权海外布局，十分值得中国兵工集团借鉴。波音公司专利布局的技术领域与其主营业务相吻合，为其业务提供有力支撑。另外，波音公司凭借高价值的专利保持了相当低的专利失效率。综上可知，中国兵工集团的专利管理水平与国外领先的军工企业相比还有较大的差距。

（二）商标管理与品牌建设

中国兵工集团积极进行商标管理，截止到目前，集团公司已通过我国商标局注册商标累计48项，其中大部分得到按期续展。中国兵工集团首次注册商标是于1999年注册的一件图形商标，注册类别为第24类布料床单类。该商标一直被良好地维护，至今仍处于有效状态。虽然集团公司所注册的商标基本是造型相似的图形商标，却做到了相同或相似商标在不同类别的注册，防御性的注册策略能够有效抵御竞争对手的恶意抢注。中国兵工集团的商标与品牌管理起步较早，1999年是其最早也是集中注册商标的年份，而此时企业的专利研发申请尚未形成气候，即是说集团公司在大量投入研发之前已经进行一定数量的商标注册，体现了良好的商标提前保护意识。

值得关注的是，东北工业集团作为中国兵工集团的重要子集团，近年的商标管理与品牌建设效果显著。该公司根据生产经营的需要，及时注册相关商标，并兼顾已有商标的使用和续展等工作。截止到目前，东北工业集团已有多项商标被评为吉林省著名商标，甚至已有商标在俄罗斯知识产权局申请注册。2013年，东北工业集团参加吉林商标品牌节，透过展览大力宣传自有商标，达到提高品牌知名度的良好效果。

商标跟专利一样，都是企业重要的无形资产。一项商标代表着企业的声誉与全部心血投入，一经注册成功企业自然应当用心维护，并进一步打造成优势品牌，不断提升品牌价值。随着我国军工企业知识产权意识的提高，越来越多的企业开始实施品牌战略，期望打造名号响亮的军工品牌。而商标管理则是企业品牌建设的重要一步。由于军工企业的特殊性，使用在其产品与服务上的商标也可以被看做是国有资产的组成部分。出于防止国有资产流失的角度考虑，军工企业商标的注册与维护有相当重要的意义。除此之外，中国兵工集团已开始拓展海外业务，拥有较高知名度的品牌有利于企业更好地走向国际市场。然而，我国军工企业品牌战略的实施存在一个很大的问题，现有的品牌如运20、歼20等基本上是以军方为主导，而未使这些已相当成功的品牌与企业本身相结合。大众了解这些品牌却并未被告知这些产品的生产者,这种结果是不利于军工企业自身品牌的打造的,尤其会削弱军工企业"走出去"的优势。所以,以中国兵工集团为代表的军工企业在狠抓专利的同时,还应注重商标的管理与品牌的建设,要尽力把握品牌建设中的主动权,有意识地强调产品的商标、品牌与企业的联系,推行与自身发展战略相匹配的商标战略。

四、中国兵工集团加强知识产权管理的建议

(一)提高研发水平,打造高质量专利

尽管中国兵工集团与其早年相比专利数量已大幅增长,但是并未形成稳定的增长趋势,近年多次发生波动。说明企业尚未形成持续的技术创新能力,这一现状并不利于专利数量以及专利质量的提升。另外,以中国兵工集团为代表的我国军工企业并不擅长产出相关技术的核心专利,申请的专利还是以价值较低的外围专利为主。且专利授权量保持较低的水平,专利失效率居高不下。这些现状如果持续下去还极有可能影响其海外经营战略。含金量不高的专利难以通过国外严格的专利审查,如果仅仅因为这种原因拖累企业的业务拓展显然是不划算的。所以,中国兵工集团应当将更多的资金注入企业的研发部门,必要时给予研发人员适当的奖励,以刺激研发积极性,从而提高其研发水平;同时让研发部门与知识产权部门相互配合、协同运作,共同为企业创造更多高质量的专利,真正形成企业的技术优势。

(二)加强知识产权海外布局

随着越来越多的高端装备制造企业开始拓展海外事业,知识产权的海外布局也变得越来越紧迫。多年以前,中国兵工集团的一些子集团便开始承担国际工程,致力于利用海外的优势资源将自身的特色业务拓展到海外。例如,集团公司于2010年所签订的多个海外项目创造的国际业务收入已占到当年集团主营业务收入的25%。集团公司下属的北重集团特殊钢分公司凭借其独家生产的优质产品"特种钢",成功打入美国、丹麦、印度、土耳其等10多个国家和地区的市场。特别是在"一带一路"倡议的实施

下，中国兵工集团拥有更多的实现国际经营的机会，正如集团公司与巴基斯坦签约了总金额16.26亿美元的拉合尔轨道交通橙线项目。2016年10月14日，"中国企业海外形象高峰论坛"在北京举办，兵器工业集团荣获装备制造行业"最佳海外形象企业（中东欧地区）"称号，可见集团公司已在不遗余力地推进其海外事业。

然而，中国兵工集团在实施"走出去"战略的同时却没有进行必要的知识产权海外布局。如前所述，集团公司几乎没有在国外进行专利布局，也未在世界知识产权组织申请过PCT专利。这种局面显然无法与集团公司现阶段的海外战略相匹配。由于专利权的地域性，一国授予专利的产品或技术在别国无法自动获得保护。而未在目标国申请专利的产品或技术将难以抵抗来自竞争对手的专利攻击，必将在潜在的专利陷阱中处于劣势，从而面临巨大的专利风险。如今的军工企业大多在推行"军转民"战略，许多不涉密的技术以及优势民品完全值得被推向更广阔的市场，与此同时也要做好知识产权保护。另外，一些军工企业的产品经常性地参加一系列国际展会，此时就要警惕被控侵犯知识产权的风险。一旦在展会上被举报，参展企业会面临被警告、撤展的风险，甚至损害企业的品牌声誉，进而影响日后的海外事业。海外参展是企业技术实力的体现，但在走向国际之前没有充足的调查与准备将会导致严重后果。所以中国兵工集团有必要学习国外军工巨头的做法，在走向海外市场之前就相关产品与技术申请对应国家的专利，有选择有计划地进行对应市场的专利布局。必要时借助专业的海外布局团队，为企业量身定做海外经营战略，才能更好地"走出去"。除此之外，集团公司进行品牌建设与推广时应当有意识地将其优势产品与商标联系起来，不仅要利用技术与产品吸引合作伙伴，还要借助能够代表企业的特色商标与品牌来打响海内外的知名度。

（三）加强知识产权运营管理

尽管中国兵工集团的知识产权意识已有较大提高，但是仍然同大部分军工企业一样存在知识产权成果转化率偏低，知识产权运营水平低下的问题。据统计，我国的军工企业对其国防技术成果申请专利的比率仅占5%，而这部分申请专利的技术中仅有10%~20%最终转化到商业生产中，远低于世界发达国家50%~60%的转化率。[1]通过检索incopat数据库可以发现，中国兵工集团目前发生的专利转让件数为15件，许可件数为6件，这一水平低于业内同行航天科工集团，说明其利用现有知识产权创造经济效益的能力较低。由于我国军工企业在推进科研项目时长期留有计划经济的思维，科研人员严重缺乏市场意识。大部分科研人员每当完成一项科研成果，首先想到的不是申请专利保护，而是积极寻求科技成果鉴定及相关奖励。基于这种选择倾向，首先军工专利的申请量会受到影响，其次知识产权成果的利用与转化自然也会受限；除此之外，前文所述的产权归属不明晰也是阻碍军工企业知识产权转化的重要原因。依据现行制度，军工企业即使享有转让某项专利的权利，却要向军方缴纳高昂的转让费，许多企业权衡利弊之后可能就会放弃这块的知识产权运营。再加上市场前景不明，缺乏转化机制等问题，我国军工企业知识产权转化率常年走低。

应对这类问题，发达国家的军工企业采取的做法是设置专门的知识产权管理部门独立运营其知识产权成果。如美国波音公司早在1969年就成立了名为"波音附带产品"的机构，专门用来管理专利技术转让的相关事务。虽然我国军工企业在知识产权的权利归属和成果转化方面与发达国家还有相当大的差距，且主要依靠国家制度层面的调整，但是以中国兵工集团为代表的军工企业不妨借鉴别国的先进经验，在企业层面做出更多的探索。

第四节　三一重工股份有限公司专利分析[*]

三一重工股份有限公司（以下简称"三一重工"）作为全球知名的工程机械制造企业，现已建成知识产权管理体系，具备较好的知识产权战略，知识产权实力处于行业领先水平。本节首先对三一重工的知识产权管

---

[1] 何培育.军民融合背景下国防专利转化的问题与对策研究[C].中国知识产权法学研究会2015年年会论文集.广州：[出版者不详]，2015.

[*] 本节作者为南京理工大学知识产权学院硕士研究生葛林。

理现状进行评判，并通过对其全球专利布局现状、专利公开曲线、专利质量、核心专利发展趋势、主营业务领域专利状况、专利运营6方面的研究来剖析三一重工的专利管理现状，针对海外专利布局的弱态化、专利质量和专利运营的差强人意、核心技术专利研发进程慢等问题，提出加强专利管理制度建设、"专利先行，产品殿后"的专利布局策略、建设专利质量检测部和技术前景挖掘部的建议，以冀对完善三一重工专利管理策略有所助益。

一、引言

三一重工产业和业务遍布全球，在北京、长沙、上海、昆山等地建有产业园，在印度、德国、美国、巴西等地建有海外研发和制造基地。其产品主要包括混凝土机械、挖掘机械、筑路机械、起重机械等，其中混凝土输送设备、挖掘机、履带起重机、旋挖钻机、路面成套设备等主导产品已成为中国第一品牌；混凝土输送泵车、混凝土输送泵和全液压压路机市场占有率居全国首位，泵车产量居世界首位。❶

根据2016年《财富》❷中国500强榜单，工程机械整机企业仅有三一重工等3家企业上榜，其中三一重工以营业收入233.66亿元、利润1.38亿元排名第一。❸但由于中国经济增速的放缓，三一重工在全球工程机械制造商500强排行榜中从2015年的第9名（销售额54.24亿美元，市场份额3.4%）❹下滑到2016年的12名（销售额33.38亿美元，市场份额2.5%）❺。虽然排名有所下降，但三一重工的混凝土机械、挖掘机械、起重机械等主导产品的市场占有率继续提高，混凝土机械依然稳居全球第一，挖掘机械国内连续5

---

❶ 李卫英.三一集团跨国经营知识产权转让定价决策研究[D].湖南：湖南大学，2010.
❷ 《财富》世界500强排行榜一直是衡量全球大型公司的最著名、最权威的榜单，被誉为"终极榜单"，由《财富》杂志每年发布一次。
❸ 数据来源：MBA智库。
❹ 数据来源：英国KHL集团旗下《国际建设》杂志（International Construction）发布的2015 Yellow Table。
❺ 数据来源：英国KHL集团旗下《国际建设》杂志（International Construction）发布的2016 Yellow Table。

年蝉联销量冠军。❶

在产业升级方面，三一重工在制造行业中大力推行智能制造，并积极与物联网结合，带动并领导了一场以智能制造与物联网为核心的制造业革命，拥有中国机械唯一的智能仓库。在技术运用方面，坚持以服务客户为重心，已建成一套ECC全球企业控制中心，并以云数据、智能管理、故障检测等为手段，开展物联网服务。在技术研发方面，秉承"品质改变世界"的使命，致力于建立世界一流水准的产品，每年投入研发经费高达销售收入的5%～7%，先后3次荣获"国家科技进步奖"，两次荣获"国家技术发明奖"。❷截至2014年12月31日，三一重工累计申请专利8 282件，已获授权专利5 863件，PCT国际专利申请405件。❸截至2015年12月31日，三一重工已累计获得国家授权专利近7 000件，其申请及授权数居国内行业第一。

三一重工作为国内外知名的工程机械制造企业，其知识产权战略及管理制度给大多数企业提供了一个参考标准，本节主要对三一重工的专利管理状况进行研究，通过对三一重工的专利管理现状分析调查，对其全球专利布局态势、专利公开综合趋势、专利质量、核心专利发展趋势、主营业务专利情况、专利运营等几方面进行分析，并与徐工和卡特彼勒进行对比参考，从而发现三一重工现存的专利管理问题，为完善三一重工专利管理策略提供有益意见。

二、三一重工专利现状分析

此处主要采用北京合享新创信息科技有限公司incopat专利信息平台，对三一重工相关专利数据进行检索分析，检索日期为2016年11月22日，由于发明专利从申请到授权周期长达3年，导致2014年后专利数据有一定缺

---

❶ 高辰.2016年《财富》中国500强发布 三一重工排名行业第一[N].中国新闻网，2016-07-19.

❷ 数据来源：三一集团官网。

❸ 邢晓宇.中企海外专利申请持续发展 三一重工排名前十[N].中国经济网，2015-02-06.

失,故之后的数据暂不作为参考。

（一）三一重工全球专利布局状况

根据检索到的专利数据显示,三一重工现有专利4 203件,其中在中国申请专利3 790件,在世界知识产权组织申请量专利240件,欧洲专利局有67件,美国36件,印度32件。三一重工全球专利分布地域较为广泛,涉及美国、印度、韩国、澳大利亚、巴西等地,但仅在美国和印度申请的专利数量超过30件,其他国家如韩国仅有8件,澳大利亚、巴西、德国、西班牙等国各申请5件；统计数据显示,三一重工专利布局主要是以中国国内市场为主,虽然对国外市场有所拓展,但其数量相对较少,未形成一定的规模。

在全球专利中,有效专利数量占59.21%,失效专利数量占29.62%,处于审中状态的专利约占1.33%,由此可知,三一重工的专利失效率所占的比重相对较大。在检索到的专利数据中,发生转让事件的有1 195件专利,发生许可的专利有330件,有7件发生诉讼纠纷,无效审查决定17件,无效口审19件。

（二）三一重工年度专利公开情况分析

根据三一重工年度专利公开数据,并结合三一重工年度报告相关内容,制成如图8.15所示的三一重工年度专利—事件综合曲线图,该图主要由三一重工年度专利公开数据曲线和三一重工年度事件构成。从该曲线图可知,三一重工前期专利数量保持较为平稳的增长趋势,2009年专利数量开始暴增,并于2012年达到顶峰；根据三一重工的专利发展趋势和研发状况,可将该曲线分为三阶段：发展起步阶段、高速发展阶段、发展成熟阶段。在2005年以前,三一重工处于发展起步阶段,由于前期市场疲软,市场需求量较小,于是开始致力于研发创新,打造核心产品,提升品牌价值；同时,可能出于为2003年企业上市做准备,自2001年开始重视企业知识产权建设和知识产权体系的构建,知识产权实力在逐步增长,直观表现为专利数量的稳步增长。在2005~2011年处于高速发展阶段,随着三一重工知识产权管理机制的逐步完善,十一五战略规划的制定,知识产权战略的施行，国家基础设施建设政策的出台等，给三一重工带来发展契机。重视研发创新，收购北京三一重机，发展桩工机械，启动挖掘机业务等，随着三一重工这一系列计划的展开，并辅以技术研发创新为支撑，终于取得丰厚的研究成果，专利方面表现为专利数量的猛增，实际成果效益表现为2010年市值过千亿元，中国首台千吨级起重机下线，核心部件产业链建成，2011年入围全球500强等。2011~2014年，三一重工处于发展成熟阶段，此阶段的特点主要表现在前期专利飞速增长，达到顶峰后一段时间

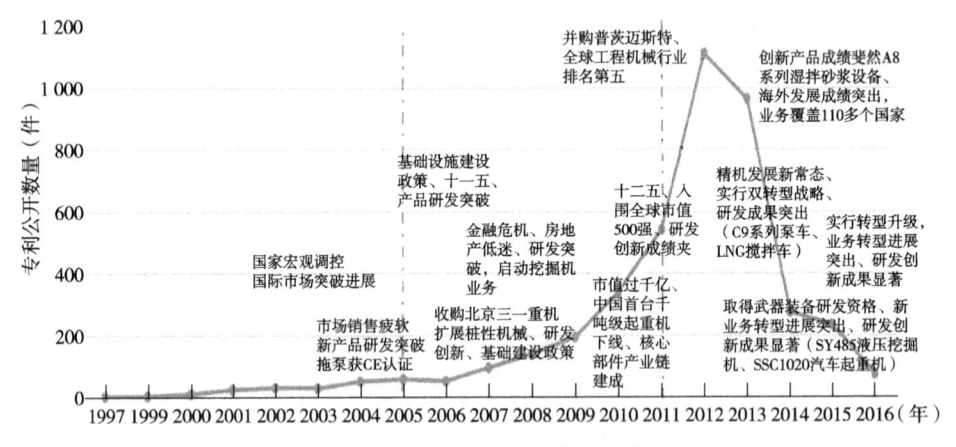

图 8.15　三一重工年度专利—事件综合曲线图

内专利增长速度有所下降。三一重工于2012年并购普茨迈斯特，其专利增长数量达到顶峰，主要原因可能是专利发展水平达到成熟期，且获得了普茨迈斯特的大量先进专利技术，已处于一个高水平的发展阶段，其全球工程机械行业排名达到第五就是很好地印证。其后，由于相关产品市场处于基本饱和的状态，开始研发新的主打产品，并积极追求高质量专利，调整专利策略，表现为专利增长数量有所下降。

综上所述，三一重工的专利发展趋势可分为三阶段：发展起步阶段、高速发展阶段和发展成熟阶段。由于起步阶段的市场疲软，其转向研发创新，打造核心特色产品。之后，由于高速发展阶段的研发突破和核心技术产业的形成，在国家政策的引导下，迎来飞速发展的契机。在并购普茨迈

斯特之后，迈向发展的新高度并进入发展成熟阶段，企业发展战略开始转向专利质量的提升。

（三）三一重工专利质量分析

1. 三一重工专利质量曲线分析

根据上述分析，三一重工在发展成熟阶段专利增长数量有所下降，其关注点开始转向专利质量，则专利质量应有所提升。由于权利要求数量能较为直观地反映出专利的价值度高低，且专利价值度与专利质量成正比，在此用权利要求数量来评估专利质量高低。根据三一重工发明专利和实用新型专利的年度权利要求平均数的变化得出图8.16，可知，三一重工在专利发展初期，专利质量成增长趋势；在高速发展阶段，前期专利质量呈上升趋势，后期专利质量有所下降；在发展成熟阶段，专利质量又呈增长的趋势。由此可很好地验证上述分析。

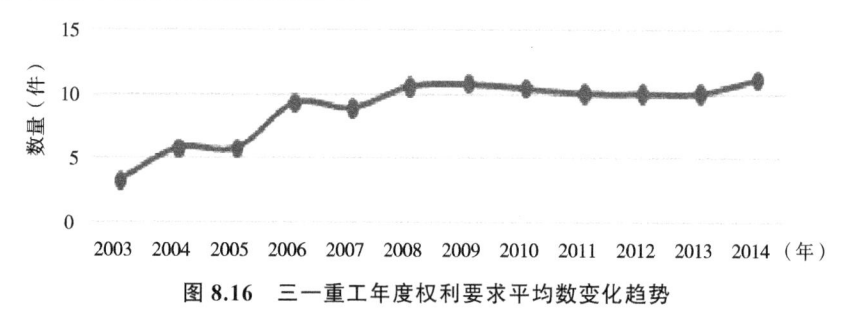

图8.16 三一重工年度权利要求平均数变化趋势

此外，上述三一重工专利质量变化曲线基本符合企业专利质量的一般发展趋势。对企业的专利质量发展趋势而言，在发展初期，企业都注重技术的创新研发，对于科研开发的技术产品要求较高，其专利的质量一般呈增长的趋势；其后在高速发展阶段，随着产业业务发展和企业发展规模的扩大，虽然科研创新技术是企业发展的支柱，但其技术研发难以跟上产业的发展速度，出于企业发展布局等需要，往往导致大量低质量专利产生，表现为专利质量在高速发展阶段后期有所下降，但不排除企业存在质和量并进的发展趋势；在发展成熟阶段，由于其技术已成熟，专利数量所带来的红利已经不能满足企业发展的需要，企业开始注重专利质量，关注其核心专利技术的研发，表现为专利质量的提高。由此可见，三一重工专利质量发展趋势具有一定的代表意义。

2. 三一重工与徐工专利质量对比分析

对比对象的选择：徐工集团即徐州工程机械集团有限公司（以下简称徐工），成立于1989年3月，是中国制造业500强之一，同时也是中国工程机械行业规模最大、产品品种与系列最齐全、最具竞争力和影响力的大型企业集团，在全球市场构建了2 000余个服务终端，6 000余名技术专家，5 000余名营销服务人员，辐射176个国家和地区的庞大高效网络。徐工集团实力雄厚，拥有较强的国际竞争力，徐州工业集团在2015年、2016年全球工程机械制造商500强企业排名榜中分别位于第九和第八。现拥有专利7 602件，在本国拥有专利7 531件，世界知识产权组织申请专利24件，欧洲专利局申请专利10件，在美国拥有9件。基于上述因素，选择徐工作为分析对比对象。

由于发明专利的授权期限较长，至本数据的检索截止期，2014年之后的大部分发明专利申请尚未授权，不能客观反映企业的专利状况，在此不予分析。鉴于此，三一重工国内专利质量曲线基本吻合企业专利质量发展趋势，且其专利质量优于徐工。而徐工国内专利质量2007年以前呈下降的趋势，自2008年起，可能基于国家政策的引导、徐工知识产权意识的提高、技术研发的重大突破等因素，其专利质量发生突变，直接达到一个较好的水平，之后维持一个较为稳定的状态。虽然徐工呈现出一种突变式专利发展模式，但还是能较好地契合企业专利质量的普遍发展趋势。另外，通过对徐工2007年以前的专利进行检索发现，专利失效率高达80%以上，可见此期其技术研发处于较为混乱的状态，没有明确的研发方向。相对而言，三一重工具有较为明确、稳定的研发方向和专利策略，而徐工2008年的重大转折对其产业发展具有至关重要的作用。在两者PCT专利质量对比中，三一重工在2009年的专利情况有点特殊，此年仅有2件专利，但其权利要求数量都超过20件，具有较高的专利价值，从其曲线来看，总体较为符合企业专利质量发展变化趋势。而徐工其PCT专利质量的变化趋势和国内一样呈突变式发展，2012年发生突变，其后专利质量水平维持较高状态，这与其自2012年起才申请PCT专利，进行海外专利布局有关。

综上所述，三一重工的专利质量变化趋势与企业专利质量的普遍发展趋势相契合，具有典型的代表意义，主要表现为：在发展初期，专利质量呈上升的趋势；在高速发展阶段前期，专利质量依然缓慢增加，但后期专利质量有所下降；在发展成熟阶段，专利质量呈现上升的趋势。通过对比发现，三一重工的国内专利和PCT专利质量普遍高于徐工，与一般企业的专利质量发展趋势有所区别，徐工的专利质量呈突变式发展模式。

（四）三一重工核心专利技术发展趋势分析

根据上述三一重工年度专利公开曲线可知，其专利发展主要分为三个阶段，此处对三阶段的发明专利进行聚类分析，如图8.17（1）和图8.17（2）所示。

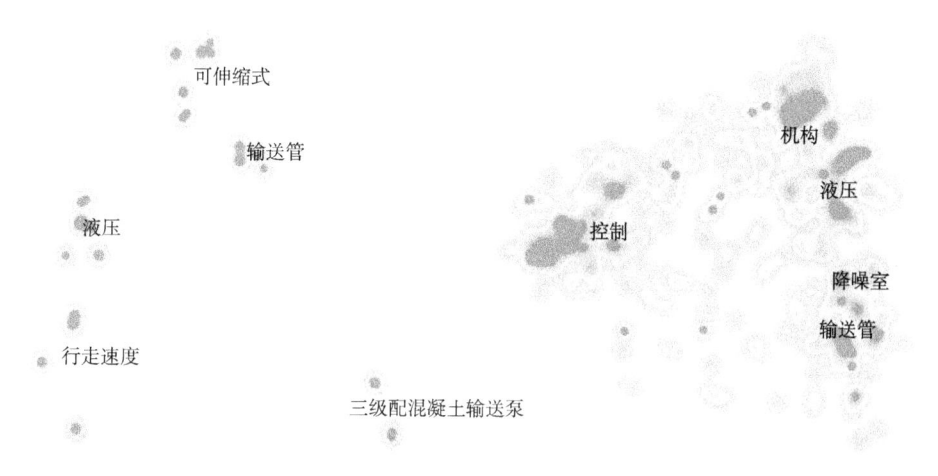

图8.17（1） 发展起步阶段发明专利聚类分析　　图8.17（2） 高速发展阶段发明专利聚类分析

发展初期，其专利聚类图如图8.17（1）所述，此阶段核心专利技术主要集中在液压、输送管、三级配混凝土输送泵、可伸缩式机构和行走速度的控制等相关专利技术上，前期专利数量较少，专利布局分布散漫。高速发展阶段，其专利聚类分析如图8.17（2）所示，专利布局已经形成一定规模，核心专利主要集中在机构、液压、控制、输送管和降噪室等方面，相比于发展初期，出现了一个新的核心技术点——降噪室，而其他四方面的核心专利技术都是在发展初期的核心技术点的基础上进一步研发创新布局发展形成。可见，在三一重工工程机械领域，机构、液压、控制和输送等方面的技术是其研发创新的核心，这几方面的核心技术共同缔造了三一重工混凝土机械的领先地位。

发展成熟阶段，其专利聚类图如图8.18所示，专利布局核心点主要集中在控制系统、机构、输送系统、压力补偿阀、输送管等方面，与高速发展阶段的专利布局核心点没有大的变化。基于上述聚类分析可知，虽然三一重工在2010年混凝土机械市场达到饱和之后开始发展其他主打产品，但其主要核心专利技术基本保持不变，即使各阶段专利布局重心有所差异，但机构、输送系统和控制系统等方面的技术依然是其发展过程中的主要核心技术。

图8.18 发展成熟阶段发明专利聚类分析

综上所述，通过对三一重工发展阶段专利的聚类分析可知，三一重工在专利发展起步阶段就形成明确的核心技术点，之后围绕该核心技术点进行技术研发，布局专利，形成核心技术领域。机构、液压、输送系统和控制系统是三一重工的主要核心技术领域。

（五）三一重工主营业务专利情况分析

根据三一重工公布的年度报告数据，对其主营业务的相关数据进行统计，可知混凝土机械是三一重工工程机械领域的主营业务，其他业务起步较晚，直到2010年才形成一定的经营规模，虽然路面机械等其他产品在早期就有所涉及，但由于当时政策和市场导向等的原因，导致其难以成为三一重工的研发核心。在高速发展阶段，三一重工的重点都在打造混凝土机械的核心技术产品上，其他产品没有突出的技术优势和产品特色，直到混凝土机械市场疲软，三一重工开始逐步打造其他主营产品。

1. 混凝土机械核心专利分析

在混凝土机械领域，其专利主要集中在E04G21、F04B53、F04B15等3个主要的IPC分类号中，基本构成三一重工混凝土机械的核心技术领域。其中E04G21是指建筑材料或建筑构件在现场的制备、搬运或加工以及在施工中采用的其他方法和设备；F04B15是关于适于输送特殊流体的泵；而F04B53主要涉及混凝土设备中的一些相关零部件。从上述三部分涉及的技术领域可知，这三部分专利技术基本覆盖混凝土的制备及运输方法、设备及其零部件，基本囊括混凝土机械的整个运作流程。由此可推知三一重工在混凝土机械这一明星品牌上已经形成从核心到零部件等的一套较为完整的技术体系，作为三一重工享誉全球的主打产品，其相关技术已处于国际领先水平（见图8.19）。

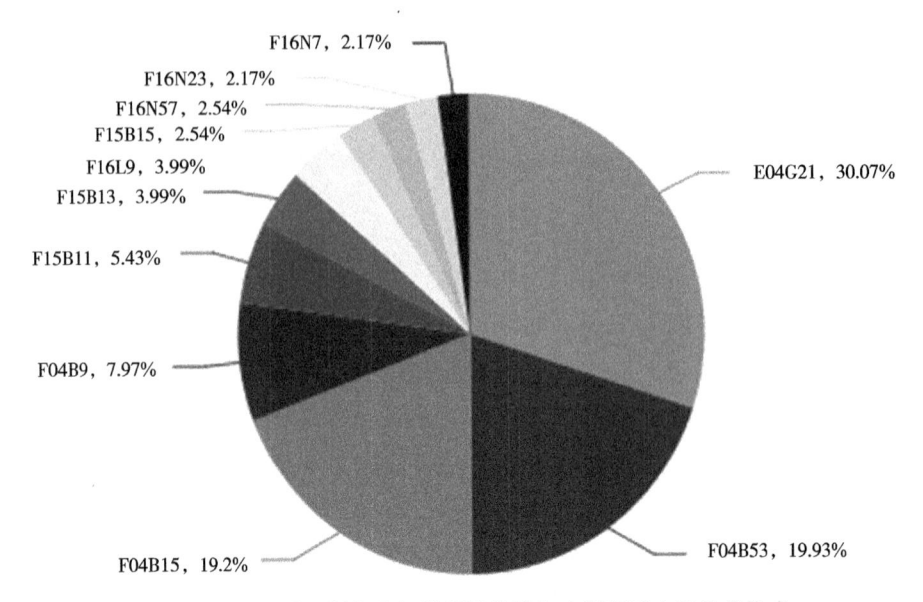

饼图数据：
- E04G21, 30.07%
- F04B53, 19.93%
- F04B15, 19.2%
- F04B9, 7.97%
- F15B11, 5.43%
- F15B13, 3.99%
- F16L9, 3.99%
- F15B15, 2.54%
- F16N57, 2.54%
- F16N23, 2.17%
- F16N7, 2.17%

图 8.19　三一重工混凝土机械领域发明与实用新型专利技术构成

　　混凝土机械在2007年之前专利申请情况较为惨淡，只在F16L类别里面有个别专利申请，直到2007年，在知识产权战略的指引下，开始向现在的混凝土核心技术领域靠拢。此外，结合混凝土机械的全球销售情况，可以发现，混凝土机械专利发展情况与其销售情况密切相关，在2009年其年销售收入超越德国普茨迈斯特，处于全球第一时，其专利才开始有明显的突破进展，逐渐形成相关核心技术领域，可见全球销量情况良好给该领域专利发展提供了充足的动力（见图8.20）。结合图8.19，E04G21、F04B53、F04B15三部分核心专利技术领域的形成主要是在2009~2012年，且以2010年、2011年和2012年的贡献最为突出，这与其核心产业链的建成、入围全球500强、并购普茨迈斯特，且取得较为显著的研发成果密切相关。从图8.20可以看出，2010年专利技术已经不在局限于核心技术领域，开始向核心技术领域之外发散，并于2012年在其他技术领域取得较好的发展状况。由此可推知三一重工逐渐致力于形成由点到面的较为完整的混凝土机械专利技术体系。

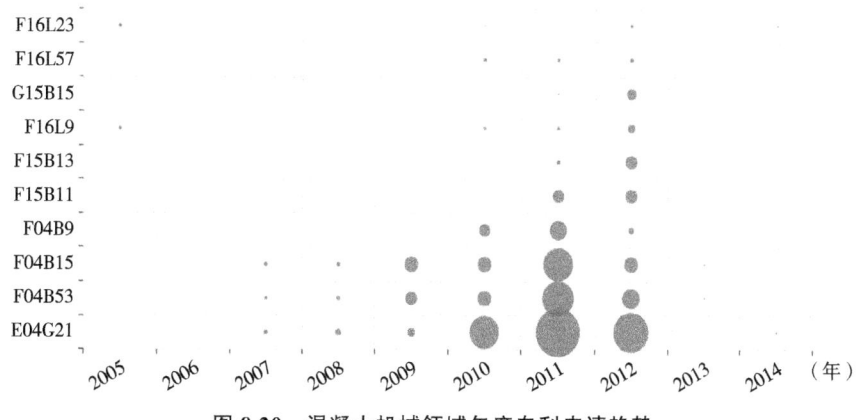

图 8.20　混凝土机械领域年度专利申请趋势

2. 混凝土机械专利失效分析

图 8.21 是混凝土机械领域失效专利的年度申请趋势图，可知混凝土机械领域专利失效主要集中在 2009~2012 年，且主要分布在 E04G21、F04B53、F04B15 三个主要核心技术领域。通过对比专利申请情况，发现在 E04G21、F04B53、F04B15 三核心技术领域之外申请的专利，其大部分已失效，由于核心技术领域申请的专利数量较多，其失效仅为其中一小部分，据此可知专利失效使其核心技术领域更加凸显，加快了核心技术领域的形成。此外，根据数据显示，2005 年在 F16L23 和 F16L9 领域申请的实用新型和发明专利，现已失效，其中实用新型专利 CN2779198Y 是未缴纳年费而导致权利终止，且该专利维持时间超过 9 年，几乎到达该专利的最长保护期限，虽然该实用新型专利表现出较高的价值，但被舍弃可能是出于其非该产品的主要核心技术领域，且快到保护期限，已没有继续保护的必要。

根据对失效专利的数据统计分析可知，该领域失效专利共 38 件，且维持时间较短，如图 8.22 混凝土机械领域年度失效专利寿命曲线图，该领域失效专利平均寿命在 45 个月左右，虽然大部分专利可归属于核心技术领域一类中，但并非该领域的核心技术专利。此外，据统计发现，在失效专利中，权利终止专利共有 19 件，且都是实用新型专利，其年度寿命变化曲线如图 8.23 所示。由于 2005 年存在一高质量实用新型专利，导致 2005 年平均寿命偏高，根据对该专利失效原因统计发现，其权利终止的原因都是出于未缴纳年费，即三一重工主动放弃该权利，由此可反映出这些专利价值度不高，不是该产业发展的核心技术。

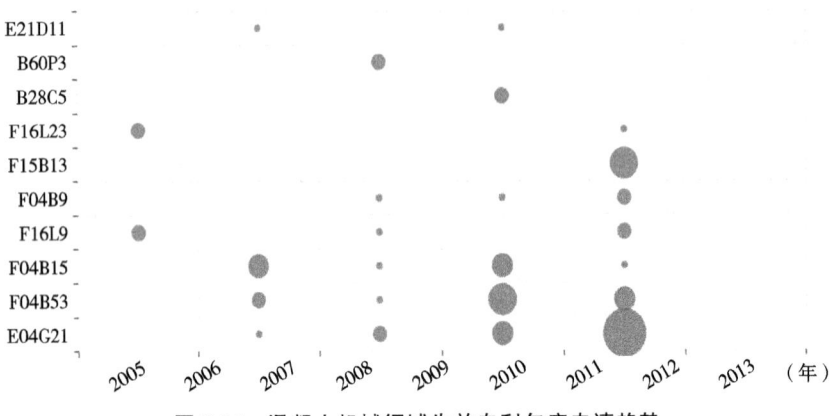

图 8.21　混凝土机械领域失效专利年度申请趋势

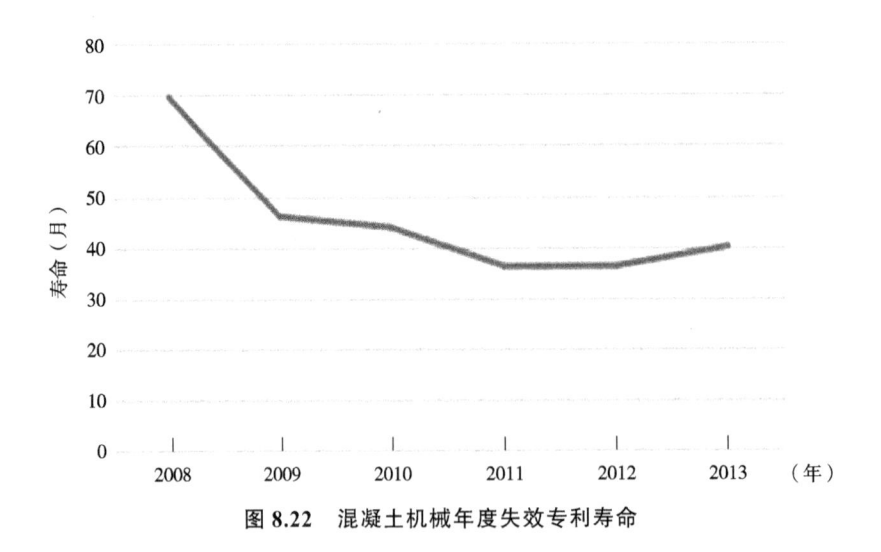

图 8.22　混凝土机械年度失效专利寿命

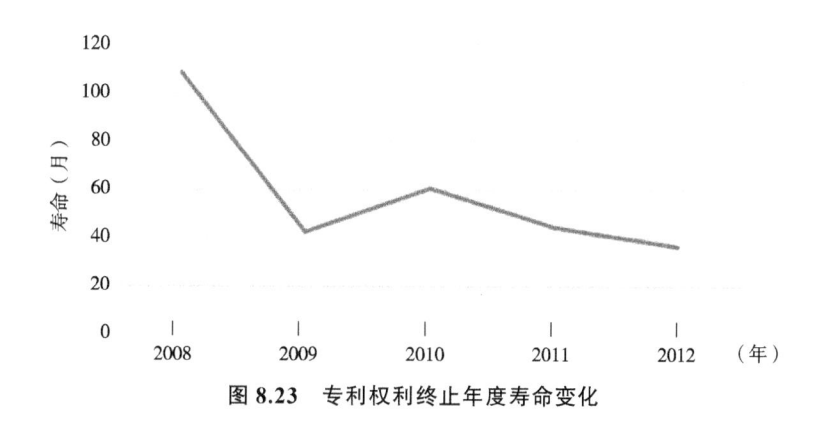

图 8.23 专利权利终止年度寿命变化

在失效的专利数据统计中，发现失效的发明申请专利共12件，其中被驳回的有10件，从其平均寿命（约为35个月）可知：该失效的发明申请专利中，大部分是因达不到发明专利的条件，实质审查不合格而导致专利被驳回，即缺乏质量。此外，根据对因放弃而失效的专利进行统计发现，该类专利全部由实用新型专利组成，且其平均寿命约25个月，其放弃的缘由是避免重复授权。由此可知该7个放弃的实用新型专利是三一重工出于专利申请策略而进行申请授权的。由于实用新型专利只需形式审查，专利授权耗费时间短，出于市场对技术的需求变化速度考虑，且由于一项技术突破往往关系产品的技术难题，能带来新的解决办法，塑造出特色产品，但由于专利申请授权期限较长，难以及时地得到保护，而产品又急于抓住技术优势，抢占市场，所以申请实用新型专利往往是最好的缓解办法。此7个实用新型专利能很好的反映出三一重工的专利申请策略。

综上所述，三一重工混凝土机械领域核心专利主要集中在E04G21、F04B53、F04B15这三部分领域上，在2009~2012年才逐步形成。产品市场对三一重工核心专利技术发展具有较强的推动作用，所涉及的专利技术基本覆盖混凝土机械的整个运作流程，形成由点到面的完整的专利技术体系。在企业发展过程中，出于对专利策略、专利质量、专利价值等的考虑，放弃部分专利能保护核心专利，加速核心技术领域的形成。

（六）三一重工专利运营情况分析

三一重工在全球机械工程行业取得的突出成就与其技术研发和专利运营情况密切相关，在前述分析中推知三一重工销售市场的扩展对其专利发展具有不可忽视的推动作用，其专利运营也促进其主营业务的发展，故对三一重工的专利运营情况进行分析，以便正确清晰的判断三一重工的专利管理情况。

1. 三一重工与徐工全球专利运营情况分析

根据数据调查显示，专利的运营主要是由许可和转让两种方式组成，由于发明专利具有较高的创造性和先进性，是企业专利发展的重心，故此处仅以发明专利为研究对象。通过检索发现三一重工共有许可转让运营的发明专利731件，其中转让专利629件，许可专利139件，国内专利运营市场占据总量的95%左右；徐工共有许可转让运营的发明专利285件，其中转让专利277件，许可专利18件，国内专利运营市场占据的份额高达97%。虽然两者在海外多个国家都有申请专利，但两者在海外的专利运营市场仅限于美国，由此可推知：美国是机械工程行业的主争市场，两者的海外专利运营情况不太理想。

通过对三一重工与徐工的专利许可运营数据进行分析发现，徐工在专利许可运营方面较弱，其许可的专利只占其运营专利总数的1/15，而三一重工专利许可运营所占的比重是其3倍。三一重工专利许可前五的专利类别为E04G21、E01C19、B28C5、F15B15、B28C7，其中除E01C19是路面机械相关领域的专利外，其他专利类别都是关于混凝土及其相关材料的制备及运输方法，都可归属于混凝土机械领域，由此可知三一重工的专利许可运营主要集中在其主营业务领域；而徐工其专利许可运营前五分别是E04G21、F15B13、B60P3、B66C23、B60S1，分别涉及混凝土相关建材的制备及运输、动力元件、运输车辆、起重机和车辆的清洗，虽然这些都属于工程机械领域的相关专利，却与三一重工的集中特点不同，其分属于不同的业务领域，是各领域具有较大价值的专利（见表8.5）。

表8.5 三一重工与徐工专利许可运营前五数据表

三一重工		徐工	
IPC分类号	专利数量（件）	IPC分类号	专利数量（件）
E04G21	15	E04G21	8
E01C19	14	F15B13	6
B28C5	12	B60P3	4
F15B15	10	B66C23	4
B28C7	8	B60S1	2

在三一重工与徐工的专利许可运营中，通过数据对比发现两者有相同的部分，其相关数据如图8.24和图8.25所示。主要是E04G21、B66C23、F04B15、B60P3这四类，其中E04G21和F04B15是三一重工混凝土机械的核心技术领域，而另外两个涉及起重机和运输车辆相关技术。在专利运营中，三一重工以混凝土机械为重心，徐工在此领域也具有一定的优势。

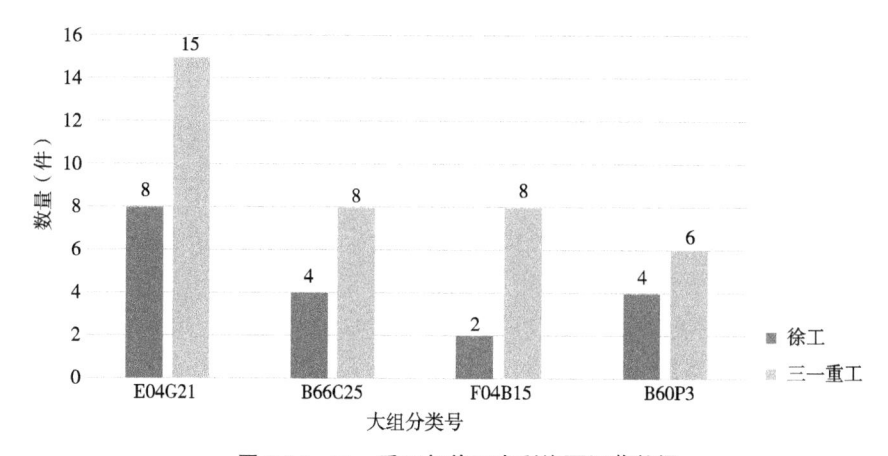

图8.24 三一重工与徐工专利许可运营数据

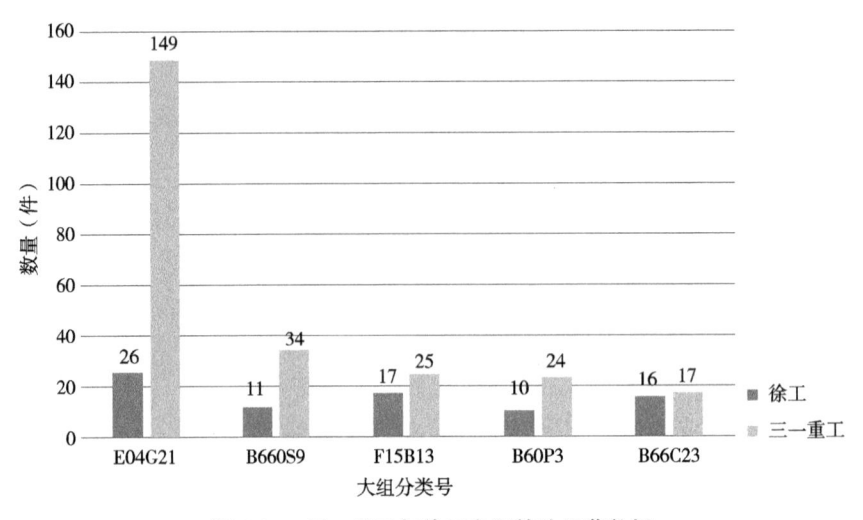

图 8.25　三一重工与徐工专利转让运营数据

　　通过对三一重工与徐工专利转让运营的数据分析发现，两者也具有相同部分，且囊括了专利许可运营数据中的大部分类别（E04G21、B66C23、B60P3），但三一重工专利转让的重点依然是在混凝土领域，而徐工在混凝土机械领域仅具有较小的优势，其转让重点集中在A62C27（陆地灭火车辆）和B66F11（其他类目不包含的专用提升装置），且两者专利转让的对象主要是其旗下公司。

　　图8.26（1）和图8.26（2）为三一重工与徐工发明专利全球专利运营聚类图，从该聚类图的密集程度和颜色深浅可判断出三一重工全球专利运营情况要好于徐工。三一重工专利运营的主要领域集中在控制系统、液压、机构、分配阀和底盘等相关技术领域，且控制系统相关技术几乎独成一系，其他4个领域之间技术关联度较大（见图8.26（1））。徐工专利运营主要集中在液压系统、控制系统、伸缩臂、连接和加水系统相关技术领域，其中加水系统相关专利技术的运营处于边缘化状态，相关联运营技术专利较少，控制系统和伸缩臂两领域在逐渐融合，是专利转让的重点（见图8.26（2））。

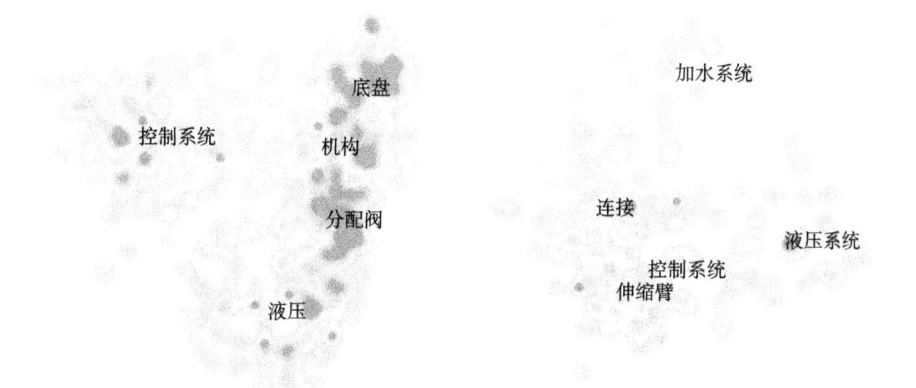

图8.26（1） 三一重工发明专利全球运营聚类分析

图8.26（2） 徐工发明专利全球运营聚类分析

2. 三一重工与卡特彼勒核心分类号F04B运营情况分析

美国卡特彼勒公司（CAT）成立于1925年，是世界上最大的工程机械和矿山设备生产厂家之一，在2016年世界500强企业中位居194名。卡特彼勒现有专利41 447件，在华专利4 011件。由于CAT在工程机械领域的雄厚实力，故选取其作为对比对象，并以F04B领域运营专利情况作为研究数据，以冀能对三一重工混凝土机械领域专利运营有所帮助。

三一重工和CAT的专利转让运营数据如表8.6所示，通过对比分析发现其运营专利存在相同部分，对相关数据进行筛选制成如图8.27所示的专利转让运营数据对比图。

表8.6 三一重工与卡特彼勒F04B专利运营数据

三一重工		卡特彼勒	
IPC分类号	专利数量（件）	IPC分类号	专利数量（件）
F04B15	79	F04B49	149
F04B53	73	F04B1	122

续表

三一重工		卡特彼勒	
IPC分类号	专利数量（件）	IPC分类号	专利数量（件）
F04B9	19	F04B53	42
E04G21	14	F04B17	28
F04B49	13	F16D31	27
F04B7	5	E02F9	24
F15B11	4	F15B11	22
F15B13	4	F01B3	21
F04B17	3	F02M59	20
F15B1	3	F04B39	20
F16K11	3	F04B23	18

从三一重工与卡特彼勒F04B类别的专利转让运营数据对比图8.27可知，两者专利转让的相同部分主要是F04B49、F04B53、F04B17、F15B11这四类，且主要集中在F04B49和F04B53两类上。其分别涉及的领域是：F04B49（不包含在F04B1/00至F04B 47/00中或与上述组无关的机械、泵或泵送装置的控制，或安全措施），F04B53（不包含在组F04B1/00至F04B 23/00或组F04B 39/00至F04B 47/00中或与上述组无关的部件，零件或附件[6]），F04B17（以与特定驱动发动机或马达的组合或适用特定驱动发动机或马达为特征的泵），F15B11（无随动作用的伺服马达系统（F15B3/00优先））。根据转让数据，可知三一重工在此领域的专利运营水平与卡特彼勒存在一定的差距，虽然三一重工在工程机械领域已处于全球先进水准，但要赶超CAT等老品牌还需一段时间。此外据统计的数据显示，卡特彼勒在F04B领域的专利运营方式是转让，没有专利许可，在此与三一重工有较大差别。

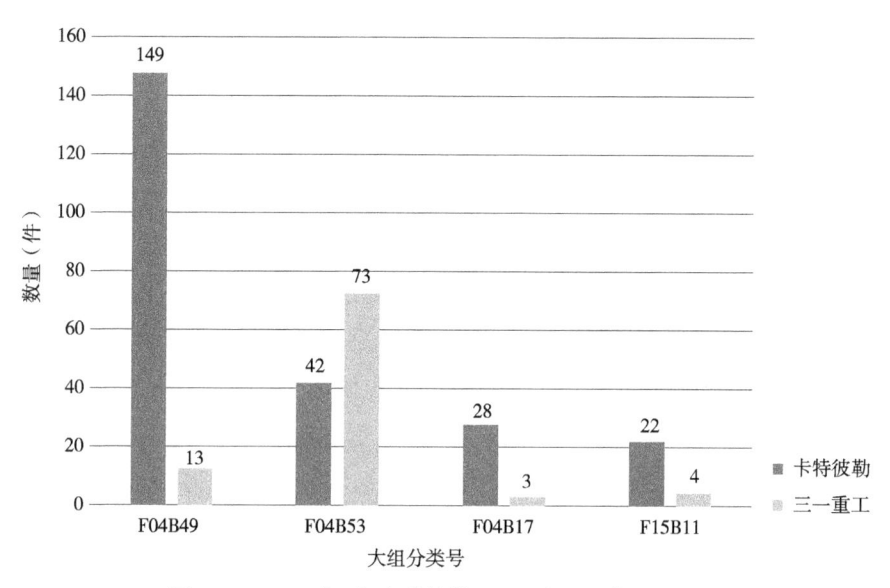

图 8.27　三一重工与卡特彼勒 F04B 专利运营数据对比

图 8.28 是三一重工在 F04B 类中的专利许可 IPC 分类图，可知其主要的专利许可类别与专利转让的类别相同，都主要集中在 F04B15、F04B53、F04B9、E04G21 领域。可见这 4 类领域的专利价值度较高，是关系混凝土机械行业技术发展、产品制造的核心专利部分。

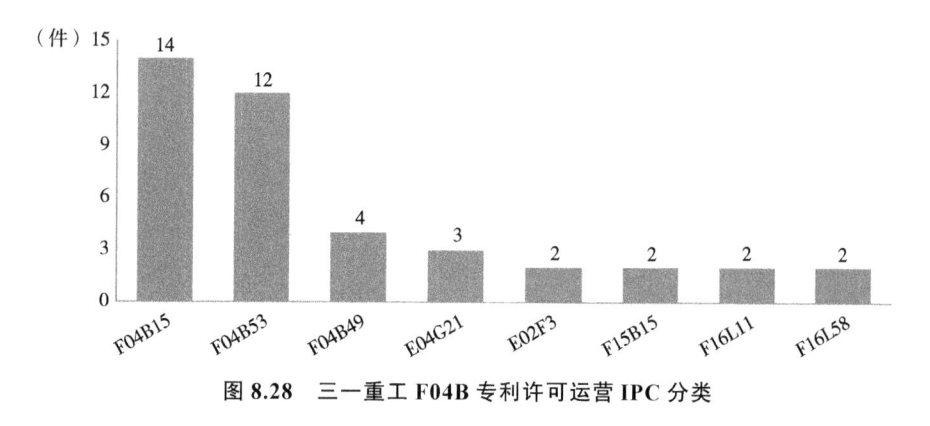

图 8.28　三一重工 F04B 专利许可运营 IPC 分类

图 8.29（1）和图 8.29（2）是三一重工与卡特彼勒在 F04B 领域专营的

聚类分析图。从图中可知，三一重工专利运营主要涉及活塞体、分配阀、机构、控制系统和陶瓷金属等相关技术领域，且主要是关于混凝土机械的相关零部件、结构、材料等的相关技术；这5类专利分布相对集中，彼此之间具有一定的技术关联度，但其整体专利分布散漫，大部分专利之间不具有关联，只在活塞体领域有较多的专利布局，可见这5类仅是运营专利中相对较为突出的部分，还有待加强专利运营核心体系的构建。卡特彼勒在此类别领域的专利运营主要集中在流体、组件、风扇旋转、系统、可变流量等相关技术领域，主要是关于混凝土设备、流体输送技术等；从图中可知，围绕这几方面的专利较多，形成了较好的专利运营策略。

图 8.29（1） 三一重工 F04B 专利运营聚类分析

图 8.29（2） 卡特彼勒 F04B 专利运营聚类分析

综上所述，相较于徐工的专利运营情况，三一重工具有明显的优势，不仅表现在专利运营数量上，而且还体现在专利运营的集中度上。三一重工的专利运营主要集中在混凝土机械领域，专利运营之间技术关联度较大，而徐工与此相比不甚明显。三一重工在F04B类别中的专利运营情况与卡特彼勒相比还存有不小的差距，未形成较为明确的专利运营体系，且运营专利之间的技术关联度不高。三一重工在F04B类别中的专利运营的价值主要体现在F04B15、F04B53、F04B49、E04G21这几类专利之中。

三、问题与对策

企业专利管理在企业经营管理中具有重要的地位,不仅能促进企业技术创新,合理的配置企业资源,还能提高企业市场竞争力,为企业发展提供重要保障。❶本节主要以三一重工为研究对象,由于三一重工的市场地位和较高的知识产权水平,对其进行专利管理研究具有典型的参考意义,对三一重工加速国际化进程,继续扩展国际市场,提高国际竞争力,加强海外专利布局等一系列规划的实行具有重要的意义。

通过对三一重工的专利管理现状进行分析,发现主要存在以下不足。

(1)海外专利布局态势较弱。由于三一重工具有的本土优势,使其专利布局的主场以本国为主,其海外专利布局数量较少;针对目前专利国际化的趋势,三一重工布局海外专利市场已成为其面临的主要任务,而三一重工的专利布局现状难以应对海外专利市场的一系列问题,不能为其产品提供较为全面的保护。故积极改善布局现状是问题的关键。

(2)专利质量有待进一步提高。根据调查显示,三一重工专利失效占比较大,且其维持年限较短;发明专利失效大多是由于专利质量不达标,虽然从三一重工的专利质量变化趋势来看,其总体符合企业专利质量的普遍发展变化趋势,但三一重工现处于发展成熟阶段,其专利质量的提高趋势不很明显,尤其是对国内的专利质量问题,更应该重视。

(3)核心技术领域研发趋势有待加强。对三一重工来说,混凝土机械是其主打产品,其核心技术领域体系已基本形成,且市场容量已基本饱和,急于打造新的业务领域,虽然挖掘机、桩工等领域早就有研发投入,但直到2010年才有所规模,难以满足三一重工急需扩展新的产品市场以缓解其市场饱和现状的需求,其核心技术的发展进程还有待进一步加强。

(4)专利运营情况还不甚理想。虽然三一重工与徐工相比,其专利运营小有优势,但相对于卡特彼勒等老牌企业来说,无论是专利运营的规模还是专利运营的体系,都还存在一定差距;三一重工专利运营市场也主要

---

❶ 冯晓青.企业专利管理略论[J].现代管理科学,2007(4):5-6.

集中在本国,其次仅在美国有少量专利运营,虽然其海外专利申请范围较广,但专利数量少,专利运营的条件不甚理想。

针对上述三一重工存在的问题,主要从以下几个方面来提出应对策略。

(1) 加强企业专利管理制度建设。企业专利管理制度是解决企业专利问题的依据,虽然三一重工已有专利管理办法等相关文件,但由于专利是企业知识产权建设的重心,有必要进一步明确专利管理流程及纠纷解决办法、权益分配细则等相关规定,合理有效的维护发明人的合法权益,确保其获得奖励和报酬的权利,有利于激励发明创造,促进企业专利发展。

(2) 有目的地实行专利布局主场转移,扩展海外专利市场。三一重工已成为全球机械工程领域的先进企业,其市场已扩展到全球多个国家,但三一重工的专利布局脚步难以跟上产品市场的扩展速度,对此,三一重工应制定"专利先行,产品殿后"的策略,有目的、有意识地扩展专利市场,提前申请获取专利保护,为产品的市场扩展创造条件。

(3) 建立专利质量检测部,主管专利质量检测,以提高专利水平。三一重工现阶段已处于专利发展的成熟期,其此阶段的主要目的就是提高专利质量,打造高质量专利产品,缔造三一重工的高质量时代。其可组织成立质量监管小组,审查申请的专利质量问题,在专利实质审查之前预先分析判断专利的实审通过率,从而促进专利质量的提高。

(4) 建设技术前景挖掘部,组织专业人员从事技术挖掘,评估技术市场,预测产业的发展趋势和技术走向。组织专业人员从事技术挖掘,对产品的研发方向和技术演进起到一定的预测作用,从而加速核心专利技术的形成。对专利技术的价值进行评估,从而决定研发投入或专利转让,有助于解决专利沉睡现象,提高专利运营率,提高专利产值。

第九章 化工产业知识产权管理实证研究

化工产业是我国重要的基础支撑产业,经过几十年的发展,在产品类型、质量保障等方面已经可以基本满足我国自给自足的需要。但化工产业知识产权保护与运营工作仍然存在一些问题,并成为阻碍我国化工产业进一步发展的重要因素。目前,我国化工企业在加强核心技术自主创新建设的同时,还需要注重知识产权管理的建设,结合国家、行业及企业的知识产权战略推进可持续发展。

第一节 概 述[*]

化工产业发端时间较早,主要涉及化工、石化、炼油、冶金、轻工、医药、环境、军工、能源与动力等领域,如今化工产业逐步向精细化发展,工作重点包括各领域的工程设计、技术开发与管理、科学研究等方面。化工产业具有能源消耗大、研发投入大、技术创新快、发展潜力大等特征,相关联行业数量多,经济总量大,在国民经济发展中具有举足轻重作用。

一、化工产业概况

从经济总量上来看,我国化工产业占国内生产总值的20%,在2015年受到全球经济放缓影响,市场下行压力增大,与2014年相比,我国化工

---

[*] 本节作者为南京理工大学知识产权学院张颖露博士。

产业主营业务收入下降6.1%，为12.74万亿元，利润总额下降18.3%，为6 265.2亿元。❶

在产量上，我国化工产业年均总产量位于世界前列。虽然化工产业属于世界经济发展的传统产业，但是受到历史原因影响，我国化工产业起步较晚，发展时间并不长。在国家给予化工产业较多关注，加强扶持力度后，经过短期快速发展，我国化工产业在产量上已有较大提升，步入世界前列。

在技术和装备水平上，我国化工产业在关键技术研究和创新水平上逐步提高，部分技术成果已达到国际先进水平。千万吨级炼油加氢反应器、循环氢压缩机等关键设备，百万吨乙烯"三机"立足国内制造；大型乙烯裂解炉、乙烯冷箱、聚乙烯、聚丙烯成套设备、化肥关键技术与装置、大型空气分离装置已经基本实现自主化；千万吨炼油、百万吨乙烯、30万吨合成氨等形成了成套工程化技术；大规模二苯基甲烷异氰酸酯、巨型工程子午胎、全氟离子膜工程技术、膜极距复极式离子膜电解槽、煤制油、甲醇制烯烃、多喷嘴对置式水煤浆气化以及粉煤加压气化技术等一批关键技术及成套设备取得突破；并相继建设了煤制油、煤制烯烃、煤制乙二醇、煤制天然气等示范工程。❷

在产品类型上，我国化工产业种类逐渐齐备，部门划分日渐细致。在现代工业方面，以石油、天然气为原料的合成材料主要包括合成纤维、合成橡胶、合成树脂等种类。在精细化工方面，精细化工是化工产业发展的趋势之一，我国精细化工种类已达到25种，品种3万多种。❸

---

❶ 中国石油和化学工业联合会.2015年中国石油和化工行业经济运行回顾与展望[J]. 国际石油经济，2016，24（2）：39-45.

❷ 张文.中国化工产业结构升级与对策研究[J].福建质量管理，2016（5）：278-279.

❸ 包括：农药、染料、涂料、油漆、油墨、颜料、试剂、感光材料、磁性记录材料、食品添加剂、饲料添加剂、胶黏剂、催化剂和各种助剂、医药及中间体、日用化学品、有机氟、有机硅、纳米材料、功能膜材料、功能高分子材料、印染助剂、塑料助剂、橡胶助剂、水处理化学品、纺织助剂、有机抽提剂、表面活性剂、皮革化学品、油田化学品、混凝土外加剂、机械和冶金用助剂、油品添加剂、炭黑、吸附剂、电子化学品、造纸化学品、精细无机盐、生物化工等。

在产业布局上,产业集聚业已形成。我国化工产业集聚区主要位于长江三角洲、珠江三角洲和环渤海地区。基于市场辐射面和国外资源优势,沿海地区化工产业园形成产品高端、市场外向的国际化发展道路。基于良好的产业基础与技术创新投入,江浙沪地区化工产业园着力建设以高精尖技术为特色的产业发展平台。基于煤、盐、化学矿等自然资源的天然区位优势,内蒙古、宁夏、云南、青海、新疆等地相继建设了一批以煤化工、磷肥、钾肥等为特色的大型化工生产基地。

与此同时,需要注意的是,化工产业对原料、能源的消耗巨大,从我国目前的情况来看,化工产业主要产品的原料为矿产与原油资源,其中,固体矿的年均消耗量约3亿吨,原油的年均消耗量为3.9亿吨。以中石油、中石化、中海油为代表的能够对资源进行有效利用与再利用,保障高投入、低污染的大型企业仅占我国所有化工企业数的2%。❶由此可见,其余90%以上的中小化工企业正在持续低效率的发展,即低投入、高污染、低产量、劳动密集,大多数化工企业以此寻求利益,必然导致人与自然可持续发展的目的相悖。

二、化工产业知识产权管理现状

(一)知识产权创造和布局

在专利方面,从产业层面来看,化工产业相关专利申请较多的技术领域是以高分子、农药、塑料制品为代表的有机化学品领域。相比之下,虽然无机化学品领域发展潜能巨大,但是实践中专利申请量较少,从侧面反映出该领域的整体研发能力较弱。从企业层面来看,选取国内外化工典型企业即中石油(中国)、中石化(中国)、巴斯夫(德国)进行对比分析。从1985~2016年的专利申请数据中可以看出,一方面,我国化工企业的国外专利申请量较少,中石化的国外专利申请量为1 707件,中石油的国外专利申请量为326件,而巴斯夫的国外专利申请量为122 808件,我国大型化

---

❶ 李志宪.我国的化工产业如何健康发展[J].安全,2015(6):1-3.

工企业与国外先进化工企业相差甚远。另一方面，我国化工企业专利申请集中于国内，而国外化工企业专利申请集中于国外，中石化国内专利申请量为20 984件，中石油国内专利申请量为6 408件，巴斯夫国内专利申请量为5 259件，单纯从国内专利申请量来看我国化工企业专利申请量更多，反映出国内外企业知识产权发展战略的差异。我国企业知识产权工作起步较晚，前期凭借地域优势着重在国内进行专利布局，而外国诸如巴夫斯一类的先进企业基于其国内市场大小、专利工作开展较早等原因，国内专利布局业已形成，近期着重关注且有能力国外市场的专利布局。另外，还应注意，近期国外化工先进企业已不再单纯关注专利申请量的提高，专利保护与运营也是其实现知识产权价值的重要手段，例如通过专利许可与转让获取相应收益，利用专利侵权诉讼保护自身权益、遏制竞争对手、获取高额赔偿金等。

在商标方面，化工领域行业覆盖面较广，相关经营企业数量较多，与化工产业相关的商标申请量与有效注册量也较多。从总体上来看，化工产业的发展速度与商标申请量有一定关联，前期我国化工产业发展较快，新产品曾经历爆发式增长，商标申请量也显著增加，近期由于经济复苏缓慢，化工产业面临结构重组与产业升级等一系列因素，使得新产品数量增长较慢，商标申请量也随之呈现出稳中有降的趋势。目前，我国化工企业已意识到商标在产品销售、市场认可度、国际竞争中的重要作用，对商标及品牌建设的重视程度逐渐加强，商标布局主要采取自主创新和对外收购的方式。例如，2013年石油化工联合会曾推荐"中国石化""三棵树""昆仑""天业""星球"等一批产品商标为当年化工产业知名品牌；中石油跨境收购"安迪苏"（法国）、"罗地亚"（法国）、"凯诺斯"（澳大利亚）、"阿达克斯"（瑞士）等国际品牌。

综上所述，我国化工产业目前仍处于知识产权发展早期阶段，即单纯的数量增长期，质量和运用能力较弱，没有通过有效的管理措施将知识产权融入产业整体发展，无法有效应对全球化形势下的国际知识产权竞争。

（二）知识产权管理体系

我国化工产业的知识产权管理体系建设与其所处发展阶段有重要关联，具体表现为以下特征。

首先，20世纪80~90年代，基于个人知识产权意识的初期管理。我国化工产业的专利工作起步较早，在《专利法》开始实施的当天，燕化研究院便提出第一件铿系聚合工艺的专利申请。在此后的10余年间，不断有化工产业相关技术提出专利申请，其包括多项重要的产业关键共性技术专利都是在此期间申请并获权的。虽然由于经济形势、市场完善度、知识产权意识等各种原因，这些专利权很少被许可或转让，但其专利申请本身对化工产业知识产权管理工作仍有较大的推动作用，使得技术人员与企业对专利权、专利申请不再陌生，并逐渐意识到知识产权将会成为化工技术研发工作的一部分。然而，这种以个人知识产权意识为基础的管理尚未形成特定的管理组织与管理规则，国内企业或科研院所对知识产权工作仅限于指派几名技术管理人员兼职管理，运行效率不高，与现代化工企业的内部管理不相匹配，不能适应市场经济的发展形势。因此，在此10余年间，我国化工产业的知识产权管理体系尚未建立成形。

其次，20世纪末21世纪初，适应市场经济，设置知识产权管理机构。在此阶段，以专利为代表的知识产权已逐渐成为化工企业市场竞争中的经营资源之一。随着企业规模与技术需求的扩大，技术人员与技术成果的数量也不断增加，此时，仅凭几名技术管理人员兼任知识产权管理工作已不能满足企业发展的需求，相继成立专门的知识产权管理机构，并设置专职人员参与知识产权管理工作。例如，1995年，燕化研究院设置技术贸易与许可部作为知识产权专门管理机构。知识产权管理机构的设置及时有效地解决了技术成果管理的历史遗留问题，与此同时，专利申请量也取得显著进步，知识产权管理初见成效。

最后，近十年，完善知识产权管理体系，制定知识产权战略规划。对技术创新的迫切需求和知识产权布局意义的日益凸显，我国化工企业开始从战略高度，以知识产权的创造、运用和保护为管理要素，继续优化知识产权管理体系。在此阶段，国内大型化工企业相继成立知识产权工作委员会、知识产权办公室等知识产权工作机构或岗位，基层单位也特聘一批律师、专利代理人、接受过培训的技术管理人员从事或参与知识产权工作，初步建成从企业总裁办公室到基层单位的知识产权工作网络。知识产权战略规划是知识产权管理的关键性环节，其实施有利于建立知识产权各部门与企业决策部门的信息交流渠道，明确各部门在实施知识产权战略的职责，促进知识产权管理工作协调一致。

（三）知识产权的商业化运用

国际市场中传统化工技术已较为成熟，加之全球经济复苏速度缓慢，企业间生产经营竞争激烈。目前，国外先进化工企业主要从三方面获取利益，第一，对大型化工生产装置的技术改进，从而降低成本、提升产量、扩大收益，例如，大型炼油装置、乙烯装置、原料装置等；❶第二，利用技术优势，实施精细化工的深度研究，逐步完善产品结构；第三，积极开展专利运营工作，利用专利交易获取知识产权无形资产的价值。

我国化工企业在知识产权运营上主要涉及专利许可与专利购买，目的在于对自主创新能力有限的领域进行技术补充。例如，海尔采用网络征集的方法，主动公布企业发展中遇到的技术难题、希望获得的相关技术、专利、商标等，提高知识产权商业运营的效率。中石化通过引进—消化—吸收—再创新的模式，以技术引进为手段，以自主创新为目的，形成一批具有自主知识产权的高质量技术，并通过购买、交叉许可、共享等方式参与国内外产学研协作。

（四）知识产权诉讼和竞争

我国化工企业还在积极关注技术创新与专利申请之时，国外先进化工企业，例如壳牌、英国石油公司、雪佛龙等，已开始利用专利侵权诉讼获取利益。这些企业的通常做法是首先采取"放水养鱼"策略，当发现我国

---

❶ 史群策，张廷芹，张艳丽.国内外精细化工现状及发展趋势[J].黑龙江石油化工，2000（11）：4-6.

企业有侵权行为时，并不急于诉讼或向我国企业收取专利许可使用费，而是静候我国企业侵权到一定规模或企业生产已离不开该专利技术时再提起专利侵权诉讼，此时，一方面侵权数额较大，另一方面我国企业发展必须使用该专利技术，外国企业也就达到收取高额侵权赔偿费用或专利许可使用费的目的。此举是国外先进化工企业利用其技术优势，以及对国际知识产权诉讼规则的熟练运用，达到获取高额利益、限制甚至扼杀竞争对手的目的。目前，我国化工产业知识产权诉讼的特征为以下几个方面。

第一，涉外被控侵权多。我国化工企业在知识产权诉讼中多为被控侵权的主体，且诉讼对象多为涉外主体。例如，2005年欧洲农化博览会，由于巴斯夫、拜耳公司提出参展的数家我国企业侵犯其知识产权，有两家我国企业在展会现场被当地警方当场拆除展台，另外十几家我国企业的参展信息被从博览会目录中删除。2009年英力士氟化学公司在美国对我国4家化工企业提起专利侵权诉讼。[1]与此同时，在我国化工企业国际市场拓展过程中还经常遭遇反倾销诉讼，以及美国"337调查"。其中，"337调查"对知识产权侵权的调查范围较为广泛，在技术领域既包括侵犯专利权，又包括侵犯商业秘密的调查，且较易判定被控企业构成侵权。

第二，诉讼费用高。化工产业知识产权诉讼案件由于其本身技术适用性较强，产品价值较高，再加之外国企业"放水养鱼"策略的有意为之，通常涉及诉讼标的额和赔偿额都较高，因此相应的诉讼费用也较高。例如，2005年富莱克斯在美国起诉我国圣奥公司的产品侵犯其专利，请求法院判决圣奥公司支付2 000万美元的赔偿金。2008年我国华奇化工公司在美国被以侵犯商业秘密为由发起"337调查"，虽然经过漫长的诉讼过程，华奇化工公司最终胜诉，但其应诉投入已超过1 000万美元。鉴于此，许多国内中小化工企业对可能出现的高额诉讼费用望而却步，最终只能以承担极为不公平的条件与外国企业"和解"。

第三，专业性强。化工产业的知识产权诉讼中发明专利案件数量较

---

[1] 李明星.知识产权促进战略性新兴产业发展实证研究[J].科技进步与对策，2013（3）：2-3.

多，其诉讼标的、证据等通常涉及化工产业的前沿技术，专业性较强。❶在这类诉讼的实施过程中需要既具备专业性较强的技术知识，又懂法律知识和能熟练处理诉讼实践的人才，而我国化工企业中此类知识产权人才较为缺乏，一般是由技术人员经过知识产权培训后处理相关事务，或者由技术人员和法务人员共同处理一个案件。

第四，集群诉讼少。我国化工产业涉外知识产权诉讼的主体主要是企业，在实践中各企业通常"各自为战"，没有形成多家企业或者企业与行业协会相互协作的诉讼策略。例如，2013年印度对涉案的我国6家化工企业提出反倾销调查，仅有1家企业提交调查问卷。2014年印度对我国5家化工企业提出反倾销调查，5家企业均没有提交调查问卷。我国化工企业在面临知识产权纠纷时，通常单独应对，或逃避诉讼，或进行"和解"，接受不利条款，但是也有通过集群诉讼成功维护自身权益的案例。2005年欧盟对昌乐地区塑料企业提起反倾销诉讼，在县塑料行业协会的协调下共同应诉，最终参与应诉的企业中有19家胜诉。我国化工企业在利用知识产权制度发挥专利价值和技术竞争优势的能力较弱，应当在应诉上积极联系相关企业或行业协会，发挥集群合力。

三、化工产业知识产权管理发展趋势和战略措施

"十三五"是我国化工产业转型升级的关键时期，增长潜力和下行压力同时并存，知识产权管理面临的环境严峻复杂，有利条件和制约因素相互交织。

从国际看，技术创新的重点领域为化石能源替代技术，知识产权布局重心进一步向东亚和南亚地区转移。同时，"一带一路"倡议为我国化工企业参与知识产权国际合作提供了新的机遇。

从国内看，第一，战略性新兴产业和国防科技工业的发展，制造业新模式、新业态的涌现，以及消费需求个性化、高端化的转变，促使化工产

---

❶ 罗伯特·P.杰斯，彼特·S.迈乃尔，等. 新技术时代的知识产权法[M]. 齐筠，张清，等. 北京：中国政法大学出版社，2003：106.

业技术创新重点为绿色、安全、高性价比的高端化工技术。第二，科研投入持续增加，科研经费占销售额的比重达到1.2%。第三，强化行业标准，包括化工新材料、新一代环保型化学品的标准化；绿色产品、企业、园区评价标准的研究；结合"一带一路"倡议，关注橡胶、塑料、化肥、涂料等领域的国际标准制定工作。第四，对国民经济发展急需的重点领域强化知识产权管理工作，包括工程塑料工业技术、电子化学品工艺技术、功能性膜材料、新型生物基增塑剂和可降解高分子材料等。第五，创建一批国家和行业知识产权管理平台，促进产学研协同创新，形成一批具有成长性的新的经济增长点。[1]

基于以上知识产权管理现状与发展趋势的考量，我国化工产业的知识产权战略措施主要包括以下方面。

第一，采取积极的知识产权诉讼应对策略。积极策略是指化工企业通过积极而科学的诉讼策略保护自己合法权益不受侵犯，包括积极起诉和积极应诉。具体说来，首先，要详细掌握技术与法律相关信息，包括受诉国有关知识产权的各项法律法规，适用的国际条约、国际贸易协定、WTO相关规则，以及相关技术与产品的信息。其次，在诉讼前对诉讼过程与结果进行充分了解与评估，制定完善的应对措施与计划，例如诉前风险评估、证据收集、诉讼费用、执行难度等。再次，积极利用各种诉讼保障措施，例如诉前停止侵害、财产与证据保全、先予执行等。最后，充分借助多方力量，提高胜诉几率，例如国家公证机关、行业协会、知识产权服务平台、产业园区等。

第二，发挥行业协会在知识产权管理中的组织协调能力。例如在美国遭遇"337"调查的虽然只是部分企业，但是其败诉或不应诉的结果实际是针对我国整个产业的，同领域产品进入美国市场都会遭到阻碍。此时，相关行业协会应当发挥积极作用，一方面寻求政府、律师事务所等多方支持，另一方面组织行业协会成员共同出谋划策，组成利益共同体，分担风

---

[1] 中华人民共和国工业和信息化部.石化和化学工业发展规划（2016~2020年）[R].2016.

险、化解成本、共享利益。

第三，注重化工知识产权专业人才培养。随着经济全球化和我国市场经济化的进一步发展，高素质知识产权人才在化工产业尤为重要也十分稀缺。目前，许多高等院校在招生时通常更为关注金融、计算机、会计等看似更"高大上"的学科，导致与化工产业相关的专业高素质人才较少，对于化工产业知识产权管理的发展是非常不利的。根据前文所述，化工知识产权管理需要有良好的化工专业知识为基础，普通文科类的知识产权法相关专业的学生一般无法胜任此类理工科专业技术性较强的知识产权工作。因此，应当在高等院校与职业培训中运用交叉、融合式的教学方法和模式，在化工知识产权人才培养过程中注重理论与实践相结合，提高我国化工产业知识产权人才数量。

第二节　中石化专利分析[*]

中石化作为国内最大的综合一体化石油化工企业，现已拥有专利4万多件，其专利拥有量已然达到较高层次，并已建成符合自身发展需要的知识产权管理体系，拥有较为完备的知识产权战略，对国内众多企业发展知识产权具有重要的参考价值。本节在分析中石化知识产权的基本现状之上，主要通过对中石化总体专利情况、主要核心技术领域专利、市场应用领域相关专利三方面分析，针对其专利质量与专利数量发展相协同，但乙烯的技术发展水平超前于整体专利发展水平；发明授权专利失效主要集中于1986~2004年，且与埃克森美孚的核心专利技术发展期正好相反；中石化专利即将进入发展成熟期，但技术市场化应用较差，没有形成明显的专利运营体系等问题，提出构建海外专利实验基地；组建专利质量检查部门；加强专利运营中心建设，构建完整的专利运营体系；实行海外专利战略性购买策略等建议，以期对完善中石化专利管理策略有所帮助。

---

[*] 本节作者为南京理工大学知识产权学院硕士研究生葛林。

一、引 言

中国石油化工集团公司简称中石化（SINOPEC GROUP），是国内最大的综合一体化石油化工企业，其前身是中国石油化工总公司，于1998年7月组建。作为国家独资设立的国有公司、国家授权投资机构和国家控股公司，其年收益长期位于世界500强前列。在2016年福布斯世界500强企业名单中，中石化以4 276亿美元的销售额和77亿美元的利润排名第24位。中石化现拥有全资子公司、控股和参股子公司、分公司等超过80家，拥有15家油田企业、38家炼化企业，在30个省份拥有成品油销售企业，还拥有设计、施工单位8个，科研单位9个，在欧洲、东南亚、中亚、沙特等12个国家设有境外代表处，与58个国家或地区开展业务往来。❶

中石化作为中国知识产权倡导者和石油化工行业知识产权的领军者，在知识产权领域为其他企业树立了标杆。经过多年努力，在勘探、炼油、化工业务领域的知识产权成果突出，在石油工程与技术服务业务领域形成了拥有自主知识产权的I技术体系。❷在国家知识产权局发布的2015年我国专利申请、授权及国际专利申请（PCT）等数据中，中石化以2 844件的中国发明专利授权量在企业排行榜中居于首位。2015年，中石化及其所属单位共申请国内外专利6 128件，获得专利授权4 343件，在第十七届中国专利奖颁奖大会上，获得专利金奖1项，优秀奖8项，截止到2015年，中石化共获专利金奖18项，优秀奖68项。❸

中石化重视知识产权创造与发展，着重加强基础及其应用的研究，根据各个领域的实际情况分析其知识产权的现状和竞争趋势，以制定相应的知识产权战略，同时注重专利的引进、消化、吸收及再创新，形成一套自

---

❶ 数据来源：中国石油化工集团官网及其年报。
❷ I技术体系，主要包括：精细地震勘探（I-Fine）、复杂地区复杂油气藏勘探（I-Complex）、油藏地球物理（I-Reservoir）、海洋地球物理勘探（I-Offshore）和非常规资源勘探（I-Unconventional）、实验地球物理（I-Experiment）、地球物理装备（I-Equipment）、地球物理软件（I-π frame）。
❸ 瞿剑.中石化居发明专利授权量企业榜首[N].科技日报，2016-01-19.

主运作的知识产权机制。中石化知识产权战略不仅为其适应石化领域的全球化行业竞争和发展起到指引作用,还对其在进军全球市场过程中解决知识产权问题,对我国其他领域高新技术企业的发展提供参考范本。

二、中石化整体专利情况分析

为进一步了解中石化的专利状况,这里主要运用北京合享新创信息科技有限公司INCOPAT专利信息平台,对中石化专利及其相关数据信息进行检索分析,检索日期为2016年11月9日,由于发明专利从申请到授权周期长达3年之久,导致采集到的2014年后专利数据比实际少,故之后的数据暂不作为参考。

(一)国内外专利情况分析

中石化专利布局以国内为主,国内专利发展水平较好,海外专利布局力度较弱。根据检索数据显示,截止到2016年10月底,中石化现有专利数量43 494件,其中,专利公开42 405件;国内专利40 557件,发明申请专利共21 156件,占比52.16%;发明授权专利12 067件,占比29.75%;实用新型专利7 221件,占比17.8%;外观设计专利113件。从其全球专利分布图可知,中石化的专利布局主场主要在国内,虽然其国外专利布局范围较广,但其总体布局数量较少,布局力度较弱(见图9.1)。

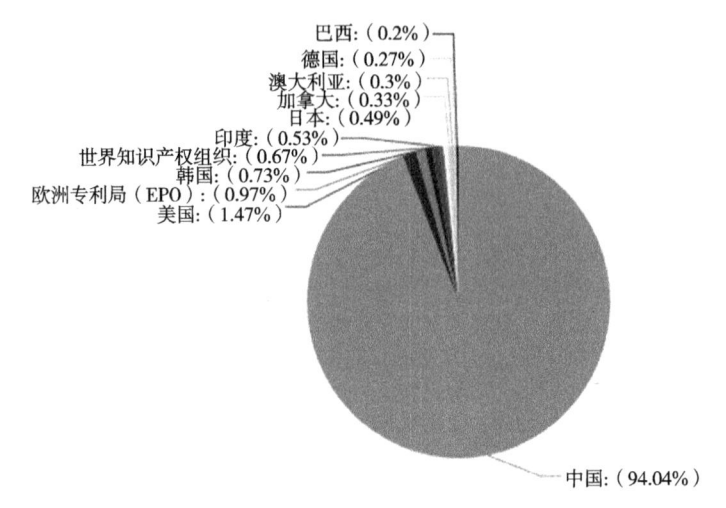

图 9.1 中石化专利分布

（二）专利公开趋势分析

根据中石化专利公开趋势，其专利发展可分为专利发展初期和专利快速发展期，据推测，2015年或2016年，其专利发展进入成熟期，而技术研发是推动中石化持续创新发展的潜在力量。

根据检索数据，结合中石化年报进行数据统计分析，制成如下专利公开综合曲线。从图9.2可知，2009年以前，中石化的专利增长趋势较为缓慢，在2001年"入世"之后，专利开始小幅度增长，2003年达到小高峰，之后基于国际油价大幅攀升，国内油价紧缩调控的整体环境，其专利基本维持在一个较为稳定的状态。虽然在2008年经历金融危机，但可能由于中石化2006年第一个百万吨乙烯项目的实现，掌控欧Ⅳ排放标准的油品生产技术的支撑，我国自2007年起大力发展知识产权战略的政策支持，中石化技术研发的创新驱动等因素，致使其在金融危机中仍旧维持一个较为良好的发展状态。

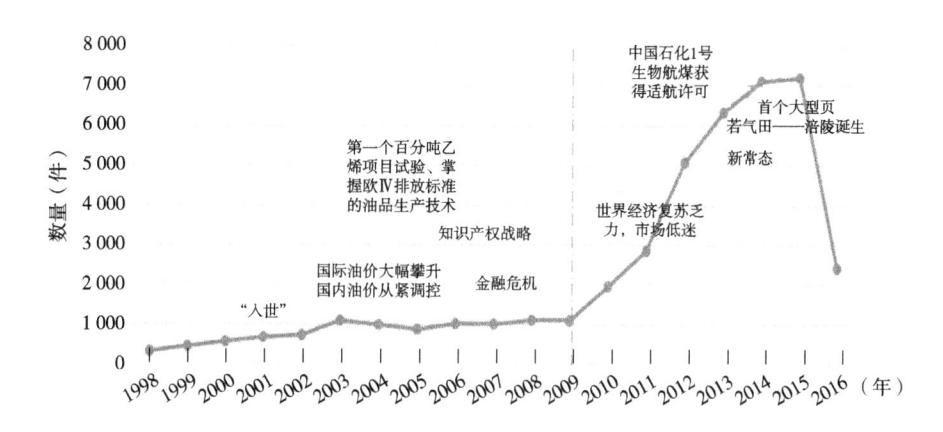

图9.2 中石化年度专利公开综合曲线

2009年，中石化专利开始爆发式增长，2013年之后增长态势才有所放缓。由于2015年及之后数据不全等原因，本文分析以2014年为节点。在此阶段，由于世界经济复苏乏力，石油石化市场低迷，为缓冲此等环境所带来的不利影响，中石化大力发展研发创新，2013年，中国石化1号生物航煤获得适航许可，2014年，首个大型页岩气田——涪陵诞生。随着我国经济进入新常态，中石化的知识产权战略也进入新的发展阶段。综上，可以将中石化的专利发展分为两阶段，2009年以前是其专利发展初期，2009~2014年是其专利快速发展期。从总体发展趋势来看，在2013年专利增速放缓，2014年已处于快速发展的末期，预计将进入发展成熟期。

根据中石化年报相关数据显示，在发展的各阶段中，技术研发成果不可忽视，每年都有若干国家科技进步奖和技术发明奖，对中石化技术的发展、新产品的产生、市场的开拓、专利的发展等具有巨大的带动作用。由此可见，技术研发是贯穿于其发展始终的一个重要背景因素，是其应对国内外复杂环境的一个主要策略。

（三）专利质量分析

中石化专利质量发展趋势与其专利发展情况相对应。根据中石化专利质量发展情况，可将其发展趋势以2010年为分界点分为两个阶段：专利质量发展初期和快速发展期；据发展趋势可判断，2015年或2016年将进入专利质量发展成熟阶段。

专利质量是评判企业专利发展水平的一个主要因素，但由于专利质量内涵十分复杂，缺乏统一客观的评价标准，❶所以，很难对此有一个直观的评判。由于专利质量与专利价值联系密切，而专利价值的评判主要是通过对其权利要求数量的多少及其权利保护的严密程度来衡量，故可以通过权利要求数量间接的反映专利质量高低。

根据检索数据，对中石化年度权利要求数量进行统计分析，制成如图9.3所示的专利质量变化曲线，可知2010年是中石化专利质量的低谷，其后专利质量有所回升，故以2010年为分界点，将中石化专利质量发展曲线分为两部分：专利质量发展初期阶段和专利质量快速发展阶段。在专利质量发展初期，由于2006年百万吨乙烯项目的实现和欧Ⅳ排放标准的油品生产技术的掌握，科技研发成果突出，产生了数量较多的高质量专利，在图9.3中形成小高峰。此后可能由于2007年川气东送工程的核准和收购5家炼油企

---

❶ 刘洋，郭剑.我国专利质量状况与影响因素调查研究[J].知识产权，2012（9）：72-77.

业,同时基于当时国际油价飙升和国内紧控的环境,导致中石化货币资金远低于往年,在技术研发方面的投入有所降低,致使技术产出率低,专利质量有所下降。之后,随着知识产权战略的引导,中石化加大研发投入,注重知识产权的发展,其专利质量有所回升。但可能由于政策红利的诱因,导致2009年和2010年专利申请数量的大幅增长,其专利质量相对有所疏忽而呈下降的态势。在专利质量快速发展阶段,一般而言,专利质量与专利数量普遍呈前期正比后期反比的关系,故中石化专利质量快速发展阶段能很好地契合专利质量的发展趋势。据此可以推测,2014年处于其专利质量快速发展阶段的末期,其在2015年或2016年将进入专利质量发展成熟阶段,专利质量将迎来一波新的提升。

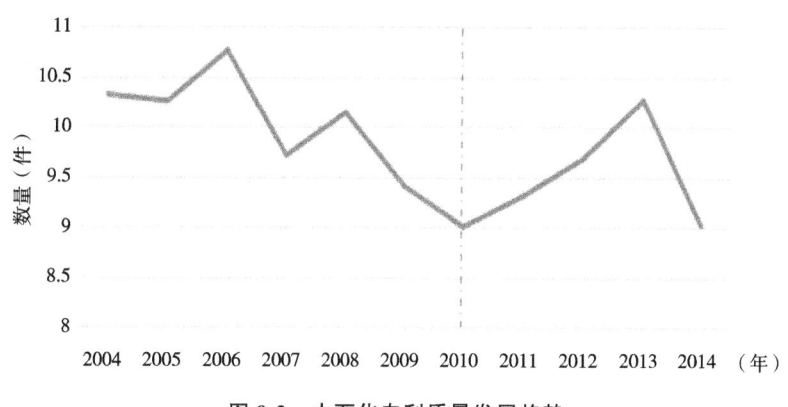

图9.3 中石化专利质量发展趋势

（四）专利无效分析

在中石化的专利组成中,失效专利占据很大一部分,约为16.7%。失效专利的产生因素很多,无论是主动失效还是被动失效,往往都能反映出企业的专利管理或布局策略,具有重要的价值。通过对中石化失效专利进行分析,期望能对研究中石化专利策略有所帮助。

1. 实用新型专利无效分析

中石化失效实用新型专利中近12.5%是其核心专利,其他33.3%是中石化出于专利策略考虑而主动放弃或终止。由于申请趋势的带动作用和申请策略等原因导致失效实用新型专利与发明专利申请的暴增期重合。虽然失效实用新型专利质量低于发明专利，但其专利质量变化相对发明专利而言更为平稳。

通过检索发现中石化失效实用新型专利共2 697件，其失效原因主要由撤回、放弃或终止、期限届满和其他等组成。根据其数据统计，期限届满的实用新型专利约为350件，占总数的12.5%，而放弃或终止的实用新型专利占总数的66.7%以上。通过进一步对放弃或终止的原因进行统计发现，因避免重复授权而终止的实用新型专利约120件，因未缴纳年费而终止的专利约1 900件。由此可见，在失效的实用新型专利中，约有12.5%的专利是其核心专利，由于核心专利价值较高，大部分直到期限届满才失效进入公知领域。而近66.7%的专利失效都是因基于中石化专利策略主动放弃所致，因为为避免重复授权而放弃实用新型表明中石化在此实用新型专利申请之初也提交了发明专利申请，由于实用新型审查时间较短，能较快的获得保护，往往是企业快速获取保护抢占市场的策略之一，而未缴纳年费而终止表明此类专利价值不高，中石化通过价值衡量而对其做出取舍，也体现出其专利策略。

通过对失效的实用新型专利申请趋势与中石化发明专利申请趋势进行对比研究发现，这些失效专利的申请时间主要集中在中石化发明专利申请数量暴增阶段，此种现象的产生可能都是因为：专利数量暴增引起大量价值不高的实用新型专利产生；此阶段有较多高质量专利产生，为保护高质量专利，而申请实用新型。也即申请趋势的带动作用和申请策略原因共同作用的结果。

通过对失效实用新型专利数据进行统计可知，由于实用新型的创造性和新颖性等要求低于发明专利，其质量水平也远低于发明专利质量水平。实用新型专利由于其权利要求数量一般只有4～6个，所以其专利质量曲线波动较少，较为稳定。2004～2007年，失效的实用新型专利质量开始下降，可能是由于其专利发展初期，中石化注重发明技术的研发，而忽视了实用新型专利质量，其后由于知识产权战略的引导，且实用新型专利申请较为容易，中石化也较为注重实用新型专利，其专利质量开始上升（见图9.4）。

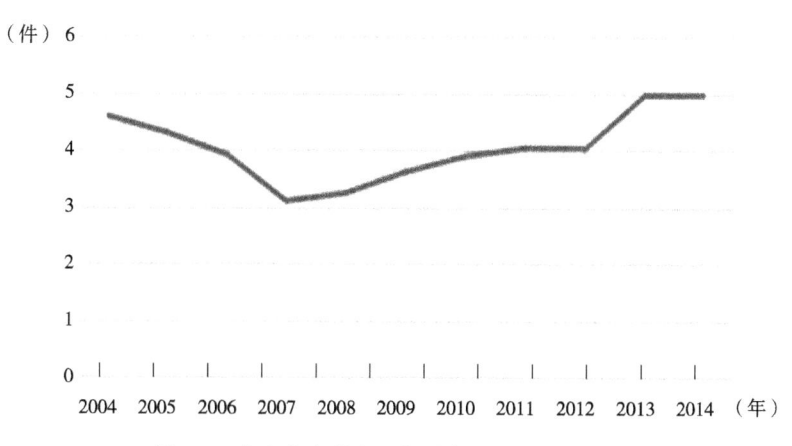

图 9.4 中石化失效实用新型专利质量变化曲线

2. 发明授权失效专利分析

在中石化失效的发明授权专利中，大约有20%是其核心技术领域专利；其他失效专利大都出于其专利策略而主动放弃。失效专利主要集中在1986～2004年，主要是因为保护期限到期和技术的更新换代，致使此段发明授权专利大量失效。1998～2006年的失效专利主要集中在催化剂等核心技术领域，其专利质量较高，而2006年之后的失效专利由于其大部分是政策引导的产物，专利价值不高，其专利质量较2006年之前要低。

如图9.5所示，发明申请专利失效的主要原因是申请过程中撤回或因不能满足实质审查条件而被驳回，基本涵盖了上述撤回和驳回原因的全部，部分发明申请是权利人未在3年内提出实质审查请求而终止。而发明授权失效原因主要集中在放弃或终止和期限届满等因素之上，其中大约有250件是期限届满而终止，表明在1 172件发明授权专利中，约有20%是核心发明专利。在其放弃或终止的发明授权专利中，因未缴纳年费而终止的占70%以上，此部分专利的失效可能是因中石化出于企业利益权衡而舍弃，体现了其有所偏重的专利管理策略（见图9.6）。

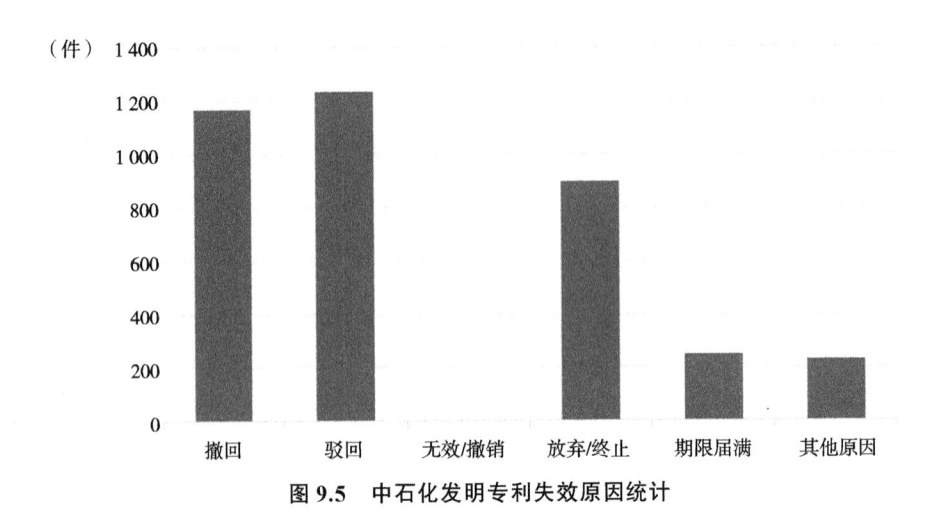

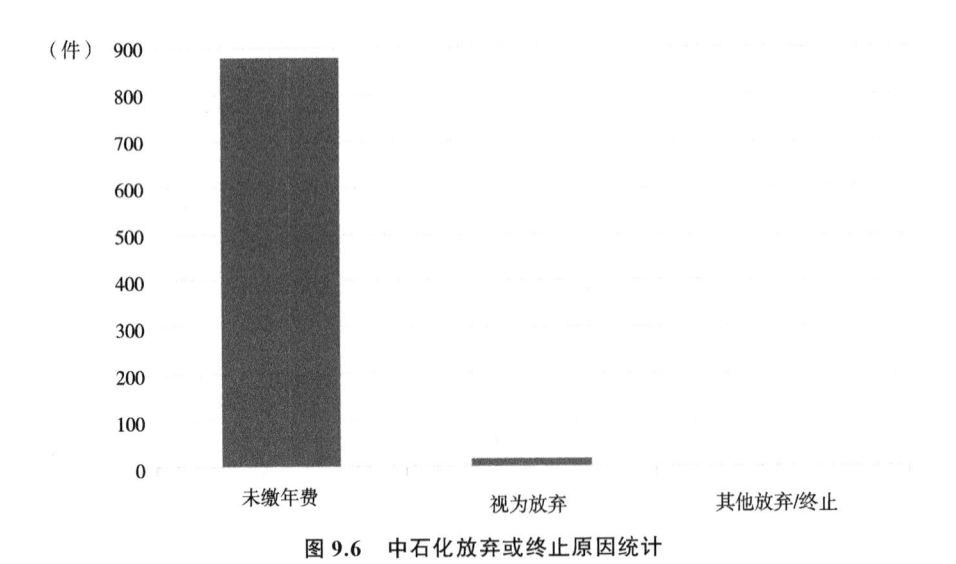

图 9.5　中石化发明专利失效原因统计

图 9.6　中石化放弃或终止原因统计

从图9.7可以看出，中石化失效的发明专利主要集中在1986～2004年，由于1998年之前的专利已过20年保护期限，这就导致大量的专利失效。对于

1998～2004年的专利而言，其未到20年的保护期限却失效，可能是此段期间的技术已经不能满足当前中石化产业技术发展的需求，被其他更为先进的技术所取代，故而被放弃，因此对发明授权的专利进行研究只选择1998年之后的专利数据。

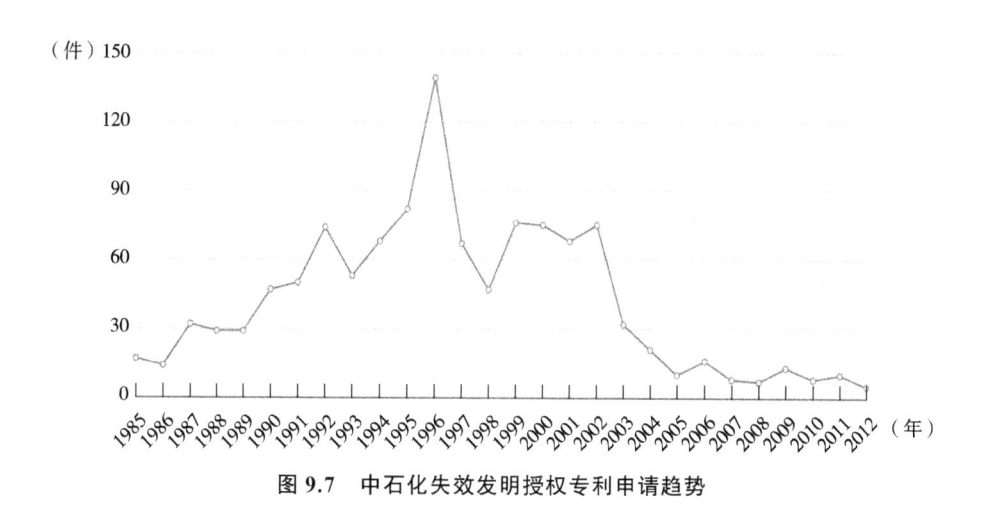

图9.7　中石化失效发明授权专利申请趋势

通过对图9.8在1998～2006年失效发明授权专利进行聚类分析和图9.9在2006年至今的失效发明授权专利进行聚类分析，2006年之前的失效专利主要集中在催化剂、固体磷酸催化剂、丙烯腈共聚物、有机副产物、过滤装置等技术领域，催化剂和丙烯腈共聚物相关技术是其失效的重点；然而由于催化剂是中石化的核心技术领域，很少会被主动放弃，据此推测可能是因为该催化剂相关技术已较为落后，公知领域已具备比此等技术更为先进的同类技术，故此中石化选择放弃相关专利。而2006年之后的失效发明授权专利数量较少，其主要集中在硅烷接枝交联、自交联、预处理方法、奥氏体不锈钢、电力系统等领域，由于其是处于2006年之后，故据此推断，其失效原因可能是因为不属于中石化核心专利技术领域，且专利价值度不高，故中石化主动放弃所致。

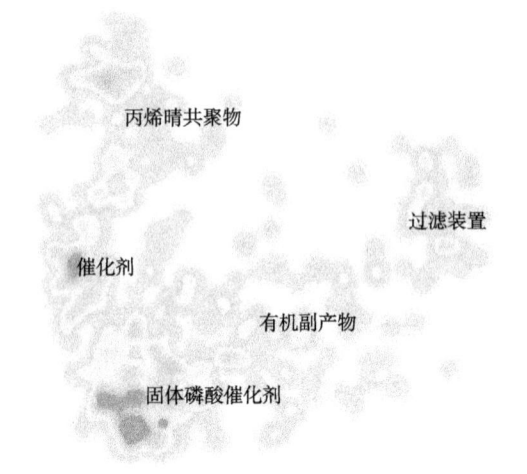

图 9.8　1998～2006 年失效发明授权专利聚类分析

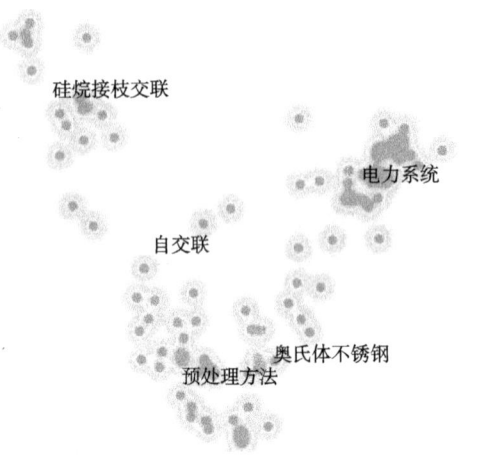

图 9.9　2006 年至今的失效发明授权专利聚类分析

从图9.10可以看出，中石化失效专利主要集中在B01J、C07C、C10G等核心技术领域，由于核心技术领域专利重要性最高，根据其失效的数量占比可推测，中石化的核心技术领域技术研发成果显著，其技术更新换代较快，故能在核心技术领域发明专利失效率高的情况下保持较高的市场占有率。

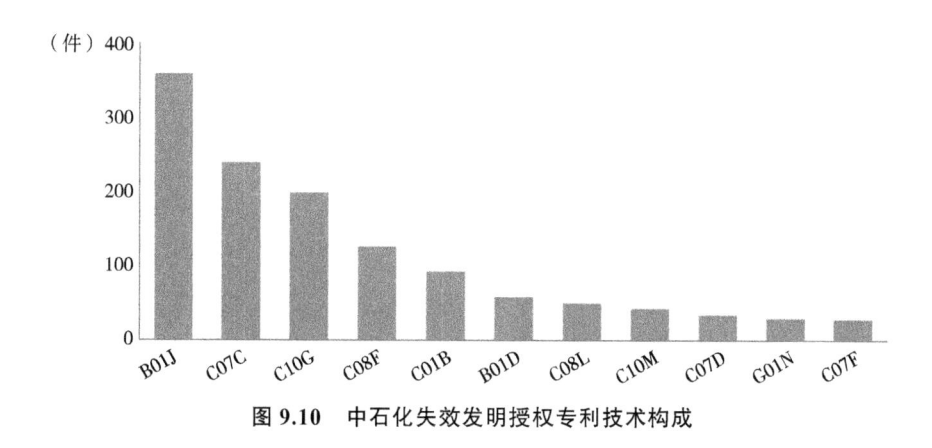

图 9.10　中石化失效发明授权专利技术构成

通过对中石化失效的发明授权专利质量进行统计分析可知，中石化失效的发明授权专利质量在2006年以前平均水平较高，但在2006~2011年，其专利质量变化波动频繁，且平均专利质量低于2006年之前的水平，2012年才有所回升。结合上述聚类分析可以判断，2006年之前，其失效专利处于核心技术领域，且大多质量较高、寿命周期较长，故其专利质量较高；由于2006年之后，中石化在政策的引导下，迎来专利数量的暴增期，导致专利质量有所下降，且其失效的专利属于非核心技术领域专利，质量较低，故比2006年之前的质量水平低，到2012年才有所改善（见图9.11）。

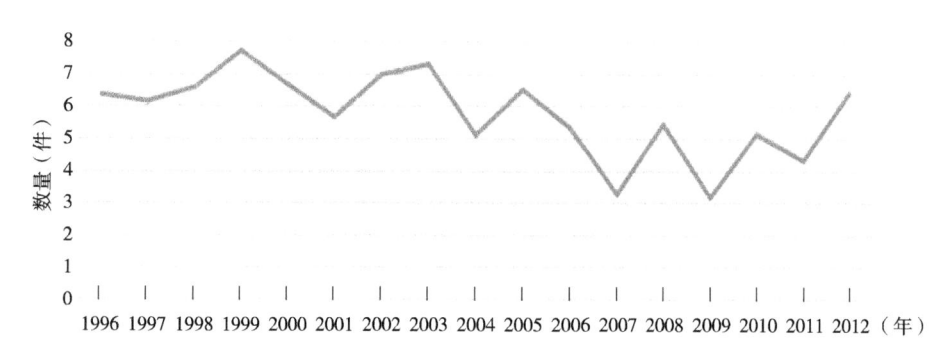

图 9.11　中石化失效发明授权专利质量变化曲线

三、主要核心领域专利分析

本部分主要对中石化核心领域专利进行分析,并以埃克森美孚石油公司为参考对象,进行对比分析。

埃克森美孚石油公司是世界最大的非政府石油天然气生产商,总部在美国德克萨斯州爱文市,其生产设备和产品、石油天然气勘探业务遍布全球,在能源和石化领域的诸多方面居于行业领先地位。根据2016年5月25日《福布斯》杂志发布的营收最高的十大石油公司信息中,中石化以营收2 836亿美元排名第一,而埃克森美孚以2 368亿美元排名第四。鉴于埃克森美孚的强劲实力和石油化工行业的龙头地位,故选取其作为研究对象,与中石化进行专利分析对比,以期对中石化专利布局有所启发。

从两者的技术构成图9.12及图9.13可知,B01J、C07C、C10G三类是其专利的重要组成部分,都在其专利技术构成中占据50%以上的比例,是其主要核心技术领域,故以此三领域为研究对象。

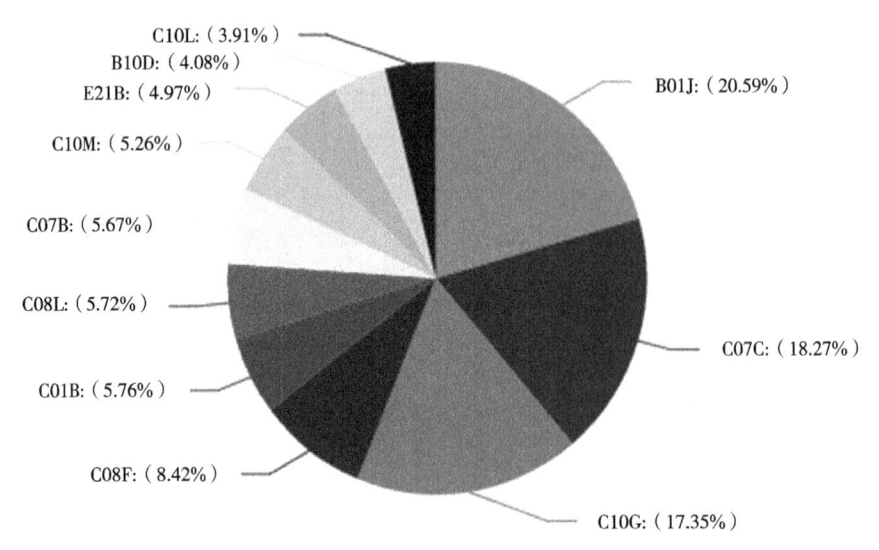

图 9.12 埃克森美孚专利技术构成

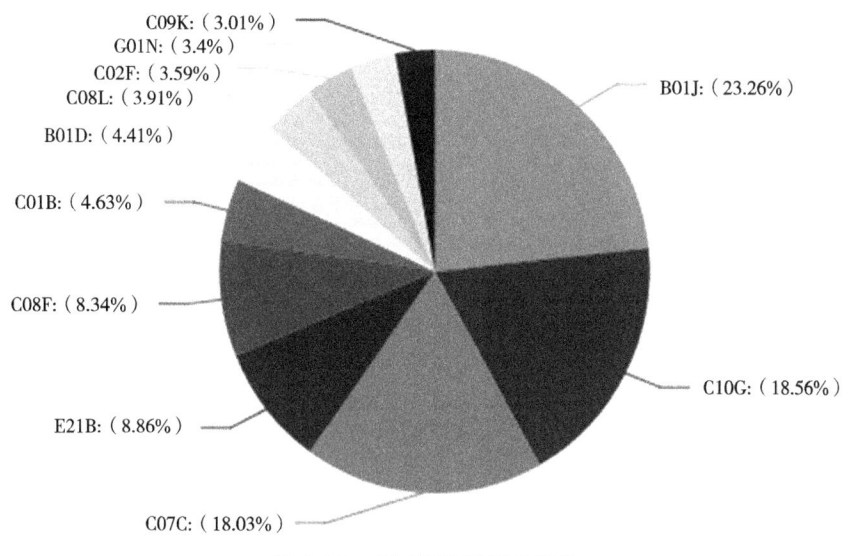

图9.13 中石化专利技术构成

（一）B01J核心技术领域

埃克森美孚与中石化在此领域具有相同的技术构成：B01J29、B01J23、B01J37和C10G45。其中，催化剂及其制备是中石化的核心重点领域，比埃克森美孚更具优势。相较于中石化在后期才取得的技术突破而言，埃克森美孚于早期就取得的技术突破更具技术市场化的时间性优势。

根据中石化和埃克森美孚在B01J领域的专利技术构成可知，两者具有相同的技术构成部分：B01J29、B01J23、B01J37和C10G45，主要涉及催化剂及其制备技术领域和氢化物制备烃油技术领域。催化剂及其制备领域专利在埃克森美孚的技术构成中只占40%左右，在中石化的技术构成中却占50%左右，可见中石化在B01J领域中，催化剂及其制备技术是其核心重点领域，相较于埃克森美孚更具优势（见图9.14、图9.15）。

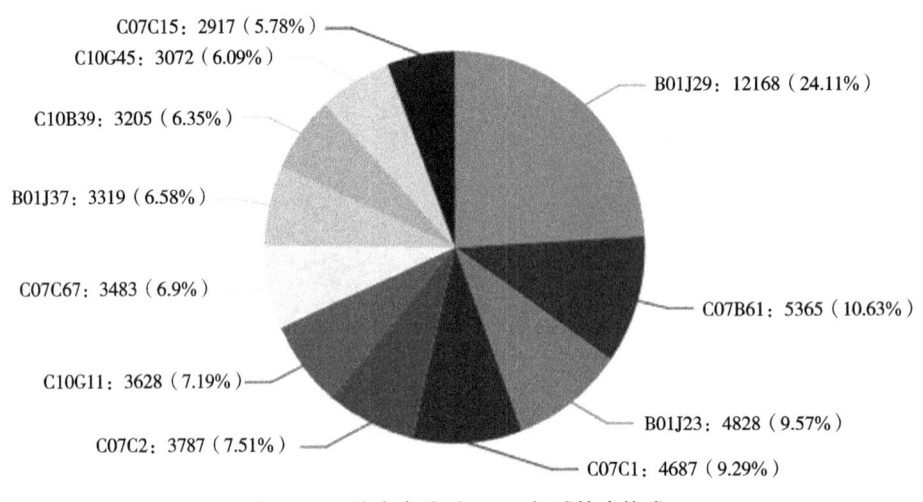

C07C15: 2917 (5.78%)
C10G45: 3072 (6.09%)
C10B39: 3205 (6.35%)
B01J37: 3319 (6.58%)
C07C67: 3483 (6.9%)
C10G11: 3628 (7.19%)
C07C2: 3787 (7.51%)
B01J29: 12168 (24.11%)
C07B61: 5365 (10.63%)
B01J23: 4828 (9.57%)
C07C1: 4687 (9.29%)

图 9.14　埃克森美孚 B01J 领域技术构成

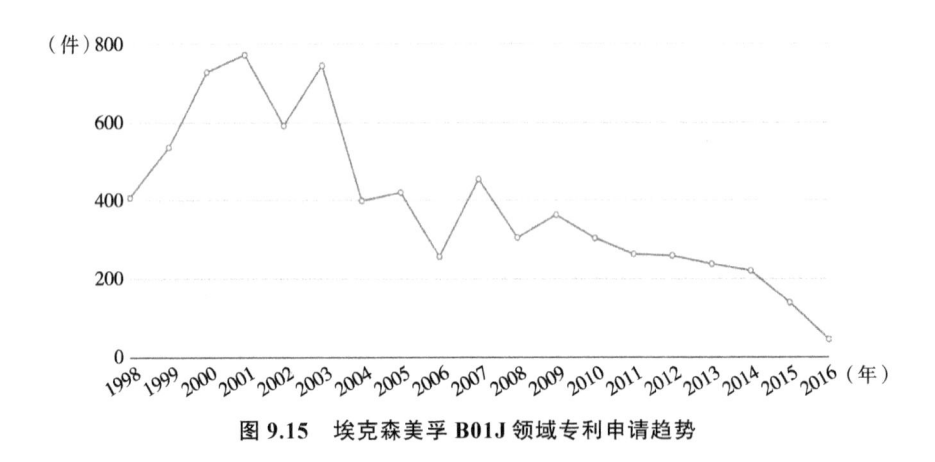

图 9.15　埃克森美孚 B01J 领域专利申请趋势

埃克森美孚的技术构成中，单纯属于 B01J 领域的专利技术较少，只有 40% 左右，其他部分专利都属于交叉技术领域，涉及多重技术或方法，所属领域范围较广；而中石化纯属于 B01J 领域的专利较多，高达 83% 以上。由此可推知中石化在 B01J 领域的专利技术研发较为先进、技术领域较偏，与其他技术关联性小，融合应用难度较大，即与埃克森美孚面向市场应用型的研发相比,中石化的研发更加侧重于技术突破与创新,忽略了技术的可市场化应用。

从图9.14和图9.15可知,埃克森美孚的专利申请主要集中在2007年以前,而中石化与此正好相反,其申请集中在2007年之后,可见埃克森美孚在早期就于此领域取得较好成就,故相较于中石化而言,埃克森美孚在此领域技术更加成熟。同时根据上述分析可知,埃克森美孚的专利技术之间关联度较大,其技术相较于中石化更加倾向于市场应用等主要是因为:其早期取得的技术优势使其具有大量的时间来研究技术的市场化应用(见图9.16)。

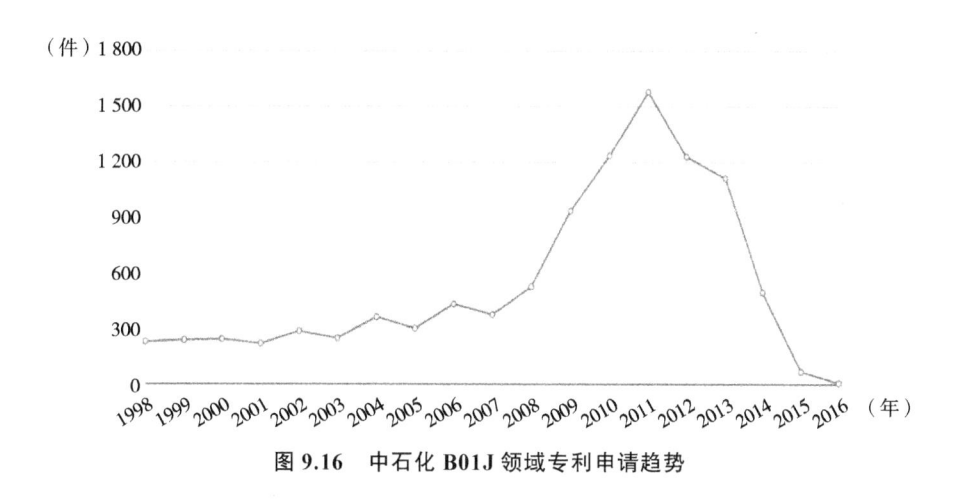

图9.16 中石化B01J领域专利申请趋势

(二)C10G核心技术领域

埃克森美孚与中石化在此领域具有相同的技术构成:B01J29、B01J23、C10G45、C10G11、C10G47和C10G65。其中,两者都以烃油的制备及其裂解裂化技术为核心,且中石化在此技术领域更具市场化优势。

根据中石化和埃克森美孚在C10G领域的技术构成图9.17和图9.18可知,两者具有相同的技术构成部分:B01J29、B01J23、C10G45、C10G11、C10G47和C10G65,主要涉及催化剂和烃油的制备及其裂解裂化领域。烃油的制备及其裂解裂化领域专利在埃克森美孚的技术构成中占

44%左右,在中石化的技术构成中占45%左右,可见在B01J领域中,烃油的制备及其裂解裂化技术是两者的核心重点领域,中石化在此方面的优势不甚明显。

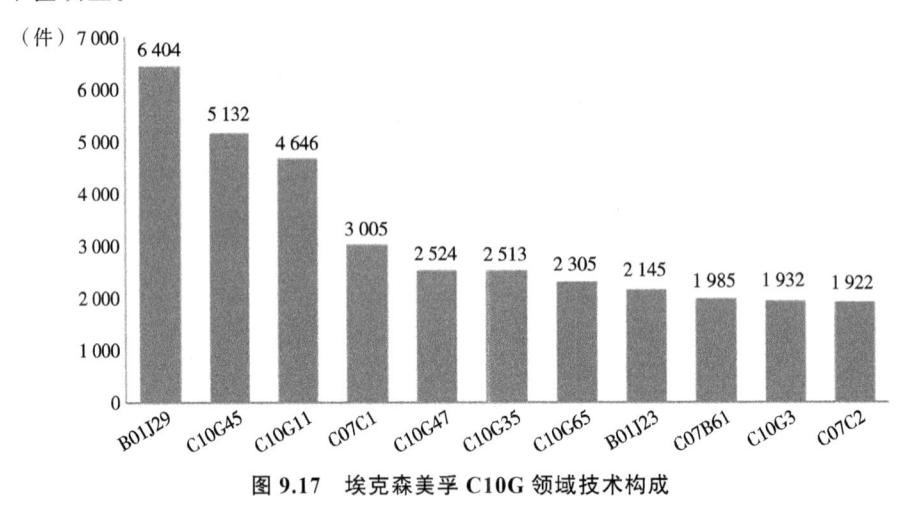

图 9.17 埃克森美孚 C10G 领域技术构成

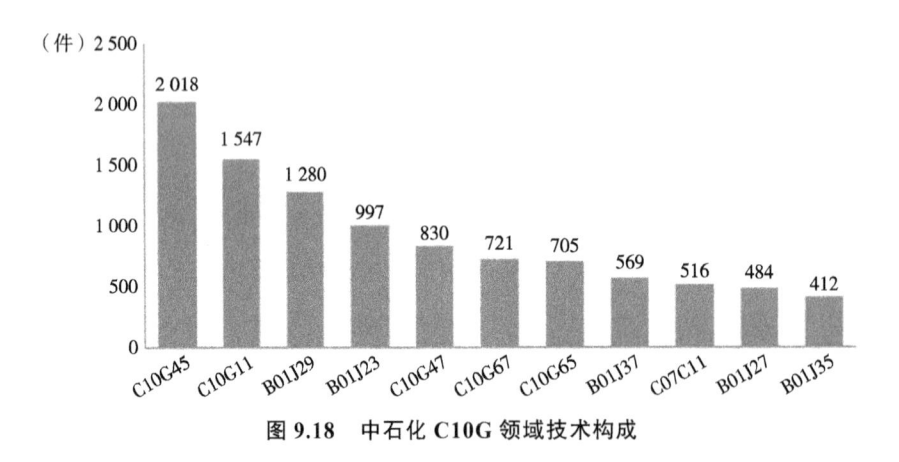

图 9.18 中石化 C10G 领域技术构成

在埃克森美孚的技术构成中,纯属于C10G领域的专利有55%左右,而中石化在此稍占优势,大约有57%,但区别不大;其他部分专利都属于交叉技术领域,涉及多重技术或方法,所属领域范围较广。从上述数据可知,两者在C10G领域的技术在逐步的市场化,都已完成40%以上,态势较好。

此处关于埃克森美孚与中石化的专利申请趋势与上述领域申请趋势大致相同，不再赘述。但从两者的市场化程度和埃克森美孚具有的时间性优势分析可推知：埃克森美孚在此领域的专利技术较为偏僻，不具有市场化的优势；而中石化能在短时间之内使其技术市场化程度接近埃克森美孚，可见其在此领域更多的是以市场需求来进行技术研发，其技术市场化前景好。

（三）C07C核心技术领域

埃克森美孚与中石化在此领域具有相同的技术构成：B01J29、B01J23、C07C15、C07C5、C07C11、C07C7、C07C1和C07C2。其中，两者都以烃及其制备分离纯化技术为核心，中石化在此核心领域稍具技术优势；但埃克森美孚在此技术领域更具市场化优势。

根据埃克森美孚和中石化在C07C领域的专利技术构成图9.19和图9.20可知，两者具有相同的技术构成部分：B01J29、B01J23、C07C15、C07C5、C07C11、C07C7、C07C1和C07C2，主要涉及催化剂和烃及其制备分离纯化。烃及其制备分离纯化领域专利在埃克森美孚中占其技术构成的52%左右，在中石化中约占57%，可见烃及其制备分离纯化是两者在此领域的核心重点，中石化相较于埃克森美孚稍占优势。

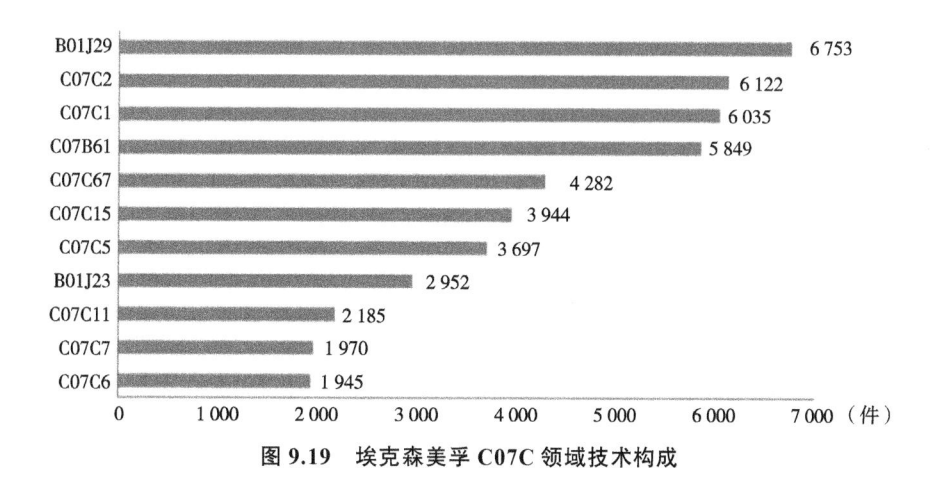

类别	数量（件）
B01J29	6 753
C07C2	6 122
C07C1	6 035
C07B61	5 849
C07C67	4 282
C07C15	3 944
C07C5	3 697
B01J23	2 952
C07C11	2 185
C07C7	1 970
C07C6	1 945

图9.19 埃克森美孚C07C领域技术构成

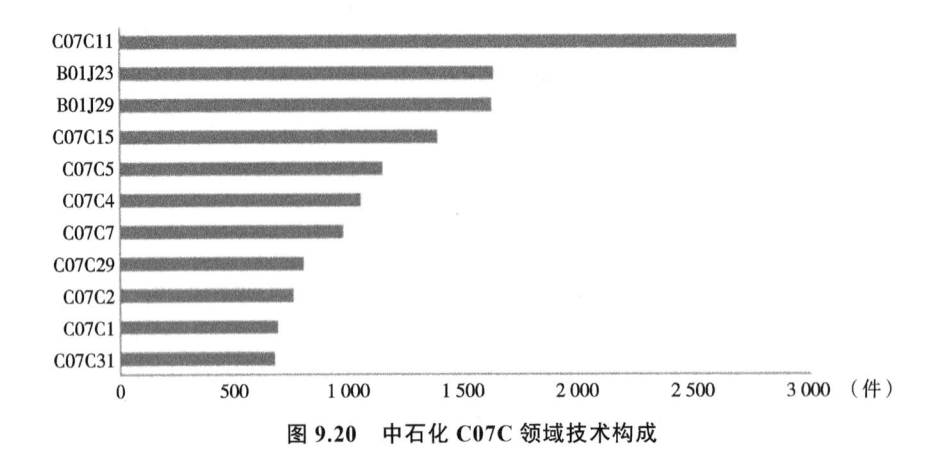

图 9.20 中石化 C07C 领域技术构成

埃克森美孚的技术构成中，单纯属于C07C领域的专利技术约为66%，而中石化纯属于C07C领域的专利较多，高达76%。其他部分专利都属于交叉技术领域，涉及多重技术或方法，所属领域范围较广。由此可见埃克森美孚相较于中石化在此领域的专利技术市场化程度较高，中石化更偏向于技术性研发。

此处关于埃克森美孚与中石化的专利申请趋势如上所述，不再赘述。根据其专利市场化程度和埃克森美孚的时间性优势可知：埃克森美孚相较于中石化在此领域专利技术更为成熟，由于其具有的时间性优势，故其专利技术市场化程度更高，中石化为提高其专利应用，应适当的考虑市场化需求。

四、市场应用领域相关专利分析

（一）主营业务领域专利分析

中石化的主营业务市场逐渐饱和，所带来的利润难以提升，其在市场低迷之初就已开始关注新产品技术的研发，打造新的主营产品。乙烯的专利质量曲线基本符合中石化整体专利质量变化曲线，但其更早地进入专利质量成熟阶段。乙烯的专利主要布局在轻烯烃和乙烯的催化技术领域。

中石化的主营业务是其利润来源，也是专利技术布局的核心领域。通过对中石化年报相关信息进行统计研究可知，中石化主营业务利润基本呈逐年递增的趋势，但由于2008年金融危机导致其利润有所下降，形成利润曲线凹点。虽然前期中石化面临国际油价攀升、国内紧控的尴尬局面，但中石化的主营业务利润却是能逐步提升，可见当时中石化面临较好的市场环境，抓住机遇进一步扩大产业规模和市场。之后由于经济复苏乏力，石油石化市场低迷，中石化主营业务所占据的市场已达到饱和状态，其利润难以提高。从此可推断出中石化将逐渐发展其他的主营业务，创造新的产品市场。根据年报相关信息显示，中石化很早就开始注重研发其他技术产品和技术的市场化应用，于2009年在可再生、新能源领域取得新进展，如合成气制油或乙二醇技术、甲醇生产低碳烯烃千吨级分子筛工业制备技术等的进展加速了技术融合，为其市场化鉴定基础，2013年生物航煤获得许可等都意味着中石化在新的技术领域取得较为显著的成果。

乙烯工业是石化工业的"龙头"，乙烯产品占石化产品的75%以上，其生产规模和水平已成为衡量企业技术实力的重要标志之一。石化工业的基本有机化工原料均主要产自乙烯装置，因此，提高乙烯生产能力是发展石油化工新技术、新产品的重要途径。❶通过对年报进行分析，发现中化主营业务产品中乙烯年产量十分丰富，且随着企业规模的扩大，其产量也逐步增加，基本占据中石化化工产品的主要部分，乙烯年度产量变化相关数据如图9.21所示。

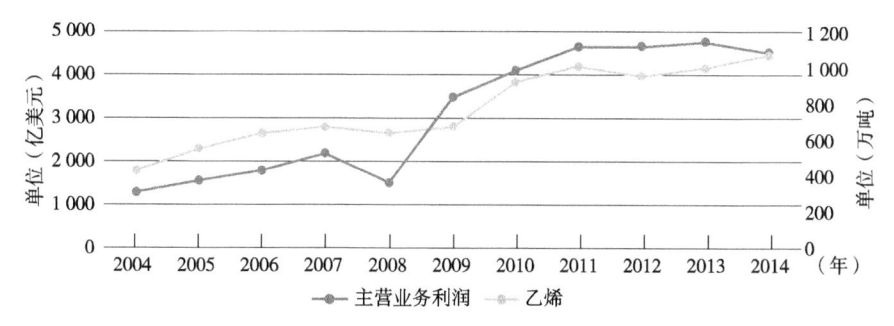

图 9.21 中石化主营业务年度利润图及其乙烯年度产量曲线

---

❶ 于建宁，章龙江，李吉春.中国石油乙烯工业发展现状及前景[J].石化技术与应用，2010，28（3）：258-263.

通过对中石化乙烯相关专利进行检索分析可知，在专利质量发展初期，由于2007年首个乙烯百万吨项目实现，导致乙烯技术发展迎来一个小高峰，产生大量高质量专利，所以2007年专利质量较高。从其质量整体变化曲线来看，其基本和中石化专利质量变化曲线相吻合，但由于乙烯是其产业重点，相关技术已发展成熟，故其相对于中石化整体专利质量发展而言，于2013年提前步入专利质量发展成熟阶段。

通过对乙烯相关专利进行聚类分析可知，乙烯的相关专利布局主要集中在催化、轻烯烃、乙苯、乙烯裂解炉和流式等相关领域，主要涉及乙烯的催化及其催化剂、轻烯烃的催化及其产品、乙烯裂解炉、乙苯的制备等相关技术。其技术专利布局的重点主要偏向于乙烯的催化和轻烯烃技术领域，轻烯烃与催化、乙苯的技术关联度较大，具有技术融合的趋势，而乙烯裂解炉涉及相关设备构件，流式通过其技术分支可知其主要是关于乙烯裂解等过程中的相关部件等，这两者之间的技术融合度较大，且两者与其他技术领域的关联度少，面向的技术市场应用较为单一化。

（二）专利运营分析

专利运营作为技术创新与产业转型升级的关键活动，对经济发展正变得日益重要，❶专利运营是企业专利发展过程中的重要组成部分，是企业专利价值实现的方式，是专利创造经济利益的手段。此部分主要对中石化专利许可、转让等专利运营情况进行分析，从而对中石化专利管理运营策略进行研究。

1. 专利转让分析

中石化专利转让趋势与其专利申请趋势基本成正比，其专利转让主要围绕B01J、C10G、C07C和E21B等核心领域。转让专利质量变化曲线基本契合中石化整体专利质量变化情况。

如图9.22所示，中石化专利转让趋势较为平稳，仅在2007年形成一个小峰值，主要与2006年掌握欧Ⅳ排放标准的产油技术和百万吨乙烯项目的

---

❶ 李昶，唐恒.城市专利运营体系的构建[J].知识产权，2016（2）：99-102.

实现等带来的技术市场化应用相关联，这些技术的转让推动相关产业的发展。在2010年之后又迎来专利转让的高峰，由于此段时间中石化专利申请数量的暴增，导致专利的大量累积，可能由于中石化主营业务等的限制，导致其难以发挥其他领域专利的价值，故将其转让是最好地发挥其专利价值的方式。

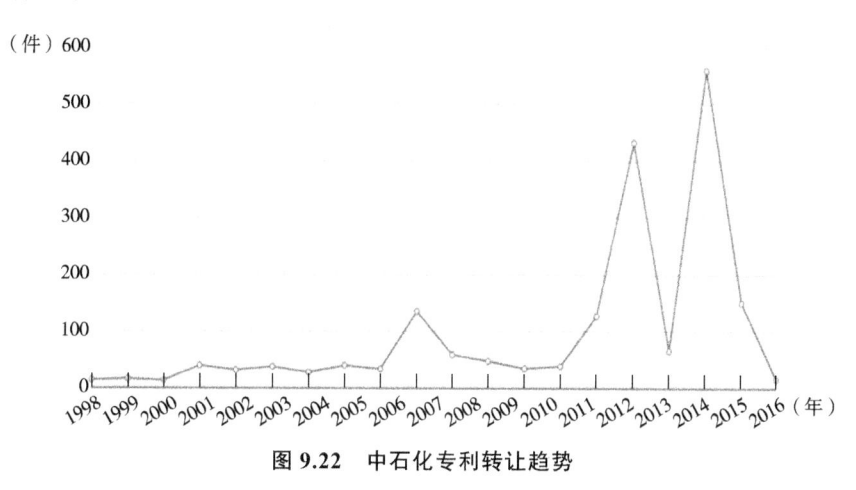

图 9.22　中石化专利转让趋势

如图9.23所示，中石化专利转让主要集中在B01J、C10G、E21B和C07C领域，除E21B外，其他三者是中石化主要核心技术领域，涉及催化剂及其制备、烃油的制备及其裂解裂化、烃及其制备分离提纯等技术，而E21B主要涉及钻井开采过程中的相关技术，是其主营业务之一，可见中石化的专利转让主要以其核心技术领域为中心。

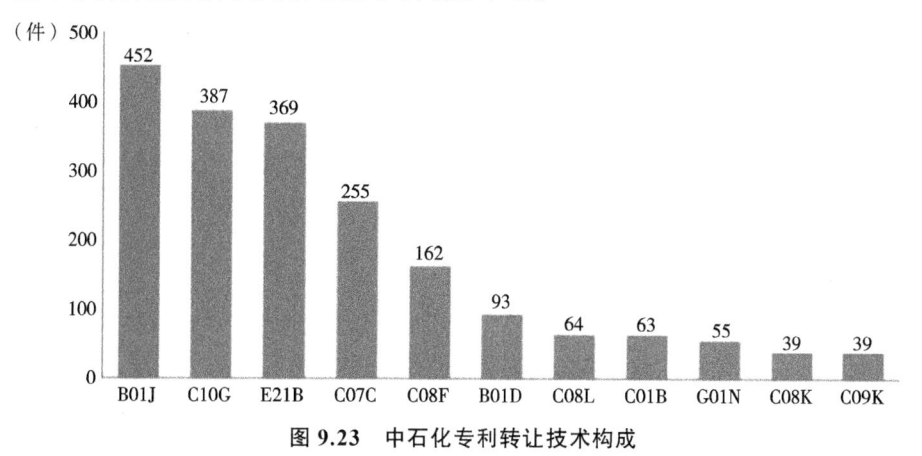

图 9.23　中石化专利转让技术构成

通过对中石化转让的专利进行质量分析,其与中石化整体专利质量变化曲线相符合,也以2010年为分界点,将曲线分成两阶段。但其在2008年有一个质量的最高峰,可能是因为其在2007年润滑油上取得的巨大成功——应用于"嫦娥一号"探月卫星之上和作为2008年北京奥运会的合作伙伴等有关,这些因素共同作用使其高质量专利技术得以迅速市场化,从而提高专利转让年度质量。

2. 许可专利分析

中石化的专利许可主要集中在2005～2011年,研发技术优势是推动其许可的关键因素,其专利许可主要集中在核心技术领域:B01J、C10G、C07C和E21B,且其专利布局态势散漫,没有成体系化发展,技术市场化应用单一。

根据检索数据显示,中石化许可专利数量较少,仅有57件。从许可申请趋势可知,主要许可申请集中在2005～2011年,主要原因可能是中石化在研发创新方面的突出成就,且这几年石油石化面临国际油价飙升和国内紧控的尴尬局面,2008年金融危机之后石油石化市场低迷,而中石化都能很好地应对这一系列问题,离不开其研发创新,其研发成果相对于其他企业来说具有不可比拟的优势,是其许可的关键条件(见图9.24)。

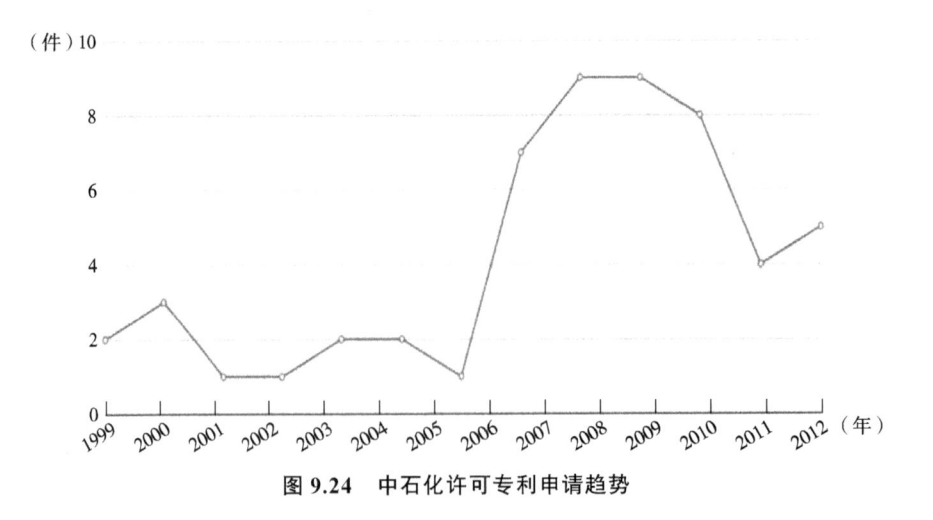

图9.24 中石化许可专利申请趋势

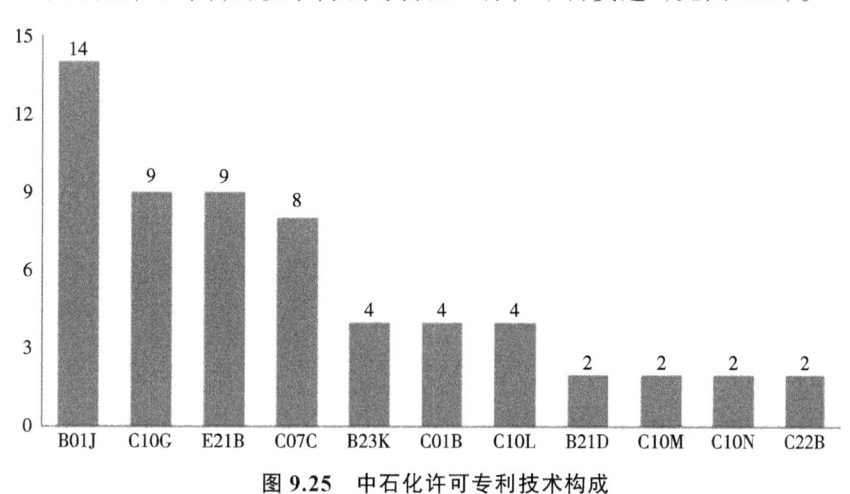

中石化许可专利的技术构成与转让一样，不再赘述（见图9.25）。

图 9.25　中石化许可专利技术构成

通过对中石化许可专利的聚类分析可知，其许可专利主要布局在常压分馏塔、球座、自动除渣、稀土元素、阴离子型等相关技术领域，主要涉及分馏塔及其设备、催化剂、炼油工艺等方面。从分布态势可知，许可专利之间关联度较少，没有统一的许可体系，且分属于不同的领域，市场化选择单一。

五、对策与建议

专利既是一项权利，也是一种资源，专利权的利用与专利资源开发是专利管理制度的核心。[1]本节通过对中石化总体专利情况展开分析，并就其核心技术领域与埃克森美孚进行对比，最后对中石化的市场应用领域专利进行研究，从而对中石化的专利管理现状形成清晰的认知，针对其海外专利布局力度弱、应激性专利申请趋势占主导、专利质量发展面临转折期、专利运营技术市场化单一等问题，提出以下几点建议，希望对完善或调整中石化知识产权战略有所助益。

在国际专利布局方面，注重专利申请，建立海外专利实验基地，加强

---

[1] 何敏.论企业专利运营中的SEBS平台[J].知识产权，2016（5）：84-89.

海外专利布局力度，扩展海外市场。由于中石化的专利布局集中在国内，虽然其在海外专利布局范围较为广泛，但其专利布局力度较弱，且主要核心技术未曾转移到海外，难以应对海外业务发展的需要；基于此，中石化应积极建立海外专利实验基地，针对海外各国的不同专利环境，积极进行海外专利布局调控和海外专利策略研究；并根据海外的市场需求和当地的技术需求进行有筛选、有重点的进行专利布局，结合其商业策略、考虑其地区发展空间，有针对性的推出其对口专利，对有发展前景的专利进行培养，形成有凸有凹的专利布局态势，形成产业专利布局核心，提升海外竞争力，扩展海外市场。此外，注重专利购买。中石化拥有雄厚的资本，可以对海外专利实施战略性购买策略。由于中石化是国内最大的综合一体化石油化工企业，其拥有国家的政策支持，实行国家管控，拥有雄厚的资本，对于其他企业而言具有不可比拟的优势；对于国外的先进专利技术，由于我国的技术水平与先进国家还有所差距，不能在短时间之内达到企业对发展先进技术领域的需要，故为缩短时间成本和满足短时间发展的需求，中石化可以实行专利购买策略，有针对性的对其专利技术薄弱的领域进行专利收购。

在专利质量方面，组建专利质量检查部门，以应对专利质量成熟期，打造高质量专利，提升国际竞争力。中石化在国外的专利相对于国内而言较少，虽然其海外专利布局较少的因素多样，但依然与国内政策和专利质量的影响因素密不可分；由于国家知识产权战略的大力实施，对企业知识产权的发展实行政策性扶持和目标性行政管控，导致我国企业大部分为完成任务而保量不保质的进行专利申请和知识产权建设，专利数量虚高，当此类专利转移到国外时往往会被无效或驳回；且中石化现阶段处于专利质量的快速发展末期，其在接下来几年即将进入专利质量发展成熟阶段，基于此，为更好地打造中石化的高质量专利水准，提升其专利水平，应组建专利质量检查部门，制定质量评审办法，用以保证专利质量，防范因不具备可专利性而被国外专利局驳回的状况，提升海外竞争力。

在专利运营方面，加强专利转化运营中心部建设，积极开展专利转化运营模式研究，提高其专利转化运营能力。对中石化而言，近几年其科技水平有了一个质的提升，在各项重难点工程上取得一系列技术进步，形成拥有自主知识产权的技术品牌，对中石化扩展海外市场和提高国际竞争力具有重要的推动作用；故中石化应积极申请海外专利，以专利策略将其自主知识产权品牌技术转化成企业竞争优势，提高专利运营能力；如成立专门的专利转化运营中心部，对专利转化运营模式进行研究，以解决专利大量沉睡的现象；通过制定专利运营战略，对专利运营进行布局，形成完整的专利运营体系，提高专利运营效率。

第三节　杜邦公司的知识产权管理实证研究[*]

杜邦公司在资源优化配置、专利布局保护、促进专利技术转移、注册商标管理等方面的知识产权管理经验，值得我国企业学习和借鉴。杜邦公司的专利大多由母公司申请，并进行集中管理，而注册商标则倾向于由母公司、子公司及合资公司分散管理。杜邦公司积极构建与其市场业务相匹配的专利布局体系，在自行转化实施专利技术的同时，还积极开展技术许可活动，并提供从技术许可信息披露和项目可行性分析等技术支持，促进专利技术转移和转化实施。市场导向和文化推动是杜邦公司技术创新与转移的两大影响因素，杜邦技术库是杜邦公司实现技术许可和转移的主要平台，完善的技术许可机制是杜邦公司提高技术许可成功率的重要保障。杜邦公司运用从属商标、派生商标和联合商标，延伸其主商标的保护范围，扩大商标和品牌的影响力，注册商标涉及30多个商品类别，不仅覆盖公司当前经营的业务领域，还覆盖公司未来可能涉及的业务领域；其注册商标使用较为灵活，可以在同一商品上同时使用主商标和从属商标，也可以单独使用派生商标或从属商标。

一、引　言

当今社会，创新已成为企业生存和发展的不竭源泉和动力，越来越多

---

[*] 本节作者为江苏方洋物流有限公司王峰。

的企业开始注重企业知识产权管理,并依靠自主创新和知识产权形成竞争优势。目前,随着国家知识产权战略的推进实施,国内企业对知识产权的认可度不断提高,日益注重企业知识产权创造和保护,但是目前大部分企业的知识产权管理水平还普遍较低,存在资源配置效率低下、专利布局保护策略性不强、商标市场化运作形式单一、专利技术转移转化困难等问题。

杜邦公司作为一家全球性创新公司,其在资源优化配置、专利布局保护、促进专利技术转移、注册商标管理等方面的知识产权管理经验,值得我国企业学习和借鉴。本节通过对杜邦公司的专利、商标进行统计分析,从专利管理、商标管理和技术许可等方面展开深入分析研究,归纳总结杜邦公司在资源优化配置、专利布局保护、促进专利技术转移、注册商标管理等方面知识产权管理经验,从我国基本国情出发,为我国企业提供知识产权管理策略建议,提升我国企业知识产权管理水平。

二、杜邦公司专利管理实证研究

作为一家拥有200多年历史的以科研为基础的全球性企业,杜邦公司积极在全球范围内开展专利申请活动,构建与其市场业务相匹配的专利布局体系,保护其技术创新成果,并重视对专利的集中管理,以加快技术创新成果的转化和转移,进而获取丰厚收益。

(一)杜邦公司全球专利情况分析

在智慧芽专利数据库,以申请人和权利人字段,借助公司树检索方式,检索杜邦及其主要子公司的全球专利,共检索到64 000件专利申请,其中授权专利52 000多件,发明专利占比超过99%。

一件专利申请通常要经过公开、审查等程序,才可能获得授权。目前,全球大部分国家的专利审查制度均采用实质审查方式,在专利申请公开之后,根据申请人的请求启动实质审查程序,因而也造成公众获知专利申请存在一定的滞后性,一般而言这个滞后时间为1~3年。

如图9.26所示,2012年以来杜邦公司的专利申请和专利公开数量均有所下降。虽然杜邦公司在2012年以后的专利申请存在尚未公开的情形,但是从历年专利公开数量变化趋势来看，近年来杜邦公司的专利布局力度确实有所减弱。2012年以来，杜邦公司的销售收入和营业利润整体而言有所下降，2012~2015年，公司自由现金流锐减到不足10亿美元，其技术研发费用由2012年的20.01亿美元下降到2015年的18.98亿美元，在一定程度上影响了公司技术创新和全球专利布局。

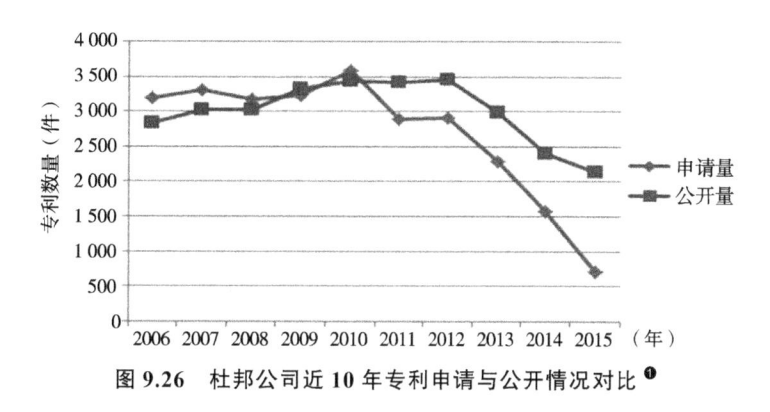

图9.26　杜邦公司近10年专利申请与公开情况对比❶

杜邦公司的专利技术涉及化工、材料、生物医药、农业种籽、食品安全和电子通信等多个技术领域。以化工技术领域为例，杜邦公司是全球最大的氟化工企业，其在氟化工领域的技术创新和探索研究起步较早，无论是在氢氟酸等上游领域，还是在ODS替代品和含氟聚合物等中下游领域，其技术水平均位居世界前列，仅在含氟聚合物领域，杜邦公司就开发出聚四氟乙烯、聚氟乙烯和氟橡胶等20多个知名产品。

截止到2012年，杜邦公司在氟化工领域的全球专利申请共有4 028件，位居全球第一，且专利申请大多涉及有机氟化工领域，其中涉及氟树脂的专利申请最多，共有2 296件，涉及氟碳化合物的专利申请共有1 479件，涉及氟橡胶的专利申请较少，共有275件。❷杜邦公司的氟化工专利申请可以追溯到20世纪30年代，其专利技术发展大致经历了由氟碳化合物向氟树脂

---

❶ 数据来源：patsnap数据库.http：//analytics.zhihuiya.com.
❷ 杨铁军.产业专利分析报告（第26册）——氟化工[M].北京：知识产权出版社，2014：311.

发展的历程。

杜邦公司在氟化工领域的专利布局主要市场地集中在美国、日本、欧洲和中国，其中美国专利申请最多，日本和欧洲次之，中国专利申请较少但近年来增长迅速，可见美国是杜邦公司氟化工领域最重要的目标市场地。为保持竞争优势，杜邦公司在积极进行自主创新取得自主知识产权的同时，还积极在全球范围内与其他企业开展技术合作，成立合资公司，共同开发生产专利技术产品。20世纪90年代，杜邦公司与美国陶氏化学各出资50%成立杜邦陶氏弹性体公司，共同开发生产氟弹性体；进入21世纪，杜邦公司与霍尼韦尔合作，共同开发并生产第四代制冷剂HFO-1234yf。

（二）杜邦公司在华专利情况分析

在国家知识产权局专利检索系统中，以杜邦公司及其子分公司、控股公司名称作为检索关键词，截止到2016年10月19日共检索到6 828件中国专利申请。杜邦公司在中国的专利申请起始于1985年，多年来呈现稳步增长之势，2010年公司的中国专利申请量突破500件，之后有所回落，其中美国母公司是最主要的来华专利申请人。

1. 申请来源分析

杜邦公司来华专利的申请途径主要有两个：一是通过《保护工业产权巴黎公约》向中国国家知识产权局直接递交，二是通过《专利合作条约》进入中国国家阶段。1993年10月1日，我国政府向世界知识产权组织递交专利合作条约加入书，并于1994年1月1日起生效。❶

1985～1997年，杜邦公司均采用直接向中国国家知识产权局递交专利申请的方式，但是在中国正式加入《专利合作条约》以后，杜邦公司迅速调整专利申请策略，从1998年开始，其专利申请主要通过PCT途径进入中国国家阶段。杜邦公司的中国专利申请途径较为科学合理，有利于简化申请程序和降低申请成本，也有利于根据市场情况调整专利申请策略（见图9.27）。

---

❶ 关于中国实施专利合作条约的规定（专利局令第5号）[EB/OL]. http://www.sipo.gov.cn，2016-10-09.

图 9.27　杜邦公司来华专利申请途径

一般而言，通过PCT途径申请专利主要具有以下优点：（1）简化和规范向外国申请专利的手续，只需提交一份国际专利申请，就可以向多个国家申请专利，更加快捷方便；（2）延长进入国家阶段时间，及时调整申请策略，有利于节省不必要费用；（3）查新检索和可专利性评价，决定是否进入国家阶段；（4）部分国家对PCT途径进入的专利申请收取的费用低于普通申请。❶

虽然中国是杜邦公司专利布局的重要目标国之一，但是在中国的专利申请大多为国外来华申请，其专利技术主要来源于美国。杜邦公司中国专利申请中，美国来华专利申请共有5 953件，约占其在华申请总量的87.2%，主要专利申请人是杜邦母公司。杜邦公司在中国的专利申请主要是由其美国母公司递交，其他子分公司、控股公司的专利申请相对较少，其专利管理更加重视母公司的集中管理，这有利于其在全球范围内开展技术转让和许可活动，加快技术创新成果的转化和转移。同时，杜邦公司的日本和丹麦来华申请也相对较多，申请数量均在200件以上，日本来华专利的主要申请人是杜邦三井合资公司，丹麦来华专利的主要申请人是杜邦子公司——丹尼斯克子公司。

---

❶ 国际专利申请好处[EB/OL].http：//www.cnipr.com，2016-10-17.

杜邦公司各技术来源国的在华专利布局策略,与其业务市场侧重点密切相关。美国是杜邦公司总部所在地,其技术研发实力最为雄厚,相关技术研发最为广泛,涉及生物科技、高性能材料和半导体材料等多个业务,其来华专利重点布局的技术领域包括C12N15(微生物或酶的突变或基因工程技术)、C09K5(传热、热交换或储热的材料)、B32B27(橡胶和合成树脂)、H01B1(导电材料)、C07C17(制备卤代烃的方法)和H01L31(对辐射敏感的半导体器件)。

杜邦公司主要是通过与三井、东丽和帝人等日本本土化工企业建立合资企业,进而在日本开拓相关市场业务和技术研究,因而杜邦公司日本来华专利重点围绕有机化工领域进行布局,主要涉及B32B27(橡胶和合成树脂)、C08L23(只有1个碳—碳双键的不饱和脂族烃的均聚物或共聚物的组合物)和C08L27(具有1个或更多的不饱和脂族基化合物的均聚物或共聚物的组合物,每个不饱和脂族基只有1个碳—碳双键,并且至少有1个是以卤素为终端)。杜邦中国公司的专利布局的重点技术领域是H01L31(对辐射敏感的半导体器件)和A23C9(奶配制品;奶粉或奶粉的配制品);丹麦来华专利重点布局的技术领域是C12N9(酶)、A23L1(食品、食料及其制备或处理)和C12N15(微生物或酶的突变或基因工程技术)。

2. 法律状态分析

杜邦公司的中国专利申请中,失效专利共有4 115件,约占其中国专利申请总量的60.3%;有效专利共有1 871件,占比约为27.4%;处于在审状态的专利申请共有842件,占比达到12.3%。杜邦公司的专利失效的原因主要包括:视为撤回、未缴年费、驳回、期限届满和主动放弃等,因视为撤回和未缴年费而失效的专利较多,分别共有2 256件和1 077件,驳回的专利共有335件,期限届满和主动放弃的专利分别共有259件和173件。由此可见,杜邦公司中国专利申请的授权率相对较高,约为56.7%。

杜邦公司视为撤回的中国专利申请中,主分类号属于C12N15(对辐射敏感的半导体器件)的专利申请最多,共有113件;属于G03F7(图纹面照相制版用的材料）、C12N15（微生物或酶的突变或基因工程技术）、C09K5（传热、热交换或储热的材料）和H01B1（导电材料）的专利申请也较多。杜邦公司未缴年费的中国失效专利主要涉及C08G63、D01F6（单组分合成聚合物人造长丝及类似物）、C09D5（以其物理性质或所产生的效果为特征的涂料组合物）、C07C17（制备卤代烃的方法）、C07C19（含有卤原子的无环饱和化合物）等技术领域；驳回的专利申请主要涉及C12N15（微生物或酶的突变或基因工程技术）、B32B27（橡胶和合成树脂）、C09K5（传热、热交换或储热的材料）、H01L31（对辐射敏感的半导体器件）和G03F7（图纹面照相制版用的材料）等技术领域；期限届满的失效专利主要涉及D01F6（单组分合成聚合物人造长丝及类似物）、D02G3、G03C1、B32B27（橡胶和合成树脂）和C07C25（最少有1个卤原子连在六元芳环上的化合物）（见图9.28）。

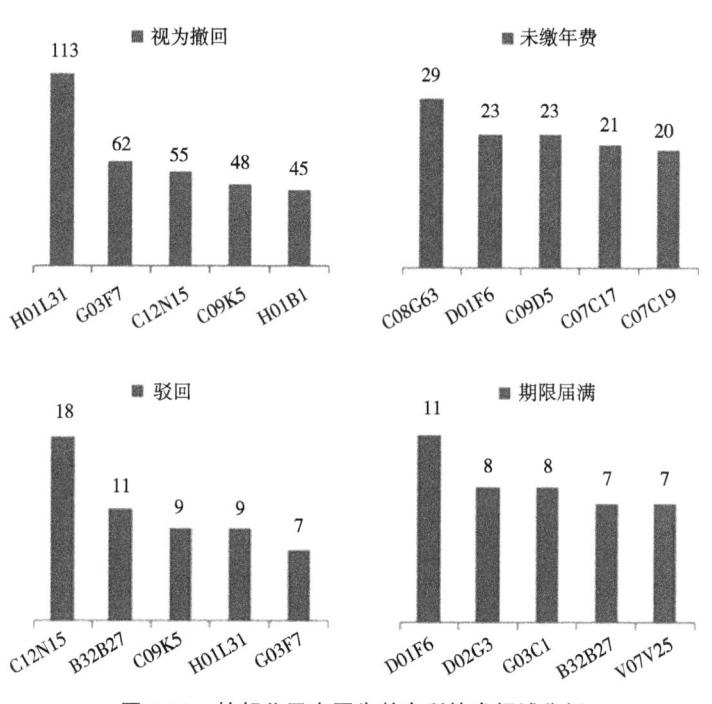

图 9.28 杜邦公司中国失效专利技术领域分析

3. 整体质量分析

专利说明书是最重要的专利文件之一，用以描述发明创造内容和限定专利保护范围，可以用来解释权利要求的内容。一般而言，说明书的页数越多，其描述的发明创造的内容越完整和清楚，越能够支持权利要求书，在专利审查中可供修改的空间也越大，同时也可以更好地解释权利要求的内容，应对可能出现的专利稳定性问题。

杜邦公司的专利申请的说明书页数普遍较多。其中国专利申请中，说明书页数超过20页的专利申请共有3 478件，占比约为51.1%；说明书页数超过100页的专利申请共有461件，占比约为6.8%；说书页数超过300页的专利申请共有55件，约占0.8%。

自1985年以来，杜邦公司中国专利申请的说明书平均页数虽然各年份有所波动，但是基本维持在30页/件的水平，专利申请的质量整体较高。杜邦公司在1987~1994年和1999~2003年所提交的专利申请的说明书页数整体较少，在2004~2008年提交的专利申请的说明书整体较多，其在中国的专利申请质量有所提高（见图9.29）。

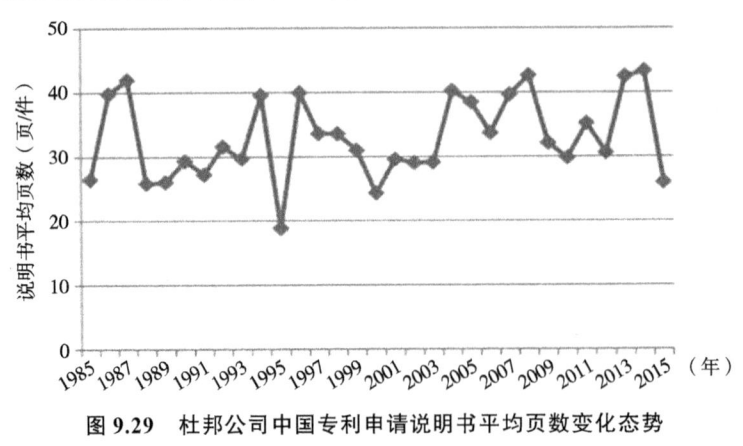

图9.29 杜邦公司中国专利申请说明书平均页数变化态势

4. 技术领域分析

杜邦公司在中国的专利布局涉及诸多技术领域，其中国专利的IPC主分类号覆盖876个IPC大组分类号，其中申请数量超过100件的IPC大组分类号共有8个，累计仅约占其中国专利申请总量的17.0%。杜邦公司排名前8

位的IPC大组分类号分别是C12N15（微生物或酶的突变或基因工程技术）、H01L31（对辐射敏感的半导体器件）、B32B27（橡胶和合成树脂）、C09K5（传热、热交换或储热的材料）、H01B1（导电材料）、C07C17（制备卤代烃的方法）、D01F6（单组分合成聚合物人造长丝及类似物）和G03F7（图纹面照相制版用的材料）。由此可见，杜邦公司在中国的专利申请主要涉及生物科技、半导体材料、橡胶合成树脂、特种材料、高性能纤维和有机化工等产业技术。

先锋良种国际有限公司（以下简称先锋公司）成立于1926年，1997年在中国设立北京办事处，1999年与杜邦公司合并，成为杜邦旗下的全资子公司，主要产品包括玉米种子、油菜种子、紫花苜蓿种子、杂交水稻种子、小麦种子和大豆种子等。先锋公司是一家以技术为导向的农业科技育种公司，在全球设立90多个研究和实验中心，十分重视对自身技术研发成果的专利保护，积极通过专利布局拓展其全球市场份额。❶先锋公司在中国的专利申请共有288件，其中发明专利284件，外观设计专利4件，主要涉及两个技术领域，即农业生物技术和育种技术，前者是其专利布局的重点技术领域。

先锋公司的中国发明专利申请主要通过PCT途径提交，共有237件PCT申请进入中国国家阶段，约占其来华专利申请总量的82.3%，此外还有少量专利申请是通过《巴黎公约》途径进入中国，这与杜邦公司的来华专利申请策略保持一致。先锋公司的绝大部分来华专利申请均有优先权信息，其优先权基础大多为美国在先专利申请，极少数为印度和日本在先专利申请。由此可以看出，先锋公司虽然很早就在中国开展了大量的研发和试验活动，但是这些研发行为在中国形成的专利成果较少，其在中国的研发活动大多未涉及其核心技术研发。

---

❶ 高雁，邓爱科.先锋良种国际有限公司在中国的知识产权策略研究[J].中国发明专利，2012（3）：14.

三、杜邦公司商标管理实证研究

杜邦公司在积极推动科技进步、开展专利布局保护的同时，也十分重视对商标的知识产权保护，先后注册形成2 000多个商标品牌，并积极运用从属商标、派生商标和联合商标等注册商标，延伸主商标保护范围。

（一）杜邦公司全球注册商标情况分析

杜邦公司的注册商标以文字商标、图形商标和组合商标为主，以视觉可感知为表现特征，主要使用于公司经营的产品和服务。杜邦公司全球各地注册持有数量众多的商标，商标客体保护范围涉及文字、图形、字母、数字等单一要素或多种要素的结合，如DuPont、杜邦、先锋Pioneer、丹尼斯克Danisco和杰能科Genencor等。

杜邦公司商标管理的一大亮点在于主商标和从属商标联合应用。杜邦公司在发明新材料和新产品后，也会为这些材料产品注册商标，如Rayon人造丝（1921年）、特氟龙Teflon（1938年）、莱卡Lycra弹性纤维（1959年）和凯芙拉Kevlar芳香族聚酰胺纤维（1965年）等。目前，杜邦在建筑材料、作物保护、电子通信、生物科技、营养健康和高性能聚合物等多个行业，均注册了一批从属商标。杜邦公司在同一商品上使用主商标和从属商标，"有利于在维护统一品牌的前提下，适应市场需求变化、不断开发新产品，同时也便于不同需求的消费者进行选择"。❶

（二）杜邦公司在华注册商标情况分析

杜邦公司先后在中国提起769件商标注册申请，覆盖34个商品类别，相关注册商标以文字商标和组合商标为主，形成由集团公司主商标，子公司从属商标，派生商标和其他近似的联合商标共同组成的商标保护体系，且杜邦公司注册商标倾向于由母公司、子公司及合资公司分散管理。

杜邦公司重视申请联合商标，积极在同一类商品上注册类似商标或在不同类别商品上注册类似商标，来延伸主商标在中国的保护范围。以"杜

---

❶ 刘春田.知识产权法[M].北京：高等教育出版社，2007：258.

邦"文字商标为例,杜邦公司分别在第01、02、03、04、05、06、23和31等20多个商品类别上,注册相同或类似商标。此外,杜邦公司也重视申请派生商标,在主商标的基础上,结合各种文字或图形形成新的商标,如"杜邦万灵""杜邦星珀丽""杜邦银石"和"杜邦特富龙"等(见表9.1)。

表9.1 杜邦公司注册商标保护体系

商标	商标注册号	注册类别	注册人	商标分类
杜邦	75597	第05类医药	杜邦公司	主商标
PIONEER	75186	第31类饲料种子	先锋国际良种公司	从属商标
Care4U 植莲	19144651	第31类方便食品	丹尼斯克(中国)投资有限公司	从属商标
杜邦万灵	3312107	第05类医药	杜邦公司	派生商标
杜邦星珀丽	4829210	第19类建筑材料	杜邦公司	派生商标
杜邦	3513850	第05类医药	杜邦公司	联合商标

一般而言,商标所有人为更好地保护主商标,可以在主商标的基础上,将其与各种文字或图形结合起来形成派生商标,借助主商标的品牌效应进行市场推广,进一步扩大主商标的市场影响力;也可以在同一类商品或类似商品上注册的与主商标相近似的联合商标,防止他人在其他类别的产品上抢注其商标,进而起到防止消费者误认来源和防止商标被淡化的作用。❶

杜邦公司十分重视对中国市场的商标品牌保护。以植物保护为例,多年以来,杜邦植物保护的品牌维权团队大力展开一系列农资打假行动,包

---

❶ 刘春田.知识产权法[M].北京:高等教育出版社,2007:258.

括密切配合相关执法部门跟进刑事或行政处罚案件；与行业协会及政府部门紧密合作，提供先进的技术解决方案，方便基层执法机构的执法办案；开发先进的防伪解决方案，走进农户提升鉴别农药真假的能力；与亚太地区的农药主管部门、海关、跨国组织、行业协会、服务商等开展多层次的合作。2015年，杜邦公司在植物保护方面，配合跟进的相关刑事或行政处罚案件，所查扣的非法产品、没收违法所得、罚款等总额接近4 200万元人民币，减少非法农药的市场供应约1.5亿元。❶

四、启　　示

杜邦公司在知识产权管理方面的成功运作方法和经验可以为我国化工企业知识产权管理能力和水平的提升提供以下启示。

（1）杜邦公司的知识产权管理极具特色，根据不同类型的知识产权特性，采取的知识产权管理策略也有所不同，资源配置效率较高。杜邦公司的专利申请大多由其母公司申请，并进行集中管理；而对于注册商标的管理，则倾向于母公司、子公司及合资公司分散管理。专利权和商标权的一大区别在于权利的存续期限不同，专利权的保护期限一般不可延长，而注册商标的保护期限可以续展。在有限的保护时间内，杜邦公司对专利进行集中管理，可以更加高效地释放专利的经济价值；而在长期经营活动中，充分调动公司所有经营资源，不断提升商标和品牌的影响力，也更加符合杜邦公司的长远利益。

目前，我国企业对专利或商标等知识产权的管理较为分散，未完全考虑到不同类型知识产权的特性，管理方式相对较为粗放，大型企业的知识产权大多由实际使用相关专利或注册商标的母公司和子公司分别进行管理，中小型企业的注册商标大多由办公室等行政部门管理，专利大多由技术研发部门管理。我国企业可以学习借鉴杜邦公司的知识产权分类管理策

---

❶　王永崇."伙伴"全力服务民生杜邦植物保护深化在华战略[J].农药市场信息，2016（8）：24.

略，充分了解不同类型知识产权的特性，根据企业发展需要，优化企业知识产权管理资源配置，针对性地开展知识产权管理活动，提升企业知识产权管理水平。对于大型企业而言，建议由母公司知识产权部门统一管理下属公司的专利，由具体使用该注册商标的公司对商标权进行分散管理；对于中小型企业，可以成立知识产权办公室，统一管理公司的专利和注册商标。

（2）杜邦公司积极构建与其市场业务相匹配的专利布局体系，在自行转化实施专利技术的同时，还积极通过技术许可等方式，进一步促进专利技术的转移和转化实施，更大程度释放专利的经济价值。专利的价值主要体现在其转化实施过程中，只有专利技术付诸转化实施，实现其经济效益，才是真正意义上的释放专利经济价值，脱离转化实施的资本运营活动并未给社会创造更多的福利和贡献。

虽然目前国内有不少企业积极开展专利转让、许可等运营活动，但是绝大部分企业的专利运营活动还停留在买卖专利本身，对于专利转移后的技术转化实施关注较少，专利转移所产生的经济效益不高，未充分实现专利对于社会公众的价值。此外，我国中小型创新企业大多还处于技术积累阶段，专利储备还相对较少，大多仅掌握相关产业的部分核心技术，这也增大了相关专利的转移转化难度。为此，我国企业可以借鉴学习杜邦公司的专利技术转移经验，设立技术转移许可库，完善技术许可信息披露机制，定期发布需技术转移许可信息，并做好技术转移后的技术支撑，如提供项目可行性分析、专利产业化指导等。针对中小型创新企业，考虑到其自身研发实力和专利储备还相对较少，建议中小型创新企业通过组建产业联盟，构建核心技术专利池的方式，开展交叉许可、普通许可等专利许可活动，实现技术互补和收益共赢。

（3）杜邦公司的注册商标管理也体现出较强的策略性，积极运用从属商标、派生商标和联合商标，延伸其主商标的保护范围，扩大商标和品牌的影响力。杜邦公司的注册商标涉及30多个商品类别，不仅覆盖公司当前经营的业务领域，还覆盖公司未来可能涉及的业务领域，注册商标的客体保护范围涉及文字、图形、字母、数字等单一要素或多种要素的结合。此外，杜邦公司的注册商标使用较为灵活，可以在同一商品上同时使用主商标和从属商标，也可以单独使用派生商标或从属商标，有利于适应市场需求变化，便于不同需求的消费者进行选择。

目前，我国不少企业的注册商标管理水平较低，持有的注册商标以主商标和联合商标为主，从属商标、派生商标尚未得到企业充分重视，其商标运用策略比较单一，大多还局限于产品来源标识，不利于延伸主商标的保护范围。此外，我国企业在对外投资、企业并购等活动中，对于母公司、子公司与合资公司注册商标的管理缺乏统筹规划性，在同一商品上使用主商标和从属商标的情形较少，不利于扩大主商标的市场影响力。我国企业可以借鉴杜邦公司的注册商标管理经验，结合企业发展经营规划，有选择地注册从属商标、派生商标和联合商标，进一步延伸主商标的保护范围；在对外投资或企业并购时，要重视主商标与从属商标的联合使用，建立子公司产品与母公司主商标之间关联性，借助主商标的品牌效应，提高消费者对子公司产品的认可度，进一步扩大主商标的市场影响力。

第十章　文化产业知识产权管理实证研究

文化产业是以创意内容为基础的产业形态，通过文化产品的创造、生产、传播、使用、展示、营销、服务和贸易实现其商业价值，已经成为现代创意经济和知识经济的重要支撑。在该产业的良性运作过程中，以作品为核心的文化表达离不开知识产权的激励，文化产业毫无疑问也是知识产权密集型产业。进入21世纪以来，网络技术和文化产业深度融合，文化和科技交融，文化产品依托新的科技成果进行复制、传播和演绎，新的科技形式也为文化产业提供全方位的服务和销售模式，文化产业中保护科技创新的需求大幅提升，这也进一步巩固了文化产业作为知识产权密集型产业的性质。文化产业的知识产权管理具有不同于高科技产业的要求，它以版权管理为主轴，以文化科技成果等其他知识产权的管理为辅助，通过知识产权的运用和保护实现文化产业价值链的增值、再造、巩固、延伸，不断提升文化产业品牌的知名度和美誉度。

第一节　概　　述[*]

文化产业作为战略新兴产业起源于20世纪中期，在推动本国经济发展和扩展本土文化软实力方面发挥着不可替代的作用。文化产业和文化事业是一个国家进行文化建设的两个基本着力点。文化产业不仅可以改善本国的经济结构，具有可持续推动经济增长的效用，而且通过支援公共文化服

---

[*] 本节作者为南京理工大学知识产权学院梅术文副教授。

务，满足人民群众不断增长的文化消费需求，提高国民整体素质和知识储备，增强了国家在知识经济时代的整体竞争力。通过知识产权保障和激励文化产业的发展，已经成为文化强国的共同选择。

一、文化产业概况

德国的霍克海默和阿道尔诺在1947年出版的《启蒙的辩证法》中最早提出"文化产业"的概念，并逐渐得到认同。❶但是在不同的国家和地区，文化产业也被表述为"文化工业""文化创意产业""大众文化""通俗文化""媒体文化""内容产业""版权产业""创意产业"和"娱乐观光业"等。从本质上看，文化产业是以创意内容为基础，凝结一定程度的知识产权并传递文化观念，通过文化产品的创造、生产、传播、使用、展示、营销、服务和贸易实现其商业价值。文化产业是集合性的名词，由不同类型的产业共同构成。

关于文化产业的类型，学术界和实务上存在不同的看法。澳大利亚麦觉里大学教授大卫·索斯比（2001）用一个同心圆来界定文化产业的行业范畴：处于同心圆核心并向外辐射的是音乐、舞蹈、戏剧、文学、视觉艺术、工艺等创造性艺术；围绕这一核心的是那些具有上述文化产业的特征同时也生产其他非文化性商品与服务的行业：电影、广播、报刊和书籍等；处于这一同心圆最外围的则是那些有时候具有文化内容的产业：建筑、广告和观光等。❷也有学者认为版权产业是一个外在范围并不明确的产业类型：从狭义上看，版权产业可以被看作是与著作权人基本财产权利衍生而成的产业类型，大致可以分为以纸张为主的书籍、杂志、报纸等平面媒体；以无线声波为主的广播电台，以有线或无线视讯为主的电视台、电影公司；以电脑或游乐器为辅助工具的电玩产业；以现场表演为主的戏剧、舞蹈等艺术活动。❸

---

❶ [德] 霍克海默，阿道尔诺.启蒙的辩证法[M].渠敬东，等，译.上海：上海人民出版社，2006：导言.

❷ 安宇，田广增，沈山.国外文化产业：概念界定与产业政策[J].世界经济与政治论坛，2004（6）：6-9.

❸ 赖文智.数位著作权法[M].台北：益思科技法律事务所，2003：352.

实践中，美国将版权产业划分为四种类型：核心版权产业（Core Copyright Industry）、边缘版权产业（Partial Copyright Industry）、发行业（Distribution Industry）和版权关联产业（Copyright-related Industry）。核心版权产业是指以创造享有著作权的作品作为主要产品的产业，包括电影产业（电视、戏院和家庭之录像）、录音产业（唱片、磁带和CD盘）、图书出版业、软件产业（含数据处理、商用以及交互式游戏软件）以及影视播放业等。边缘版权产业所涉及的产品仅有部分属于享有著作权的材料，较典型的是纺织品、玩具制造、建筑等。发行业主要是面向商店和消费者发行著作权物品，如有关的运输服务、批发与零售业等，现在也包括各种网络传播和发行行业。版权关联产业所生产和发行的产品完全是或主要是与作品配合使用，如计算机、收音机、电视机等所在的产业领域。我国台湾地区"文化创意产业发展法"列举的文化创意产业包括视觉艺术产业、音乐及表演艺术产业、文化资产应用及展演设施产业、工艺产业、电影产业、广播电视产业、出版产业、广告产业、产品设计产业、视觉传达设计产业、设计品牌时尚产业、建筑设计产业、数位内容产业、创意生活产业、流行音乐及文化内容产业以及其他经中央主管机关指定之产业。

我国《文化及相关产业分类（2012）》规定文化产业包括以下四种类型：（1）以文化为核心内容，为直接满足人们的精神需要而进行的创作、制造、传播、展示等文化产品（包括货物和服务）的生产活动；（2）为实现文化产品生产所必需的辅助生产活动；（3）作为文化产品实物载体或制作（使用、传播、展示）工具的文化用品的生产活动（包括制造和销售）；（4）为实现文化产品生产所需专用设备的生产活动（包括制造和销售）。同时，该文件以文化产品的生产为基准，具体划分出新闻出版发行服务、广播电视电影服务、文化艺术服务、文化信息传输服务、文化创意和设计服务、文化休闲娱乐服务、工艺美术品的生产、文化产品生产的辅助生产、文化用品的生产、文化专用设备的生产10个部类的文化产业。

当今时代，文化产业是战略新兴产业和绿色环保产业，它对国家财富的贡献越来越大。随着文化与经济的合流，文化产业成为经济发展的新源泉与新形态。约翰·霍金斯在《创意经济》中指出，全世界创意经济每天创造220亿美元，并以5%的速度增长，美国的这一增速更是高达14%。❶文化产业作为一种重要的经济形态，已经成为发达国家国民经济中的支柱性产业。越来越多的国家认识到，文化产业的竞争，是经济的竞争、文化的竞争，同时也是政治的较量，是国力的综合较量。因此，世界各国在"知识经济高地"进行战略竞争的同时，又在"文化经济高地"展开新一轮竞争与博弈。美国、英国、法国、德国、意大利、日本、韩国等发达国家和新兴国家都是这一轮竞争的主动参与者、积极推动者。❷20世纪90年代以来，新兴数字技术的应用加剧了竞争的节奏，使世界范围内文化产业的内部结构发生巨大的变化。文化产业经历了一个国际化、重组和逐步集中的过程，结果是产生了少数几个大企业集团。规模经济的运用让文化产业中大企业集团获得更强的垄断优势，例如，好莱坞电影公司年收入的一半来自海外市场。❸尽管如此，对于转型中的中国而言，大力发展文化产业还是走新型工业化道路的必然要求：其一，文化产业摆脱了传统的资源依赖和环境瓶颈，它直接以人类智慧和人力资本创造财富，是典型的"创新驱动型"产业。其二，文化产业所要发展的是具有高附加值、高技术含量的文化产品，文化创新同科技创新有着相互促进、相互激荡的密切关系。其三，发展创新文化有助于继承和弘扬中华文化的优良传统，有助于提升国家"文化软实力"，确保文化安全。因此，大力发展文化产业必将成为我国实施创新驱动战略和建设文化强国的必由之路。

文化产业对国民经济贡献度的量化统计工作也受到各国的重视。世界知识产权组织正在一些国家开展版权产业经济贡献率调查，这些国家包括新加坡、加拿大、美国、牙买加、拉脱维亚与匈牙利等20余个国家，中国跻身其间。"中国版权产业的经济贡献调研"项目始于2007年。该项目由国家版权局委托中国新闻出版研究院具体承担，依据世界知识产权组织的

---

❶ 刘仁.没有知识产权，文化难成支柱产业[EB/OL].http：//www.cipnews.com.cn/showArticle.asp?Articleid=25499，2012-11-23.

❷ 沈壮海，张发林.中国文化软实力提升之路[EB/OL].http：//www.jyb.com.cn/cm/jycm/beijing/zgjyb/3b/t20080205_141210.htm，2008-03-09.

❸ UNESCO, Culture, Trade and Globalization, 2001.

方法，将版权可发挥显著作用的产业界定为版权产业，并根据对版权的依赖程度具体分为核心版权产业、相互依存的版权产业、部分版权产业、非专用支持产业4个产业组，以国家统计局等部门提供的权威数据为基础，利用定量的方式通过行业增加值、就业人数、出口额三项指标来描述版权在国民经济中的贡献率。根据中国新闻出版研究院发布的数字，2014年中国版权产业对国民经济的贡献率已达到7.28%，其中核心版权的增加值占全部版权产业的比重达到59%，版权产业已成为推动国家经济发展的重要力量。

近年来，文化产业呈现出越来越明显的产业融合趋势，这种"文化产业+"现象进一步巩固了该产业在国民经济发展中的中流砥柱作用。文化产业与设计产业、制造业、体育产业、特色农业和互联网产业等融合发展，有助于促进产业结构创新，进一步丰富各行各业的文化内涵，提升原有产业的文化品位，并创造出新的消费需求。2014年，国务院出台《关于推进文化创意和设计服务与相关产业融合发展的若干意见》，标志着文化创意和设计服务与相关产业融合发展已成为国家战略。"十三五"期间，互联网+文化产业将继续走向深入，数字文化产业必将向纵深方向发展。尤其需要重视的是，移动互联网改变了人们的交流方式，拓展了公众文化传播途径，带来版权产品和版权使用形式的创新，推动了网络文化产业向新技术环境的提升和转型。

我国文化产业发展取得显著成效，具体表现在以下方面：一是文化产业发展势头强劲。文化产业对于国民经济的贡献度越来越大，已经成长为国民经济的支柱性产业。❶在2015年世界出版企业50强排名中，凤凰出版传媒集团位列第6，中南出版传媒集团位列第10，跻身十强，此次国内共4家出版集团进入50强，中国出版集团、中国教育出版传媒集团分列全球50强的第15位和第21位。创新驱动战略、文化强国建设和知识产权强国建设等

---

❶ 按照国际惯例，一个行业占国内生产总值的5%以上，就可以称为支柱产业。2015年，上海市版权产业增加值占全市生产总值的比重将达到12%左右，战略性支柱产业的作用更加明显。

重大国家战略的实施,为文化产业发展提供了更好的社会环境,更有助于文化产业的长久发展。二是新型文化产业厚积薄发。现代科技突飞猛进,信息技术、网络手段、数字化趋势给我国文化产业带来革命性变化,网络文化、动漫游戏等新兴文化产业正在蓬勃兴起。2015年9月,北京中文在线数字出版股份有限公司更名"中文在线数字出版集团股份有限公司",成为中国首家数字出版集团。网络技术和网络文化企业的同步发展,为文化产业注入新活力,必将成为我国创新型经济发展的新引擎。三是传统文化产业和新兴文化产业融合发展。2014年,我国数字出版产业收入已达3 387.7亿元,为此做出贡献的包括互联网期刊、电子书(含网络原创出版物)、数字报纸、博客、在线音乐、网络动漫、移动出版、网络游戏以及互联网广告等。❶传统文化产业和新型文化产业的融合发展已经是大势所趋,也将深刻改变文化产业的内部结构,推动产业转型和换挡升级。

我国文化产业发展还面临不少挑战,主要表现在以下方面:一是文化产业产出方面的挑战。文化产品的数量增长的同时,仍较少能产生多层次、多形式、多样化的高质量文化成果和精品力作。二是文化产业发展影响程度方面的挑战。文化产业所展示的文化软实力和影响力还不够充分,外国人对中国文化形象的感知更多的是源于并且止于中国传统文化。美国好莱坞电影之所以被称为"铁盒里的大使",就因为其巧妙而又鲜明地蕴含和传播着"美国价值观"。我们需要不断增强中国文化形象的现代元素,创造出更多富于时代气息、体现中国特色的文化标志、文化符号、文化品牌,在不断地创新和超越中实现中国文化形象的现代性重构。三是文化产业管理手段方面的挑战。文化市场的体制和机制保障方面存在改进的空间,文化企业的改制工作和市场化运行能力也有待进一步提升。四是文化产业的国际化应对方面的挑战。许多跨国文化企业陆续进入我国的文化市场,而我国文化产业的整体实力还不能完全应对这种激烈竞争。五是文化产业适应现代信息技术革命方面的挑战。现代信息技术发展迅速,新一代信息技术日新月异,随着数字技术的应用、互联网的普及和移动互联网的

---

❶ 张志强."十三五"中国出版业发展展望[J].编辑之友,2016(3):15-19.

发展，带来文化产品、文化服务和文化传播领域创新的重大革命，我国的文化产业还缺乏适应性和主动性。

二、文化产业知识产权管理现状

文化产业是典型的知识产权密集型产业，其核心价值是知识产权，其发展实力和潜力均取决于高附加价值的知识产权的持续价值增值，而不是一般的产业规模。文化产业是通过知识、创意、科学技术等智力要素投入，取代传统的自然资源等物质投入。知识、创意、科学技术等智力要素往往以知识产权的形式转化为无形资产投入经济运行，这就决定了知识产权在将知识、创意、科学技术转化为资产、转化为生产力的过程中具有不可替代的作用。❶在音乐、电视、文化科技、计算机程序等各个产业领域，如果缺乏有利于权利人和投资者充分发展的知识产权环境，创作者将失去创新动力和激情，投资者因为无法及时收回投资而转向其他领域，文化的交易和运营也因为没有有效保障而无法进行，文化产业的发展必然遇到挫折，劳务市场失去这方面的就业机会，国库失去收入。因此，文化产业都会重视知识产权管理工作，积极开展知识产权布局，不断加强知识产权运用和保护。

（一）知识产权布局

文化产业被誉为版权产业，注重版权布局是文化产业发展的第一要务。由于版权采取自动取得制度，并不强制要求进行登记和注册。但是，对于具有核心意义和商业价值的文化产品，开展著作权登记仍然具有重要价值，它不仅可以成为发生纠纷时证据主张的重要依据，而且在开展版权质押融资和保险时也具有重要的商业意义。文化产业也离不开专利和商标的布局。现代文化产业的方法是文化与科技双驱动下进行的跨越式发展，信息技术、艺术设计技术甚至是制造技术都成为促进文化产业发展的"创意模式"中的当然组成部分。《阿凡达》在全球创造27亿美元的票房，这

---

❶ 刘仁.没有知识产权，文化难成支柱产业[EB/OL].http：//www.cipnews.com.cn/showArticle.asp?Articleid=25499，2012-11-23.

既有剧本创意吸引观众的原因，同时更重要的是3D专利技术和创意完美结合的结果。文化产业的盈利离不开商业模式的创新，亚马逊的"一键点击"等商业模式为文化企业带来丰厚利润，必然出现对商业模式专利保护的诉求。因此，对于文化创新技术成果、商业模式的专利布局，成为文化创意产业发展的重要任务。此外，文化产业不仅注重内容为王，还必须经营为消费者认可的平台，向多样性行业延伸，开发产品使用产生的价值增值产业链，形成吸引消费者的品牌经济。在此过程中，商标布局先于市场布局，并且与版权布局和专利布局统筹进行，这对于文化产业改进自有文化形象和品牌价值具有重要意义，已经成为产业扩张的基本工具，也是为产业发展带来高附加值的重要前提。

（二）知识产权运用

我国的文化产业发展离不开知识产权的有效运用。近年来，作为文化产业上游的创意活动繁荣，以IP（Intellectual Property）为基础的作品制作和发行也取得不小的成绩。例如我国电影产业中有300亿元票房，对电影IP的授权也发展迅猛。文化企业普遍实施"一体化战略"，从一个原始产品开始，如一部小说中的角色，集团公司便开始着手设计整个产品链，包括电影拍摄、音乐、推销、主题公园、网页和所有产品的电子商务。湖南三辰卡通集团公司在蓝猫卡通片的基础上，以版权授权为基础，组织衍生产品的开发，形成以版权作品为核心的音像、图书、玩具、食品等14类6 000多种产品组成的版权产业链，年销售额已达20多亿元。❶《花千骨》《琅琊榜》《芈月传》等的热播，使这些网络小说再次进入大众视野，也使以IP为核心的运营模式引起广泛关注，全版权运营已经成为发展文化产业的基本途径。在境外，通过知识产权的有效运营实现版权产业的发展，也是文化企业"一体化"战略的重要组成部分。《哈利·波特》创造了上亿美元的经济价值，同样得益于作者与图书公司、电影制作公司、发行公司等合作进行全方位的版权运营来实现的，通过图书出版权、小说改编权、建立

---

❶ 沈仁干.我国版权产业发展的机遇与挑战[J].中国出版，2005（9）：14-16.

哈利波特主题公园、网络游戏以及各种衍生产品的知识产权授权实现产业链的延伸。同样，美国的"米老鼠"、英国的"小熊维尼"、韩国的"流氓兔"、日本的"hello kitty"等知名文化标记也莫不是通过版权授权覆盖动漫、电影、图书、玩具等多个领域，在不断提升品牌知名度的同时营造了巨大的商业价值。

（三）知识产权竞争

伴随着文化产业融合的步伐加快，新旧媒体之间出现的利益分配传统格局被打破，体现在知识产权领域的竞争更为激烈。针对最新文化制造技术和应用技术，各类企业均加快知识产权布局和竞争。例如，未来影游漫文产业联动与融合，VR（虚拟现实）、云计算等新技术发展迎来重大机遇。我国国内企业从硬件、内容到应用加紧在VR领域的布局，但是从国际视野看，VR硬件市场已被三星、谷歌、HTC、索尼等大企业所控制，索尼、HTC、Oculus在已有硬件的基础上正不断加强内容的优化。相较而言，国内企业在VR内容开发中普遍面临交互功能不足、播放条件限制、内容相对浅薄等多重问题，开发内容主要集中在视频、游戏等方面，原创内容相对缺乏。与此同时，在激烈的市场竞争中，优质IP资源成为市场哄抢的对象，导致IP被市场过度消费，滋生恶性竞争。

（四）知识产权保护

文化产业是注重知识产权强保护的产业领域。由于文化企业较之于普通消费者更具有游说能力，文化领域知识产权保护日益强化。例如，版权保护期限的延长就是以迪士尼等文化企业积极鼓吹和推动的结果。根据美国版权法案，1928年出版的聘雇作品米老鼠的保护期为75年，在2003年进入公有领域。迪士尼公司为了保护自己的作品，通过游说集团和议员（Sony Bono）积极倡导推动，在1998年通过的《著作权保护期限延长法》索尼·波诺（CTEA），该法律将版权保护期限再延长20年，根据此法案，自然人著作权期限为作者生前加死后70年，公司或法人著作权期限为作品出版后95年或创作完成后的120年。这样一来，迪士尼创作的作品保护期限将延展到2023年。鉴于此，迪士尼公司立法寻租成功，该法案被称为"米老鼠法案"可谓名副其实。这一国内立法进程不仅在美国国内鼓舞了迪士尼、好莱坞、微软等文化公司和软件公司,而且也激发了这些具有国际游说能力的公司将这一标准推向国际社会的野心和斗志。在修改《伯尔尼公约》存在重重困难的情形下,上述利益集团开始转变策略,转而借助自由贸易协定以及其他多边战略协定,以实现著作权保护期限的扩张。

从具体的执法、诉讼和保护意识看,当前文化企业的知识产权保护情况不尽如人意,侵权盗版以及哄抢优质IP的恶性竞争,仍是制约文化产业发展的主要问题。面对互联网带来的复制、传播便利性,文化产品侵权盗版的基本场合已经转移到论坛、贴吧、网盘、QQ群、微博、博客、微信等空间,各种侵权行为不断花样翻新,各种盗版方式和手段层出不穷。据报道,我国13%的移动游戏用户在玩盗版游戏。事实上,互联网环境下打击侵权行为难度增加,无论是提起民事诉讼还是进行行政执法,维权的成本增加而侵权的代价却降低,这无疑严重妨碍整个文化产业的创新发展。一旦盗版成为主流,将会搞垮文化创意产业。❶因此,加强文化产业知识产权保护仍然是今后相当长时间的重要任务。

三、文化产业知识产权管理的发展战略

加快文化产业发展,必须进一步完善文化产业政策,制订产业发展战略,其中一项重要而且基础性的任务就是实施知识产权战略,不断提高知识产权保护意识,通过知识产权建立强大的经营体系,实现文化产业链上用户价值的最大化。具体来说,文化产业知识产权管理的发展战略主要包括以下方面。

首先,文化产业的发展离不开知识产权的强保护,构建适应支撑产业转型和升级的知识产权保护机制成为加强知识产权管理的重要工作。加快文化产业发展,必须加强文化领域的立法工作,制订和完善一系列加强宏观管理、实现资源整合、促进原始创新的法律法规,特别要抓紧制订和完善非物质文化遗产保护、文化产业促进、知识产权保护等方面的法律法

---

❶ 叶玟妤.数位内容照过来[M].台北:元照出版有限公司,2006:40.

规。❶文化产业也被称为版权产业,这足以见证著作权立法对于文化产业的激励和保障作用。近年来,著作权制度的重要性伴随文化商品的国际贸易,已由文化领域跨足产业领域,著作权制度的调整不再仅须顾及文化发展层面,也与一个国家的产业发展密切相关。著作权立法修改除应照顾到权利人和社会公众之间的利益平衡外,还应该具有产业政策的引导功能,能够在制度设计中体现政策蕴含,构建符合产业发展现状的惩罚性赔偿规则,完善追究恶意、反复侵权行为的法律机制,发挥版权法作为文化产业保障法的功能。从具体的执法和诉讼行动上看,文化企业要综合运用版权、专利权、商业秘密和商标等多种法律手段维护自身权益。由于文化产业中不乏中小型企业,政府在解决纠纷时的主动服务和维权援助具有必要性,在行政执法和刑事司法之间建立完善的衔接规则,确保各类处于创业阶段的文化企业的合法利益。

其次,构建文化产业的知识产权核(IP核),推动形成具有高附加值的产业发展价值链。文化产业的价值链贯通于文化创意的形成、文化产品的生产、文化产品的销售、传播、贸易和服务等各个环节。加快文化产业发展,必须进一步完善文化产业政策,制订产业发展战略。文化产业发展战略的核心是构建具有高附加值的产业发展链条和生态。目前的文化企业还没有起到运营主体的作用,而仅仅是创新活动的一个环节而已。事实上,知识产权贯穿于文化产业价值链的每一个环节,通过知识产权的有效运营和不断拓展,正是文化产业发展的重要动力机制。我国文化企业必须制定知识产权"一体化"战略,以版权为核心,以品牌为依托,构建本企业的IP核,从原始产品开始着手设计整个产品链。也就是说,文化产业必须打破简单的文化宣传增值模式,相反,从文化创意阶段就应该建立良好的知识产权保护框架,并且通过这些知识产权进行合法的授权、转让、担保、保险,同时灵活运用现代网络环境下的众包、众筹等创业和融资模式,不断开发文化产品的知识产权价值,实现创意产品的不断加值成长。

---

❶ 沈壮海,张发林.中国文化软实力提升之路[EB/OL].http://www.jyb.com.cn/cm/jycm/beijing/zgjyb/3b/t20080205_141210.htm,2008-03-09.

再次，瞄准技术融合和产业融合的前沿，打造"文化产业+"时代的知识产权管理机制。随着网络技术的发展，文化产业已经完全融入互联网经济的时代洪流之中。文化产业不能漠视由此带来的管理情势，反而应该是针对网络文化共享、传播快速仿真的基本理念，设计具有时代特色的知识产权管理模式。在具体的运营和赢利方式上必须对接新的网络技术，在吸引人气和私权控制之间寻求有效的平衡，在严格保护的基础上尝试多元化的赢利模式。在传统媒介和新兴媒介的融合过程中，一方面要维护传统媒体的利益，坚守有投入必有回报的基本底线，但是也不应该运用知识产权一味打压新兴媒体，而是应该在合作中进行竞争，在融合中推动知识产权产生更强的营利空间。此外，文化企业与设计产业、农业、制造业、旅游业的融合过程中，也需要改善文化产业的知识产权管理模式，加强知识产权的运用和保护。

最后，推动文化产业走出去，建立更加开放、更具活力的国际化知识产权管理模式。文化产品的贸易离不开知识产权的国际保护，我国应该在FTA等自由贸易协定中保护文化产业利益，积极推动构建符合产业需要的国际知识产权保护规则和保护体制。从文化产业国际贸易布局看，在巩固和加强美、日、欧等区域出口同时，也应该结合"一带一路"倡议，针对亚非拉等区域开展更为频繁的文化产品输出。为此，我国也需要重视"一带一路"沿线国家的知识产权状况，帮助文化企业在这些国家进行知识产权布局，通过版权贸易等多种方式推送文化产品走出去，这不仅有助于改善我国文化产品贸易长期逆差的格局，而且有益于宣传我国的文化价值观，提升本国的文化软实力。

总之，保护知识产权是促进文化产业振兴的基础，有利于激发创造创新热情和创业活力，也有利于提升文化软实力。在建设知识产权强国和文化强国的征程中，文化产业需要进一步增强知识产权意识，树立知识产权战略管理意识，积极创造和运用知识产权，不断提升文化产业在国民经济增长中的贡献度，切实推动实现文化产业的社会价值和经济价值。

第二节 新浪微博的专利布局与管理[*]

新浪微博最新的财报数据显示,微博(NASDAQ:WB)在2015年的营收为4.779亿美元,远远超出华尔街的预期,实现了连续6个季度的盈利。新浪微博盈利能力的不断增长得益于智能手机以及平板电脑等移动终端的发展、微博自媒体的形成、基于视频的广告和网络直播的完善、商业化形式更合理等因素。当然,整体事业的发展也引起一系列与知识产权管理有关的问题。本节通过分析微博的研发经费支出与专利布局情况,并与Facebook、Twitter等公司进行对比,阐述微博技术创新中的专利管理状况,同时提出相应的建议,以期对微博在未来的更好发展有所助益。

一、新浪微博的基本状况

微博(Weibo),即微型博客(Microblog)的简称,是社交媒体的一种,它是一种基于用户关系信息分享、传播以及获取的平台,用户可以通过WEB、WAP等各种客户端组建个人社区,以文字、图片更新信息,并实现即时分享。2006年美国Obvious公司推出Twitter而让微博闻名于世,2009年9月,新浪网推出类似于Twitter的新浪微博,并在2014年3月更名为"微博"。❶

根据中国互联网络信息中心(CNNIC)发布的第37次《中国互联网络发展状况统计报告》,❷在各种社交应用中使用率最高的是QQ空间,高达65.1%,其次便是"微博"(后文未作特别说明,"微博"指"新浪微博"),33.5%。数据服务公司Quest Mobile的《2016春季APP实力榜》则显示2016年3月微博月度活跃用户同比增长54.9%,在移动社交应用中增速最

---

[*] 本节作者为南京理工大学知识产权学院博士研究生戴碧娜。

❶ 微博—百度百科[EB/OL].http://baike.baidu.com/link?url=IDm0gDMbkkHUx67s9Wj7n_WVyFx7iAALfOXLzAiKfv0GcJESq76kalgt9rjgmaDoSbFrEIfMxuGml255djzHQ9fU95De-iUinpkTIjB4tim,2016-06-30.

❷ 《中国互联网络发展状况统计报告》,英文缩写为"CNNIC",始于1997年11月,是由中国互联网络信息中心发布的最权威的互联网发展数据的报告之一。

快，高于微信的34.2%和QQ的7.6%。❶

根据微博公布的2015年第四季度及全年财报数据，微博2015年全年营收4.779亿美元，2014年为3.34亿美元，增长43%。全年盈利6 880万美元，而2014年为亏损230万美元。第四季度营收1.49亿美元，同比增长42%，来自移动端的广告收入8 450万美元，占比65%，同比增长100%。第四季度利润3 290万美元，同比增长258%。在用户方面，微博月活跃用户达到2.36亿名，日活跃用户1.06亿名，月活和日活都保持超过30%的增长速度。移动端日活占比达到89%，仅次于Facebook。相比已经不公布日活跃用户数的Twitter，微博对于用户增长依然表现出很强的信心。

根据新浪（NASDAQ：SINA）公布的2015年第四季度及全年财报数据显示，新浪2015年全年营收8.807亿美元，较2014年增长15%。第四季度营收2.562亿美元，上年同期为2.111亿美元，增长21%，网络广告营收为2.232亿美元，上年同期为1.819亿美元。网络广告营收的同比增加得益于微博广告营收增长4 160万美元，而门户广告营收同比持平。

比较新浪跟微博的财务报告数据可以看出，2015年新浪的营收主要来自微博。而实际上微博也是从2013年第四季度才开始首次盈利，之前一直处于亏损状态。微博从持续的亏损到盈利能力不断增强，这得益于微博在经历了一段时间的迷茫和探索之后找到了一条适合自己的"崛起之路"。在微信统治个人社交的时代，微博成功地抢占了媒体社交的头把交椅。

二、新浪微博的专利布局

（一）研发经费

"微博"是一家以社交平台延伸而来的"成熟的互联网公司"，它的发展依赖于对前沿技术的把握和占有。如今的微博已经不仅限于个人社交上的应用，还将业务扩展到网上支付等领域，从研发经费可以管窥"微博"的技术水平以及加强专利布局管理的重要意义。

---

❶ Quest Mobile 2016春季APP实力榜［EB/OL］.http://mt.sohu.com/20160415/n444465910.shtml，2016-06-30.

从研发经费占公司总经费的百分比来看，"微博"的研发经费份额一直处于50%左右的水平，上下波动幅度不超过10%。但是从研发经费支出的具体数额来看，可以发现其实"微博"对技术研发的支持力度逐年递增，从2011年的不到3700万美元到2015年的近1.5亿美元的经费支出，研发经费的增加超过1亿美元。这说明在新浪公司的整体规划中，科研经费所占比例一直平稳，公司始终重视技术研发，当这部分的支出达到饱和状态，其他费用（包括市场、销售、管理等费用）的总和才与研发经费持平，这更说明新浪在"微博"的技术研发上投入巨大的财力和人力。

（二）专利申请和授权情况

巨大的研发经费投入带来的是专利申请量的井喷式增长。2011年之前，"微博"的专利申请量仅为个位数。但是在2012年，"微博"的专利申请爆发式地跃升到42件，此后几年也保持着较大的申请量（见图10.1）。除了在中国进行专利申请外，"微博"还在韩国、美国等地申请专利，并且还有美国、加拿大等地进行PCT申请。"微博"在韩国的专利申请始于2006年，且数量仅为2件；在美国的专利申请从2001年开始一直持续到2015年，且保持每年1～2件的申请量；PCT的申请主要是美国和加拿大，其中以美国为主（见图10.2）。"微博"大多数专利属于审中状态，有效专利占1/3，无效专利仅为3%。其中发明申请的比重最大，共121件，占88%，其次为发明授权，共15件占11%，外观设计共1件。这说明在很长的一段时间内，新浪微博的专利质量处于较高水平（见图10.3）。

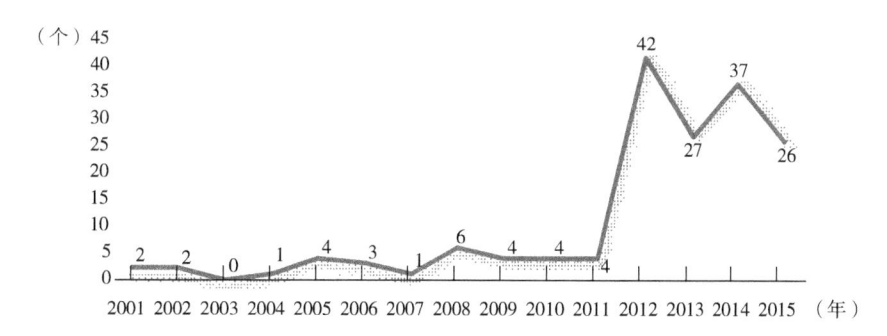

图10.1 历年专利申请量

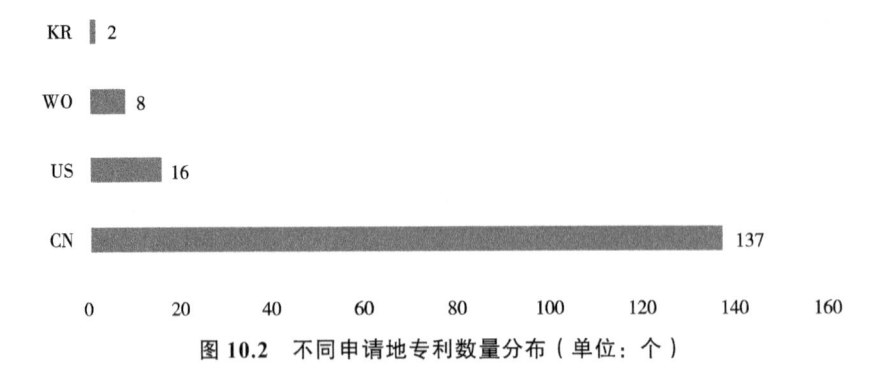

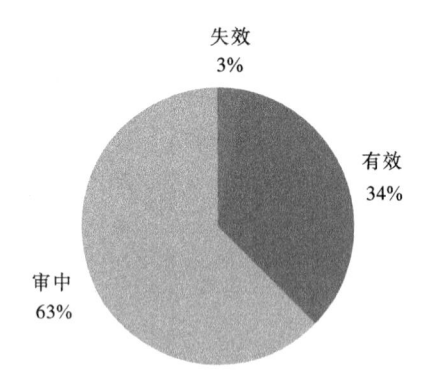

```
KR    2
WO    8
US    16
CN    137
```
0   20   40   60   80   100   120   140   160

图10.2　不同申请地专利数量分布（单位：个）

失效 3%
有效 34%
审中 63%

图10.3　专利法律状态分布

由此可见，"微博"的研发经费与专利申请量呈现出正比例的关系，而且正在积极进行专利布局。在技术领域分布上比重最大的是G06（计算；推算；计数）占总数的近60%，其次是H04（电通信技术）占40%，其余属于G09（教育；密码术；显示；广告；印鉴），占比为1%。并且，G06类的专利也最早申请，每年的申请量也比其他类多，因此可以认为"微博"的核心技术在G06类专利中。

除了从专利申请类别中可以看出公司重视的技术领域并推测公司会将其核心专利布局在哪一技术领域之外，还可以从专利被引用的情况找出哪些专利是该行业内较为重要的技术点。一般来说，那些被多次引用的技术构成核心专利。表10.1是关于"微博"各项专利被引情况的记录。由此可知,"微博"共有9项专利有被引用记录,不管是从被引用的条数还是从被引用的总次数来看,都是G06类的引用多于H04类。这组数据也从另一个角度显示出G06类是"微博"核心技术所在的技术领域。

表10.1 微博被引用专利

专利公开号	专利名称	所属技术领域	被引次数（次）
CN101382947A	在页面中确定点击分布信息的方法和装置	G06F 17/30	1
CN102036241A	一种认证方法和系统	H04W 12/06	1
CN102244867A	一种网络接入控制方法和系统	H04W 12/08	1
CN102693323A	级联样式表解析方法及解析器、网页展示方法及服务器	G06F 17/30	2
CN102880698A	一种抓取网站确定方法及装置	G06F 17/30	2
CN102915328A	编辑富文本的方法及富文本编辑器	G06F 17/30	1
CN102929912A	生成微博图片的方法及系统	G06F 17/30	1
CN103067463A	用户root权限集中管理系统和管理方法	H04L 29/08	2
CN1645371A	一种基于搜索引擎技术的提问式知识聚合方法以及知识共享方法	—	1

（三）发明人

专注于自主研发的企业除了投入大量的研发资金之外,还必须拥有强大科研实力的研发团队。关于"微博"的研发团队实力,可以从专利的发明人角度进行分析。

从图10.4（1）和图10.4（2）中可以看出,微博的专利研发团队没有一个"领头羊"式的角色,各个发明人之间的联系不是很强,且个人之间的申请量差距也不是很大。这可能是因为微博只是新浪网的一个子公司,很多应用在微博上的技术都不是从微博自己的公司（此处指北京微梦创科网络技术有限公司）产出的,而是通过母公司（新浪网技术有限公司）获得的。这对微博自身的发展来说也是一个限制因素。

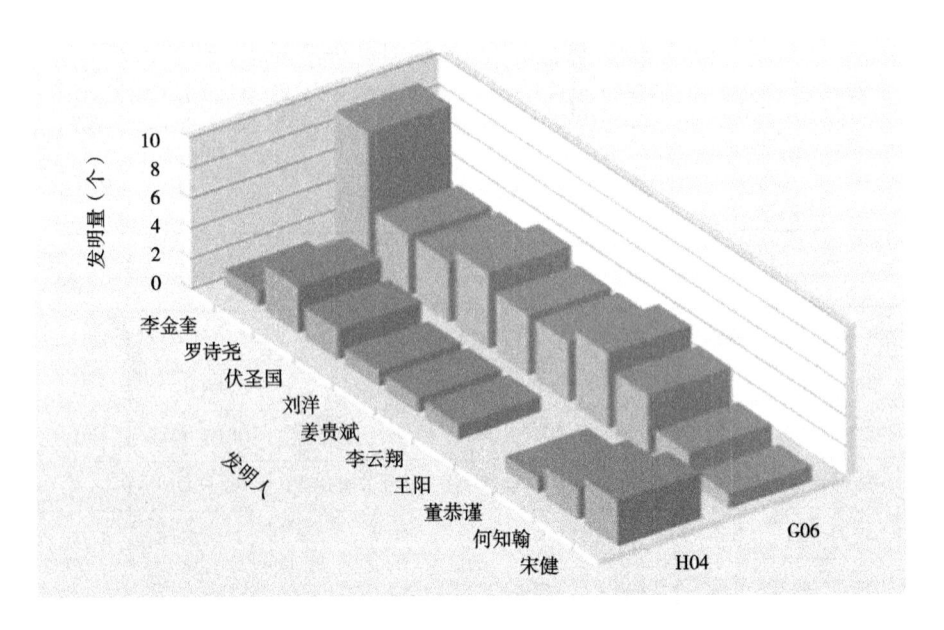

图10.4（1） 微博专利发明人分布

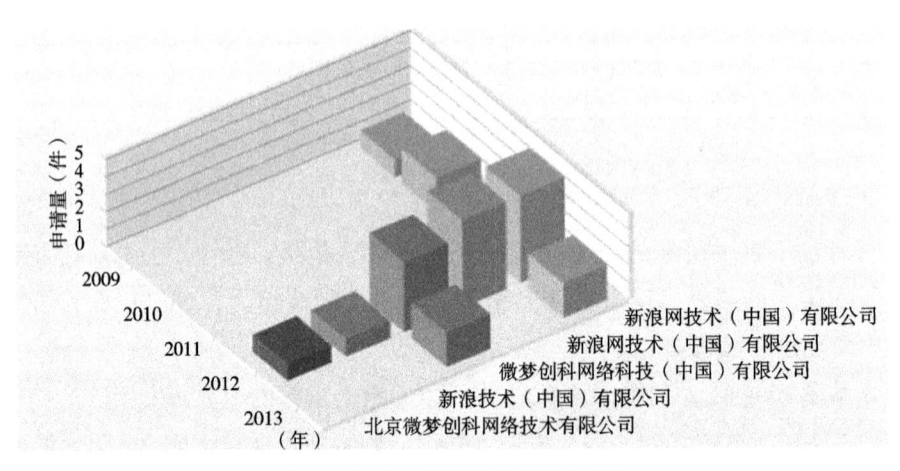

图10.4（2） 微博专利申请人分布

（四）微博的专利地图

从微博的专利地图中可以看出，微博专利技术集中在四个方面（见图10.5）。

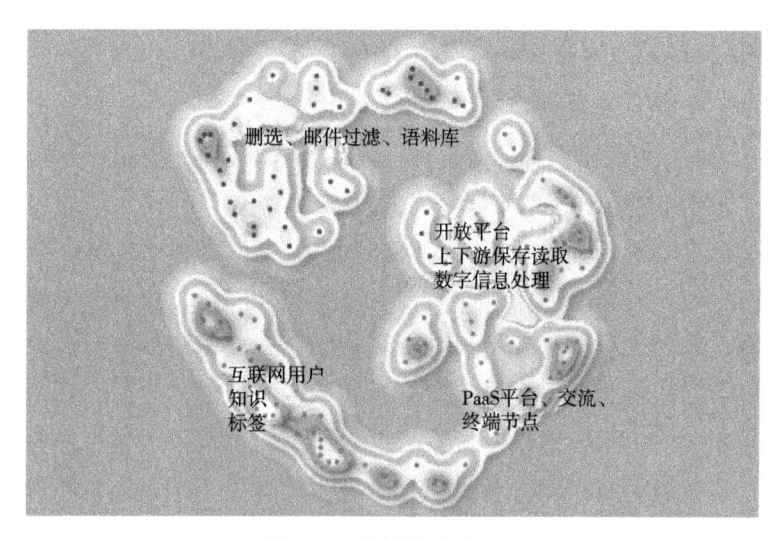

图 10.5　微博的专利地图

（1）删选、邮件过滤、语料库等专利技术。这部分专利涉及的技术主要是对用户进行识别、划分、过滤，并向特定的用户投放有针对性的广告。其中，部分专利是基于社交网络的语料库的建立，丰富语料库，及时更新或者更叠；有些专利是与在线支付有关的技术；有些专利是与识别垃圾图片和垃圾邮件有关的技术。

（2）开放平台、上下游保存读取、数字信息处理等专利技术。这部分专利涉及的技术主要与数据恢复、信息处理、平台监控、文件分享有关。其中包括视频微博的发布方法、微博图片的生成方法、富文本的编辑方法等。

（3）PaaS平台、交流、终端节点等专利技术。这部分专利涉及在PaaS系统中调度方法以及微博推送、传播方法等技术。主要包括基于PaaS系统的数据导出、类加载实现、大数据查询；微博营销号的识别、用户微博推送等。

（4）互联网用户、知识、标签等专利技术。这部分专利主要是对互联网用户兴趣爱好、知识结构、关注热点的区分和识别，给用户贴上相应标签的技术。包括网络用户注册、信息验证、各类标签程度确定的方法、标签之间关联程度确定的方法等。从专利分布的密集程度来看，该部分技术的专利分布最为密集，说明微博十分重视给用户进行定位。实际上，只有经过准确定位之后才能进行后续的定向推送。

（五）专利布局与微博业务的拓展

首先，微博专利布局有助于开发自媒体❶市场。微博于2014年启动自媒体计划，当前微博活跃自媒体作者达到1 690 318人，3 286人签约加入微博自媒体，覆盖40多个垂直领域。❷2016年6月，微博与IMS新媒体商业集团联手打造的"'V-star'开启视频网红•自媒体IP时代"战略合作发布会在北京召开，此次计划是为网红经济公司量身定做的扶植和投资计划，重点推动视听自媒体产业的全新发展。❸

自媒体的不断壮大依靠的就是背后强劲的技术支撑。微博用户的兴趣点各不相同，后台需要根据各个用户平时的搜索、关注习惯对用户的兴趣爱好进行分析、归类，并向其推送会让他/她感兴趣的微博内容、网红或大V。这一系列的动作就涉及上文4个方面的技术。另外，网红等自媒体主要是通过视频的方式增加点击量，微博视频在WiFi环境下自动播放的设计带来了更好地曝光效果。CNNIC的研究报告指出，微博已成为用户兴趣信息获取首选平台，有59.6%的用户关注感兴趣的人，57.9%的用户在微博上看视频或听音乐，顺势拉动了微博多媒体内容消费，对应的财报数据中视频日播放量同比增长489%，达到4.7亿人，包括@人民日报和@OPPO在内的媒体和企业官微已开始使用微博直播产品。微博还利用其技术力量专门开发相关产品，让

---

❶ 自媒体（外文名：We Media）又称"公民媒体"或"个人媒体"，是指私人化、平民化、普泛化、自主化的传播者，以现代化、电子化的手段，向不特定的大多数或者特定的单个人传递规范性及非规范性信息的新媒体的总称。美国新闻学会媒体中心于2003年7月发布了由谢因波曼与克里斯威理斯两位联合提出的"We Media（自媒体）"研究报告，里面对"We Media"下了一个十分严谨的定义："We Media是普通大众经由数字科技强化、与全球知识体系相连之后，一种开始理解普通大众如何提供与分享他们自身的事实、新闻的途径。"简言之，即公民用以发布自己亲眼所见、亲耳所闻事件的载体，如博客、微博、微信、论坛/BBS等网络社区。

❷ 数据来源：http://me.weibo.com/?sudaref=news.mydrivers.com&retcode=6102，2016-06-30。

❸ 网红经济从量变走向质变 "Vstar"开启视频网红与自媒体IP新时代[EB/OL].龙源期刊网：http://www.qikan.com.cn/article/ndyl20162145.html，2016-06-30。

优质内容生产更为简便。先是推出头条文章,又取消140字的限制。这些都是为了降低内容发布者的门槛。根据微博公布的数据,使用过头条文章的作者已经接近13万人,文章平均阅读量相比较之前,互动量提升33%。

其次,微博专利布局促进了微博打赏、微博任务变现等新兴工具的出现。原先的微博仅仅是一个个人社交平台网络,现在的微博是集社交网络、信息获取、支付平台、游戏平台等多维度的综合性"网络工具"。特别是阿里巴巴收购微博18%的股份之后,支付宝与微博合作开发"微博支付"平台。微博支付是微博为打通线上浏览—兴趣—下单—支付—分享闭环而推出的移动支付产品,是基于支付宝底层服务能力和微博社会化属性的关系型支付工具。微博中的另一平台"微卖"是搭建在"微博轻应用框架+微博支付"服务上的商品售卖平台,目前平台接入商户超过6 000名,日均成交额超过46万元,发布的商品超过7 800件。❶

三、新浪微博、Facebook 和 Twitter 的专利布局比较

(一) 微博、Facebook 和 Twitter 的研发费用比较

如果将微博的科研经费与世界顶尖的社交网络公司Facebook和Twitter相比较,可以发现,从绝对的研发经费数额来讲,微博的研发经费完全比不上这两家公司。例如,2015年Twitter的研发经费支出超过8亿美元,Facebook的研发经费则高达48亿美元,微博则仅为不到3亿美元。但是从研究费用占公司费用总支出的权重来看,微博的研究经费所占权重其实较高。例如,Facebook在公司成立之初对研发经费的支出只占总经费的不到30%,而微博在公司成立之初就已经超过40%,并且也超过同年Facebook的研发经费权重。当然,Facebook作为世界排名第一的社交网络公司,它对技术研发的支持逐年递增,到2014年时,反超微博的研发经费所占权重。至于Twitter,近几年的研发经费占总经费权重总体呈现下降趋势,说明公

---

❶ 数据来源:@微博开放平台 2014年7月11日的微博:http://www.weibo.com/openapi?profile_ftype=1&is_all=1&is_search=1&key_word=%E5%BE%AE%E5%8D%96#_0,2016-06-30。

司对技术开发的重视度有所减低,而微博近两年的研发经费所占权重都超过了Twitter。

(二)微博、Facebook和Twitter的专利申请对比

检索发现,Facebook的专利申请以压倒式的优势超过微博的专利,尤其是2006年以后这种状况更为明显。Facebook的4 544条专利中有1 718条专利是由其他专利权人转让而来的:从飞利浦和HP购买涵盖了地理位置显示以及数据获取元素的20项专利;2010年花费4 000万美元从Friendster(一家从社交网络转型为游戏网站的公司)购买7项社交网络专利。该公司还购买了一些风险专利,例如从英国电信手中购得3项超链接专利。Facebook曾利用这些专利在2011年12月对谷歌提起侵权诉讼。专利海盗Walker Digital曾分别在2010年、2011年发起两次对Facebook的专利侵权诉讼,现在这些专利也被Facebook购入囊中。Facebook最大的一宗专利收购案是2012年3月中旬从IBM收购的750项专利,涵盖软件和网络等各种不同的技术,以充实Facebook本身专利军火库,迎战来自雅虎及各方的专利诉讼攻击。[1]相比较而言,"微博"的专利均为自我研发。然而,自我研发虽然是一种有效提高公司科技实力的方法,但是费时费力,而且伴随着科研失败的风险。通过转让或者许可等方式得到已经研发成功地较为成熟的技术可以规避自我研发过程的巨大风险,而且能够有效应对专利诉讼。就专利申请地域而言,Facebook的专利覆盖除美国本土的各大洲,包括加拿大、澳大利亚、墨西哥、巴西、中国、欧洲、印度、南非等国家和地区,这与Facebook是"世界的微博"分不开,大部分国家的用户都会在Facebook上相互联络,促使Facebook开展完善的全球专利布局。

微博与Twitter相比,则比较有底气。不管是专利申请还是专利分布,二者都不相上下,甚至隐隐还有超过之势。Twitter有大约40%的专利是通过其他专利权人的转让获得的,更充分说明Twitter的重心不在技术研发上,或者说不那么重视自主研发。

---

[1] 张俊霞,郭丽.Facebook知识产权案例分析[J].信息技术与标准化,2007(7):54-57.

四、完善新浪微博专利布局的建议

综上所述，可知微博对技术研发的支出占公司总经费的一半，但是也正是由于执着于自主研发，微博的专利储备量总体上显得十分单薄。其中，以"北京微梦创科网络技术有限公司"为申请人的专利在总专利申请授权中占比较少，对新浪公司总部技术的依赖性较强。除此之外，"微博"备受诟病的地方还有搜索、时间线、"僵尸"账户等问题，大大降低了用户体验好感。因此，笔者认为微博可以从加强专利运营、创建专利创造团队和注重开发用户体验专利技术等方面加强专利布局，为建设一个更好的社交平台提供知识产权支持。

（一）通过加强专利运营实现专利布局

除进行自主研发外，专利许可授权也是实现专利布局、避免专利诉讼的重要途径。2005年2月，微软公司就积极实施知识产权共享计划，通过与全球40家公司进行合作，签署知识产权交叉授权许可协议。[1]2007年7月，韩国三星公司与爱立信就双方的无线通信技术专利签订交叉许可协议，同时撤回针对对方的专利诉讼。[2]2016年1月，华为宣布与爱立信续签全球专利交叉许可协议，该协议覆盖两家公司包括GSM、UMTS及LTE蜂窝标准在内的无线通信标准相关基本专利。[3]可见，全球范围内的各大企业在发展中都会将专利许可当成一个便捷且高效的专利获取手段。

因此，"微博"的技术发展路径除坚持自主研发之外，还应加强专利运营，借他山之石，攻自身之玉。例如可以学习微软、华为等公司，与其他公司进行专利交叉许可、组建专利组合等多种模式实现专利持有，扩大自己的专利储备。专利授权许可有助于全球化的专利布局，有效的专利运营可以预

---

[1] 搜狐IT.微软酝酿知识产权共享计划 交叉许可为主要方式[EB/OL].http：//it.sohu.com/20050220/n224352590.shtml，2016-06-30.

[2] 新浪科技.爱立信与三星签署电信专利交叉许可协议[EB/OL].http：//tech.sina.com.cn/t/2007-07-11/10351609847.shtml，2016-06-30.

[3] 郭晓峰.华为与爱立信续签全球专利交叉许可协议[EB/OL]. http：//tech.qq.com/a/20160114/047435.htm，2016-06-30.

防专利诉讼,也可以基于这些专利授权进行再次研发,产生新的专利。

(二)打造专利创造的优秀团队

微博应用技术的专利申请人分散在北京微梦创科网络技术有限公司和新浪网(技术)有限公司之间,专利的发明人也分属于不同的公司。尽管"微博"是新浪网的一个子公司,然而实际上它与新浪网自身的门户网站定位是有差别的,严格来说其实这是两个各自独立的平台。因此,即使前期发展时有些技术可以从新浪网拥有的技术中获取,但是随着微博自身的发展和壮大,二者之间技术方向的区别也会逐渐拉大,新浪网所研发的技术主要针对门户网站,而微博的技术则是针对社交网站,两者之间的区别显而易见。

有效的专利布局依赖于一支专业的专利创造团队,拥有一个自己的研发团队对于公司发展来说十分重要且必要。公司专属的研发团队对于公司的技术领域、发展方向有着相较于外部技术人员来说层次更深、范围更广的了解,对于公司专利布局的持续长远发展有着重要的支撑作用。因此,微博亟须打造一个专属于自己的研发团队,引进先进人才,培养技术骨干。在专利布局中,公司也需要总体谋划和整体评估,对具有较高价值的专利开发者给予奖励,激发大家的研发热情。

(三)注重用户体验技术的专利开发

微博作为一个面向用户的社交网络平台,良好的用户体验是吸引新用户、巩固老用户的最佳手段。在微博平台上,社会影响离不开用户忠诚度,这说明对于微博用户而言,其忠诚行为很可能会受到朋友圈的影响。[1]微博用户的使用经验对其情感与满意度的关系具有调节作用,作用表现为随着使用经验的增加,正向情感与满意度之间的关系也逐渐加强,也就是说相对于新用户,老用户更加在意使用过程中的情感体验,尤其是正向情感的体验,对于老用户而言,较少的正向情感体验,就可以带来较大的用

---

[1] 周皓,刘钢.微博用户忠诚度的影响机制分析[J].现代情报,2015,35(2):154-158.

户满意度的提升。❶这表明，对于微博来说，依靠老用户的辐射作用吸引新用户是增加用户数量的主要方式。那么抓住老用户的兴趣，增强老客户的使用黏度，提高其用户体验就是微博技术发展的方向。

当然，微博对于增强用户体验做出了不少努力。比如，针对信息杂乱、观看效率低的问题，新浪在原本单一按时间排序显示信息的基础上，增加了一个以好友熟悉度、同类信息重合度等为依据进行信息重新排序方式。但是，微博的著作权侵权问题严重，《赏金猎人》和《忍者神龟2：破影而出》两部电影在上映一周之内，网上的侵权链接就多达1 708条和1 246条，其中社交平台（微博、博客、贴吧、知道）侵权1 322条和511条，网盘侵权140条和210条。❷针对著作权侵权问题，微博还没有研发出有效的技术来进行应对。所以，微博需要在实现用户体验和保护著作权等方面进行专利技术的突破和布局，从而更好吸引消费者，增强品牌美誉度。另外，在专利技术布局时，应充分考虑用户的心理。最近微博的一项"阅读长文章自动关注作者"的新功能，没有充分考虑用户的心理，想当然地认为用户阅读其文章必定会对作者感兴趣，而忽略了大多数用户浏览的随意性。

"微博"作为我国最大的社交网络平台，它的稳步发展体现我国文化产业的进步繁荣，也印证着我国网络技术的全球化水准。微博的跨越式发展离不开技术的开发和专利的布局。"微博"有必要在进行自主研发的同时，强化专利运营，培育一流的专利技术和应用服务，在提升网络应用功能的同时强化消费者体验，为公司的长远发展提供有效的知识产权支撑。

第三节　湖南卫视的知识产权管理[*]

近年来，随着我国经济的蓬勃发展，广播电视行业的经营模式、节目

---

❶　刘鲁川，孙凯.社会化媒体用户的情感体验与满意度关系——以微博为例[J].中国图书馆学报，2015（1）：76-91.

❷　微博博客贴吧论坛成盗播重灾区[EB/OL]. http://data.chinaxwcb.com/epaper2016/epaper/d6304/d6b/201607/69356.html，2016-07-14.

[*]　本节作者为南京理工大学知识产权学院硕士研究生魏瑶。

影响、内容品质和管理体制等都有了质的飞跃，适应市场经济要求和现代信息技术特征的广播电视品牌逐渐成长。伴随着广播电视行业市场份额不断扩大，文化产业需要建立完善配套的知识产权管理体系，通过知识产权的创造、保护和运用，实现无形财产权价值的最大化。作为省级地方卫视的代表——湖南卫视，其自身的前瞻性改革与知识产权管理策略值得深入研究。

一、湖南卫视概况

湖南卫视全称为湖南广播电视台卫星频道，是由湖南广播电视台和芒果传媒有限公司共同拥有的在全国范围内具有高度传媒影响力与人文价值的卫星电视频道。作为湖南省最为权威的电视机构，其本身也经历了从最初的默默无名到别具前景与独特发展视角的转变，这与湖南台较早的战略转型与定位有着密不可分的关系。

从1997年第一套节目上星播出之后，湖南卫视陆续推出了一系列名牌节目，如《快乐大本营》《天天向上》《超级女声》《玫瑰之约》《音乐不断》《我是歌手》《爸爸去哪儿》等，不仅迅速确立了自身娱乐性传媒的强势品牌地位，甚至在全国范围内也产生了所谓的"湖南卫视现象"。湖南卫视的台标在一定程度上反映其自身开拓进取、创新务实的发展理念与精神面貌，类似芒果状的台标让广大观众也昵称其为"芒果台"，其下属网站金鹰网的网络电视平台因而也被命名为"芒果TV"。❶

湖南卫视的知识产权管理与保护经历了不同的发展阶段，从一开始的起步到后续的不断成长、成熟，其对于自身知识产权管理体系的建设理念与框架更为清晰，目标也更为明确。近年来，湖南卫视的品牌影响力以及综合性价值的飞速提升有多重原因，其中，知识产权管理带来的产业溢出效应功不可没。

---

❶ 湖南卫视概况[EB/OL].http：//www.mgtv.com/about/about_tvintro.html，2017-01-23.

二、湖南卫视知识产权管理的发展现状

湖南卫视知识产权管理的发展情况大致可以分为三个阶段：（1）1997～2005年是湖南卫视知识产权管理的起步阶段。由于湖南电视台管理团队将更多精力投入到栏目策划、品牌塑造等方面，进而相对忽视知识产权管理工作。湖南卫视在此期间并没有把重点放在法律风险的防范与解决上，因此更无法预测所谓的知识产权管理风险，此阶段只有一个常年法律顾问，主要以审核基建及设备购买等重大合同为主，更为专业的诉讼事务则外包给其他律师事务所统一处理。❶（2）2005～2013年是湖南卫视知识产权管理的发展阶段。在此期间，湖南卫视不仅长期稳坐省级地方卫视第一的位置，同时也开始注重加大知识产权管理与布局方面的投入。湖南卫视开始设置专职的法律岗位，并于2011年设立专门的法务机构——法务科。但刚刚成立的法务科人员较少，业务覆盖方面比较有限，主要是节目制作、艺人邀请、节目模式引进、对外授权、劳动争议等广播影视日常事务，并没有提升到专业性的知识产权保护与管理层面。❷与此同时，湖南卫视知名栏目相关商标注册数量大幅攀升并且一定程度上完成了初步的版权布局与保护。湖南卫视自2010年开始每年固定期间都会集中力量打击清理侵权视频并采取诉讼的方式保护合法权益。（3）2013年至今是湖南卫视知识产权管理的成熟阶段。它不仅拥有了系统而完善的管理制度与管理团队，同时也独具特色地开创了深层次全方位的版权管理机制。湖南卫视建立了自身法务部门与外聘律师共同合作的企业法律顾问制度，将外聘律师丰富的实务经验与内部法务人员对于节目生产的专业知识结合在一起，明确分工，取长补短，协调配合。湖南卫视还进一步完善版权与商标权的管理制度与管理手段，颁布覆盖面较广的知识产权管理办法，同时研发相关的信息数据库管理系统，推动进入知识产权确权工作智能化阶段。❸近年来，湖南卫视在知识产权管理体系的提升与完善方面投入大量精力，在系统性、专业

---

❶❷❸ 穆勇.广电独家 我们建立了"芒果"特色法律顾问制度[EB/OL].http：//www.icaijing.org/others/article809341，2017-01-23.

性与多样性等方面形成明显的优势。无论是引进培养专业的知识产权管理人才抑或是建立更为完备的管理体系结构，湖南卫视都十分重视知识产权与节目内容整体的衔接，同时在企业发展计划中建立更为完善的数据库平台，有效地利用知识产权信息实现内容资源的保值增值。

（一）深层次的知识产权管理战略布局

湖南卫视十分重视电视台整体的知识产权以及品牌资产的管理，进行深层次的知识产权布局，促进了湖南卫视栏目价值与地位的提升。具体体现在版权与商标权等权利的多点布局领域。

在著作权战略上，湖南广播电视台明确对外表示，旗下湖南卫视拥有完整知识产权的自制节目，将由"芒果TV"独家播出，在互联网版权上一律不分销，以此打造自己的互联网视频平台。此外，湖南广播电视台其他所有频道制作的节目，也决不允许擅自与其他新媒体合作。这些举措，清晰地向外界释放出湖南广播电视台向版权要效益的强烈信号。❶芒果TV是湖南广播电视集团的基础平台和排头兵，芒果TV的转型是湖南广播电视台知识产权管理的一个侧影。

在商标权的战略布局上，湖南卫视不仅在各类知名节目播出早期就申请了相关的商品或者服务类商标，同时积极开展信息交易平台的建设。根据国家工商行政管理总局商标局注册商标数据显示，截至2016年11月，三大省级卫视单位商标储备情况如下：湖南广播影视集团以及旗下各分公司持有商标2 150件；浙江广播电视集团持有商标1 304件；江苏省广播电视集团持有商标460件（见表10.2）。

表10.2　三大省级卫视商标储备分析表

省级卫视单位	商标储备
湖南广播影视集团	2 150

---

❶　王旗.湖南广播电视台的IP化管理及其成效[EB/OL].http：//qnjz.dzwww.com/xwgc/201503/t20150319_12070891.htm，2017-01-23.

续表

省级卫视单位	商标储备
浙江广播电视集团	1 304
江苏省广播电视集团	460

数据来源：北大法宝。

从以上数据不难看出，湖南卫视对于商标储备方面具有绝对优势，丰富的商标储备不仅将市场价值最大化，同时也最大限度地减少商标诉讼和风险。与之形成鲜明对比的则是江苏省广播电视集团，其持有的商标数量仅为湖南卫视的1/4，这也就不难解释为什么江苏卫视在"非诚勿扰"商标权归属问题上陷入诉讼，不得不花费更多时间精力予以应对。可见，没有完善而系统的商标战略布局，文化企业的发展就有可能陷入法律争讼之中。湖南卫视的商标储备情况与商标信息交易管理平台的建立体现了战略眼光与全局思维。

（二）系统化的知识产权管理结构

广播电视企业的知识产权管理是一个完整的系统，在知识产权保护方面出现问题绝不仅仅是某个栏目或者某个部门的责任。作为一个整体，知识产权问题的解决取决于每一个部门、每一位员工的法律意识和效益观念。系统化管理的前提是建立专业化的部门，打造专业化的管理队伍，同时对所有企业员工进行良好的训练。

自2013年开始，湖南卫视在原有长年实践积累的基础之上，开始着手进行系统化的知识产权管理架构搭建工作。除了吸引更为专业的人才、成立相关部门处理专业化事务以外，湖南卫视还建立知识产权管理法律顾问制度，摸索并完善独具特色的管理架构体系。这一体系被总结为"一个中心、两个支撑点、三个面向"。[1]具体来说，"一个中心"就是以服务节目

---

[1] 穆勇.广电独家 我们建立了"芒果"特色法律顾问制度 [EB/OL].http：//www.icaijing.org/others/article809341，2017-01-23.

生产为中心，从版权、商标、合同审查、网络维权等方面进行全方位的服务。"两个支撑点"就是建立企业自身法务部门与外聘律师相互配合的法律顾问制度。为此，湖南卫视面向全国公开招聘律师事务所，通过笔试、面试以及专家考核等多个环节，择优选择了两家律师事务所，❶在此基础上能够充分发挥专业外聘律师的作用，同时提倡外聘律师事务所与湖南卫视内部专业人士的沟通协作，共同开展知识产权管理业务。"三个面向"就是知识产权管理体系面向市场、面向国际、面向未来，市场导向下的知识产权管理体现出鲜明的效益取向，国际导向下的知识产权管理展示出"走出去"和"全球影响力"的发展定位，未来导向下的知识产权管理则更具有前瞻性和时代回应性。

在构建综合性的知识产权管理系统过程中，湖南卫视的版权管理系统最为典型。首先，湖南卫视完善了以《湖南广播电视台节目版权管理办法》为核心的版权管理制度。其次，实行版权综合管理、媒体资产管理、版权开发管理"三位一体"的管理原则。版权综合管理由台办公室负责，媒资管理由台资产管理部负责，版权开发由电视台授权的部门或公司进行统筹。优秀的版权管理内容资产是实现产业化运作的基础，也是整个"芒果生态圈"建设的核心，湖南卫视台办公室所属的法务科负责节目版权的综合管理。为了更好地服务"芒果生态圈"建设，湖南卫视在法务科的基础上构建版权中心，从专业咨询和专业人员配置两个方面，为全台节目的版权管理和开发提供全方位的版权支持服务。❷

（三）高效的知识产权信息平台建设

近年来，湖南卫视不断强化知识产权信息资源的整合与维护，推动知识产权信息资源的控制与管理，为知识产权资产的开发与销售打下坚实基础。

---

❶ 一家以国内法律服务为主，一家以国际法律服务为主。
❷ 王旗.湖南广播电视台的IP化管理及其成效[EB/OL].http://qnjz.dzwww.com/xwgc/201503/t20150319_12070891.htm，2017-01-23.

湖南卫视拥有两个基础的知识产权平台——"商标交易网络平台"与"版权信息数据库系统平台"。前已述及，从各大省级地方卫视注册商标持有数量上来看，湖南卫视具有较高的知识产权保护意识。然而，湖南卫视持有的注册商标中仍有大部分未能实现自身价值最大化，处于所谓的"沉睡状态"。由于日常的运营开发与维护成本较大，必须将相关注册商标活用起来，提升其实际运用的价值。基于此，湖南卫视着手建立专业的商标交易与管理平台，为持有商标品牌的价值挖掘提供支撑。平台建立后，商标的交易过程更加透明、公开、有序，运行和维护也取得更好的效果。

针对当前广播电视市场中广泛存在的各种著作权侵权涉诉问题，湖南卫视策划建立另一个专业的信息平台——版权信息数据库系统，它通过计算机软件对台库存的和正在进行生产的节目内容进行确权，为今后的版权开发和销售做好服务，解决版权涉诉问题。❶版权信息数据平台的建设属于新生事物，湖南卫视所进行的具有前瞻性的规划和建设，不仅证明其发展眼光的独到性，同时也为今后市场开拓打下良好基础。

（四）不断提升知识产权的市场价值

在经济飞速发展的时代，知识产权的市场价值在企业市场竞争中所占据的比重日益提高。"加强知识产权的运用和保护"是实施知识产权战略的精髓，也是企业充分运用知识产权实现利益最大化的指导原则。湖南卫视在提升知识产权价值、推进知识产权的资本化运营方面进行多维度探索。

近年来，湖南卫视的品牌价值不断上升，收视率与卫视创收能力也稳居省级卫视前列，这得益于其成功的商业品牌运作，同时也与其将商标价值的最大化利用有关。在王牌节目商标申请的基础上，湖南卫视的系统化商标管理战略加速了"沉睡商标"的使用，提升了不同节目和整体企业的品牌价值，有助于整体收益的增长。从近十年的数据来看，湖南卫视除

---

❶ 王旗.湖南广播电视台的IP化管理及其成效[EB/OL].http://qnjz.dzwww.com/xwgc/201503/t20150319_12070891.htm，2017-01-23.

2016年上半年的收视率被其他地方卫视反超外，2005~2015年湖南卫视的收视率都稳居地方卫视的冠军。2008~2014年，湖南卫视不仅稳居全国各大省级卫视总体收益的冠军位置，同时更创造了营收增长5倍的惊人纪录。虽然近年来其收入增长进入缓慢状态，但总量依然庞大。❶世界品牌实验室（World Brand Lab）主办的"世界品牌大会"发布的2016年《中国500最具价值品牌》分析报告指出，湖南卫视所属的湖南广播电视台总排名和品牌价值大幅度上升，品牌价值由266.76亿元上升为348.57亿元。湖南广播电视台的品牌价值远超中国500强平均价值。❷

湖南卫视在提升版权价值方面的工作成果同样显著。无论是通过版权贸易提升市场价值，还是通过产业链延伸版权产品，湖南卫视充分实现了知识产权影响力与市场影响力的有机结合。以《爸爸去哪儿》为例，该节目先后让999小儿感冒灵、思念水饺、英菲尼迪等成为全国家喻户晓的品牌，伊利集团更是斥资5亿元独家冠名播出《爸爸去哪儿》第三季。❸这表明，节目品牌影响力和版权运营关系密切。正是由于严格的知识产权保护和对盗版的零容忍，增强了《爸爸去哪儿》节目防假冒、防非法传播的能力，版权的保护和运用推动《爸爸去哪儿》电影、玩具等衍生产品的推广，这又进一步强化电视栏目的市场价值。毫无疑问，随着我国文化产业的不断蓬勃发展，高品质的综艺类节目会获得更多的市场关注，其版权价值将会越来越高。因此，加大版权运用和保护力度，提升版权价值是文化企业的必然选择，这对于增加市场营收、扩展品牌价值都具有独特的现实功能（见表10.3）。

---

❶ 穆勇.广电独家 我们建立了"芒果"特色法律顾问制度 [EB/OL].http://www.icaijing.org/others/article809341，2017-01-23.

❷ 世界品牌实验室WBL.世界品牌实验室2016年中国500最具价值品牌发布[EB/OL].http://www.Worldbrandlab.com/brandmeeting/2016china500/，2017-01-23.

❸ 胡锋.《爸爸去哪儿3》冠名权凭什么卖5亿？[EB/OL].http://www.qianzhan.com/analyst/detail/220/141031-02a05ca7.html，2017-01-23.

表10.3　2013年和2014年《爸爸去哪儿》版权价值示意[1]

节目名称	各项收入
2013年《爸爸去哪儿》第一季	硬插广告收入4 700万元+、各类冠名收入近3 600万元、合作伙伴广告费1 650万元+，总值近1亿元
	节目版权费1 800万元
	网络播映广告200万元
	《爸爸去哪儿》大电影6 878万元（广告+授权）
	《爸爸去哪儿》手游7 000万元
	《爸爸去哪儿》玩具（Kimi期盼生日礼物—奥特曼变身器）
2014年《爸爸去哪儿》第二季	硬插广告收入破5亿元、各类冠名收入破3亿元、合作伙伴广告费800万元
	海外节目版权费540万元；国内节目版权费4 000万元+；网络播映广播1 700万元
	《爸爸去哪儿》纪录片、动画片
	《爸爸去哪儿》大电影及其网络播映版权900万元
	《爸爸去哪儿》图书
	《爸爸去哪儿》手游 苏宁易购2 000万元冠名费
	咘瓜亲子智能手表；星爸萌娃的同款产品主题购物
	《亲子宝典》移动阅读APP

（五）积极处理知识产权诉讼和争议

近年来，广播电视行业的版权与商标权纠纷呈增长态势。我国省级地

---

[1] 吴俊."大媒体"融合 全链条开发[J].新闻传播，2015（7）.

方卫视的知识产权管理体系与管理制度并不完备，在商标权的保护方面缺乏前瞻性，在版权保护方面出现电视栏目的模式同质化问题，或者在引进国外优秀电视栏目时没有正常的授权途径，这些都可能滋生后续的知识产权诉讼。

相较而言，湖南卫视采取较为积极的方式处理各种知识产权争议。通过比较分析湖南卫视、江苏卫视与浙江卫视在信息网络传播权、版权与商标权相关的诉讼案例情况，可以发现湖南卫视采取较为积极的维权诉讼手段，同时也灵活地运用多元化的纠纷解决机制。如在"超级女声"节目名声大噪后，湖南卫视通过司法程序获得相关驰名商标的认定，进而阻击各种恶意抢注行为；在"我们约会吧"版权节目模式受到其他类似栏目剽窃情况发生时，湖南卫视也在第一时间向国家广电总局提出申诉，而不是任由侵权后果的进一步恶化（见表10.4）。

表10.4　三大省级地方卫视知识产权诉讼争议数量统计　　（单位：件）

	审级	湖南卫视	江苏卫视	浙江卫视
信息网络传播权	一审	246	34	25
	二审	24	8	9
	再审	—	—	—
版权	一审	223	18	19
	二审	20	5	9
	再审	—	—	—
商标权	一审	29	71	—
	二审	7	7	—
	再审	1	2	—

数据来源：北大法宝。

三、湖南卫视知识产权管理的对策建议

广播电视机构的知识产权管理是一项系统复杂的工程，贯穿广播电视

业务的全流程。结合湖南卫视的实践，有必要继续从以下方面完善知识产权管理制度，建立更为高效、合理的知识产权管理体系。

（一）建立独立、高效的专业知识产权管理部门

湖南卫视内部涉及知识产权事务的部门众多，包括业务部门、内控部门等，但尚未建立统一的知识产权管理部门。随着国家、社会对知识产权的日益重视，涉及知识产权的诉讼、合作等事宜日益增多，加之各类知识产权新型业务也在不断创新、增长，设立专门、高效的知识产权部门愈显必要。湖南卫视作为广播电视机构，知识产权管理是重要工作内容，知识产权有着自身的高度专业性，有别于法务、业务等工作内容，只有建立专业的知识产权管理部门，才能避免内部各部门之间的掣肘，提高工作效率，提出可行性较高的知识产权建议与解决方案。此外，伴随着新兴媒体的融合发展，湖南卫视的业务向网络空间不断延伸，涉及大量复杂的知识产权问题，处理新、旧媒体的知识产权运用、保护都需要有独立的知识产权管理机构。

（二）制定更为详尽的版权管理规则

著作权管理是广播电视台等媒体知识产权管理的基础性工作，也是一项复杂的系统工程。湖南卫视既是著作权和邻接权人，又是其他作品的使用者和传播者，在承担作品传播的社会责任同时，也必须牢固树立起尊重著作权和运用著作权的法律意识，建立一套系统完整的著作权管理制度。例如，湖南卫视可根据自身实际情况，制定著作权管理办法、著作权合同管理办法等规章制度，同时结合著作权内容的主要业务类型，拟定相应的著作权协议模板。为了能够更好地让业务人士及其他专业人员领悟著作权协议的内涵、意图，应当编写配套的著作权协议模板使用说明，这样不仅可以使全体工作人员均能够准确适用相关协议模板，也能够让知识产权管理工作者的经验以协议模板及使用说明的形式不断传承下去。在制度建设的基础上进一步重塑业务审批流程，对于以著作权为主要内容的合作事宜，著作权管理部门应当发挥作用，拥有更大的话语权。在开展著作权谈判、著作权贸易和品牌栏目价值转化中，都应该有著作权管理部门专业人

员参与,达成的合作协议必须交由著作权管理部门审查、备案。

(三)发挥商标管理在提升品牌形象方面的功能

为了适应市场竞争的需要,湖南卫视不仅要制定更为合理的商标管理制度并提高商标信息管理的智能化水平,同时更要全面发挥商标管理对于提升品牌形象方面的功能,实现商标权的全方位保护。首先,建立专门的商标管理决策职能部门。通过科学化、专业化的商标职能机构制定更为完善的商标战略,进一步发挥商标对于品牌价值的提升作用。其次,进一步健全企业内部商标管理工作制度体系。根据当前的市场情况与发展阶段制定更为详细且针对性的商标管理制度,使得商标的价值得到更为广泛的利用。最后,进一步激发商标体系对于企业品牌价值的促进作用。确立更为完善的企业商标管理体系不仅有利于推动整个企业商标工作进展,更益于未来知识产权管理布局。倘若只有两三个商标,当然难以形成品牌的冲击力。只有在拥有更多注册商标数量的基础上,才可以提高驰名商标的品牌质量,实现品牌价值与商标体系的有机结合。

(四)妥善处理知识产权利益分配问题

湖南卫视是节目制作者,应正确处理好节目制作过程中涉及的作者、演员、嘉宾等权利人间权利关系,加强电视台与前述主体间的权利义务管理。最理想处理的方法是,电视台授权制片人按节目立项阶段的版权规划,使用模板协议分别与相关权利人签约,使节目所涉及的多种版权关系确定在同一权利范围内,避免因与某一权利人间权利义务关系安排出现瑕疵而影响整个节目制作、播放,以及将来的使用。在此过程中所涉及的协议性文件,包括制片人或相关工作人员与知识产权权利主体间的函件、邮件等,都应当作为知识产权档案专门建档管理。节目部门、业务部门在与相关权利主体间协调权利、义务关系时,应当保持高度敏感,协调过程中一旦可能出现问题、障碍,就应当及时请求知识产权管理部门提供专业意见。对于重要的著作权合同,例如合拍、委托制作合同,电视剧剧本及音乐合同,必须在经知识产权管理部门审查后方可提交对方或协商签订。如果需要调整节目著作权规划事项,或者超过著作权付酬标准,节目部门应征求知识产权管理部门意见。

(五)提高知识产权管理数字化水平

湖南卫视在涉及著作权、商标权协议电子化、模板化过程中,应当同时实现知识产权协议的高度信息化,使得计算机系统可以"读懂"数以万计的知识产权协议,并根据知识产权管理部门需要对海量协议提取相关信息,进行相应的分析。最终可根据各方主体所签订之知识产权协议及相应财务往来凭证为基础材料,进行数字化、程序化、模块化的分析,明确音乐、动画、电视剧集、商标等不同内容知识产权在不同时间段、不同用途、不同被授权人类型、不同授权使用地域等各种复杂因素下的平均价值,或者进行相应的价值评估,为每一著作权、每一个名牌栏目的商标权的价值最大化提供充分的数据支持。事实上,知识产权信息化流程不仅仅局限于确权方面,而是将整个流程通过大数据分析的思维模式高度智能化。在知识产权信息化、大数据化过程中,知识产权管理部门固然要发挥主导作用,但同时财务、业务、节目等各个部门也必须给予充分配合。湖南卫视提升知识产权管理的数字化水平不仅有利于发现整体知识产权布局网的漏洞,也有利于减少管理方面的重复性投入,通过数据分析准确查找薄弱环节,不断提升企业的整体竞争实力。

总之,湖南卫视在知识产权管理方面的尝试与突破为我国文化企业的发展积累了经验,同时也再一次证明在信息飞速发展的时代,重视企业知识产权管理是文化企业良性发展的重要环节。当然也应该看到,湖南卫视的知识产权管理体系仍有需要加强与完善的地方。实际上,只有建立独立、高效的知识产权管理部门,制定更为合理详尽的管理制度,明确设定知识产权管理流程,充分发挥知识产权资源优势,妥善处理知识产权纠纷,方能切实发挥知识产权对于企业价值的促进与保护功能。

参考文献

[1] 尹章池，等.新媒体概论 [M].北京：北京大学出版社，2017.

[2] 周友兵.中国信息产业简史 [M].北京：知识产权出版社，2017.

[3] 谢利明.内容经济 [M].北京：人民邮电出版社，2017.

[4] ［日］荒井寿光.知识产权革命 [M].夏雨，译.北京：知识产权出版社，2017.

[5] 刘艳.服务贸易、技术溢出与产业发展 [M].北京：知识产权出版社，2017.

[6] 韩晶.中国装备制造业发展战略研究：基于国际产业分工转移的视角 [M].北京：知识产权出版社，2017.

[7] 张祥志.知识产权视阈下的文化产业创造力研究 [M].北京：中国政法大学出版社，2016.

[8] 李琰，等.石油化工行业专利价值分析与评估 [M].北京：知识产权出版社，2016.

[9] 陈和芳.中药知识产权保护的经济学研究——以广州市中药产业为例 [M].哈尔滨：哈尔滨工业大学出版社，2016.

[10] 李彦涛.煤基化学品专利信息分析与利用 [M].北京：化学工业出版社，2016.

[11] 曾德国主编.企业知识产权管理 [M].北京：北京大学出版社，2015.

[12] 李宇.传统电视与新兴媒体：博弈与融合 [M].北京：中国广播电视出版社，2015.

[13] 刘军，宋冰晨，冯晞.中国家电全产业链转型升级蓝皮书：产业微笑曲线的O2O之路 [M].杭州：浙江大学出版社，2015.

[14] 国务院发展研究中心产业经济研究部，中国汽车工程学会，大众汽车集团（中国）.中国汽车产业发展报告（2015）[M].北京：社会科学文献出版社，2015.

[15] 史丹.新能源产业发展与政策研究 [M].北京：中国社会科学出版社，2015.

[16] 袁红梅，等.药品知识产权以案说法 [M].北京：人民卫生出版社，2015.

[17] 乔世明.传统民族医药法律保护研究 [M].北京：法律出版社，2015.

[18] 国家知识产权局专利复审委员会.医药生物领域复审与无效典型案例评析 [M].北京：知识产权出版社，2015.

[19] 李薇薇.我国新能源汽车的绿色知识产权战略研究 [M].北京：法律出版社，2014.

[20] 张晓梅.新媒体与新媒体产业 [M].北京：中国电影出版社，2014.

[21] 张庆麟.新能源产业 [M].上海：上海科学技术文献出版社，2014.

[22] 国家互联网信息办公室编.中国互联网20年：网络产业篇 [M].北京：电子工业出版社，2014.

[23] ［日］岩谷英昭.松下幸之助在哭泣——日本家电业衰落给我们的启示 [M].玉兰三友翻译会，译.北京：知识产权出版社，2014.

[24] 彭中文.中国装备制造业自主创新模式与路径研究 [M].北京：知识产权出版社，2014.

[25] 杨铁军.产业专利分析报告（第26册）——氟化工 [M].北京：知识产权出版社，2014.

[26] 吴敬琏.中国增长模式抉择 [M].上海：上海远东出版社，2013.

[27] 厉以宁.中国经济双重转型之路 [M].北京：中国人民大学出版社，2013.

[28] 北京汽车经济管理研究所.中国汽车产业海外发展战略研究 [M].北京：北京理工大学出版社，2012.

[29] 郎咸平，孙晋.中国经济到了最危险的边缘 [M].北京：东方出版社，2012.

[30] 肖沪卫.专利地图方法与应用 [M].上海：上海交通大学出版社，2011.

[31] ［美］马歇尔·菲尔普斯，戴维·克兰.烧掉舰船：微软称霸全球的知识产权战略 [M].谷永亮，译.北京：东方出版社，2010.

[32] 唐杰，杨沿平，周文杰.中国汽车产业自主创新战略 [M].北京：科学出版社，2009.

[33] 古津贤.中医药知识产权保护 [M].天津：天津人民出版社，2007.

[34] [美]罗伯特·P.莫杰斯，等.新技术时代的知识产权法 [M].齐筠，等，译.北京：中国政法大学出版社，2003.

[35] [美]彼得·杜拉克.创新与企业家精神 [M].彭志华，译.海口：海南出版社，2000.

后　　记

　　本书是在南京理工大学知识产权与区域发展协同创新中心的策划、统筹、组织下，由知识产权学院梅术文副教授、郑伦幸博士、张颖露博士以及若干研究生共同参与下撰写完成，主要成果源于编写组老师主持或参与的产业知识产权管理方面的课题报告和论文，以及研究生撰写的相关文章。南京理工大学知识产权学院李黎明博士、江苏方流物流有限公司王峰、南京理工大学知识产权学院博士研究生李睿、戴碧娜、邓雨亭，硕士研究生陈鹏宇、丁旻玥、李晓晓、任晓波、王树磊、施颖杰、卢敏明、韩文斌、朱南茜、葛林、魏瑶对本书的相关成果作出一定贡献。

　　本书的成稿要感谢一直以来关心知识产权与区域发展协同创新中心的各位领导、专家和同事，正是他们的信任、支持和帮助让本书得以顺利出版：江苏知识产权研究院朱宇院长、南京理工大学知识产权学院钱建平常务副院长、董新凯副院长、专利中心朱显国主任等提供了专业指导，南京理工大学科学技术研究院吴志林常务副院长、张珩副院长、王小绪副院长、于翔科长，发展规划处戚湧处长、毛晓翔副处长等领导均给予大力支持；南京理工大学知识产权学院王涛书记、曹佳音主任、冯锋老师、朱力影老师、周志聪老师、顾金霞老师提供了外围保障。特别要感谢的是知识产权出版社刘睿主任领衔的团队，为本书的及时面世付出了艰辛劳动。

　　由于本书是多方协同创作而成，按照"寓教于研"的要求吸纳研究生参与研究。体系化方面难免有所不足，某些内容之间衔接不够流畅，若干论据使用上可能存在重复甚至错漏，不少观点结论稍显唐突或者不够周全。因此，本书相关不足和谬误还恳请同行专家不吝批评指正。本书相关专利统计数据与图表未指明时，主要源于合享新创IncoPat科技创新情报平台和国家知识产权局专利数据库，检索截止日期为2016年12月31日，在此一并致谢说明。

本书是中央高校基本科研业务费专项资金协同创新专项课题"知识产权强国建设的基本问题研究"（3095012102）的阶段性研究成果，特别铭记说明。

编写组
2017年5月15日